SV

Michael Hagner
Der Hauslehrer

Die Geschichte eines Kriminalfalls
Erziehung, Sexualität und Medien um 1900

Suhrkamp

Bibliografische Information der Deutschen Nationalbibliothek
Die Deutsche Nationalbibliothek verzeichnet diese Publikation
in der Deutschen Nationalbibliografie;
detaillierte bibliografische Daten sind im Internet
über http://dnb.d-nb.de abrufbar.

Erste Auflage 2010
© dieser Ausgabe Suhrkamp Verlag Berlin 2010
Satz: Hümmer GmbH, Waldbüttelbrunn
Druck: CPI – Ebner & Spiegel, Ulm
ISBN 978-3-518-42204-5

1 2 3 4 5 – 14 13 12 11 10

Inhalt

Ein Junge stirbt

Im Juni 1902 suchte das Berliner Bankiersehepaar Rudolf und Rosalie Koch einen Hauslehrer für seine beiden jüngsten Söhne. Der dreizehnjährige Heinz Koch war kurz zuvor aus dem thüringischen Internat Haubinda entlassen worden, sein zwei Jahre jüngerer Bruder Joachim machte trotz Nachhilfelehrer kaum Fortschritte in der Oberrealschule. Die Eltern erwarteten vielleicht keine glänzenden schulischen Leistungen von den beiden Jungen, aber daß die bisherigen Bemühungen so wenig hatten ausrichten können, beunruhigte sie nicht nur, sondern beschämte sie auch. Die Vorwürfe an die Adresse der Kinder lauteten: Faulheit, mangelnde Motivation, Müßiggang, Unzuverlässigkeit und geistige Trägheit.

Im selbstbewußten und stolzen deutschen Bürgertum der Jahrhundertwende stellte man sich die Entwicklung der Kinder anders vor. Die mehr oder weniger vorherbestimmten Lebensentwürfe sahen in Bankierskreisen vorzugsweise so aus, daß die männlichen Nachkommen nach dem Gymnasium eine Karriere in der Wirtschaft, im Staatsapparat oder im Militär anstrebten, während die Töchter sich auf eine angemessene Heirat vorbereiteten, ohne jede Aussicht, durch den Besuch des Gymnasiums oder gar ein Studium einen anspruchsvolleren Beruf zu ergreifen. So war es bei den älteren Kindern der Kochs abgelaufen, und auch das Ehepaar selbst entsprach diesem biographischen Muster.

Rudolf Koch, 1847 in Braunschweig als Sohn eines angesehenen protestantischen Staatsanwalts geboren, konnte eine vorbildliche bürgerliche Laufbahn vorweisen, die geradezu exemplarisch für den raschen Aufstieg Deutschlands zu einer Weltmacht war. Er hatte auf ein Universitätsstudium verzichtet, um das Bankgeschäft von der Pike auf zu erlernen. Kurz nach der Gründung der Deutschen Bank 1870 in Berlin wurde er dort als Prokurist angestellt, fungierte als rechte Hand des Bankgründers Georg Siemens und bekleidete bereits 1878 einen Sitz im Vorstand der Bank. Zu dieser Zeit war er mit der vier Jahre jüngeren Marie Seele verheiratet, einer ebenfalls aus Braun-

schweig stammenden Bürgerstochter, die dem aufstrebenden Bankier
fünf Kinder gebar, bevor sie 1886 plötzlich verstarb. Schon ein Jahr
später heiratete Koch Maries jüngere, 1854 geborene Schwester Rosalie, die wiederum von dem renommierten Berliner Chirurgieprofes-
sor Max Schüller, mit dem sie eine Tochter hatte, geschieden war.[1]
Sechs Kinder kamen aus den beiden Ehen zusammen. Als die Eltern
einen Hauslehrer für Heinz und Joachim suchten, waren die meisten
ihrer älteren Kinder bereits aus dem Haus. Kochs Söhne aus erster
Ehe, Karl und Friedrich, lebten im Ausland. Der eine war als Angehö-
riger des Militärs an der deutschen Botschaft in Konstantinopel angestellt, der andere studierte Rechtswissenschaften in Oxford. Die beiden älteren Töchter, Ilse und Gertraud, waren standesgemäß verheiratet und lebten in Wannsee bzw. Quedlinburg. Nur die jüngste Tochter,
Therese Rosalie, befand sich noch im Elternhaus. Rosalie Kochs Tochter aus erster Ehe war mit dem erheblich älteren Ferdinand Bugge verheiratet, der zu jener Zeit Gemeindeverordneter in Steglitz war.
    Die Kochs gehörten zu den wohlhabendsten und angesehensten
Familien Berlins. Rudolf Koch war ein einflußreiches Mitglied der
Berliner Hochfinanz, also jener Kreise, in deren Händen die Organisation des Wirtschaftlebens und der Finanzströme des Deutschen Reichs
lagen. Seit 1901 amtierte er sogar als Vorstandssprecher und Direktor
der Deutschen Bank.[2] Eine glänzende Karriere, und doch: trotz seiner
über dreißigjährigen Tätigkeit in zentraler Funktion ist über Kochs
Persönlichkeit und seine Rolle in der schon damals wichtigsten Bank
Deutschlands nur wenig bekannt. Er war zuständig für den Innenbe-
trieb des Hauses, den Ausbau des nationalen Filialsystems sowie das
inländische Kredit- und Einlagengeschäft. Darin mag der Grund liegen, daß er in den historischen Darstellungen der Deutschen Bank
nur beiläufig erwähnt wird.[3] Von der Gründung der Deutschen Über-
seebank einmal abgesehen, hatte Koch mit den internationalen, zum
Teil politisch bedeutsamen Geschäften wenig zu tun – ganz im Gegensatz zu seinem charismatischen Vorgänger und Förderer Siemens sowie seinem Nachfolger Arthur von Gwinner.
    Damals wie heute bestimmte der Geschäftssinn und nicht das
Organisationstalent das Renommee eines Bankiers bei seinen Kollegen, und dementsprechend genoß Koch zumindest kein übermäßig

hohes Ansehen.[4] Er blieb im Hintergrund, und außer seinem großen Führungs- und Organisationstalent, seinem klaren und nüchternen Verstand sowie seiner Treue zur Deutschen Bank, die der *Berliner Börsen Courier* in Geburtstagsartikeln und im Nachruf auf ihn hervorhob, gab es wenig über ihn zu berichten.[5] Jedenfalls kommt er in den einschlägigen Erinnerungswerken, den Biographien und Autobiographien der prominentesten Berliner Bankiers jener Zeit nur am Rande vor. Hermann Wallich und Gwinner, mit denen Koch jahrzehntelang eng zusammengearbeitet hatte, fanden in ihren Autobiographien nur knappe Worte für ihren Kollegen. Carl Fürstenberg, ein sehr angesehener Bankier und Gesellschafter des Bankhauses Bleichröder, hielt einzig die familiäre Tragödie für erwähnenswert, um die es auch in diesem Buch geht.[6]

Die Familie Koch wohnte in einer Villa in der Tiergartenstraße, einer beliebten Adresse für Bankiers, nicht weit entfernt vom Brandenburger Tor. Die Wochenenden verbrachte man am Wannsee, häufiger auch im Haus Ziegenberg, einem familieneigenen Gut in Ballenstedt im Harz, das von mehreren Angestellten bewirtschaftet wurde.[7] Im Haushalt herrschte eine strikte Hierarchie und Aufgabenverteilung. Das durch berufliche und gesellschaftliche Verpflichtungen stark in Anspruch genommene Familienoberhaupt hielt sich aus dem Erziehungsgeschäft heraus, überhaupt bekamen die Kinder ihren Vater nur wenig zu Gesicht. Erziehung und Vermittlung bürgerlicher Werte wie Bildung, Arbeitsdisziplin und Pflichterfüllung oblagen der Frau, die gleichzeitig als Hausherrin für die Organisation des Haushalts zu sorgen hatte, Geselligkeit pflegte, repräsentative Pflichten erfüllte und nicht selten in Wohltätigkeitsorganisationen engagiert war.[8] Auch im Hause Koch waren die Rollen auf diese Weise verteilt, und das spiegelte sich auch in den elterlichen Reaktionen und Maßnahmen, die getroffen wurden, wenn es mit dem Fortkommen der beiden Söhne nicht so lief, wie man sich das eigentlich vorgestellt hatte.

Für Rudolf Koch war die Angelegenheit eindeutig. Die Schwierigkeiten mit den Söhnen gingen auf das Konto seiner Frau, und es war an ihr, Vorschläge zur Verbesserung der peinlichen Situation zu machen. Rosalie Koch wiederum stand den Problemen mit einer Mi-

schung aus Hilflosigkeit, Sorge und Empörung gegenüber. Bei der
Suche nach den Ursachen für das schulische Versagen überzog sie
ihre Söhne mit Vorwürfen und drohte nicht selten mit Liebesentzug,
sollten sie sich nicht rasch bessern. Genau das war auch ihre Reaktion, als sie einsehen mußte, daß der Verbleib ihres Lieblingssohnes
Heinz in Haubinda unmöglich war.

Das Landerziehungsheim Haubinda in Thüringen gehörte zu den
reformpädagogischen Unternehmungen der ersten Stunde und war
das Werk von Hermann Lietz. 1898 hatte er das erste deutsche Internat dieser Art in Ilsenburg im Harz gegründet, das Heinz Koch seit
1900 besuchte. Ein Jahr später dann erfolgte der Umzug von Schülern
und Lehrern in das neugegründete Haubinda. Die Internate wurden
bewußt fernab der größeren Städte gegründet, um die Jungen von den
vermeintlich dekadenten urbanen Verführungen fernzuhalten und ihnen im Geiste Rousseaus die Vorteile eines einfachen Lebens zu vermitteln. Lietz' Reformpädagogik»vom Kinde aus« versuchte die Schüler durch eine Mischung aus geistiger, künstlerischer und körperlicher
Arbeit, vor allem in der Landwirtschaft, zu motivieren und richtete
sich gegen den einseitigen Lerndrill des deutschen Gymnasiums, bei
dem die Disziplinierung von Verstand und Gedächtnis ganz im Vordergrund stand. Dabei waren die Akzentuierung emotionaler und
kreativer Fähigkeiten sowie die Betonung des Körpers und der Ver-
bundenheit mit der Natur durchaus nicht frei von nationalen Ambitionen. Für Lietz ging es um die Erziehung »deutscher Jünglinge,
die an Leib und Seele gesund und stark [...], die klar und scharf denken, warm empfinden, mutig und stark wollen«.[9] Immerhin setzte die
Reformpädagogik darauf, Neugierde und Engagement bei den Schülern zu wecken, und nahm von Strenge und körperlicher Züchtigung
Abstand. Statt dessen wurde die enge emotionale Bindung zwischen
Lehrer und Schüler hervorgehoben, die sich auf den pädagogischen
Eros Platons berief und so etwas wie die Atmosphäre der Platonischen
Akademie im antiken Athen heraufbeschwören wollte.[10]

Wie sich reformerische Absichten und alltägliche Schulpraxis zueinander verhielten, läßt sich zumindest ansatzweise am Beispiel Heinz
Kochs erahnen. Es galt nämlich als ausgemacht, daß ohne Begeiste-
rungsfähigkeit und eigenes Engagement niemand in Haubinda be-

stehen konnte. Deswegen gab es strenge Selektionskriterien. Theodor
Lessing, zwischen 1902 und 1904 Lehrer in Haubinda, bevor er sich
wegen Lietz' antisemitischer Haltung verbittert abwendete, schrieb
stolz und unverblümt über die damaligen Praktiken: »Alles intellektuell oder sittlich Minderwertige, das sich den relativ sehr hohen
Aufgaben und Leistungen des Landerziehungsheims nicht anpassen
kann, wird unnachsichtig und völlig gleichgültig gegen materielle Gesichtspunkte aus der Anstalt entfernt.«[11] Will sagen: wenn sich die
Zöglinge nicht in die Arbeits- und Lebensgemeinschaft einpaßten,
mußten sie wieder gehen, gleichgültig ob sie aus armen oder reichen
Familien stammten. Genau das passierte auch Heinz Koch. Lietz hielt
ihn zwar für freundlich und gutmütig, traute ihm in intellektueller
Hinsicht jedoch nur wenig zu und charakterisierte ihn obendrein
als bequemen und verwöhnten Jungen. Seine schulischen Leistungen
waren offensichtlich mangelhaft, doch es ist durchaus möglich, daß
das nicht der einzige Grund war, warum Heinz Koch Haubinda im
April 1902 wieder verlassen mußte. Vielleicht hatte Lietz angesichts
der müßiggängerischen Bequemlichkeit des Jungen grundsätzliche
Zweifel, ob er sich zu einem bescheidenen und gleichzeitig »stark wol-
lenden« jungen Mann entwickeln würde.

Wir wissen nicht, ob Rosalie Koch von der Reformpädagogik besonders angetan war oder ob sie sich lediglich erhofft hatte, ihr wenig motivierter Sohn könnte, wenn schon nicht in der herkömmlichen
Schule, so doch im Internat das Abitur erreichen. Es war jedenfalls
nicht das erste Mal, daß Heinz Koch seinen Schulbesuch vorzeitig be-
enden mußte. Die Mutter reagierte auf diese neuerliche Enttäuschung
heftig, strich ihm die geplanten Osterferien mit der Familie auf Gut
Ziegenberg und baute eine Drohkulisse auf, die dem Sohn keine allzu rosigen Aussichten bescherte: »Deine beiden schlimmsten Laster
sind Faulheit u Leichtsinn, wenn Du diesen beiden Eigenschaften
nicht sehr ernst u immer wieder zu Leibe gehst, so werden sie Dich
nach u nach ganz u gar beherrschen u Dein Hang zu Genuß u Wohl-
leben Dich noch vollends ruinieren.« Ihre Ankündigung, »daß von
jetzt ab nur noch Strenge Dich retten kann«, verband sie mit einem
Appell an das Gewissen ihres Sohnes: »Sehr hoffe ich bei Anwendung
der Strenge auf Dein gutes Herz, denn Du weißt ja wie ich unter Stra-

fen die über Dich verhängt werden, leide u darum hoffe ich, Du wirst
Deine Energie wach rütteln u mir zu Liebe versuchen Deine Pflicht
zu thun.«[12]

Diese Pflicht zu erfüllen versuchte zumindest Joachim, der jüngste Sohn, der den Eltern ebenfalls erhebliche Sorgen bereitete. Er galt
nicht nur als faul und unaufmerksam, sondern, im Gegensatz zu seinem freundlichen und nach außen gewandten Bruder, als verträumt
und widerspenstig. Zudem hatte er bereits eine Ohrenoperation über
sich ergehen lassen müssen, die zum einseitigen Verlust der Hörfähigkeit geführt hatte und der ständigen hygienischen Nachsorge bedurfte. Sein Osterzeugnis immerhin war, wie die Mutter ihren älteren
Sohn ermahnend wissen ließ, erfreulich ausgefallen. Joachims Einsicht
in die Notwendigkeit des Lernens war angeblich bedingt durch die
»unnachsichtige Strenge« des Nachhilfelehrers Johannes Benser, eines
Jurastudenten, der bisweilen auch zum Mittel der körperlichen Züchtigung griff. Nachdem die liberaleren reformpädagogischen Bemühungen bei Heinz nicht gefruchtet hatten, schien der Weg zurück zur
Strenge die einzige Lösung zu sein.

Rosalie Koch ließ ihren Sohn, den sie mit »Mein liebes Heinzchen«
anredete, an ihren doppelten Leiden – unter seinen Lastern und unter den Strafen, die sie sich gezwungen sah über ihn zu verhängen –
lebhaft teilnehmen und versuchte, ihm auf diese Weise eindringlich
ins Gewissen zu reden. Doch sie blieb nicht konsequent bei dieser
Linie. Vielleicht ohne es zu bemerken, führte sie ihrem Sohn dann
doch wieder die angenehmen und luxuriösen Seiten des Lebens vor
Augen und berichtete davon, daß auf dem idyllischen Ziegenberg,
wo sie sich aufhielt, eine »lustige Treibjagd« auf zwei Wildschweine
stattfand, die den Garten verwüstet hatten, und daß sie in Kürze
mit Stieftochter (die ja ihre Nichte war) und Tochter sowie deren Ehemann für einige Wochen nach Italien in die Ferien verreisen wolle.[13]
Heinz Koch hat die über ihn verhängten Sanktionen offenbar post-
wendend mit einer Wehklage beantwortet, die die Mutter sogleich
zum Einlenken brachte. Er durfte zwar nicht auf das Familiengut im
Harz kommen, aber sie kündigte ihm an, ihn für zwei Tage in Haubinda zu besuchen und dort auch mit Direktor Lietz über seine weitere Zukunft zu reden.[14] Es nützte allerdings nichts. Heinz mußte Hau-

binda verlassen, und auch Joachims Leistungskurve zeigte im Juni wieder nach unten. Als die Kochs ein Inserat in der protestantischen *Kreuzzeitung* aufgaben, um einen neuen Hauslehrer zu suchen, stand Rosalie Koch unter erheblichem Druck. Die bisherigen Bemühungen um die Erziehung ihrer Kinder waren vergebens gewesen, und allmählich wurde die Zeit knapp. Heinz befand sich bereits in der Pubertät, Joachim war nicht mehr weit davon entfernt. In dieser Situation hofften die Eltern auf einen engagierten und strengen Lehrer, der sich seiner Tätigkeit mit Hingabe widmete. Eine solche Person auch nur für einige Monate zu finden war nicht leicht, denn Studenten, die für eine solche Aufgabe in Frage kamen, hatten andere Dinge zu tun. Eine Enttäuschung hatten die Kochs bereits mit dem erwähnten Nachhilfelehrer Benser erlebt, der zwar anfängliche Lernerfolge bei seinem Zögling erreicht hatte, dann aber bei der Mutter in Ungnade fiel, weil er sich nach ihrer Auffassung nicht hinreichend um Joachim kümmerte. Es war also kein kleines Risiko, sich wiederum auf einen Studenten einzulassen.

Andreas Dippold trat seine Stelle am 1. Juli 1902 an. Zu diesem Zeitpunkt hatte er vier Semester Jura absolviert, zwei davon an der heutigen Humboldt- und damaligen Friedrich-Wilhelms-Universität in Berlin und davor zwei Semester in Würzburg. Was seine Herkunft und biographische Entwicklung anlangt, so stammt er, verglichen mit den Kochs, aus einer anderen Welt. 1879 als eines von neun Kindern eines katholischen Bauern im fränkischen Drosendorf bei Bamberg geboren, war ihm die Perspektive für eine akademische Laufbahn nicht in die Wiege gelegt worden. Die Schule sollte zunächst lediglich dazu dienen, ihn mit gerade so vielen Kenntnissen zu versorgen, wie es für die Arbeit auf dem väterlichen Hof nötig war. Immerhin besuchte er ab 1891 das Gymnasium in Bamberg. Als klar wurde, daß ihm die Welt der Bücher mehr bedeutete als der Acker, wurde er auf eine theologische Laufbahn vorbereitet und kam 1896 in das Bamberger bischöfliche Knabenseminar, aus dem er jedoch alsbald wieder ausschied, um vier Jahre später auf dem Gymnasium in Münnerstadt sein Abitur abzulegen. Seine Lehrer bescheinigten ihm Fleiß, Ehrgeiz und eine gute Auffassungsgabe, so daß einem Studium nichts im Wege stand. Dippold schrieb sich für das Studium der Rechtswissenschaften an der Universität Würzburg ein, vielleicht um noch in der Nähe der Familie zu bleiben, aus deren Welt er sich im wahrsten Sinne des Wortes herausgearbeitet hatte. Sein Studium mußte er sich zumindest teilweise durch Nachhilfeunterricht für Gymnasiasten finanzieren, und doch fand er genügend Zeit, über die rechtswissenschaftlichen Veranstaltungen hinaus auch noch Vorlesungen in Nationalökonomie, Philosophie, Religionswissenschaft und Geologie zu belegen.[15] Ab Herbst 1901 setzte er sein Studium in Berlin fort. Er war neugierig, nahm die Idee des Studium generale ernst, hatte Ambitionen und war unentschieden, ob er in Jura promovieren und danach publizistisch tätig werden oder lieber die Laufbahn eines Mittelschullehrers einschlagen sollte.

Der Jurastudent konnte Erfahrungen mit Nachhilfeschülern vorweisen und hatte im Bewerbungsgespräch offenbar einen überzeugenden Auftritt. Er zeigte sich an grundlegenden Fragen der Erziehung interessiert, wartete mit Kenntnissen pädagogischer Klassiker von Rousseau bis Salzmann und Herbart auf und machte insgesamt den Eindruck, das Erziehungsgeschäft ernsthaft zu verfolgen. Dennoch war Rosalie Koch vorsichtig. Sie erkundigte sich bei einem Universitätsprofessor und einem Kaufmann in Würzburg, deren Söhne Dippold unterrichtet hatte, über die erzieherischen Fähigkeiten des Studenten, und erst als die Bestätigung eintraf, daß er exzellente Arbeit geleistet habe, bot sie ihm unter 40 Bewerbern die Hauslehrerstelle an. Die ersten Julitage verbrachte man in Berlin, aber schon nach kurzer Zeit gab Dippold zu bedenken, daß die Metropole zuviel Abwechslung und Zerstreuung biete, so daß alle pädagogischen Anstrengungen gleich wieder zunichte gemacht würden. Konzentrierte Arbeit mit den Jungen in abgeschiedener Ruhe sei vorzuziehen. Den Eltern kam das gelegen, denn den Rest der Sommerferien wollte die Familie ohnehin auf dem Ziegenberg im Harz verbringen. Und so brach man mitsamt dem Hauslehrer Anfang August 1902 dorthin auf. Rosalie Kochs Hoffnung, eine Person zu finden, die sich ausschließlich ihren Söhnen widmete, ging schnell in Erfüllung. Gleichzeitig konnte sie sich in den ersten Wochen persönlich ein Bild von dem neuen Hauslehrer, seinen Methoden und den Lernfortschritten ihrer Söhne machen.

Kaum in dem für ihn neuen sozialen Umfeld eingerichtet, entschied sich Dippold, sein Studium an der bedeutendsten Universität des Landes zu unterbrechen und der Stelle als Hauslehrer seine ganze Aufmerksamkeit zu widmen. Was mochte einen gerade dreiundzwanzigjährigen ambitionierten Jurastudenten dazu bewogen haben, mit zwei verwöhnten und schulisch zurückgebliebenen Jungen zumindest einige Monate auf einem einsam gelegenen Gut im Harz zu verbringen? Wieso hatte er nicht ein vordringliches Interesse daran, sein Studium rasch abzuschließen und auf einer sicheren finanziellen Grundlage seine weitere Existenz aufzubauen? Mit diesem Vorhaben war er immerhin im Oktober 1901 von Würzburg nach Berlin gewechselt. Einige Monate später allerdings mußte er einen derben Rückschlag hinnehmen. Während seiner Würzburger Studienzeit, zu Weihnachten 1900, hatte sich Dippold verlobt, und zwar mit der jungen Lehrerstochter Josepha Margarete Vorndran aus Mittelstreu, einem nordfränkischen Dorf, wo er ebenfalls Nachhilfeunterricht gab. Mit ihrem Vater Ferdinand Vorndran stand er schnell auf gutem Fuße, redete ihn brieflich mit »Herr Papa« an und bat ihn eindringlich, ihm Geld zu leihen, damit er sich ganz auf sein Studium konzentrieren könne. Noch im Februar 1902, bereits in Berlin, bedankte er sich für die Geldzuwendung, mit der er das kommende Sommersemester finanzieren konnte, doch im Mai kündigte Vorndran seinem Schwiegersohn in spe die Auflösung der Verlobung mit seiner Tochter an. Von einem Tag auf den anderen hatte Dippold seine Verlobte und seine finanzielle Grundlage verloren, und das dürfte ihn vor allem anderen dazu bewogen haben, sich überhaupt auf die Stellenanzeige der Kochs zu melden.

Der Grund für die Auflösung der Verlobung lag bereits etliche Monate zurück, und er sagt einiges über die moralischen Prinzipien und die sozialen Netzwerke in einer streng katholischen Gegend wie dem damaligen Würzburg. Nachdem Dippold sich an der dortigen Universität eingeschrieben hatte, tat er das, was andere Studenten jener Zeit auch taten: Er trat der schlagenden Burschenschaft Adelphia bei, verbrachte Zeit in Studentenkneipen und fand auch den Weg in das Etablissement *Zum Maltesischen Ritter*, wo Prostituierte die sexuell hungrigen Studenten erwarteten. Dort ließ Dippold sich

auf eine amouröse Verbindung ein und zog sich eine Geschlechtskrankheit zu, die ärztlich behandelt werden mußte. Studentische Es-
kapaden »in baccho und in venere« waren, wie die Sexualwissenschaftler damals wußten, an der Tagesordnung. Laut Max Marcuse, einem
Spezialisten für Haut- und Geschlechtskrankheiten, der sich später
auch als Sexualwissenschaftler hervortat, gaben sich in den Animier-
kneipen »der Alkoholteufel und die Venus vulgivaga ein Rendezvous
zu gemeinsamem Beutefang«.[16] Nicht ohne gesundheitliche Folgen.
Nach einer statistischen Erhebung von Alfred Blaschko, einem weiteren Spezialarzt für Geschlechtskrankheiten, waren 1891 und 1892
25% der Berliner Studenten geschlechtskrank, was ihn zu der etwas
gewagten Behauptung führte, »daß in 4 Studienjahren jeder Student
mindestens einmal an einer Geschlechtskrankheit erkranken würde,
eine Thatsache, deren Richtigkeit wohl jeder Eingeweihte zugeben
wird«.[17]

Andreas Dippold ging es nicht anders als vielen seiner Kommilitonen auch. Nur hatte das in seinem Fall zusätzlich gravierende soziale
Konsequenzen, denn das Mißgeschick blieb in der mit guten Beob-
achtungs- und Kontrollsystemen ausgestatteten Kleinstadt nicht verborgen. Kurz gesagt: Die denunziatorischen Kommunikationsflüsse
sollten dem Studenten zum Verhängnis werden. Seine Würzburger Ver-
mieterin kündigte ihm sogleich sein Zimmer und erzählte die Geschichte einer Verwandten weiter, die zufällig eine Mitarbeiterin des
Gymnasialdirektors Dr. Zipperer in Münnerstadt war, wo Dippold
sein Abitur abgelegt hatte. Dieser Lehrer wiederum, der sich noch
gut an seinen ehemaligen Schüler erinnerte, hatte nichts Besseres zu
tun, als den ihm bekannten Pfarrer in Mittelstreu zu informieren, der
den entsetzten Ferdinand Vorndran schließlich – immerhin erst, als
Dippold längst in Berlin war – davon überzeugen konnte, daß der
vermeintlich vorbildliche Jurastudent ein zwielichtiger Charakter sei,
der ihn nicht bloß finanziell übers Ohr gehauen habe, sondern auch
an einer Geschlechtskrankheit leide und somit für seine Tochter eine
ernste Gefahr darstelle.

Das war nur der Höhepunkt einer schmuddeligen Lokalkampagne,
die auch innerhalb der Würzburger Studentenschaft ihre schadenfro-
hen Aktivisten gefunden hatte. Als ein Bundesbruder der Verbindung

Adelphia sich über Dippolds Geschlechtskrankheit lustig machte und keiner der anderen Studenten Anstalten machte, ihn zu verteidigen, war Dippold so gekränkt, daß er aus der Verbindung wieder austrat. So schnell konnte die Reputation in einem so überschaubaren wie restriktiven sozialen Umfeld dahin sein, und das wirft noch einmal ein anderes Licht auf Dippolds Wechsel von Würzburg nach Berlin im Herbst 1901. Zwar war die Verlobung zu diesem Zeitpunkt noch längst nicht gelöst, und der Student wußte auch nicht genau, wer alles über seinen Lebenswandel und seine Geschlechtskrankheit informiert war. Aber es könnte durchaus eine Rolle gespielt haben, daß er von der engen und spießigen Atmosphäre in Würzburg, wo sein Ruf erheblich beschädigt worden war, genug hatte, selbst wenn das bedeutete, von seiner Verlobten erst einmal getrennt zu sein.

Natürlich war das nicht alles. An seinen Vater schrieb er über das Studium an der berühmten Universität:»Berlin: Wuerzburg = 1000:1«. Überhaupt Berlin: Die prosperierende Reichshauptstadt nahm der katholische Bauernsohn als einen Tummelplatz der Möglichkeiten wahr, der Faszinierendes und Befremdliches gleichermaßen bot. Auch wenn der Student aus der Enge der katholischen Kleinstadt entkommen wollte, so hatte er doch all die Vorurteile, Aggressionen und Stereotypien im Gepäck, die jenem Wertedepot entstammten, das ihm das Leben in Würzburg so schwergemacht hatte. Dort war er das Opfer gehässiger Borniertheit gewesen, aber das hinderte ihn nicht daran, sich selbst in diesem Metier hervorzutun. Sein übler weltanschaulicher Horizont geht gleich aus einem ersten Erlebnisbericht an den Vater hervor:»Berlin ist für die Juden in Deutschland (›deutsche Juden‹ gibt es naemlich nicht, ebensowenig wie es deutsche Indianer oder russische Bayern gibt) eine Goldgrube im vollsten Sinne des Wortes. Fast in jedem Laden steht ein Jude u. herrscht ueber mehr oder weniger deutsche Lohnarbeiter. Wie es hier im Geschaeftsleben ist, so trifft man es auch in der Hochschule. Ich habe noch nie soviele Juden beisammen gesehen áls gerade da. So erblickte ich hier gleich am ersten Tage drei Bamberger und zwei Wuerzburger Judensoehne in einer Gruppe vieler Sems Abkoemmlinge.«[18]

Daß der Student in wenigen Wochen mehr Juden zu Gesicht bekam als jemals vorher in seinem Leben, überrascht nicht, denn er wohnte zur Untermiete in der Sophienstraße 10, also im vornehmlich von Juden bewohnten Scheunenviertel. Sein unverblümter Antisemitismus dürfte jedoch kaum auf diese neuen Erfahrungen zurückzuführen sein. Antisemitismus war in Franken bereits um 1900 verbreitet. In der katholischen Landbevölkerung um Bamberg herum, wo Dippold aufgewachsen war, und offenbar auch in seiner Familie war der Haß auf die Juden an der Tagesordnung, und er hätte kaum so unverhohlen geschrieben, wenn er sich in diesem Punkt mit seinem Vater nicht einig gewesen wäre. Nun spielt Antisemitismus im weiteren Verlauf dieser Geschichte keine zentrale Rolle, und doch ist die kategorische Behauptung des Studenten, es könne gar keine »deutsche Juden« geben, ziemlich aufschlußreich, denn sie legt nahe, daß er seinen Antisemitismus nicht religiös oder sozial, sondern biologistisch begründete. Eingesponnen war dieser Biologismus in eine Weltsicht, von der der französische Arzt Ambroise-Auguste Liébeault, Begründer der Hypnose-Schule in Nancy, scharfsinnig – und von Freud in schnörkelloses Deutsch übersetzt – bemerkt hatte: »Ohne sich davon Rechenschaft zu geben, eignet man sich moralische und politische Ansichten, Familien- und Rassenvorurtheile an, nimmt man die Vorstellungen in sich auf, welche die Atmosphäre, in der man lebt, erfüllen. Es giebt sociale und religiöse Grundsätze, welche vor dem Richterstuhle des gesunden Menschenverstandes, geschweige vor dem der Vernunft nicht bestehen können, und an die man doch bereitwillig glaubt, die man doch wie sein Eigenthum vertheidigt.«[19]

Berlin war für den Studenten ein faszinierender und zugleich zwiespältiger Ort, zumal Würzburg seine Spuren bei ihm hinterlassen hatte. Dippold mied Prostituierte vermutlich ebenso wie Studentenverbindungen. Es ist schwer zu sagen, ob er wegen seiner schlechten Erfahrungen mißtrauisch und eigenbrötlerisch wurde, jedenfalls konzentrierte er sich auf sein Studium und pflegte nur wenige soziale Kontakte. Ob das für ihn ein hinreichendes Motiv war, Berlin nach zehn Monaten wenigstens zeitweise wieder den Rücken zu kehren, wissen wir nicht. Sicherlich stand seine finanziell prekäre Lage im Vordergrund. Später erwähnte er sogar, daß Bankdirektor Koch ihm bei einer erfolgreichen Erziehung seiner Söhne zugesagt habe, den Rest des Studiums zu finanzieren. Sollte das zutreffen, so stand er gleich von Anfang an unter Erfolgsdruck, denn die Aussicht, seine finanziellen Sorgen längerfristig loszuwerden, war für ihn wohl das entscheidende Moment seines Hauslehrer-Engagements. Hinzu kam ein wachsender pädagogischer Ehrgeiz, Heinz und Joachim Koch zum Lernen anzuhalten und sie auf ein schulisches Niveau zu bringen, das ihrem Alter entsprach.

Der Hauslehrer schlug den Kochs eine ganze Reihe von Maßnahmen vor, die sich aus den Briefen, die im Spätsommer und Herbst 1902 zwischen Berlin und Ballenstedt hin- und hergingen, einigermaßen gut rekonstruieren lassen. Nachdem Rudolf Koch Mitte August nach Berlin zurückgekehrt war, schrieb er an den Hauslehrer, daß er dessen Vorschläge mit großem Interesse zur Kenntnis genommen habe: »Ich folge also Ihrem Rath und hoffe mit Ihnen auf ein gutes Resultat. Was Heinz anbetrifft, so halte ich eine sehr straffe Zucht mit Bezug auf Unterricht für durchaus nothwendig.«[20] Wie seine Frau einige Monate zuvor sah auch das Familienoberhaupt in einem strengen Umgang mit seinem älteren Sohn den einzig erfolgversprechenden Weg. Nachdem einige Tage später auch Rosalie Koch vom Ziegenberg abgereist war und die beiden Jungen ganz ihrem neuen Lehrer überlassen blieben, meldete dieser nach Berlin, daß es mit der Erziehung einige Schwierigkeiten gebe. Die Jungen, so klagte er, würden geschickt seine Autorität untergraben, indem sie sich auf die Worte der Eltern beriefen. Wohlgemeinte, aber unbedachte Äußerungen, verfrühtes Lob, falsch formulierte Aufmunterung und ähnliches drohten seine Erziehungsbemühungen zunichte zu machen. Daher sei sein Vorschlag, die Eltern mögen vorerst keinen direkten brieflichen Kontakt zu ihren Söhnen unterhalten, ohne daß er davon Kenntnis habe. Das überzeugte die Kochs, und sie ließen es zu, daß der Hauslehrer die Kommunikation zwischen ihnen und ihren Söhnen kanalisierte. Die Jungen bekamen die Briefe der Eltern erst dann in die Hand, wenn Dippold sie gelesen hatte; und umgekehrt kontrollierte er den Informationsfluß von den Kindern an die Eltern.

Mit wenigen Vorschlägen und Maßnahmen erwarb sich der Hauslehrer weitreichende Befugnisse im Leben der Bankiersfamilie. Die Eltern scheinen das vor allem als Entlastung wahrgenommen zu haben, und auch für die Jungen war das zunächst kein allzu großes Problem. Oft genug hatten sie zu hören bekommen, daß ihre schulischen Leistungen weit davon entfernt waren, den an sie gestellten Erwartungen zu entsprechen. Zumindest Joachim hatte bereits Erfahrungen mit einem strengen Nachhilfelehrer gesammelt, und anscheinend verstanden es beide Brüder, ihre Spielräume geschickt auszunutzen. Dabei kam ihnen sicherlich zugute, daß der Aufenthalt auf dem Ziegenberg quasi ein Heimspiel für sie darstellte. Das Dienstpersonal war ihnen aus Sympathie oder aus Ergebenheit gegenüber den Eltern wohlgesonnen, in Ballenstedt waren sie gut bekannt, und nicht weit entfernt, in Quedlinburg, lebte eine ihrer Halbschwestern, die mit ihrem Ehemann hin und wieder nach dem Rechten sah. Ob der Hauslehrer sich als Fremder in dieser wiederum überschaubaren, miteinander vertrauten Gemeinschaft von Anfang an unwohl gefühlt und in seiner Autorität beschränkt gesehen hat, wissen wir nicht. Klar ist hingegen, daß er und seine Schüler gleichermaßen in der Erwartung lebten, die Erziehungskonstellation auf dem Familiengut müsse in absehbarer Zeit auch zum Erfolg führen.

Es war vereinbart worden, regelmäßig Probearbeiten der Jungen nach Berlin zu schicken, um die Lernfortschritte zu dokumentieren. Die Resultate waren ernüchternd. Nachdem sie zwei solcher Arbeiten gesehen hatte, sorgte sich Rosalie Koch vor allem um die schulischen Leistungen von Heinz. Die Briefe an die Jungen, die sie gemeinsam mit einem Schreiben an den Hauslehrer losschickte, damit dieser sie vorher lesen und mit ihnen besprechen könne, waren ganz im Sinne des Erziehers. Mit einer Mischung aus Urteil und Drohung, Selbstmitleid und Appell, Schärfe und Nähe unterstützte sie das anscheinend strenge Regime Dippolds. Gegenüber Joachim mokierte sie sich über eine schlechte Französischarbeit – ein »trauriges Machwerk« – und ermahnte ihn zum Fleiß, um dann eine deutliche Drohung auszusprechen:»Denke an Weihnachten, kleiner Joachim, es wäre doch zu jämmerlich für Dich u für uns, wenn Du nicht kommen dürftest.«

Mochte hier noch der Appell an das kindliche Gemüt bestimmend sein, so ging sie mit ihrem älteren Sohn schärfer ins Gericht und hob ihre empörte Ratlosigkeit gleichsam ins Prinzipielle:»Schlage die Hand, die wir Dir durch Herrn Dippold bieten, nicht aus, sondern nutze jeden Augenblick, damit Du es nicht bitter bereuen mußt, wenn es zu spät ist. Wie unglücklich Du mich noch ganz besonders durch Deine Faulheit machst, habe ich Dir oft genug wiederholt u ich kann Dir nur rathen, mißbrauche meine Geduld nicht zu lange, sonst könnte für uns beide ein recht trauriges Ende davon kommen.« Im Klartext: Dieser Hauslehrer ist der letzte Liebesdienst, den wir dir erweisen; wenn du das ausschlägst, so wirst du aus der Familie verstoßen. Die Mitteilung an den Lehrer enthielt einen noch vorsichtigen, verklausulierten Hilferuf. Und Dippold konnte auch feststellen, daß die Bankiersgattin es nicht über sich brachte, den Brief an Heinz mit so eisigen Worten zu schließen, denn am Ende schrieb sie, daß zu Hause eine schöne Uhr für Heinz bereitliege, »die ich Dir aber unmöglich als Belohnung für eine solche Arbeit schicken kann«.[21]

Wie die beiden Jungen auf ihre neue Lebenssituation reagierten, läßt sich nur indirekt erschließen, da ihre Briefe an die Eltern sich nicht erhalten haben. Ob diese Schreiben nun Rechtfertigungen für die offensichtlich schwachen Leistungen enthielten und Besserung gelobten oder eher beschönigende Nachrichten enthielten, muß dahingestellt bleiben. Spontane und ehrliche Berichte jedenfalls können es angesichts der Kontrolle durch den Hauslehrer nicht gewesen sein. Das blieb nicht ohne Konsequenzen, denn die strengen Briefe aus Berlin führten zu einer allmählichen Entfremdung zwischen Mutter und Söhnen. Dadurch gerieten die Jungen fast zwangsläufig in immer größere Abhängigkeit von ihrem Lehrer. Dieser wiederum versuchte in seinen Briefen nach Berlin eine doppelte Botschaft zu vermitteln: Einerseits berichtete er von Fortschritten, andererseits hob er den erschreckenden Wissensrückstand seiner Schüler hervor, der die Schwere seiner Aufgabe nur noch deutlicher machen sollte. Der Student gab viel auf seine erzieherische Expertise und war fest davon überzeugt, ein regelrechtes Erziehungssystem aufbauen zu können, das sogar wissenschaftlichen Ansprüchen genügte. Hier kamen mehrere Aspekte zusammen.

Zweifellos wollte der Bauernsohn dem Geldadel mit seiner Gelehrsamkeit imponieren und stand zudem unter dem Eindruck, sich fortwährend legitimieren zu müssen. Unabhängig davon allerdings nahm er seine Aufgabe ziemlich ernst, was er dadurch unterstrich, nicht seine persönliche Autorität oder Erfahrung als Nachhilfelehrer in den Vordergrund zu stellen, sondern ein belastbares pädagogisches Wissen, das die von ihm getroffenen Entscheidungen und Maßnahmen unterfüttern sollte. Mehr und mehr setzte sich in Dippolds Kopf die Idee fest, daß er seine pädagogische Begabung an den schwierigen Fällen Heinz und Joachim Koch unter Beweis stellen müsse. Was aber waren die Maßnahmen des Hauslehrers? Was an ihnen war nach damaligen Maßstäben »pädagogisch« zu nennen? Und wo überschnitten sich seine Vorstellungen mit jenen Lehren, Regeln und Bemühungen, die in der Pädagogik der damaligen Zeit kursierten?

Die Reformpädagogik mit ihrem auf die Gesamtpersönlichkeit der Kinder zielenden Ansatz ist bereits kurz angesprochen worden, doch die Aufbruchstimmung um 1900 war wesentlich breiter. *Lebensreform* – das war das Zauberwort für eine Bewegung, mit der den Folgekosten der industriellen und technisierten Moderne begegnet werden sollte, die mehr und mehr Menschen in die von Verkehr, Lärm und Hektik geprägten Städte spülte. Auch wenn sich ganz unterschiedliche Tendenzen unter diesem Begriff versammelten, stimmten sie doch darin überein, daß an der Lebensweise jedes einzelnen angesetzt werden müsse. Das beinhaltete gesunde Ernährungsweise und sorgfältige Körperkultur, was auch hieß, den nackten Körper in der freien Natur nicht zu verstecken. Intensive sportliche Betätigung und Abhärtung mit Kaltwasserduschen gehörten ebenso zum Programm wie insgesamt eine hohe Wertschätzung der Natur, die zwar rousseauistisch gestimmt war, jedoch weniger zum Ziel hatte, aus dem modernen Leben ganz auszusteigen – das taten nur einzelne Avantgardisten der Lebensreformbewegung. Vielmehr ging es darum, den Geist von dekadenten Gewohnheiten zu befreien und zu einer spontanen, kräftigen Lebendigkeit zurückzufinden, die wiederum für das individuelle Fortkommen und den gesellschaftlichen Fortschritt nützlich sein sollte.[22] Die Gymnasien, so eine im Kaiserreich vielfach zu hörende Ansicht, brächten im wesentlichen vergeistigte Schwächlinge hervor. Die Reformpädagogik versuchte darauf zu reagieren, indem sie den Körper in den Vordergrund rückte.

Über welche Kenntnisse der Lebensreform Andreas Dippold im einzelnen verfügte, muß offenbleiben, doch immerhin befolgte er

ihre Maximen in verschiedener Hinsicht. Heinz Koch war ein über-
gewichtiger, phlegmatischer Halbwüchsiger, als er in die Hände des
Hauslehrers geriet, was vermuten läßt, daß man es in Haubinda mit
der körperlichen Ertüchtigung vielleicht doch nicht ganz so ernst
meinte. Immerhin zeigten sich bei Heinz in diesem Punkt auf dem
Land schnell sichtbare Fortschritte. Dippold ließ die Jungen früh
aufstehen, kalt duschen, regelmäßig turnen, laufen, schwimmen und
Holz hacken und unternahm mit ihnen ausgedehnte Wanderungen
im Harz. Hin und wieder sah man Lehrer und Schüler gänzlich nackt
beim Ballspiel oder Schwimmen. Auch die Ernährung wurde um-
gestellt. Waren die beiden bis dahin üppige Mahlzeiten gewohnt, so
gab es nun vor allem fettarme Kost und viel Gemüse. Ob der Hauslehrer damit auch so etwas wie ein asketisches Ideal vermitteln wollte,
wissen wir nicht, aber jedenfalls konnte er stolz nach Berlin melden,
daß Heinz schon deutlich an Gewicht verloren habe. Mit Sport und
Spiel im Freien konnte Andreas Dippold seine Schüler begeistern.

Mit den geistigen Fortschritten hingegen haperte es, denn anscheinend hatten die beiden bis dahin noch nicht recht eingesehen, wieso
sie überhaupt Lernanstrengungen unternehmen sollten. Also ging es
hier um grundsätzlichere Dinge als nur die Fähigkeit, konzentriert
zu lernen. Es mußte ein Erkenntnisprozeß eingeleitet werden, der überhaupt erst die Voraussetzung für bessere schulische Leistungen darstellte. Dippold sah hier ein weitgehendes Defizit und schrieb an
die Mutter:»Beiden Jungen als leitende Norm einzuprägen, dass geistige Arbeit kein notwendiges, irdisches Uebel, und die Befreiung davon kein anzustrebendes Ziel sei, sondern dass Arbeit unseres Daseins
ureigenste Zweckbestimmung ist, war von vorneherein meine Absicht;
doch bislang zeigten beide kein Verständnis dafür. Diese Indifferenz
machte nun bei beiden der besseren Einsicht von der ernsten Wahrheit obiger Idee Platz und sie bekennen mir nun, selbst schon das
Gefühl der Selbstbefriedigung nach gethaner Arbeit zu bekommen –
das gilt mir vorläufig viel.« Rosalie Koch mag solche Sätze dankbar
als Bestätigung ihres bürgerlichen Wertekanons aufgenommen haben.
Der Hauslehrer hatte hohe Ansprüche an seine beiden Zöglinge, aber
auch an sich selbst. Er hatte ihnen zu vermitteln, daß Lernbereitschaft
und Engagement nicht Folge einer Einsicht in bestimmte Notwendig-

keiten darstellen – beispielsweise, der Mutter einen Liebesdienst zu erweisen –, sondern Ausdruck einer reifenden Persönlichkeit sind, die es durch strenge Anleitung und Kontrolle zu unterstützen gilt.

Das war ein ehrgeiziges Vorhaben, doch auf die Qualität der abzuliefernden Arbeiten hatten die angeblich neuen Einsichten der Jungen noch keinen Einfluß. Der Hauslehrer ließ sich dadurch nicht entmutigen und erweiterte seinen Erziehungsplan um den Vorschlag, den Unterricht bis Ostern 1903 fortzuführen, um seine Schüler eine öffentliche Aufnahmeprüfung für das Realgymnasium absolvieren zu lassen und zu sehen, für welche Klasse sie in Frage kämen.[23] In diesem Zusammenhang versuchte Andreas Dippold, seinen Handlungsspielraum noch einmal zu vergrößern. So bat er Rosalie Koch darum, ihre Söhne keineswegs zu loben, um die gerade erwachende Motivation nicht gleich wieder zu unterminieren. Die Mutter nahm sich das sehr zu Herzen und schrieb an ihren jüngeren Sohn, daß er »zu der ganz minderwertigen Sorte von Jungen [gehöre], die nur durch erneute geistige Peitschenhiebe zu ihrer Pflicht zu bringen sind. Schäme Dich Joachim!« Und an den älteren: »Raffe Dich auf Heinz, nur wer mit Lust u Liebe lernt, nur wer die Arbeit als Triebkraft alles Guten in der Welt ansieht, wird ein glücklicher Mensch, Faulenzen führt zum Untergang.«[24]

Im Grunde wiederholte sie damit nur das, was der Hauslehrer ihr wenige Tage zuvor geschrieben hatte: Arbeit als Zweckbestimmung des Menschen. Dennoch war Rosalie Koch keine ahnungslose Frau, die bloß den Suggestionen eines geschickten Manipulators aufsaß. Sie äußerte ihre Meinung im schroffen begrifflichen Horizont der Zeit, die Rede von der Minderwertigkeit[25] und auch die Gewaltphantasie der geistigen Peitschenhiebe waren keine Ausrutscher. Daß diese Worte an ihren jüngeren Sohn gerichtet waren, während sie an Heinz beschwörende Appelle richtete, mag ein Hinweis darauf sein, wem ihre größeren Sympathien galten. An den Hauslehrer schrieb sie, mit einem Seufzer der Erleichterung, daß wenigstens die voranschreitende körperliche Konstitution von Heinz ein »Schreckgespenst« vor ihrem inneren Auge vertreibe. Dann aber brach es aus ihr heraus: »Es bedeutet ja mein ganzes Lebensglück, wenn aus diesen beiden Jungen tüchtige Menschen werden u die Ärmsten sind, wie andere Menschen, erstens durch Vererbung u zweitens durch verführerische Verhältnisse den Versuchungen des Lebens ausgesetzt.«[26] Wie ist ein solcher Satz zu verstehen? Gehörte es schon damals zu den Binsenweisheiten, daß die Menschen Produkte ihrer biologischen Mitgift und ihrer Umwelt sind? Rosalie Koch dürfte kaum über eine genauere Kenntnis der von dem britischen Eugeniker Francis Galton angestoßenen Diskussion über *nature* und *nurture* verfügt haben, die um die Jahrhundertwende Teil der Auseinandersetzungen um das Verhältnis von Natur und Kultur darstellte.[27] Wohl aber waren Vorstellungen von der Vererbung charakterlicher Eigenschaften, gerade wenn es um menschliche Schwächen oder Stärken ging, fester Bestandteil der Alltagspsychologie; und daran geknüpft war zudem die Vorstellung von einer biologisch verankerten Schicksalhaftigkeit, die sich nur durch große Anstrengungen durchbrechen ließ. Zugleich war sich die Bankiersgattin durchaus darüber im klaren, daß das luxuriöse großbürgerliche Leben, welches sie mitverantwortete, auf die Kinder keinen günstigen Einfluß hatte. Eine echte Alternative zu diesem Leben stellte natürlich auch der durch das Dienstpersonal angenehm gestaltete Alltag auf dem Ziegenberg nicht dar, aber wenigstens wurden ihre Söhne durch den Hauslehrer mit anderen Werten vertraut gemacht, zumal er sie ihnen nicht nur predigte, sondern auch vorexerzierte. Das imponierte Rosalie Koch, und sie begann, dem jungen Hauslehrer ihr Herz auszuschütten, bot ihm Einblick in ihre familiären Verhältnisse und offenbarte sogar vermeintliche erbbiologische Zusammenhänge, die das Verhalten und den Charakter der Brüder erklären sollten. Damit lieferte sie dem Hauslehrer in erster Linie das Material für seine eigene Version der Familiensituation und der Konstitution der Jungen.

Dippolds Briefe aus dieser Zeit waren alle nach demselben Muster gestrickt. Er betonte die harmonische Atmosphäre innerhalb der neuen Gemeinschaft, strich die gute Gesundheit der Jungen heraus, berichtete über die ausgiebigen körperlichen Aktivitäten und Fortschritte, mußte allerdings auch einräumen, daß es mit den geistigen Leistungen nicht recht voranging. Zwar seien Einsicht, gute Vorsätze und Bemühen unübersehbar, in verbesserten Leistungen schlug sich das jedoch kaum nieder. Das war für den Hauslehrer enttäuschend, aber es scheint seinen pädagogischen Ehrgeiz nur noch weiter beflügelt zu haben. Von irgendwelchen Konflikten mit den Jungen ist nicht die Rede. Mehrfach erwähnt wird eine »unbedeutende« Beinverletzung Joachims, die unglücklicherweise nicht ganz so schnell verheilte, wie es der konsultierte Ballenstedter Arzt Dr. Haring in Aussicht gestellt hatte.[28]

Derselbe Arzt behauptete ein Jahr später, er habe sofort gesehen, daß diese Verletzung von Schlägen herrühre[29] – aber das hat er den Eltern im September 1902 nicht mitgeteilt. In Berlin stellte sich angesichts der Dippoldschen Briefe ein vorsichtiger Optimismus ein, der in gutgelaunten, aufmunternden Briefen an die Söhne zum Ausdruck kam. Rudolf Koch war in Hannover plötzlich erkrankt. Noch nicht vollständig genesen, schrieb er: »Vor allem hat mir der Arzt artige, fleißige Jungens verschrieben, welche mir nur Freude und keinen Kummer machen dürfen. [...] Ich bin sehr begierig darauf Euch Weihnachten als schlanke Jünglinge mit kräftigen Muskeln und scharfem Verstande wiederzusehen. Herrn Dippold bin ich sehr dankbar, daß er Euch so gut führt.«[30] So stellte der Vater sich das vor: Vier Monate wurde er von seinen ungehorsamen Söhnen verschont, um sie dann als gut entwickelte Jünglinge gleichsam wie ein Geschenk unterm Weihnachtsbaum präsentiert zu bekommen. In der Zwischenzeit überzeugte sich Rosalie Koch persönlich vom Fortgang des Erziehungsprogramms; und sie gewann einen guten Eindruck, als sie Ende September einige Tage im Harz verbrachte. Zurück in Berlin, schrieb sie dankbar und erleichtert an den Hauslehrer: »Sie haben mir eine große Freude bereitet durch Ihr verständnisvolles u treues Wirken an unseren Jungen.«[31]

Im Oktober unternahmen Lehrer und Schüler eine Reise durch Thüringen, die sie auch kurz nach Haubinda führte, um einige dort verbliebene Sachen von Heinz zu holen. Zurück in Ballenstedt, liefen die Vorbereitungen für eine offizielle Prüfung an, die die beiden Brüder bei einem Gymnasiallehrer aus Halberstadt ablegen sollten, um so ihren Kenntnisstand zu testen. Das war der erste Schritt auf dem Weg zur geplanten Versetzung ins Realgymnasium zu Ostern des darauffolgenden Jahres. Allzu zuversichtlich gab sich der Hauslehrer allerdings nicht. Neben dem Unterricht in den verschiedenen Fächern

war er nach wie vor damit beschäftigt, die »mangelhaften, vorhandenen Ideen [der Jungen] zu sichten, klaeren und mit Erklaerungen und
neuem Aufbau zu einer grundlegenden Basis fuer weiteres Studium
zu verdichten«.[32] Es blieb also ein mühsames Geschäft, die Brüder
davon zu überzeugen, daß Fleiß, Disziplin und Arbeit die menschliche Zweckbestimmung ausmachen. Die Mutter sekundierte aus Berlin und schrieb an Heinz: »Würdest Du wohl jetzt noch eine Zigarette
rauchen, wenn sie Dir angeboten würde u bei Wertheim Visitenkarten bestellen? Ich bin ja so froh u dankbar, daß Herr Dippold euch
so vernünftig fürs Leben u für Eure Pflicht vorbereitet. Es gibt jetzt
gar viele so unglückliche junge Menschen die sich u Andern zur Last
leben, weil sie nichts wissen u nichts können als genießen u so ihren
Körper auch noch ruiniren u das sind meist Söhne aus wohlhaben-
dem Hause.«[33]

Mit Zigaretten und Visitenkarten hatte Heinz Koch also bereits Be-
kanntschaft geschlossen, zum offensichtlichen Entsetzen seiner Mutter, die dem aber auch nichts weiter entgegenzuhalten wußte als die
Autorität des Hauslehrers. Auf diesen wiederum dürften solche Sätze ihre Wirkung kaum verfehlt haben. Seine Briefe an die Kochs
waren von ausgesuchter Höflichkeit bis hin zur Ehrerbietigkeit, doch
wenn der Bauernsohn, der sich stets nach seinem Lebensunterhalt
umsehen mußte, einen gewissen Vorbehalt gegenüber dem Lebensstil
der Reichen gehegt haben sollte, so wurde er hier genährt durch den
Widerspruch, einerseits in großem Wohlstand zu leben und diesen
andererseits für verfehlte Persönlichkeitsentwicklungen verantwortlich zu machen.

Vorerst richtete sich die Aufmerksamkeit ganz auf den Prüfungster-
min, für den auch Rosalie Koch ihr Kommen ankündigte. Sie schien
sich auf diesen Tag zu freuen, auch wenn Dippold die Erwartungen
noch einmal etwas zu dämpfen versuchte und schrieb, daß beide
Knaben trotz Mühe und Eifer »noch gar viele Zerstreuungen zu be-
kaempfen« hätten.[34] Atmosphärisch mag der Prüfungstag angenehm
verlaufen sein, doch die dürftigen Ergebnisse gaben dem Hauslehrer
weitgehend recht. Die Beurteilung des Halberstädter Gymnasialleh-
rers wurde direkt an Direktor Koch nach Berlin geschickt, der sich
damit abzufinden hatte, daß sein fast vierzehnjähriger Sohn auf der

Stufe eines Quintaners und sein fast zwölfjähriger Sohn auf der Stufe eines Sextaners rangierten.[35] Für Rudolf Koch war das eine schwere Enttäuschung, aber auch Dippolds zwei Monate zuvor geäußerte Hoffnung, Heinz bis Ostern für die Untertertia zu präparieren, stellte sich nun als unrealistisch heraus. Einzig Rosalie Koch nahm das Ergebnis nicht so tragisch, weil sie ihre Söhne in guten Händen zu wissen glaubte. Sie war frohen Mutes und hoffte, »daß die Hauptschwierigkeiten überwunden sind u beim nächsten Examen schon mehr Fortschritte zu constatiren sind«. Im vollen Vertrauen auf die Fähigkeiten und das große Engagement des Hauslehrers schmeichelte sie ihm mit der Versicherung, »nur immer wieder [zu] bedauern, daß Gott Sie uns nicht schon zwei Jahre früher zugeführt hat«.[36]

Auch für ihre beiden Söhne fand Rosalie Koch aufmunternde Worte und spornte sie an, nicht den Mut zu verlieren, wenn Dippold streng sei und ihnen »scharfe Vorwürfe« mache wegen ihrer schwachen Leistungen.[37] Ob es sich nur um Vorwürfe oder auch um Sanktionen handelte, wissen wir nicht. Ebenfalls unklar ist, ob die Jungen auf irgendeine Weise Beschwerden über ihren Hauslehrer an die Adresse ihrer Eltern richteten. Sicher ist nur, daß die Mutter um die harte Gangart wußte, die der Hauslehrer eingeführt hatte. Auch gab sie sich über die intellektuelle Entwicklung ihrer Söhne keinerlei Illusionen hin. Die große Enttäuschung ihres Mannes erklärte sie damit, daß dieser über den wahren Stand der Dinge nicht genau im Bilde gewesen sei. Sie hatte ihn in den Monaten zuvor darüber im unklaren gelassen, sei es, um die Kinder vor möglichen Vorwürfen zu schützen, sei es, um sich selbst aus der Schußlinie zu nehmen, denn sie machte gegenüber Dippold auch keinen Hehl daraus, daß die Verantwortung für die Erziehung allein ihr oblag und das Ehepaar in dieser Angelegenheit nicht an einem Strang zog. Rosalie Koch sah sich in erster Linie als Vermittlerin: zwischen ihren Kindern und ihrem Mann, zwischen diesem und dem Hauslehrer und nicht zuletzt zwischen Dippold und den Jungen. Das war die klassische Rolle, die bürgerliche Frauen um 1900 einnahmen. In ihren Briefen versuchte sie Erklärungen für die dürftigen Leistungen ihrer Söhne zu geben, und umgekehrt warb sie diesen gegenüber um Verständnis für die Strenge ihres Lehrers. Nur eines versäumte sie: ihren Söhnen Gehör zu schenken.

Deren Einschätzung der Situation scheint für die Mutter keine Rolle gespielt zu haben, womöglich weil sie ihnen wegen ihrer schwachen Leistungen und ihrer mangelnden Selbstdisziplin keine hinreichende Beobachtungs- oder Reflexionskraft zutraute. Das hatte jedoch zur Folge, daß die kommunikativen Barrieren zwischen ihr und vor allem ihrem älteren Sohn immer höher wurden.

Für den Hauslehrer war durch die Prüfungen ebenfalls eine neue Situation entstanden. Zwar genoß er das volle Vertrauen der Eltern, aber er benötigte gewisse Erfolge, die er dadurch zu erreichen glaubte, daß er sein Engagement noch weiter intensivierte und seine Schüler noch enger an sich band. Vermutlich ist auch hier von einem reform-pädagogischen Ansatz auszugehen, der ja gerade darin bestand, die Kinder aus dem Einflußkreis der Familie herauszulösen und eine enge emotionale Verbindung zwischen Schüler und Lehrer aufzubau-en, die diesen zum geistigen und sittlichen Führer erhob. Als ein sol-cher Führer verstand sich auch Andreas Dippold. So gab er den Kochs zu bedenken, daß es während des Weihnachtsaufenthalts in Berlin vielleicht ratsam sei, die Jungen nicht im Elternhaus übernachten zu lassen wegen der »vielen Weihnachtsbesuche«. Besser würde er mit den beiden in der Nähe der Kochschen Villa im christlichen Hospiz am Brandenburger Tor wohnen. Um die Ernsthaftigkeit des Vorschla-ges zu untermauern, behauptete er, dieser Gedanke sei ursprünglich von Heinz ausgegangen.

War das der Fall? Hatte sich das der Junge aus einem gewissen Trotz und Ärger über seine Eltern selbst ausgedacht, oder hatte der Lehrer ihm diesen Vorschlag mehr oder weniger nahegelegt? Wie dem auch sei, die Kluft zwischen Eltern und Kindern wurde dadurch nicht klei-ner. Sie von dem gesellschaftlichen Trubel im Berliner Elternhaus fernzuhalten war eine Sache, doch die Aussicht, über Weihnachten nicht zu Hause zu übernachten, zielte auf etwas anderes: Wenn die Jungen nicht einmal in den Ferien Ruhe vor ihrem Hauslehrer haben sollten, war das ein sichtbares Zeichen für die neuerliche Ausdehnung seines Erziehungsanspruchs.

Daneben dachte Dippold aber auch an sich selbst und seine wei-tere Existenz. Er erinnerte Rosalie Koch daran, daß er sein Studium vollständig selbst finanzieren müsse, und bat um eine signifikante Ge-

haltserhöhung, die es ihm ermögliche, sich nach seiner Erziehungstätigkeit für die Kochs, die seine Zeit ja völlig in Anspruch nehme,
wieder ganz auf sein Studium zu konzentrieren. Diese Bitte ging nicht
ab ohne die Bescheidenheitsgeste, daß es ihm unangenehm sei, sich
überhaupt für eine Tätigkeit bezahlen zu lassen, für die er »volle Selbstbefriedigung« empfinde.[38]

Ungeachtet möglicher tiefenpsychologischer Deutungen bleibt zu
konstatieren, daß der Hauslehrer Erziehung als seine Herzensange-
legenheit darstellte, die letztlich nicht in Geldwährung aufzuwiegen
sei. Das Ehepaar Koch war für solche Gesten empfänglich. Postwen-
dend erhielt der Hauslehrer einen freundlichen Brief von Rudolf
Koch, in dem dieser zum Ausdruck brachte, »daß auch ich von Ihren
Bestrebungen im Interesse meiner Söhne in jeder Beziehung voll befriedigt bin, [...] und habe den starken Wunsch, daß Sie die Entwicklung der Knaben auch in Zukunft leiten«.[39] Darüber hinaus schlug er
vor, das Jahresgehalt auf 2000 Mark zu erhöhen, ein Betrag, der ungefähr dem entsprach, was junge Ärzte und Rechtsanwälte nach ihrem
Studium verdienten. Das hätte Dippold erlaubt, mindestens ein weiteres Jahr sorgenfrei zu studieren. Und schließlich fand Koch, der
seine Söhne monatelang nicht gesehen hatte, die Idee sympathisch,
sie zu Weihnachten außerhalb des Elternhauses unterzubringen. Seinen beiden Söhnen hatte der vielbeschäftigte Bankier nichts mitzuteilen, von seinem Unmut über die Prüfungsergebnisse erfuhren sie allenfalls indirekt.

Statt dessen erinnerte die Mutter sie drei Tage später daran, ihrem
Vater zum bevorstehenden Geburtstag Glückwünsche zu senden und
nicht zu vergessen, »daß seine Tüchtigkeit u sein reger Fleiß von Jugend an Euch Euer schönes Leben jetzt ermöglicht. Nicht alle Kinder haben es so schön wie Ihr u können mit solchem Stolz an ihrem
Vater in die Höhe sehen.« Im gleichen Atemzug stellte sie auch sich
selbst als Vorbild für die Jungen hin und versuchte sie mit einer Mischung aus protestantischem Pflichtgefühl, Frömmigkeit, Dankbarkeit gegenüber der eigenen privilegierten Situation und Bewunderung
für große Männer anzuspornen: »Denkt einmal, ich unterstütze jetzt
eine arme Familie, die theilt zu 8 Personen 2 Betten u Geld um alle
Tage heizen zu können, haben sie auch nicht, denn der Vater hat seine

Familie im Stich gelassen u die arme Mutter muß die ganze Kinder-
schar mit Nähen von Knopflöchern ernähren, also bekommen sie auch
nicht viel Erwärmendes in den Leib. Wenn Ihr daran denkt, dann
könnt Ihr wohl die zwei Minuten schon ein bischen Kälte vertragen,
nicht wahr? Jeden Morgen sehe ich mir Euren Stundenplan an u denke an Euch u bitte den lieben Gott, daß er Euch Aufmerksamkeit
u Lust u Liebe zum Lernen schenkt. Um 7 ½ Uhr bin ich fertig mit
Anziehen u dann lese ich bis 8 Uhr Kirchengeschichte die mich sehr
interessirt u dann weiß ich immer dankbar wieviel Genuß man sich
verschaffen kann durch das was große u tüchtige Männer gedacht u
geschrieben haben u ob wohl meine kleinen Jungen auch einmal ihr
Bestes einsetzen werden um ein für sie u ihre Mitmenschen segens-
reiches Leben zu führen? Ihr habt jetzt so wunderbare Gelegenheit
Euch zu bilden nach jeder Richtung, nutzt die Zeit, geliebte Jungen,
sie kommt nicht wieder.«[40]
   Kompakter lassen sich Aufgaben- und Habitusverteilung der Ge-
schlechter sowie die Anforderungen an männliche Nachkommen im
bürgerlichen Selbstverständnis um 1900 kaum zusammenfassen.[41]
Vermögende Frauen kümmerten sich in wohltätiger Weise um sozial schwache Familien, insbesondere solche, bei denen die Frau allein
mit ihren Kindern dastand. Weil Philanthropie weibliches Terrain
war und die männlichen Mitglieder einer reichen Familie kaum mit
sozial Schwächeren in Kontakt kamen – vom Dienstpersonal einmal
abgesehen –, war es üblich und eine Frage des guten Tons, daß die
Mutter ihre Söhne bisweilen an das Elend in der Welt erinnerte. Dem
Vater, ein Vorbild an Arbeitsethos und Disziplin, war zum Geburtstag Dankbarkeit zu erweisen. Das »bischen Kälte« zu ertragen bezog sich darauf, daß der Hauslehrer die Jungen auch bei empfindlich
kühlen Novembertemperaturen im Harz am frühen Morgen zu einer
Viertelstunde Dauerlauf auf dem Gutsgelände anhielt. Unannehmlich-
keiten des Alltags wie diese, die zum Programm der Männlichkeitser-
ziehung gehörten, sollten vor dem Hintergrund des sonstigen bequemen und sorglosen Lebens bewältigt werden. Natürlich richtete sich
die mütterliche Sehnsucht dahin, daß sich ihre Söhne nicht nur zu gesellschaftlichen Leistungsträgern, sondern auch zu moralisch vorbild-
lichen Persönlichkeiten entwickelten. Selbstdisziplin, Bildung, Pflicht-

erfüllung und Fleiß, so das Erziehungsideal, gehörten ebenso zu den Grundfesten einer angemessenen Lebensgestaltung wie Dankbarkeit und Treue gegenüber den Eltern sowie Milde gegenüber den Schwachen. Abgerundet wurde das Programm durch eine religiöse Bindung, die zwar im deutschen Bürgertum jener Zeit bereits erodierte, für Rosalie Koch jedoch große Bedeutung hatte.

All diese Werte und Ideale, hier auf wenigen Briefzeilen zusammengedrängt, waren bei den beiden Knaben trotz zahlreicher Ermahnungen offensichtlich noch immer nicht ganz angekommen. Durch die Strenge des Hauslehrers fühlte sich die Mutter ermuntert, ihre Aufforderungen zu Pflichterfüllung und Selbstdisziplin zu intensivieren. Als auch Ende November 1902 die Probearbeiten noch nicht so ausfielen, wie sie sich das wünschte, schimpfte sie und faßte ihr Credo noch einmal zusammen: »Erstens liebe Jungen dürft Ihr nicht vergessen, daß Ihr auch jetzt noch weit hinter Euren Altersgenossen zurück seid, was zum größten Theil Eure Schuld ist u zweitens muß einem tüchtigen Menschen ein Erfolg nur Ansporn zu neuem Streben sein. Bis ans Ende seiner Tage muß man sich immer höhere Ziele stecken, nur darin liegt wirklicher Lebensgenuß, nur dann bekommen die Freuden des Lebens die richtige Weihe.«[42] Nach wie vor bestand zwischen der Lebensrealität im Hause Koch – zahlreiches Dienstpersonal, Luxus und repräsentative Gesellschaften hatten ihre Wirkung auf die Jungen keineswegs verfehlt – und den Ansprüchen der Mutter eine Kluft, die sie selbst nicht wegzuerklären vermochte. Dafür nahm sie den Hauslehrer in Anspruch. Diesen konnte sie ihren Söhnen zwar nicht als unmittelbares Vorbild präsentieren, weil er aus der falschen Gesellschaftsschicht stammte, aber da er sich mit ebenjenen Werten und Idealen seinen Platz im bürgerlichen Feld zu erarbeiten im Begriff war, schienen ihr die von ihm angewendeten Mittel – jene Mischung aus Strenge und Hingabe – auch für das Fortkommen ihrer Söhne außer allem Zweifel zu stehen.

Zu diesem Zeitpunkt begannen sich die Verhältnisse auf dem Ziegenberg zu verschärfen. In einem Brief nach Berlin machte der Hauslehrer eine gewundene Ankündigung, die eine neue Qualität seiner erzieherischen Maßnahmen offenbarte: »Ein Brief von Heinz liegt bei. Fuer den ich vielleicht um folgende Entscheidung bitten duerfte:

Falls beide Jungen ihre Vorsaetze, sich sittlich zu bessern, ausführen, wollten Ew. Hochwohlgeboren die Jungen sehen.«[43] In dem beigelegten Brief schlug Heinz Koch vor, zu Weihnachten gar nicht nach Hause zu kommen, weil Berlin und das Elternhaus zu große Versuchungen für ihn und seinen Bruder bedeuten könnten. Hier nimmt die Geschichte eine neue Wendung. *Sittliche Besserung* – davon war zuvor nie die Rede gewesen, und wenn eine *Besserung* nötig war, mußte vorher eine *Verfehlung* stattgefunden haben. Mit diesen etwas verklausulierten Begriffen wurde erstmals die Onanie erwähnt, die in der Folgezeit zum alles beherrschenden Thema werden sollte. Dippold beließ es in dem Brief noch bei Andeutungen, sprach von »einer aeusserst wichtigen Sache«, deren nähere Begründung er Weihnachten zu geben wünschte.

Die Persönlichkeiten der beiden Koch-Kinder sind in der bisherigen Schilderung notgedrungen blaß geblieben, da sich ihre Kontur nur aus den Perspektiven ihrer Eltern und Dippolds erschließen läßt. Folgt man den unterschiedlichen Aussagen über ihn, so handelte es sich bei Heinz Koch um einen verwöhnten und mit einer blühenden Phantasie ausgestatteten, phlegmatischen und wenig leistungsbewußten Knaben in der Pubertät, der sich an Spielereien, Müßiggang und, soweit ihm das zugänglich war, Luxus erfreute. Im Reforminternat Haubinda war er als freundlicher und angenehmer, jedoch wegen seiner Faulheit und intellektuellen Trägheit nicht haltbarer Schüler aufgefallen. Auch seine älteren Halbgeschwister schienen ihn wegen seiner offenherzigen, fröhlichen Art sehr zu mögen. Vielleicht war er ein Junge, der immer dann besonders für sich einzunehmen wußte, wenn die Situation entspannt war und keine großen Erwartungen an ihn gestellt wurden. Mit seinem neuen Lehrer hatte er nun vier Monate lang härtere und frostigere Seiten des Lebens kennengelernt, aber nichts wies darauf hin, daß sich sein Charakter oder seine Einstellung zum Leben grundlegend gewandelt hätten. Die Mutter vermochte keine Veränderungen festzustellen, und auch Dippold hätte das trotz seiner Andeutungen über die zunehmende Einsicht des Jungen nicht zu behaupten gewagt. Bedingt durch die umgestellte Ernährungsweise und den konsequenten Sport hatte er erheblich abgenommen und war durchtrainiert. Dafür scheint er seinem Lehrer auch dankbar gewesen zu sein, aber an seiner Motivationslage hatte sich nichts Grundlegendes gewandelt.

Ist es unter diesen Vorzeichen wahrscheinlich, daß er von sich aus auf den Gedanken gekommen wäre, auf den Weihnachtsurlaub zu Hause zu verzichten? Vom familiären Osterfest war er schon ausgeschlossen worden und hatte sich darüber bitter beklagt. Das Weihnachtsfest enthielt wie kein anderer Festtag das Versprechen, der bürgerlichen Sehnsucht nach familiärer Harmonie, Freude, gegenseitiger Achtung und Zuneigung Genüge zu tun. Natürlich kann man nicht ausschließen, daß er seinen Eltern genau dies vermasseln und ihnen einen Denkzettel verpassen wollte für die harte Gangart, der sie ihn ausgesetzt hatten. Doch wenn Trotz, Protest und Verweigerungshaltung bei ihm derart offensichtlich im Vordergrund gestanden hätten, wäre die Reaktion der Mutter auf den Vorschlag, dem Elternhaus über Weihnachten fernzubleiben, wohl anders ausgefallen. Möglicherweise war der Brief von Heinz Koch, der nicht erhalten ist, also nicht ganz aus eigenem Antrieb geschrieben worden. Auch Dippolds einige Wochen zuvor ebenfalls Heinz zugeschriebener Vorschlag, Weihnachten nicht zu Hause zu übernachten, erscheint nun in einem etwas anderen Licht. Vermutlich handelte es sich in beiden Fällen um Druckmittel, die dem Hauslehrer dazu dienen sollten, seine Schüler zu Gehorsam und vor allem zu konzentriertem Arbeiten anzuhalten. Die *Versuchungen* Berlins waren der Hebel, um diesen Druck in Richtung Schüler, aber auch in Richtung Eltern auszuüben.

Der Hauslehrer ging sogar noch einen Schritt weiter. Er schlug dem Ehepaar Koch nämlich vor, sie sollten schreiben, daß sie ihre Söhne zu Weihnachten nur dann zu Hause sehen wollten, wenn sie sich besserten. Das ging den Kochs dann doch etwas zu weit. Im Brief an ihren Sohn, den der Vater ebenfalls unterzeichnete, fand Rosalie Koch es zwar völlig vernünftig und einsichtig, daß Heinz wegen der *Versuchungen* erwog, dem Weihnachtsfest fernzubleiben. Aber letztlich hielt sie es doch für keine gute Idee, weil es gegen die familiäre Räson verstieß, insbesondere gegen die Ansprüche des Familienoberhaupts. Der Sohn habe »Verpflichtungen gegen Papa, die Dir eben so hoch u heilig stehen müssen wie die, Dich zu einem leistungsfähigen Menschen auszubilden, u das sind die, Papa im Verkehr mit Dir zu zeigen, daß Du seiner vielen u treuen Arbeit werth bist«. Insofern lautete der Vorschlag: »Verdopple Deine guten Vorsätze, verdopple Deinen Fleiß, damit Euer treuer Lehrer u liebevoller Führer, Herr Dippold, aus freier Entscheidung heraus sagen kann, Ihr habt Euch so gehalten, daß Ihr eine Weihnachtsfreude haben dürft. Wenn Ihr das erreicht, bin ich auch überzeugt, werdet Ihr mit ernstem Willen unter Gottes Beistand die Kraft finden den Versuchungen Widerstand zu leisten u die Freuden des Elternhauses nicht als Zerstreuung, sondern als einen Sporn zu weiterem Streben ansehen. Da ich, wiederum auch durch Papas Tüchtigkeit, das Glück genieße, Euch ab u an besuchen zu können, komme ich in diesem Falle nicht so in Betracht, trotzdem würde es mich hart ankommen Euch Jungen unter dem Weihnachtsbaum missen zu müssen. Ihr seht daraus wieviel Verantwortung, wieviel Verpflichtungen schon in Eure Kinderhände gelegt sind u wie Ihr dessen täglich eingedenk sein müsst.«[44]

Mit anderen Worten: Da der Vater für seine Kinder im Normalfall sowieso keine Zeit hatte, sollte er sich wenigstens zu Weihnachten an ihnen erfreuen. Das Fest diente in erster Linie dem Vater und auch ein wenig der Mutter, die nicht verschwieg, ungern allein unter dem Weihnachtsbaum zu sitzen; von den Interessen der Söhne war auffälligerweise nicht die Rede, außer daß sie selbst im Hinblick auf Weihnachten bereits Pflichten zu erfüllen hatten. Daß mit dem vermeintlichen Vorschlag ihres Sohnes vielleicht irgend etwas nicht stimmte, kam jedoch weder ihr noch ihrem Ehemann in den Sinn.

Ein oder zwei Tage später drangen weitere beunruhigende Nachrichten aus dem Harz, als der im Haus Ziegenberg angestellte Gärtner Paul Butzmann nach Berlin meldete, der Hauslehrer habe die beiden Jungen über die Maßen schwer gezüchtigt. Rosalie Koch reiste umgehend nach Ballenstedt und stellte bei ihren Söhnen erhebliche Spuren von körperlicher Mißhandlung fest. Sie war nun gewarnt, stellte den Hauslehrer, wie sie später aussagte, zur Rede und drohte mit sofortiger Kündigung im Wiederholungsfall; woraufhin dieser erwidert habe, eine einmalige schwere Züchtigung sei wegen der von den Knaben begangenen »geheimen Sünden« unumgänglich gewesen, doch es solle nicht wieder vorkommen, es sei sogar »in höchstem Grade unpädagogisch«, solche Züchtigungen zu wiederholen.[45] Was immer der

Hauslehrer in dieser für ihn unangenehmen Situation gesagt haben mag, die Mutter schenkte ihm weiterhin ihr Vertrauen. Die schwere Züchtigung war letzten Endes kein Kündigungsgrund für sie, vielleicht weil sie unter großem Erfolgsdruck stand und bei einer Entlassung Dippolds wieder bei Null hätte anfangen müssen; vielleicht aber auch, weil sie Körperstrafen bei Onanie für angemessen hielt.

Seit dem späten 18. Jahrhundert gehörten das Thema Onanie und ihre schonungslose Bekämpfung zu den stabilsten Säulen des pädagogischen und medizinischen Diskurses über Sexualität. Hundert Jahre später hatte sich daran nur wenig geändert, denn das bürgerliche Publikum hielt die Onanie weiterhin für den großen unberechenbaren Feind. Zum einen sollte sie zur irreversiblen Verschwendung der Lebensenergien führen, zum anderen galt sie als eine der größten Gefahren für das Ideal eines autonomen, tugendhaften und disziplinierten Individuums.[46]

Auch um 1900 waren drastische Bestrafungen und weitergehende Maßnahmen noch an der Tagesordnung, die sich sogar mit Verweis auf die neueste medizinische Literatur rechtfertigen ließen. So riet Hermann Rohleder – ein besonders eifriger Ritter auf dem Kampfplatz der Onanie, dessen mehrfach aufgelegtes Buch *Die Masturbation* in der ersten Hälfte des 20. Jahrhunderts unangefochten das Standardwerk zum Thema war – bei Onanisten in den Pubertätsjahren zu einer »psychisch-moralischen Therapie« und Aufklärung über die Folgen der Selbstbefriedigung wie »Schwächung des Körpers, [...] allmählich eintretende Schwächung des Nervensystems etc.«. Vor der Pubertät solle »vor körperlichen Züchtigungen [...] nicht zurückgeschreckt werden«. Und auch Iwan Bloch erwähnte in seinem grundlegenden Werk über die Sexualwissenschaften die bisweilen positive Wirkung der Prügelstrafe, auch wenn er die seit Jahrzehnten empfohlenen Maßnahmen wie sportliche Betätigung und Arbeit, Stärkung der Willenskraft, Bäder- und Wasserbehandlungen in den Vordergrund stellte.[47]

Nach diesen Empfehlungen, die keineswegs die Ausnahme darstellten, hatte der Hauslehrer mit der Heftigkeit seiner Züchtigungen zweifellos übertrieben, aber im Prinzip waren sie durch die Wissenschaft gedeckt; und da er selbst sich einen Erfolg der körperlichen Züchtigung bei nur einmaliger Anwendung zu versprechen schien, beließ Rosalie Koch es bei ihrer Ermahnung. Immerhin war sie aber doch so besorgt, daß sie die Vorweihnachtszeit in Ballenstedt verbrachte, um die weitere Arbeit des Hauslehrers und vor allem ihre Söhne persönlich überwachen zu können. Wie sie später zu Protokoll gab, ging sie nachts mehrfach ins Schlafzimmer der Jungen, um nachzusehen, ob sie auch wirklich schliefen, was sie ihrer Überzeugung nach auch taten.[48] Die nächtliche Überprüfung des Schlafzimmers pubertierender Jungen scheint keineswegs ungewöhnlich gewesen zu sein; auch Dippolds Vorgänger als Hauslehrer hatte häufiger Kontrollen vorgenommen, allerdings nie Hinweise auf Masturbation gefunden. Rosalie Koch fand ihre Söhne schlafend vor. Dennoch glaubte sie dem Hauslehrer; und dieser Glaube sollte in den folgenden Wochen noch weitere Nahrung erhalten.

Es ist unklar, ob Rudolf Koch über die Details der ersten Eskalation unterrichtet war. Mitte Dezember 1902 schrieb er aus Hannover einen eiligen Brief an Heinz, in dem er sich darüber beklagte, gegen seinen Willen auf Dienstreisen zu sein und dadurch noch nicht einmal seine zum Weihnachtsbesuch nach Berlin gekommenen älteren Söhne Karl und Friedrich – der eine war aus Konstantinopel, der andere aus Oxford angereist – gebührend begrüßt zu haben. Er bekundete, wie sehr er sich auf das Weihnachtsfest im Familienkreise freue, schob allerdings auch in diesem Brief eine ernste Einschränkung nach: »Aber ich erwarte gute Jungens, sonst ist es mit der Freude für mich vorbei.«[49] Das mag eine Anspielung auf »geheime Sünden« gewesen sein, doch im Prinzip war der Tonfall verglichen mit den übrigen Briefen nicht verändert, so daß es sich wohl eher um eine seiner üblichen unspezifischen Ermahnungen handelte.

Kurz vor Weihnachten brachen Hauslehrer, Mutter und Söhne gemeinsam nach Berlin auf. Wie geplant, übernachteten Heinz und Joachim gemeinsam mit Dippold im christlichen Hospiz am Brandenburger Tor. Über den Verlauf der Weihnachtsfeierlichkeiten ist nichts bekannt, doch bereits vor Silvester kehrte man wieder auf den Ziegenberg zurück, und wiederum war die Mutter dabei. Was dann im einzelnen vorgefallen ist, läßt sich nicht mehr rekonstruieren, jedenfalls kam es zu einer massiven Eskalation, in deren Verlauf das Vertrauensverhältnis zwischen Rosalie Koch und ihrem Sohn Heinz zerrüttet wurde. Am 5. Januar 1903 schrieb sie an ihren Sohn, der sich immerhin im gleichen Haus befand, einen Brief ohne Anrede und ohne Unterschrift, der alle Anzeichen dafür trägt, daß für die Mutter eine Welt zusammengebrochen war: »Als Du mir am letzten Tage im vorigen Jahre das Bekenntnis machtest mir Geld genommen zu haben u mir zitternd mit kalten Händen 5 Mark von Deinem blanken Weihnachtsgeld gabst, war es ein unendlich schwerer Augenblick für mich aber ich glaubte an Deine Reue u. Verzweiflung u. kämpfte darum allen Zorn u alle Verachtung gegen Dich in mir nieder u. versuchte Dir in meinem Herzen auch diesen Schurkenstreich zu vergeben.«[50]

Kaum hatte sie sich von diesem Schock einigermaßen erholt, war dann nicht mehr von 5, sondern von 150 Mark die Rede. In dem Moment verlor sie die Contenance vollständig und zerbrach den Stab über ihren Sohn: »Auch in dem furchtbaren Augenblicke des Bekenntnisses Lüge u. Betrug, Feigheit u. gemeine Berechnung! Als ich von Herrn Dippold hörte, dass das Dein nächstes Bekenntnis werden sollte, hätte ich laut heraus schreien mögen vor Jammer u. Verzweiflung u. unerbittlich vollzog sich das in meinem Herzen wovor ich gezittert u. Dich vor wenigen Tagen noch in heisser Angst gewarnt habe, mein Glaube an Dich ist gestorben u. meine Liebe gehört nur noch der Vergangenheit, meinem kleinen unschuldigen Heinz den ich so unaussprechlich geliebt habe, für dessen Geburt ich meinem Gott nie genug danken zu können glaubte. Und nun ist er ein Dieb! [...] Damit ich Deinen Anblick wieder ertragen kann, müssen wir uns auf lange Zeit trennen, ob Jahre hindurch, hängt von Dir ab, schreiben kann ich Dir auch vorläufig nicht wieder, ich muss meine ganz Kraft zusammen nehmen, um vor der Welt gefasst zu erscheinen, denn selbst Papa darf von Deiner Schande nichts wissen, soll sie mich nicht überhaupt ins Grab bringen.«

Später behauptete Rosalie Koch, nie an die »geheimen Sünden« ihrer Söhne geglaubt zu haben. Als sie das erste Mal von Dippold darüber hörte, sei ihr sogleich der Verdacht gekommen, daß er die Jungen zu unsittlichen Handlungen verleitet habe; und sie habe auch nicht glauben können, daß ihr Sohn ein Dieb sei, zumal es ihr gewiß aufgefallen wäre, wenn so viel Geld gefehlt hätte.[51] Der Brief vom 5. Januar 1903 spricht eine andere Sprache. Rosalie Koch war so außer sich, daß sie die Kommunikation mit ihren Söhnen abbrach. Damit nahm die Tragödie ihren Lauf. Aus einer vielleicht unerfreulichen Familiengeschichte, die sich aber nicht grundlegend von vielen anderen ebenfalls unglücklichen Eltern-Kind-Beziehungen unterscheidet, bei denen bürgerliche Wertvorstellungen und Vorurteile sowie persönliches Unvermögen und Härten ihren Anteil gehabt haben, wird nun ein düsteres Lehrstück, das insofern von allgemeinem Interesse ist, als sich darin Handlungen, Urteile und Deutungsmuster mit übergeordneten Wissens- und Wertesystemen verweben, deren Repräsentanten und Institutionen gar nicht unbedingt in Erscheinung treten mußten, um in das Geschehen maßgeblich einzugreifen. Phantasmatisch ausgesponnene Sexualität und Onanie, Geständnispraktiken und Bestrafung, all diese Ingredienzien kommen hier wie selbstverständlich zusammen. Den Auftakt bildeten die Geständnisse.

Es ist unbekannt, inwieweit der Hauslehrer seinen Schüler bereits beim ersten Geständnis am Silvestertag 1902 unter Druck gesetzt hatte. Allerdings hatte Andreas Dippold durchaus einen Grund, ihn zu einem Geständnis zu zwingen, auch wenn er davon ausgehen mußte, daß es zu einer weiteren Zerrüttung der familiären Verhältnisse führen würde. Irgendwann in dieser Zeit, vermutlich nach der ersten heftigen Züchtigung Ende November, muß Heinz Koch für sich zu dem Ergebnis gelangt sein, das strenge Erziehungsregime Dippolds nicht mehr länger hinnehmen zu wollen. Er war ein lebenslustiger, verwöhnter, wenig ambitionierter Jugendlicher, der Hauslehrer so ziemlich das Gegenteil: streng, fordernd, diszipliniert, ernst und zudem ein rücksichtsloser Benutzer des Rohrstocks. Für einen Jungen, der schon daran gedacht hatte, Visitenkarten für sich zu bestellen, muß das über die körperlichen Schmerzen hinaus eine große Demütigung bedeutet haben. Aber was sollte er tun, da er genau wußte, daß seine Mutter, auch wenn sie das Ausmaß der Züchtigung mißbilligte, hinter dem Hauslehrer stand? Er konnte sich nicht einfach nur über die Härte seines Lehrers beschweren. Also wählte er einen anderen Weg und schrieb einen Brief an seine Mutter, in dem er Dippold als *Schweinekerl, Saukerl, Schuft, Schurke* und *Spitzbube* bezeichnete, der sich betrank, unsittlichen Verkehr mit Frauen hatte und auf schlimme Weise über die Mitglieder der Familie Koch herzog.[52]

Der Brief wurde entweder zur Weihnachtszeit in Berlin oder Anfang Januar im Harz geschrieben, als Rosalie Koch ebenfalls dort war. Offensichtlich wollte der Junge damit Dippolds Entlassung betreiben. Die Frage ist allerdings, woher er die Informationen über seinen inzwischen verhaßten Hauslehrer hatte. Die Mutter war der Ansicht, daß ihr Sohn über eine lebhafte Phantasie verfügte. Doch es wäre ein sonderbarer Zufall, wenn er sich bei seinen an die Adresse des Hauslehrers gerichteten Vorwürfen ausgerechnet jene beiden Laster aus den Fingern gesogen hätte, denen dieser als Student in Würzburg ergeben gewesen war, nämlich Alkoholkonsum und Bordellbesuche. Plausibler ist die Annahme, daß der Hauslehrer selbst seinem Schüler von seinen Verfehlungen erzählt hatte, vielleicht um ihm ein mahnendes Beispiel zu geben. Wenn diese Deutung richtig ist, dürfte Dippold den Brief als erheblichen Vertrauensbruch aufgefaßt haben, zumal ihn Rosalie Koch mit den gegen ihn erhobenen peinlichen Vorwürfen direkt konfrontierte. Er konnte sich leicht ausrechnen, daß seine Stellung dadurch akut bedroht war. Ab diesem Moment betrachtete der dreiundzwanzigjährige Student seinen zehn Jahre jüngeren Schüler regelrecht als seinen Feind, den es mit allen Mitteln zu bekämpfen galt. Er forcierte Prügel und Demütigungen und zwang den Jungen zu einem weiteren Geständnis, um ihn noch unglaubwürdiger zu machen und sich selbst zu exkulpieren.

Andreas Dippold lernte die Praktiken des Geständnisses spätestens als Jugendlicher im Priesterseminar in Bamberg kennen, mit deren theoretischen Grundlagen dürfte er sich im Jurastudium vertraut gemacht haben. Diese Kenntnisse nutzte er für seine eigenen Zwecke. Zuerst machte Heinz Koch selbst ein Geständnis, einige Tage später überbrachte der Hauslehrer der fassungslosen Mutter die Nachricht, daß jenes erste Geständnis eine Lüge gewesen sei. Mitte Januar 1903, Rosalie Koch war inzwischen wieder nach Berlin zurückgekehrt, schickte Dippold ihr schließlich ein schriftliches Geständnis von Heinz. In diesem »Selbstbekenntnis« bezichtigte sich der Junge der Lüge, gestand, Dienstpersonal und Familienmitglieder ungerechtfertigt in ein schlechtes Licht gerückt und vor allem seinen Lehrer verleumdet zu haben: »Von allem hat Herr Dippold keine Idee je gesagt noch meines Wissens gethan. Alles waren meine Lügen und Gedanken über die Leute. Ich bereue es und widerrufe es bei allen Personen. Heinz Koch gelesen von Jojo Koch.«[53]

Mit diesem Bekenntnis war Heinz bei seinen Eltern völlig bloßgestellt, zumal sein Bruder die vermeintliche Richtigkeit der Aussage quasi beglaubigt hatte. Weder Rosalie noch Rudolf Koch kamen auf die Idee, den Vorfall noch einmal zu überprüfen. Zu allem Überfluß tröstete Dippold sie auch noch damit, daß die Bekenntnisse den Jungen von seinen Schuldgefühlen entlasten und »einiger massen rechtfertigen« sollten, daß er also zu seinen angeblichen Vergehen stand und das der erste Schritt zur Besserung sei. Genau das war die Funktion eines Geständnisses, und der Hauslehrer hoffte zu Recht, daß die Eltern dadurch leicht zu überzeugen waren. Und mehr noch: Er ließ den Jungen neben Diebstahl und Lüge auch Verleumdungen gestehen, also dasjenige Vergehen, das Heinz dem Hauslehrer selbst vorgeworfen hatte. Auch dafür hatte er eine Erklärung parat, die bei oberflächlicher Betrachtung wie eine plausible Deutung des Seelenlebens des Jungen aussah. Bevor sich Heinz Koch, so psychologisierte der Hauslehrer, zu diesem Geständnis durchringen konnte, versuchte er sich zu immunisieren, indem er seine verabscheuungswürdigsten Gedanken nach außen projizierte und demjenigen unterschob, »den sein schlechtes Gewissen als groessten, vielleicht einzigen Gegner am meisten hasste, ja hassen musste. Sein eigenes Gedankenbild gibt er als mein Charakterbild aus, glaubend, das muesse ihn von dem laestigen Wisser und Bekaempfer seines Thuns und Treibens befreien.«[54] Im Akt des Geständnisses verwandelte sich der »einzige Gegner« zur autoritären Instanz, der man seine Sünden anvertrauen konnte. Diese überwertige Idee hatte Dippold so sehr verinnerlicht, daß er, von Rosalie Koch befragt, wieso er diese Geständnisse aus Heinz »herausgeholt habe« – eine vorsichtige Umschreibung für die Anwendung von Gewalt –, entgegnete, genau das nicht getan zu haben, der Junge habe ihn vielmehr darum gebeten, dieses Geständnis machen zu dürfen.

Schuld und Geständnis, Verleumdung und Strafe, darum drehte sich das Geschehen im Haus Ziegenberg in den ersten Januartagen

des Jahres 1903. Der Hauslehrer hatte die ihm vorgeworfenen Verfehlungen dem Jungen mit Erfolg aufgebürdet. Aber damit war die Sache nicht erledigt. Auch bei dem Studenten rührten die Auseinandersetzungen mit seinem Schüler offensichtlich an die wundesten Punkte
seiner Persönlichkeit. In der winterlichen Einsamkeit des Landgutes
im Harz holte ihn die eigene Würzburger Vergangenheit mit aller Gewalt ein. Im Mai 1902 hatte Ferdinand Vorndran, wie geschildert, die
Verlobung Dippolds mit seiner Tochter Josepha aufgekündigt. Der damit wieder mittellos gewordene Student hat diesen Schritt zunächst
in einem nicht mehr erhaltenen Brief akzeptiert und seine Vergehen
offen und ehrlich eingeräumt. Mehr als sechs Monate später, am 6.
Januar 1903, richtete er ohne äußeren Anlaß einen irrlichternden,
auch verzweifelten Brief an Vorndran, dessen wüste Mischung aus Bekenntnis, Rechtfertigung, Selbstmitleid und Anklage diesen, wie er
später bei der Zeugenvernehmung sagte, zu der Vermutung führte,
Andreas Dippold sei geisteskrank.

Der Haß des verstoßenen Schwiegersohns richtete sich in erster
Linie gegen jenen Dorfpfarrer, der den Lebenswandel und die Geschlechtskrankheit des Studenten seinerzeit zum Anlaß genommen
hatte, ihn bei Vorndran zu denunzieren und die Verlobung zum Plat-
zen zu bringen. Mittlerweile bar jeglicher Hemmschwellen, verlor der
gedemütigte junge Mann in seinem Brief die Contenance. Nicht die
Wahrheit habe den Pfarrer und andere bestimmt, ihn als »verruchtes
Scheusal«, »infamen Luegner«, »geriebenen Gauner« und »niedertraech-
tigsten Simulanten« hinzustellen, sondern Neid, Haß, Lust und Beha-
gen, »was doch selbst ihren Leib mit Schmutz und Eiter bedeckt«.
Wenn man so will, handelt es sich hier um das Gegenstück zu derjenigen Projektion, mit der er Heinz Koch zu dessen Geständnissen gezwungen hatte. Nun war nicht mehr er es, der den Jungen als Lügner,
Gauner und Simulanten bei der Mutter denunzierte, sondern die verschworene Gemeinschaft im Fränkischen, die ihn, Dippold, verleumdet hatte. Und da er seine Verfehlungen kaum bestreiten konnte,
brach seine katholische Verwurzelung ungeschützt aus ihm heraus:
»Komme mir ein Mensch, der sagt, es laste keine Schuld auf ihm
und ich sage ihm, er ist einem niederen Tiere gleich, bei dem auch
kein Gefuehl sittlicher Verpflichtung und daher keine Schuld besteht;

mit dem ersten steht und faellt notwendig das andere. [...] Menschen sind wir alle und ein allgemeines Gericht findet uns wieder zusammen.«

Als Jugendlicher war Dippold aus dem priesterlichen Seminar in Bamberg aus ungeklärten Gründen ausgetreten, später hatte er seinen künftigen Schwiegervater mit treuen Bekenntnissen zum Glauben umschmeichelt, und nun wollte er mit dem in seiner Heimat praktizierten Katholizismus plötzlich nichts mehr zu tun haben: »Sagen Sie [Ihren Priestern], ihr Zorn mag sich legen, ihre Heiligkeit gefaehrde ich nie mehr, ihre Kirche ist nicht mehr die meinige. Mein Gott kennt und lehrt keinen Haß und Neid, mein Gott ist auf die Welt gekommen, die Suenden zu erloesen, nicht fuer die Pharisaeer, die Priester jener Tage, die waren ihm das Otterngezuecht. – Ich glaube an Gott und suche nach Christi Beispiel zu leben. ... Und ich? Wie ich mit Ihnen allein war, so bin ich es eben jetzt auch noch. Mein Studium und meine Zoeglinge und dabei allein.«[55]

Bemerkenswert sind hier das trotzige Bekenntnis zu Gott sowie der pathetische Verweis auf »Christi Beispiel«, womit wohl zum Ausdruck kommen sollte, wie sehr er sich für seine Ideale und seine Schüler aufopferte; wichtig ist aber auch der Hinweis, daß er allein lebe, nur von seinen Schülern und seinen Studien umgeben. Das beschrieb sowohl seine Lebensumstände als auch seinen Seelenzustand, und zwar zu einem Zeitpunkt, als Rosalie Koch noch auf dem Ziegenberg weilte. Tatsächlich beschränkte der Hauslehrer den Kontakt mit dem Dienstpersonal auf das Notwendigste. Mit den Bewohnern Ballenstedts, die die beiden Jungen gut kannten, gab es wenig Austausch, und nur die Kommunikation mit der Mutter wies eine gewisse Kontinuität auf. Von einem engeren Kontakt mit Freunden oder den eigenen Verwandten ist zumindest in dieser Zeit nichts bekannt. Gegenüber der Familie Koch begründete er seinen sozialen Rückzug als pädagogische Notwendigkeit, seinem ehemaligen Fast-Schwiegervater gegenüber präsentierte er sich als frommer Einsiedler.

Im Januar 1903 bot der Hauslehrer ein anderes Bild als im Sommer 1902, als er seine Arbeit auf dem Ziegenberg aufgenommen hatte. Elemente der Lebensreform, die Betonung des Körpers und eine emotionale Bindung an seine Schüler waren durch immer größere Strenge überdeckt worden. Die Ausübung der Prügelstrafe führte sogar direkt ans andere Ende der pädagogischen Ideale und Praktiken. Von hier aus war es nur noch ein kleiner Schritt zur Manipulation von Geständnissen. Ausgerechnet in dieser Situation kehrte der ehemalige Priesterschüler seine religiösen Wurzeln hervor. Sollte der Rekurs auf biblische Weisheiten eine Art Haltepunkt darstellen, weil er sich hoffnungslos überfordert fühlte? Oder war das Teil einer Strategie, von der er hoffte, sie würde nicht durchschaut werden? Während der aggressive Brief an den Lehrer Vorndran ein Stück weit auch eine gewisse Hilflosigkeit offenbarte, gelang es Dippold, gegenüber der Familie Koch die Fassade zu wahren. Er versuchte seine eigenen, ihm Schuldgefühle bereitenden Verfehlungen einerseits mit Hinweis auf die Schlechtigkeit seiner Mitmenschen loszuwerden, andererseits projizierte er sie in Heinz Koch hinein und behauptete dann, es verhalte sich umgekehrt, da der Junge eigene Verfehlungen in seinen Lehrer hineinprojiziere.

Rosalie Koch verstand das nicht. Zwischen ihr und dem Hauslehrer entwickelte sich so etwas wie eine *folie à deux*, bei der sie seine Deutungen aufnahm, weiterführte und zum Teil auch in eine etwas andere Richtung trieb. Beispielsweise fragte sie bekümmert, ob ihr Sohn die jüngsten Geständnisse einfach erfunden habe: Sind sie »Ausgeburten von Heinzens Phantasie [...], oder ist der unglückliche Junge überhaupt schon nicht mehr ganz zurechnungsfähig?« Damit wäre das Geständnis zwar authentisch gewesen, hätte aber nicht der Wahrheit entsprochen. Da es offensichtlich die Vorstellungskraft der Mutter überstieg, was ihr Sohn alles in seinem Sündenregister angesammelt haben sollte, flüchtete sie sich in eine psychopathologische Erklärung, mit der die Handlungen in der Phantasiewelt ihres Sohnes angesiedelt wurden. Auch in diesem bitteren Moment vertraute sie auf Dippolds Erziehungsprogramm, verstärkt durch offensichtlich erhebliche Probleme mit ihrem Ehemann, dem man bestimmte Details des Geständnisses gar nicht berichten dürfe, »ohne die ungünstigsten Folgen für die Jungens u ihre Erziehung befürchten zu müssen«.

Wie angespannt die familiäre Situation war, zeigt die folgende Episode. Anfang Januar, als Rosalie Koch noch in Ballenstedt war, kündigte sich auch ihr Mann unverhofft zu einem Kurzbesuch an. Die

Mutter wollte unter allen Umständen vermeiden, daß der Vater seine
Söhne in dieser Situation zu Gesicht bekäme, und wies Dippold an,
mit den Jungen unverzüglich zu einer mehrtägigen Wanderung auf
den Brocken aufzubrechen. Als der Bankdirektor auf dem Ziegenberg eintraf, waren seine Söhne schon unterwegs. Ob Rosalie Koch
tatsächlich fürchtete, ihr Mann würde Heinz verstoßen oder den
Hauslehrer fristlos entlassen, bleibt unklar, jedenfalls verbündete sie
sich mit diesem gegen ihren Gatten und auch gegen ihren Sohn, dessen Tun sie als Versuch deutete, der »festen Hand« des Lehrers zu
entkommen. Und so versicherte sie Dippold, daß »jeder neue Versuch
nur dazu beitragen [würde], ihn [Heinz] nur um so sicherer Ihnen zu
überlassen, denn um so gewisser würde es mir sein, daß der unglückliche Junge nur dann noch einige Chancen hat, dem Verderben entris-
sen zu werden«.[56]
    Eine solche geradezu fatalistische Haltung der Mutter mag den
Hauslehrer in seinem Vorhaben bestärkt haben, die Jungen vollständig dem Einfluß der Eltern und der anderen Familienmitglieder zu
entziehen. Mit den schulischen Leistungen stand es nach wie vor nicht
zum besten, aber der Hauslehrer verfügte nun über eine fast absolute
Herrschaft über seine Schüler, die noch weiter zementiert werden
sollte, als Heinz Koch einen zweiten Versuch unternahm, aus seiner
Situation auszubrechen, nun mit einem verzweifelten Hilfeschrei.
Am frühen Morgen des 29. Januar flüchtete er aus dem Haus, holte
das Gärtnerehepaar Butzmann aus dem Bett und bat um Hilfe, weil
er fürchtete, der Hauslehrer würde ihn und seinen Bruder totschla-
gen. Später sagte Butzmann aus, Heinz Koch sei mit Schwellungen
und Wunden übersät gewesen, die eindeutig von Mißhandlungen her-
rührten.[57] Alsbald kam Dippold und holte den Jungen wieder ab, obwohl der inständig darum bat, bei dem Gärtnerehepaar bleiben zu
dürfen. Dieses wiederum setzte die Eltern vollständig über den Vorfall
in Kenntnis.
    Der Hauslehrer meldete den Vorfall ebenfalls an die Mutter, und
zwar mit den Worten, Heinz habe »Schauderfabeln« erzählt. Er nahm
nun kein Blatt mehr vor den Mund und ließ sich ausführlich über vermeintliche nächtliche Masturbationsorgien der Kinder aus, die trotz
des Umstands, daß er nun mit den beiden in einem Zimmer über-

nachte, nicht unter Kontrolle zu bringen seien. Seine Wortwahl zeigt, daß er sich in einem regelrechten Feldzug gegen die Onanie wähnte. Vom »scharfen Entgegentreten« und »voelligen Niederkaempfen« war die Rede und davon, daß »der irre Trieb ueberwunden werden« müsse; er gab auch zu, daß er tagsüber ein vollständiges Kontrollregime führe, das jegliche Vergehen unmöglich mache, aber: »der beste Wille am Tag zerschellte immer an der Nacht«.[58] Die Selbstbefriedigung wurde zum ärgsten Feind, und nur wenn sie überwunden werden konnte, so die Idee, bestand Aussicht auf moralische und geistige Besserung der Jungen.

Spätestens seit diesem Zeitpunkt, Ende Januar 1903, besetzte die Sexualität das Denken und Handeln des Hauslehrers auf geradezu obsessive Weise. In den Briefen an Rosalie Koch ließ er sich über seine sittlich gefährdeten Zöglinge und die dunklen Seiten der menschlichen Natur im allgemeinen aus; in tagebuchartigen Notizheften (die 1910 an die Familie Dippold zurückgegeben wurden) brachte er seine eigenen Bekenntnisse unter; und mit den heftigen Züchtigungen glaubte er die Sexualität der beiden Jungen beherrschen zu können. Schreiben und Prügeln, Bekennen und Strafen, in dieser Konstellation verschmolzen kontingente persönliche Eigenheiten und eine übergeordnete diskursive Struktur zu einer Einheit. Dippolds Vorstellungen bezüglich seiner eigenen Sexualität und derjenigen seiner Schüler waren geprägt durch die moralischen Vorgaben aus Pädagogik, Philosophie und Religion, und nur unter explizitem oder implizitem Verweis auf diese Vorgaben konnte er vor sich selbst und den anderen den Anschein von Glaubwürdigkeit bewahren. Gleichzeitig waren diese Vorstellungen aber auch ein Effekt seiner Lüste und Triebe, und zwar unabhängig von der später für die Sexualwissenschaft so wichtigen Frage, ob Dippold bei seinen Züchtigungen sadistische Lust empfunden hatte oder nicht. Er strafte, demütigte und quälte die Jungen im wörtlichen Sinne bis zur Besinnungslosigkeit und wies jegliche Einmischung durch das Dienstpersonal empört zurück. Allerdings war sich der Hauslehrer seiner Sache nach diesem Eklat wohl auch nicht mehr ganz sicher. Jedenfalls bat er Rosalie Koch darum, möglichst schnell auf den Ziegenberg zu kommen oder ihren Schwiegersohn Ferdinand Bugge zu schicken, der mit der Situation vertraut sei. Bugge war der Ehemann von Rosalie Kochs Tochter aus erster Ehe, ein zu diesem Zeitpunkt einundfünfzigjähriger Lokalpolitiker in Steglitz. Die Gründe für Dippolds Vertrauen in den ehemaligen Rittmeister der preußischen Armee, der bis dahin kaum in Erscheinung getreten war, sind nicht mehr rekonstruierbar.

Die Mutter wurde durch die Nachrichten über den Fluchtversuch ihres Sohnes zwar in weitere Aufregung versetzt, doch anstatt Dippolds Bitte zu folgen und selbst nach Ballenstedt zu fahren, wie sie es Ende November getan hatte, um nach dem Rechten zu sehen, schickte sie ihren Schwiegersohn und einen Arzt, ohne daß die beiden die Gelegenheit gehabt hätten, sich abzustimmen. Schwer zu sagen, was sie zu dieser verhängnisvollen Entscheidung bewogen haben mag. Sicherlich spielten das Entsetzen und die Kränkung, die sie über bzw. durch den eigenen Sohn empfand, eine Rolle, womöglich fühlte sie sich aber auch schlicht überfordert. Die Idee, einen Psychiater hinzuzuziehen, hatte sie schon kurz vor dem nächtlichen Vorfall gehabt. Am 28. Januar schrieb sie an den Hauslehrer, daß sie viel Gutes über den Nervenarzt Oskar Vogt gehört habe, »welcher sich speciell mit Erziehung beschäftigt u unter Anderem die Hypnose angewandt u. zwar mit Glück angewandt hat, um wenigstens auf gewisse Zeit hin das Halten gegebener Versprechen zu erzwingen«.

Auch 1903 hielt man sich in der Not an therapeutischen Rettungsankern fest, deren Effektivität lediglich vom Hörensagen bekannt war. Die Mutter stellte sich augenscheinlich vor, der Hypnosespezialist solle ihre Söhne durch Suggestion gefügig machen, um Dippolds Erziehungsarbeit zu unterstützen, zumal, so fuhr sie fort, der Arzt ebenfalls die Ansicht vertrete, daß eine »Loslösung von allen früheren Beziehungen und Verhältnissen auf lange lange Zeit u eine feste Leitung noch in späteren selbständigen Jahren« eine Hauptbedingung für eine gelungene Erziehung ausmache.[59] Erneut wird deutlich, wie fest sie entschlossen war, die Jungen ganz in die Hände Dippolds zu geben. Vogt sollte dabei Schützenhilfe leisten, denn diskret deutete sie an, daß es für sie bei etwaigen Schwierigkeiten mit ihrem Mann wichtig sei, Dippolds Vorstellungen von ärztlicher Seite abgesichert zu sehen. Womöglich hat sie sich nebenbei auch noch erhofft, daß Vogt ihr Auskunft über den Geisteszustand ihres Sohnes geben könnte, über den sie sich angesichts der Geständnisse ernsthaft Sorgen machte. Ein durchtriebener Betrüger oder ein pathologischer Fall, das waren die Kategorien, in denen die Bankiersgattin über ihren älteren Sohn dachte. Andere Möglichkeiten kamen für sie nicht in Betracht.

Daß Rosalie Koch auf Oskar Vogt stieß, war keineswegs purer Zufall. Zu jener Zeit war er als Nervenarzt und Psychotherapeut so angesehen, daß zahlreiche Personen aus den höheren und höchsten gesellschaftlichen Schichten Deutschlands zu seinen Patienten zählten. Seit Jahren war er Leibarzt der Familie Krupp in Essen und hatte sich mehrfach, gerade wenn es um den Leumund der Familie ging, als zuverlässiger Helfer erwiesen. Die Krupps dankten es ihm durch üppige finanzielle Unterstützung, die es Vogt und seiner Frau Cécile erlaubte, ihr später zum Kaiser-Wilhelm-Institut für Hirnforschung ausgebautes neurobiologisches Labor zu betreiben, in dem sie ausgiebige hirnanatomische Untersuchungen durchführten.[60] Als Hypnosespezialist genoß Vogt ebenfalls einen ausgezeichneten Ruf. Mehrere Jahre lang hatte er die *Zeitschrift für Hypnotismus* herausgegeben und auch an August Forels weitverbreitetem Leitfaden des Hypnotismus mitgearbeitet. Darin war tatsächlich die zukünftige Bedeutung der Hypnose für die Pädagogik herausgestellt worden, beispielsweise »um schlechte, verderbliche Gewohnheiten, perverse Charaktereigenschaften zu bekämpfen«.[61] Der Nervenarzt Albert von Schrenck-Notzing, ein Experte auf dem Gebiet der Suggestionstherapie, hatte sich sogar explizit für die Anwendung der Hypnose bei kindlicher Onanie ausgesprochen. Andere Ärzte wie der Onanie-Spezialist Hermann Rohleder waren da allerdings wesentlich zurückhaltender, und ob Vogt solche Maßnahmen für angezeigt hielt, ist mehr als fraglich. Zumindest geht das aus seinen einschlägigen Publikationen nicht hervor.[62]

Am 30. Januar 1903 erschien Rosalie Koch erstmals in Vogts Praxis. Nach seinem eigenen Bericht erlebte Vogt eine verzweifelte, in Tränen aufgelöste Frau, die ihm von ihrem Kummer mit ihren beiden Söhnen berichtete. Die bisherigen Erziehungsversuche seien gescheitert, besonders der ältere der beiden sei verlogen, und beide onanierten seit Jahren regelmäßig; der eine sei von Mitschülern in Haubinda verführt worden, der andere zeige zeitweise Zustände völliger Apathie und habe gleichzeitig wunde Stellen an den Genitalien. Seit dem letzten Sommer würden die beiden Knaben durch einen Pädagogen unterrichtet, der mit ihnen Berlin und das Elternhaus wegen der verführerischen Einflüsse verlassen und auf das Familiengut bei Ballenstedt im Harz gezogen sei, wo er sich der Erziehung ungestört widmen könne. Sie habe sich selbst davon überzeugt, daß der Unterricht des Lehrers in höchstem Maße billigenswert sei und seine Maßnahmen gegen die Onanie bereits erste Erfolge zeitigten, allerdings komme er nicht ganz ohne körperliche Züchtigungen aus. Sie halte das zwar für angemessen, doch gehe ihr Wunsch dahin, den Zeitraum, in dem die Prügel notwendig seien, nach Möglichkeit zu reduzieren. Nun habe sie gehört, daß Vogt durch die Suggestionsmethode Erfolge bei schwierigen Kindern erzielt habe, und wolle fragen, ob er dadurch nicht die Erziehungsbemühungen des Hauslehrers unterstützen könne.[63]

Auch wenn Vogt diesen Bericht erst einige Monate später schrieb, paßt seine Rekonstruktion der Erzählung Rosalie Kochs mit dem zusammen, was sie in ihren Briefen äußerte. Sie war ganz auf der Linie des Hauslehrers, rückte die Onanie ins Zentrum der Probleme und erklärte deren Bekämpfung zur wichtigsten aller Aufgaben. Von Mißtrauen gegenüber dem Hauslehrer war keine Rede, den nächtlichen Fluchtversuch ihres Sohnes Heinz zwei Tage zuvor erwähnte sie ebensowenig wie dessen verzweifelten Brief, in dem er seinen Lehrer als Schuft, Spitzbuben und Schurken hingestellt hatte. Statt dessen bezeichnete sie ihren Sohn Heinz als »unwahr«. Sie instruierte Vogt, bei seinem Besuch so diskret wie möglich vorzugehen, um die Autorität des Lehrers nicht zu untergraben. Ihre Hauptsorge war, daß Dippold kündigen würde oder ihr Ehemann, wegen seiner starken beruflichen Inanspruchnahme nicht in alle Details eingeweiht, den Hauslehrer aus heiterem Himmel entlassen könnte, wenn die beiden Jungen ihm Berichte über die Situation auf dem Ziegenberg zukommen lassen würden.

Ein Netz von Ängsten, Vermutungen, Mißtrauen, Halb- und Unwahrheiten hatte sich über das Geschehen gelegt. Durch die Hinzuziehung Vogts wurde die Situation noch verworrener. Rosalie Koch setzte Dippold noch am gleichen Tag über den bevorstehenden Besuch des Nervenarztes in Kenntnis, und zwar mit der Begründung, daß sie über die nächtlichen Vorgänge auf dem Ziegenberg informiert sei und daraus schließe, daß die Strafen offensichtlich keinen Erfolg gehabt hätten und nun ein Arzt eingreifen müsse. Wäre Vogt mit der gleichen Information über den Fluchtversuch von Heinz Koch versorgt worden, so hätte vielleicht die Möglichkeit bestanden, aus der sich zuspitzenden Lage auf dem Ziegenberg herauszufinden, aber die Mutter fürchtete eine Kündigung des Studenten offensichtlich noch mehr als die überharten Strafen, unter denen ihre Söhne zu leiden hatten. Zudem ließen es ihre eigenen Wertvorstellungen nicht zu, daß ihre Söhne den Eindruck erhielten, die Eltern hätten den Nervenarzt in den Harz geschickt. Deswegen wies sie Dippold an, Heinz vorzugaukeln, er selbst halte die Intervention eines Arztes für angezeigt und habe die Eltern gebeten, in dieser Hinsicht aktiv zu werden.[64] Damit wiederum lieferte sie sich dem Hauslehrer noch ein Stück weiter aus.

Zwei Tage später wurde Rosalie Koch abermals bei Vogt vorstellig und bat ihn, umgehend nach Ballenstedt zu reisen; auch der Hauslehrer wünsche seinen Besuch. Vogt tat, was er als Prominentenarzt in anderen Fällen zu tun gewohnt war: Er fügte sich den Wünschen seiner Klientin und packte seine Koffer. Eigentlich sollte Vogt gemeinsam mit Schwiegersohn Ferdinand Bugge nach Ballenstedt reisen, um sich auf der Fahrt noch einmal abzusprechen. Doch durch ein Mißverständnis nahmen sie unterschiedliche Züge, so daß eine Verständigung ohne Beisein des Hauslehrers kaum noch möglich war. Bugge soll nur den einen vertraulichen Satz gegenüber Vogt geäußert haben: »Herr D. ist der Vertrauensmann meiner Schwiegermutter, meiner Ansicht nach ist er entweder ein idealer Mensch oder ein Schurke.«[65] Nach eigenem Bekunden faßte Vogt das so auf, daß Dippold sich vielleicht nur finanziell bereichern wollte und es mit der Erziehung nicht ernst meinte. Während seines Besuches kam er jedoch zu einer anderen Ansicht.

Der Hauslehrer wird diesen Besuch nicht herbeigesehnt haben, denn auch wenn er selbst wohl mit dem Gedanken spielte, seine Stelle niederzulegen, war es doch etwas anderes, wenn die Intervention des Psychiaters seiner Tätigkeit als Hauslehrer ein schmachvolles Ende bereiten würde. Viel Zeit zur Vorbereitung hatte er nicht, und doch verhielt er sich in dieser Situation ausgesprochen geschickt. Um das zu verstehen, ist ein kurzer Blick auf seinen medizinisch-biologischen Wissenshintergrund nötig. Es ist nicht davon auszugehen, daß er zu diesem Zeitpunkt mit dem Namen Oskar Vogt etwas anzufangen wußte. So berühmt war der damals dreiunddreißigjährige Hirnanatom und Nervenarzt zu jener Zeit noch nicht. Dennoch hatte er ziemlich klare Vorstellungen darüber, welche Position der Arzt vertreten würde, nämlich eine naturwissenschaftliche Sichtweise, die er auch auf psychologische und gesellschaftliche Vorgänge übertrug.

Andreas Dippolds Wissen war nicht unbeträchtlich. An der Universität Würzburg hatte er eine Veranstaltung zur »Gerichtlich-medizinischen Kasuistik für Juristen und Mediziner« belegt, aber es ist nicht bekannt, was dort im einzelnen gelehrt wurde. Schaut man sich die von ihm besuchten Lehrveranstaltungen an der Berliner Friedrich-Wilhelms-Universität an, so fällt auf, daß sein wichtigster Lehrer der Strafrechtler Franz von Liszt war, dessen Lebenswerk es war, eine grundsätzliche Reform des Strafrechts theoretisch zu begründen und in die Tat umzusetzen. Dabei stützte sich Liszt vor allem auf neue wissenschaftliche Erkenntnisse und Theorien aus Biologie, Anthropologie, Medizin und Soziologie. Im Wintersemester 1901/02 nahm Dippold an einem Seminar teil, das Liszt unter dem Titel »Das Verbrechen als sozial-pathologische Erscheinung« abhielt. Unter dem gleichen Titel hatte der renommierte Rechtswissenschaftler 1898 einen vielbeachteten Vortrag gehalten und auch veröffentlicht, in dem er eine kausale Erklärung der Kriminalität vom naturwissenschaftlichen Standpunkt aus anbot, der die biologische mit der soziologischen Betrachtungsweise zu vereinen suchte. »Biologisch« bedeutete für Liszt, das Verbrechen aus der natürlichen individuellen Herkunft eines Menschen heraus zu erklären. Die Psyche des Täters wird anatomisch, physiologisch, psychiatrisch oder mit den Gesetzen der Vererbung erklärt.[66] In der extremen Zuspitzung dieser Position, formuliert vom italienischen Psychiater und Kriminalanthropologen Cesare Lombroso, äußerte sich das in der These vom »geborenen Verbrecher«, der eine eigene anthropologische Varietät oder Spielart mit charakteristischen physischen und psychischen Merkmalen ausmache.[67]

Liszt machte sich den biologischen Standpunkt zu eigen, aber er war kein naturalistischer Determinist. Aus diesem Grund vermied er auch strikt den auf Lombroso zurückgehenden Begriff der *Kriminalanthropologie* und führte den der *Kriminalbiologie* ein, um darunter den vielgestaltigen Bereich medizinischer und biologischer Faktoren zu subsumieren. Daneben setzte Liszt die soziologische Perspektive oder *Kriminalsoziologie*, die das Verbrechen aus den gesellschaftlichen Verhältnissen heraus zu erklären versucht. Auch im Rahmen des gesellschaftlichen Lebens unterliegen die scheinbar willkürlichen menschlichen Handlungen bestimmten Gesetzmäßigkeiten, die sich vor allem mit statistischen Mitteln untersuchen lassen. Für Liszt ergänzen sich diese beiden Positionen: »Erst in ihrem Zusammenwirken ermöglichen und sichern sie uns die kausale Erklärung der Kriminalität. [...] Jedes Verbrechen ist das Produkt aus der Eigenart des Verbrechers einerseits und der den Verbrecher im Augenblick der That umgebenden gesellschaftlichen Verhältnisse andererseits.«[68] Ein Verbrechen ist somit das Resultat von Erbe und Umwelt, und jede wissenschaftliche Behandlung muß diese beiden Komponenten berücksichtigen. Liszt war gewiß kein materialistischer oder anthropologischer Scharfmacher, doch völlig frei von sozialdarwinistischen Überzeugungen war er nicht. Und mit dem Vokabular, das er zur Verfügung stellte, ließen sich unterschiedliche Wege einschlagen: solche, die zu einer Liberalisierung des Strafrechts führten, aber auch andere, die auf das Gegenteil abzielten.

Liszts Theorien lassen sich in verkürzter, etwas zurechtgebogener Form tatsächlich bei Dippold wiederfinden. Das Verhältnis von Erbe und Umwelt war auch für ihn der entscheidende Ansatzpunkt zur Erklärung der menschlichen Entwicklung im allgemeinen und der von Heinz Koch im speziellen. In einem Tagebuchblatt, das er wenige Tage vor der nächtlichen Eskalation an Rosalie Koch schickte, wollte er die biologische Veranlagung eines Individuums nicht als kausal bestimmend, sondern »nur praedisponierend, begleitend, das Individuum fuer dies und das empfaenglich machend« ansehen. »Die Annahme eines solch unabaenderlichen Schicksals ist eine Gotteslaesterung im Munde der materialistischen Naturwissenschaft und deterministischen Philosophie; damit waere dem Fatalismus das Feld geraeumt.«[69]

Dagegen setzte er »Gottes Gnade« und die menschliche Willensfreiheit, die dafür Sorge trügen, daß erbliche Belastungen sich nicht vollständig durchsetzten.

Ganz im Sinne Liszts, der eine kausale Theorie der Kriminalität anbot, bei der biologische und soziale Elemente Hand in Hand gingen
und nur noch die Frage zu entscheiden war, ob Aussicht auf Besserung bestand, ging es dem selbsterklärten Pädagogen darum, seinen
Schüler als gefährdeten, aber nicht hoffnungslosen Fall hinzustellen,
denn sonst wäre sein Auftrag widersinnig gewesen. Zwar behauptete
auch Dippold zu diesem Zeitpunkt nicht explizit, daß Heinz Koch
ein Krimineller sei, aber mit den sittlichen Verfehlungen, mit Lüge
und Diebstahl stellte er den Jungen als gefährdet hin. Die Bedrohung
resultierte indes nicht nur aus der Veranlagung, sondern auch, wie er
mehrfach an die Mutter schrieb, aus der gesellschaftlichen Umgebung
des Jungen, die ihm keinen vernünftigen Halt, jedoch allerlei Versuchungen bot. Insofern entsprach Dippolds Erklärung der Handlungen seines Schülers im großen und ganzen dem, was er in Liszts Seminar gelernt hatte: sie waren als Kombination von Veranlagung und
Umwelt aufzufassen, und diese Prägungen konnten nur durch ein
strenges Erziehungsprogramm durchbrochen werden – eine Deutung, die auch Rosalie Koch übernahm, wenn sie von ihrem »gefährlich veranlagten und schlecht geleiteten« Jungen schrieb.[70]

Es mag unangemessen erscheinen, einen Zusammenhang zwischen
der Theorie eines der angesehensten deutschen Kriminologen und den
Überlegungen eines Studenten von zumindest zweifelhaftem Charakter herzustellen, zumal in einer Situation, als dieser von dem Gedanken beherrscht war, seine Schüler gefügig zu machen und zu demüti-
gen sowie seine Position als Hauslehrer zu erhalten und auszubauen.
Die Kontexte und die Intentionen könnten nicht unterschiedlicher
sein, doch wenn man die Frage der Zirkulation und der Aneignung
von Wissen ernst nimmt und begreifen will, wie ein belesener Jurastudent in einer auch für ihn immer schwieriger werdenden Situation
seine Überzeugungen glaubwürdig zu begründen versuchte, müssen
solche Zusammenhänge in Betracht gezogen werden. Andreas Dippold war von den Kochs nicht zuletzt deshalb angestellt worden, weil
er über beachtliche Kenntnisse der pädagogischen Literatur verfügte.

Und auch in der Folgezeit hob er den Eltern gegenüber immer wieder die wissenschaftliche Fundierung seines Handelns hervor. Je mehr die Situation in den ersten Wochen des Jahres 1903 eskalierte, desto stärker schoben sich wissenschaftliches Wissen und Weltanschauung in den Vordergrund. Allerdings verkörperte Dippold »Wissenschaft« nicht so wie Robert Musils Lustmörder Moosbrugger, dessen skurriler Aneignung von »Wissenschaft« im Gerichtssaal »die gelehrte Anmaßung seiner Richter nicht folgen konnte«.[71] Man nahm ihn, mit anderen Worten, nicht für voll. Dippold hingegen gelang es ziemlich mühelos, Oskar Vogt, Rosalie Koch und wohl auch andere Familienmitglieder von seiner Sichtweise zu überzeugen.

Nach dem Ausbruchsversuch Heinz Kochs konnte der Hauslehrer natürlich nicht mehr so tun, als sei alles in Ordnung. Zwar war ihm bei seinem Versuch, die Jungen von der Familie zu isolieren, jegliche Kontrolle zuwider, doch es blieb ihm nichts anderes übrig, als den Besuch Vogts in Ballenstedt gegenüber der Mutter zu begrüßen. Allerdings knüpfte er daran auch bestimmte Bedingungen und Erwartungen, die er mit reichlich Selbstbewußtsein nach Berlin übermittelte. In erster Linie versprach er sich von dem Besuch mehr Verständnis für seine Handlungsweise. Wenn Vogt, so meinte er, die bisherige Entwicklung der Jungen vollständig überblicke und sie eine Zeitlang beobachten könne, werde er die leitenden Grundsätze für die zukünftige Erziehung beurteilen können. In Anspielung auf das Ballenstedter Dienstpersonal und vor allem auf den Gärtner Butzmann, der die Eltern informiert hatte, gab der Hauslehrer zu, daß seine Erziehungsmethoden den »Unwissenden« ziemlich »barbarisch« vorkommen mußten, aber von Vogt erhoffte er sich auch »nach der moralischen Seite hin« eine Absolution dafür, daß diese Methoden folgerichtig und sogar wissenschaftlich abgesichert seien. Dazu bemühte er einmal mehr ein wissenschaftliches Vokabular, und redete davon, daß die »Normen, wie sie in den Naturgesetzen begruendet liegen, [...] auch fuer unsere scheinbar ganz kuenstliche ›moderne‹ Gesellschaftsentwicklung in unveraenderter Gueltigkeit weiterbestehen«.[72]

Nur wenige Tage zuvor standen »Gottes Gnade« und die Willensfreiheit noch deutlich höher im Kurs als der naturwissenschaftliche

Materialismus, aber nun, als Einstimmung auf den Besuch Vogts, galten die Naturgesetze, aus denen sich auch die Normen für die Erziehung ableiten, als das Höchste. Was das im einzelnen heißen sollte, wurde nicht näher ausgeführt, und das war vielleicht auch angemessen, denn der Hauslehrer konnte seine gottesgläubige Arbeitgeberin nicht mit allzu deterministischen Ansichten belasten. Er gab zu verstehen, daß er die Autorität Vogts aus sachlichen Gründen akzeptiere – und nutzte das gleich als neuerliche Rechtfertigung der von ihm verfolgten Erziehungsmethode, die darin bestand, daß »sich der Juengling in die Anschauungsweise seines Erziehers theoretisch und praktisch sicher einlebt, sodaß die anfaengliche aeussere Bestimmung aus diesen und jenen Gruenden zur selbsteigenen, inneren Bestimmung wird«. Lernen durch Nachahmung des erzieherischen Vorbilds, das gehörte seit dem Ende des 18. Jahrhunderts zu den wohlfeilen pädagogischen Maximen, die zur Bildung der Persönlichkeit führen sollten. Dippold war gewiß nicht der einzige, für den Nachahmung hieß, sich seine Schüler vollständig gefügig zu machen.

In der Praxis sah das so aus, daß er Heinz Koch am gleichen Tag ein weiteres ausführliches Geständnis schreiben ließ, das in den Details noch über den nur wenige Wochen alten Vorgänger hinausging. Nun bekannte Heinz nicht mehr nur Lügen, Diffamierungen einzelner Personen und umfangreiche Diebstähle, sondern er gestand auch ausschweifende Selbstbefriedigung und wiederholte Besuche von Prostituierten am Kurfürstendamm, bei denen er sich eine Geschlechtskrankheit zuzog, die ihn in ärztliche Behandlung zwang.[73] Es ist nie aufgeklärt worden, ob Dippold diese Episode, die er selbst in Würzburg durchgemacht hatte, dem Jungen unter Gewaltandrohung in die Feder diktiert hat oder ob es sich tatsächlich um Phantastereien und Angebereien Heinz Kochs handelte, mit denen er seinem Lehrer zu einer Zeit imponieren wollte, als das Verhältnis zwischen beiden noch nicht zerrüttet war. Auszuschließen ist es nicht, denn so hätte der dreizehnjährige Junge zumindest auf sexuellem Gebiet einen Status für sich in Anspruch nehmen können, der ihm in allen anderen Bereichen abgesprochen wurde. Aber das ist und bleibt spekulativ. Dieses letzte Geständnis Heinz Kochs schickte der Hauslehrer im übrigen nicht mehr nach Berlin, vielleicht weil er annahm, daß ein weiteres solches Geständnis bei der Mutter einen ernsthaften Verdacht wecken würde.

Über Vogts Reise in den Harz und das Urteil, das er sich nachfolgend bildete und sowohl an Dippold als auch an Rosalie Koch weiterreichte, gibt es vier verschiedene Zeugnisse: Briefe der Mutter und des Hauslehrers sowie zwei Stellungnahmen des Psychiaters, die in einigen zentralen Punkten voneinander abweichen. Von diesen Unterschieden wird noch die Rede sein müssen, doch im Hinblick auf die unmittelbaren Folgen des Besuches spielen sie keine nennenswerte Rolle. Vogt hatte Rosalie Koch so verstanden, daß seine Aufgabe darin lag, die Erziehungsmethoden des Hauslehrers mit ärztlichen Maßnahmen zu unterstützen, um den Jungen das exzessive Onanieren abzugewöhnen. Er dachte gar nicht daran, körperliche Untersuchungen im Hinblick auf Mißhandlungen vorzunehmen. Das war im Vorfeld schon durch die Schilderungen der Mutter abgebogen worden, und Dippold hielt eine solche Untersuchung aus naheliegenden Gründen für unangemessen, begründete das jedoch damit, daß die Jungen das als eine Kontrolle des Lehrers auffassen würden. Der Nervenarzt wurde den beiden als Freund eines Bekannten Dippolds vorgestellt.

Vogt spielte dieses Spiel mit. Er fand keine »krankhaften Ideen« bei dem Hauslehrer, attestierte seiner Erziehungsmethode Logik und Konsequenz, entdeckte »ganz entschieden pädagogisches Geschick« und hatte nur kritisch anzumerken, daß der Lehrer auf die »naturgemässe Lebensweise«, also auf die körperzentrierten Methoden der Lebensreform, zu naiv vertraue. Nach den Züchtigungen befragt, räumte Dippold ein, daß sie »gelegentlich, namentlich im Anschluss an das Masturbieren der Kinder« nötig seien, doch das sei mit der Mutter genau abgestimmt. Im übrigen erzählte er Vogt das, was er auch nach Berlin berichtet hatte: Die Jungen seien faul, verwöhnt und unwissend in seine Obhut gekommen, meinten, daß sie wegen ihres Reichtums nicht zu lernen brauchten, und während Joachim wahrheitsliebend und charakterfest sei, habe Heinz gelogen und gestohlen, worüber die Eltern größtenteils orientiert seien. Die sexuellen Ausschweifungen der beiden hätten schlimme Ausmaße angenommen. Heinz habe bereits Kontakt mit Prostituierten gehabt, sich eine Geschlechtskrankheit zugezogen und früher bis zu 30mal am Tag onaniert.

Bei einer körperlichen Untersuchung der Jungen hätte Vogt neben den Mißhandlungszeichen wohl auch festgestellt, daß Dippolds Angaben über die Daueronanie, die zu entzündlichen Veränderungen des Gliedes geführt hätte, kaum zutreffen konnten, von einer Geschlechtskrankheit einmal ganz abgesehen. Doch angesichts seiner Instruierung durch seine Auftraggeberin und der glaubhaften Schilderungen Dippolds nahm Vogt die Sache nicht ernst. Wohl hielt er die körperliche Züchtigung für unzweckmäßig, mochte auch an die Häufigkeit der Onanie nicht recht glauben, doch im Prinzip hatte er an den sexuellen Aktivitäten der Jungen ebensowenig Zweifel wie deren Mutter. Natürlich schwankten die Schätzungen der Ärzte über die Verbreitung der Masturbation unter Jugendlichen, doch Hermann Rohleder, der sich diesem Sujet über Jahre hinweg gewidmet hatte, war der Ansicht, daß 90% aller Schülerinnen und Schüler onanierten.[74]

Vogt mag solche Schätzungen für etwas übertrieben gehalten haben, doch seine Vertrauensseligkeit und völlige Fehleinschätzung der Situation waren neben der Fehlinstruktion durch die Mutter und Dippolds offenkundiger Überzeugungskraft eben auch dadurch begründet, daß kindliche Onanie im psychiatrischen und pädagogischen Diskurs einen festen Platz hatte. Die *Tatsache* der Masturbation wurde ihm von allen Beteiligten vermittelt, sogar von den Jungen selbst, die in Abwesenheit Dippolds zugaben, häufig onaniert zu haben, dabei aber auch Besserung gelobten. Aus dieser Perspektive vermochte Vogt nichts Auffälliges festzustellen. Die Jungen machten einen gesunden und gutgenährten Eindruck, beim Spiel und Sport im Garten waren sie munter und aktiv, und auch Dippolds Unterricht und Erziehungsmethoden erschienen ihm vorbildlich. Schließlich legte er dem Hauslehrer nahe, der Onanie durch Milde und Hebung des Selbstvertrauens zu begegnen, indem der Lehrer den Jungen suggerierte, daß sie stark genug seien, der Masturbation zu widerstehen. Damit die Jungen abends besser einschliefen, verschrieb er ein Schlafmittel.

Mit diesen Empfehlungen fuhr Vogt zurück nach Berlin und beruhigte die Mutter, daß er den aktuellen Grad des Onanierens für längst nicht so gesundheitsschädlich erachte wie die Eltern und keine

Notwendigkeit sehe, eine spezielle ärztliche Therapie einzuleiten. Dippold möge mit der Erziehung fortfahren, zumal er – Vogt – dem Lehrer einen neuen Weg zur Bekämpfung der Masturbation aufgezeigt habe. Im übrigen dürfe es schwierig sein, einen anderen Hauslehrer zu finden, der sich so intensiv um die Kinder kümmere und keine freie Zeit für sich beanspruche. In diesem Zusammenhang muß auch das später für große Empörung sorgende Wort vom »idealen Lehrer« gefallen sein.

Vogts Einschätzung hatte sofort den Effekt, daß bei Rosalie Koch die Alarmglocken wieder ausgingen und einer überschwenglichen Dankbarkeit gegenüber Dippold Platz machten. Die Mißhandlungen der Jungen schienen bei weitem nicht so schlimm gewesen zu sein, wie es bei der Benachrichtigung durch den Gärtner Butzmann geklungen hatte, und darüber hinaus war die Mutter erleichtert, daß Arzt, Hauslehrer und anscheinend auch der Schwiegersohn in ihrer Beurteilung übereinstimmten. In ihrem ersten Brief an Dippold nach Vogts Bericht erinnerte sie den vollständig rehabilitierten Studenten noch einmal an ihre große, aber nun zerstreute Sorge, Heinz könnte an einem »schweren Nervenfehler« leiden, der weitere Maßnahmen nötig gemacht hätte. Nach der Einschätzung des Nervenarztes war die Psychopathologie erst einmal vom Tisch, und das gab ihr Anlaß zur Hoffnung, daß sogar aus Heinz »noch ein brauchbarer Mensch wird«. Das hieß aber auch, daß sie ihren Sohn zu diesem Zeitpunkt für einen unbrauchbaren Paria hielt, mit dem sie vorerst nichts zu tun haben wollte und der der eisernen Hand des Hauslehrers bedurfte.

Immerhin, die Situation im Harz schien sich etwas zu entspannen, doch nun fürchtete sich Rosalie Koch vor ihrem Ehemann. Dem Hauslehrer gegenüber nahm sie wiederum kein Blatt vor den Mund: »Eine gewisse Gefahr taucht jetzt dadurch auf, daß meinen Mann alles Verbotene unwiderstehlich reizt u er sich plötzlich einbildet, der Jungen Besserung hinge von seinem väterlichen Einfluß u wünscht diesen geltend zu machen.«[75] Sie traute ihrem Mann zu, plötzlich und unangemeldet nach Ballenstedt zu fahren und dann entweder Dippold zu entlassen oder auch nur seine eigene Autorität polternd in die Waagschale zu werfen und damit das Erziehungskonzept des Hauslehrers zu durchkreuzen. Nach Vogts Besuch war die Mutter überzeugter denn je, daß die beiden Jungen strikt von allen äußeren Einflüssen, vor allem von der Familie, ferngehalten werden müßten. Aus diesem Grund stellte sie erste Überlegungen an, ob Dippold mit ihren Söhnen nicht an einen noch weiter abgelegenen Ort umziehen könnte, damit er ganz unabhängig sei.

Diese Idee muß sich in ihr noch verstärkt haben, als sie Dippolds ersten Brief nach Vogts Besuch erhielt. Der enthielt nämlich eine Kündigung. Der Hauslehrer zeigte sich beleidigt angesichts der vor Vogts Besuch gefallenen Äußerung Rosalie Kochs, seine Strafen und Versuche seien ohne nennenswerten Erfolg geblieben. Er stellte sich selbst als Märtyrer hin, der bereits im letzten Sommer genau gesehen habe, wie es um Heinz stand, und die Aufgabe nur aus dem Grund übernommen habe, weil er verhindern wollte, daß der Junge an der Unfähigkeit anderer Lehrer scheiterte. Er schimpfte über die moralische Verirrung und Unaufrichtigkeit seines Schülers und gab sogar indirekt den Eltern die Schuld, da »zu viel Freiheit und Geld noch selten ein Knabe hat vertragen koennen«. Derart deutlich hatte er bislang nicht zum Ausdruck gebracht, was er von den erzieherischen Kompetenzen der Kochs hielt.

Nur ganz beiläufig und schmallippig kommentierte er den Besuch von Oskar Vogt: »Herr Dr Vogt ist mir als Controlleur angenehm, wenn gleich der Herr Determinist ist, von solchen Herren meine Thaetigkeit nicht visitieren zu lassen ich gerade seiner Zeit sehr gnaedige Frau bat.«[76] Im vorangegangenen Brief hatte er zwar das Gegenteil gesagt, aber das schien in dem Moment egal zu sein. Direkte Vorwürfe dieser Art hätte Dippold gegen Rosalie Koch wohl kaum erhoben, wenn er fest entschlossen gewesen wäre, seine Arbeit fortzuführen. Nach dem nächtlichen Eklat mit seinem Schüler und Vogts Besuch sah er sich anscheinend am Ende seiner Tätigkeit. Vielleicht spekulierte er darauf, daß die Mutter ihn unter allen Umständen zum Bleiben bewegen würde und er dann endgültig freie Hand erhielt. Die Art und Weise, wie er die Familienmitglieder und auch Vogt gegeneinander auszuspielen verstand, spräche dafür; seine Impulsivität, die ihm diesen Brief diktierte, dagegen.

Zwei Tage später erhielt Andreas Dippold die Gewißheit, daß Rosalie Koch ihm alles zugestehen würde, was er nur wünschte, um seine

Arbeit fortzusetzen. Sie erklärte ihm im Detail und in einer bis dahin nicht gezeigten Offenheit, daß sie in Berlin ganz außerordentlich unter Druck stand und ihre verschiedenen Manöver in erster Linie dazu dienten, Rudolf Koch in Schach zu halten. Der fast überstürzte Besuch Vogts in Ballenstedt war angeblich nicht geschehen, weil ihr Sohn nachts weggelaufen und um Hilfe gefleht hatte, sondern weil sie ein starkes Argument gegen ihren Mann parat haben mußte. Sollte Dippolds Erziehungsversuch scheitern, so war auch Rosalie Koch mit der ihr zugewiesenen Aufgabe der Kindererziehung gescheitert. Was das in den standesbewußten Kreisen der Berliner Hochfinanz bedeutete, läßt sich unschwer ausmalen, denn es gehörte zum gesellschaftlichen Ansehen entscheidend dazu, die Töchter gut zu verheiraten und den Söhnen eine so gute Ausbildung angedeihen zu lassen, daß sie im besten Fall eine ähnlich vorbildliche Karriere machten wie ihre Väter.

Bei den beiden Söhnen aus zweiter Ehe war, anders als bei Rudolf Kochs älteren Söhnen, nichts in Aussicht, was dem entsprach, und auch wenn Heinz und Joachim noch jünger waren, dürfte der Bankdirektor den Stand der Erziehung seiner beiden jüngsten Söhne Anfang Februar 1902 als ein ziemliches Desaster angesehen haben. Seine Erbitterung darüber gab er ungefiltert an seine Frau weiter, wie diese ganz offen schrieb: »Sie wissen, daß mein Mann mir nicht nur die ganze Erziehung überlässt, sondern durch seine eigenartige Veranlagung täglich neue Schwierigkeiten aufhäuft u hat er schließlich zerstört, was ich versucht habe aufzubauen, so wurde ich mit Vorwürfen und erbarmungsloser Kritik fast zu Tode gehetzt. Jetzt habe ich in meinem angstvollen Umhertappen nach geeigneten Kräften die Jungen in die richtigen Hände zu bringen, zweimal das Unglück gehabt einen Fehlgriff zu thun (Haubinda, Benser) demzufolge habe ich so zu sagen gebrochenes Schwert u alle meine Argumente ihre Richtigkeit zu beweisen, u für ihre richtige Beurtheilung der Jungen Glauben zu finden, würden immer wieder daran scheitern. Darum mußte ich zuerst daran denken beweiskräftig meinem Mann gegenüber treten zu können u dieses konnte in diesem Falle nur durch einen Arzt geschehen. [...] Könnten Sie sich ein einziges Mal volle Klarheit über die Schwierigkeit, ja fast Unmöglichkeit meiner Situation verschaf-

fen, wie ich bei aller Ueberlastung mit den schwierigsten Geschäften
nicht nur gänzlich auf mich angewiesen bin, sondern täglich die ab-
surdesten Pläne die einem ungezügelten Hochmuth u Größenwahn
entspringen auf Umwegen beizukommen suchen muß, dann würden Sie mich nicht [...] noch damit ängstigen, daß Sie die Arbeit
niederlegen wollen, womit der Untergang meiner Jungen besiegelt
ist.«[77]

Wenn es sich bei diesen Zeilen nicht um eine raffinierte Inszenie-
rung handelte – wofür nichts spricht –, so war es der Hilferuf einer
Frau am Rande des Zusammenbruchs, die dem Hauslehrer zu verstehen gab, daß sie ihn für die allerletzte Chance hielt, und zwar nicht
nur wegen der Jungen, sondern vor allem, weil ihr Mann vollständig
die Geduld zu verlieren drohte. An Idealen orientierte erzieherische
Regeln und Konventionen mögen im Wirtschaftsbürgertum in der
alltäglichen Routine mehr oder weniger stark zum Zuge gekommen
sein; wenn die Ziele jedoch derart außer Reichweite gerieten wie in
diesem Fall, übte das Familienoberhaupt kompromißlosen Druck
aus, der, zumindest in der Wahrnehmung der Ehefrau, so weit gehen
konnte, daß der Bankdirektor das familiäre Gefüge in Frage stellte.

Angesichts dieses Bedrohungsszenarios klammerte sich Rosalie
Koch an den Hauslehrer, unter Preisgabe ihrer Loyalität nicht nur
ihrem Mann gegenüber. Auch attestierte sie ihren Kindern eine fehlende charakterliche Haltung, insbesondere ihrem älteren Sohn. So
ging sie auch in dieser Situation davon aus, »daß es ihm [Heinz,
MH] keinen Eindruck machen wird, wenn ich nochmals bekräftige,
daß ich ihn nicht wieder sehen will, bis Sie die Versicherung gebracht,
daß er ein Anderer geworden u geschieht das nie, so ist der trostlose
dritte Januar der letzte Tag seines u meines Lebens gewesen, wo wir
uns gesehen haben.« Das sind – auch heute noch – irritierende Sätze.
Nicht nur der gestrenge Bankier zeigte kompromißlose Härte, auch
seine Gattin war zu einer Unbarmherzigkeit fähig, die offen ausgesprochen und angedroht wurde, wenn auch als Ultima ratio. Natürlich hoffte sie, daß es nicht so weit kommen würde, und deswegen
schlug sie Dippold vor, mit den Jungen umzuziehen, und zwar ausgerechnet in seine fränkische Heimat, in das kleine Drosendorf bei Bamberg. Dort könne er ungestört weiterarbeiten, und vor allem müsse

nicht befürchtet werden, »daß mein Mann Lust verspürte, zu Ihnen zu kommen«.[78]

Das also sollte die Lösung sein: die Jungen ganz aus dem Einflußbereich der Familie zu entfernen, sie in eine ihnen völlig unbekannte Gegend zu verpflanzen und dem Regime des Hauslehrers ohne die Kontrolle des Ballenstedter Dienstpersonals zu unterstellen. Wie mag diese Aussicht auf Heinz und Joachim Koch gewirkt haben? Zeugnisse aus dieser Zeit liegen nicht vor, doch muß ihnen nun endgültig klar gewesen sein, daß sie von ihren Eltern nichts zu erwarten und die Reise nach Bayern wohl oder übel anzutreten hatten. Der Umzug wurde mit Hochdruck betrieben. Durchaus in gewissem Widerspruch zu den dramatischen Worten der Bankiersgattin ließ sich auch Rudolf Koch durch die Einschätzung Vogts beruhigen und hatte keine Einwände gegen den Umzug. Er dankte sogar dem Hauslehrer für dessen bislang geleistete Arbeit und hoffte, es möge gelingen, »den richtigen Platz zu finden, welcher Ihnen die Erziehung der Knaben erleichtert«.[79]

Der Hauslehrer konnte aufatmen. Nach dem günstigen Eindruck, den er auf Vogt gemacht hatte, war er in seinem Erziehungsregime nun völlig autonom, und das hieß, daß die Jungen ihm auf Gedeih und Verderb ausgeliefert waren. Auch in dieser Situation legte er gegenüber den Eltern großen Wert auf die wissenschaftliche Fundierung seiner Erziehungsmethoden. Mit Vogts Autorität im Rücken redete er vom »Ausbau einer konsequenten, psychologischen Konstruktion – um so mehr wuensche ich, dass des besterprobten Specialisten Gutachten in Berlin an zustaendiger Stelle beachtet werde«. Merkwürdig: Zuerst mit Skepsis beäugt, wurde der Mediziner nun zum »besterprobten Specialisten« gekürt, nachdem er ganz im Sinne Dippolds reagiert hatte. Und zusätzlich schmeichelte er der Mutter, die sich in dem Bewußtsein wähnen durfte, mit der Hinzuziehung Vogts den richtigen Schritt getan zu haben. Geradezu triumphierend schrieb er: »Er, der Determinist, glaubte, dass ich auf diesem Wege einen sicheren Erfolg auch bei H. erzielen wuerde.«[80] Die wissenschaftliche Rückversicherung war in dieser Situation das beste Zertifikat, das der Hauslehrer erhalten konnte, denn wenn es eine Autorität gab, der sich auch eine wenig zugängliche Führungsfigur wie Rudolf Koch nicht verschloß, so war es die wissenschaftliche Medizin bzw. deren anerkannter Repräsentant. Wie in anderen Momenten auch schnitt der Hauslehrer sich eine Scheibe von dieser szientifischen Autorität ab, um seine eigene Position zu legitimieren. Darüber hinaus griff er sogleich den Vorschlag Rosalie Kochs auf, nach Drosendorf zu seinem Vater umzuziehen. Vorsorglich kündigte er schon einmal an, daß er sich auf einen längeren Zeitraum von etwa anderthalb Jahren einrichte, bevor er dann mit den Jungen in eine Gymnasialstadt ziehen könne.

Zu diesem Zeitpunkt hatte Andreas Dippold bereits ein Semester in Berlin versäumt und stellte sich offenbar darauf ein, noch drei weitere Semester von der Universität fernzubleiben. Das heißt nicht automatisch, daß er sein Berufsziel, nämlich eine juristische Promotion anzustreben und danach journalistisch zu arbeiten, völlig aus dem Auge verloren hatte. Wohl aber zeigt es an, daß er sich seiner Aufgabe als Hauslehrer völlig hinzugeben bereit war. Erziehung, Überwachung und Bestrafung der Jungen waren in wenigen Monaten zu seinem ganzen Lebensinhalt geworden, sie füllten seine Tage und seine Nächte aus. Eine Kostprobe seiner Unermüdlichkeit und Penibilität lieferte er in einem Bericht an Vogt. Wie angedeutet, hatte dieser den Jungen das damals gebräuchliche Schlafmittel Trional verordnet und Dippold beauftragt, ihm über die Wirkung regelmäßig Kenntnis zu geben. Wenigstens in einem Brief tat er das und verzeichnete minutiös, in welcher Nacht die Jungen wie lange geschlafen und wie lange wachgelegen hatten. Freimütig schrieb er an Vogt über die wesentlich ruhiger verlaufenden Nächte, seit er mit den Jungen unter einer Bettdecke schlafe.[81]

Aus seiner erbarmungslosen Strenge gegenüber seinen Schülern hat der Hauslehrer zu keinem Zeitpunkt einen Hehl machen müssen. Er berichtete ganz offenherzig an die Eltern und auch an Vogt, welche Maßnahmen er gegen das nächtliche Onanieren der Knaben in die Wege geleitet hatte. Nur daß er die Jungen nachts bisweilen auch an Händen und Füßen fesselte, verschwieg er. An der Präsenz des Lehrers im Bett der Jungen hatte jedoch niemand etwas auszusetzen, niemand kam auf die Idee, daß die Schlafstörungen der Jungen womöglich mit ihrer Angst vor Bestrafungen zusammenhingen. Im

Kampf gegen die Onanie waren alle beteiligten Erwachsenen miteinander verbündet, und fast alle Mittel waren ihnen recht. Gewisse Besorgnisse und kritische Bemerkungen wurden noch am ehesten vom Dienstpersonal auf dem Ziegenberg geäußert, das jedoch bei Nachfragen hinsichtlich der Körperstrafen angeherrscht wurde, das gehe sie nichts an, weil sie ohnehin nichts davon verstünden. Dieses unbeirrbare Festhalten an seiner Position war, wie sich auch später bestätigte, kein geschicktes Lavieren, sondern völlig authentisch. Dippold war durch und durch überzeugt von der Richtigkeit seiner Handlungen, den immer heftiger werdenden Züchtigungen, der Rund-um-die-Uhr-Überwachung der Jungen oder der Geständnisse, die er Heinz Koch schreiben ließ. Nicht die Spur eines schlechten Gewissens, des Zweifels oder – später – der Reue sind zu erkennen, sondern vielmehr eine Verquickung von Dogmatismus, Überheblichkeit, Aggressivität und Empfindlichkeit.

In seinem letzten Brief aus Ballenstedt wirkte Andreas Dippold regelrecht gelöst und entspannt. Er schrieb enthusiastisch über ein kleines, abgelegenes Holzhaus, das sich unmittelbar neben den Feldern und Wiesen seines Vaters befand und für einen günstigen Preis angemietet werden konnte. Einsamkeit, Naturverbundenheit und einfaches Leben sollten hier endlich realisiert werden. Die Jungen, behauptete er, seien »Feuer und Flamme« für den Plan, man wolle selbst Gemüse ziehen und das Holz für den eigenen Bedarf hacken. Überhaupt sei zur körperlichen Ertüchtigung reichlich Gelegenheit gegeben. Das Rezept zur *Menschwerdung* der beiden Brüder sollte also in der Rückkehr zu einer spartanischen, asketischen Lebensweise bestehen. Rousseaustimmung. Fernab von aller Bequemlichkeit – nur eine Haushälterin aus Ballenstedt sollte mitkommen – ging es darum, die Voraussetzungen für das alltägliche Leben selbst zu schaffen. Und dann bat Dippold noch um die Freigabe von Geld für »die Beschaffung eines gemeinsamen grossen Nachtlagers«, was auch gewährt wurde.[82]

Am 17. Februar 1903 reisten Dippold und die beiden Jungen aus Ballenstedt ab, um sich nach einem kurzen Aufenthalt in Nürnberg in Drosendorf einzurichten. Die letzten Tage vor dem Umzug waren mit organisatorischen Planungen und Überlegungen ausgefüllt, an denen sich auch Rosalie Koch von Berlin aus beteiligte. Allerdings zog sie es vor, wie sie an Dippold schrieb, nicht in den Harz zu reisen und direkt mitzuhelfen, weil sie durch die Aufregungen der letzten Wochen nervlich sehr angespannt sei und sich auch vor einem Wiedersehen mit ihren beiden Söhnen fürchte. Gleichzeitig klammerte sie sich mit »jeder Faser meines Herzens [...] an die Hoffnung, daß Heinz selbst wieder den Weg zu meinem Herzen findet, ich kann nichts thun als harren, hoffen, u innig für meine Jungen beten, daß sie mir Gott noch einmal schenkt«.[83] Das hieß wohl nichts anderes, als daß das Band zwischen ihr und ihren Söhnen nach wie vor zerschnitten war und diese nun die Bringschuld hatten, neue Verbindungen zu knüpfen. Sie überlegte sogar, die bevorstehenden Geburtstage ihrer Söhne am 17. und 20. Februar schweigend zu übergehen, sofern nicht ein Brief von ihnen signalisierte, daß sie sich auf dem Wege der Besserung befänden: »Mir ist der Boden unter den Füßen geschwunden, nach all den unfasslichen Enthüllungen, daß ich sogar fürchte durch Briefe Schaden u Zwietracht bringen zu können. Mein Leid kann nur gehoben werden, wenn mir die Jungen Liebe bringen, gegeben habe ich ihnen mehr als sie begriffen haben u mehr als ihnen gut war.«[84]

Genauso sah es auch Rudolf Koch, der den Umzug gänzlich zu billigen schien und seinen Söhnen noch einmal deutlich zu verstehen gab, daß sie keinerlei Milde erwarten konnten: »Hätte ich früher eine Ahnung davon gehabt, dass Ihr Euch so verirren könntet, so wäre mein Verhalten gegen Euch längst ein anderes gewesen, – so wurde ich nur durch meine große Liebe zu Euch geleitet, und wurde leider, leider nicht gewahr, wie Ihr mich fortwährend hintergangen habt. Herr Dippold hat die große Aufgabe übernommen, Euch zu tüchtigen Menschen zu erziehen. Ich vertraue ihm ganz und bin ihm innig dankbar für den großen Liebesdienst, welchen er uns erweist. – Ich aber als Euer Vater befehle Euch, Eure ganze Kraft zusammen zu nehmen, damit Ihr zu Menschen werdet, welche Liebe der Eltern verdienen.«[85] Aus einer solchen Konstellation konnte es für die beiden Jungen kein Entrinnen geben. Verirrung, Betrug, Faulheit, Unwürdigkeit, diese Litanei von väterlichen Vorwürfen, die den beiden mit auf den Weg gegeben wurde, dürfte ihnen vollends klargemacht haben, daß sie aus der Familie zumindest vorerst ausgeschlossen waren. Von einer direkten, unbefangenen Kommunikation zwischen Eltern und Kindern – wenn es sie denn je gegeben haben sollte – konnte ohnehin längst keine Rede mehr sein.

Unmittelbar vor ihrer Abreise scheinen beide Jungen noch Briefe an ihre Mutter geschrieben zu haben, was diese schließlich dazu bewog, ihnen Geburtstagsbriefe zukommen zu lassen, in denen sie sich vorsichtig versöhnlich zeigte. Der Ton gegenüber dem nun zwölfjährigen Joachim war ermahnend und aufmunternd, wobei die Bekämpfung der Masturbation, der »Sünde«, klar im Vordergrund stand und nicht etwa die schulischen Leistungen, die ohnehin kaum noch zur Sprache kamen.[86] An Heinz, der sie wohl inständig um Verzeihung gebeten hatte, schrieb sie, daß er »mit Fleiß und Ausdauer versuchen« müsse, »ein anderer, besserer Mensch zu werden«. Sie war sich völlig darüber im klaren, daß der Hauslehrer ihn nicht geschont hatte, und sie fand das nur recht und billig, nicht ohne ihren eigenen Kummer und ihre Hoffnungen hervorzuheben: »Die schwere Leidenszeit, die Deine Sünden über Dich u mich verhängt haben, wollen wir in dem festen Vorsatz treuer Pflichterfüllung zu einem Gottesweg werden lassen [...]. Wie viele Stunden sitze ich nachts im Bette, bete für meinen Jungen u. lese in meiner Herzensangst in der Bibel um Trost u. Beruhigung zu finden [...]. Ergreife fest Herrn Dippolds Freundschaftshand, nur er hat Einsicht u Menschenliebe genug, Dich aus Deinem Sumpf zu retten u Dir ein glücklicheres Leben als bisher zu bereiten. Du wirst es sicher auch selbst bald fühlen, daß eine drückende Last von Dir fällt, wenn Du Dich von Deinem bisherigen Leben abwendest u. nicht mehr Deinen heimlichen Sünden, sondern edlen Pflichten lebst.«[87]

Sünden und Pflichten, Sumpf und Freundschaftshand. Ob die Mutter hier an eine Erlöserfigur dachte, die ihren Sohn sicher führte? Jedenfalls war dies der letzte Brief, den sie an Heinz richtete. Drei Wochen später, am 10. März, nachdem noch einige Briefe zwischen Dippold und Rosalie Koch hin- und hergegangen waren und als das Ehepaar Koch sich zur Erholung an der Cote d'Azur aufhielt, starb der gerade 14 Jahre alte Heinz Koch. Laut Aussage der Haushälterin Elisabeth Sand, die von Ballenstedt mit nach Drosendorf umgezogen war, wurde der Junge an den beiden vorangehenden Tagen so heftig geschlagen, daß sein Gesicht stark geschwollen und dunkel angelaufen war.[88] Auch der Hauslehrer gab zu, am 8. März beide Knaben wegen nächtlicher Onanie schwer gezüchtigt zu haben, doch am Tag darauf sei der Knabe noch munter gewesen. Am Todestag selbst bat der Junge morgens darum, im Bett bleiben zu dürfen, aber Dippold zwang ihn aufzustehen, übergoß ihn mit kaltem Wasser, woraufhin er vor Schwäche aus dem Badezuber kippte. Zum Frühstück trank er nur etwas Milch und legte sich wieder ins Bett. Dippold hielt diese Schwäche für Simulation, und erst als ihn Joachim am frühen Nachmittag auf eine unregelmäßige Atmung seine Bruders aufmerksam machte und er bemerkte, daß die Atmung aussetzte und das Gesicht völlig bleich war, ließ er einen Arzt holen, der nur noch den Tod des Jungen feststellen konnte.[89]

Ermittlungszeit

Am Nachmittag des 10. März 1903 begab sich der Bezirksarzt Dr. Friedrich Severin mit dem Auftrag in das abgelegene kleine Haus bei Drosendorf, nach einem akut erkrankten Jungen zu sehen. Er wurde, wie er später vor Gericht aussagte, keineswegs sofort zu Heinz Koch vorgelassen, den er zum Zeitpunkt seiner Ankunft noch am Leben wähnte. Vielmehr nahm ihn der Hauslehrer in Empfang und verwickelte ihn in ein ausführliches Gespräch, in dem er sich über die moralische Verdorbenheit des Jungen ausließ, von Masturbation, Diebstählen und einer unheilbaren Geschlechtskrankheit berichtete und die Geschichte seiner Erziehungstätigkeit in angeblich nicht weniger als zwei Stunden ausbreitete. Als der Arzt darauf drang, den Kranken endlich sehen zu dürfen, wurde ihm beschieden, der sei bereits tot. Die Frage, ob die Eltern informiert seien, habe Dippold verneint und hinzugefügt, daß das auch nicht nötig sei, da diese sich ohnehin nicht um ihre Kinder kümmerten.[1] Auch über die Todesursache gab der Hauslehrer weitschweifige Erklärungen ab. Sie reichten von minderwertiger Konstitution und pathologischer Schwäche bis hin zu Onanie und Syphilis.

Ein erster Blick auf den mit blutunterlaufenen Striemen, Schwellungen und Blutergüssen übersäten Körper Heinz Kochs weckte in dem Bezirksarzt sofort den Verdacht, daß der Junge keines natürlichen Todes gestorben sein konnte und er den geforderten Totenschein nicht ausstellen durfte. Fünf Tage später gab er zu Protokoll: »Als ich keine Todesursache finden konnte und die Angaben des Dippold über verschiedene Möglichkeiten des plötzlichen Todes, etwa infolge der Syphilis oder des vielen Onanierens oder Diphtherie oder Schlaganfall gänzlich unmöglich waren und ich den Verdacht längst bekommen hatte, daß Dippold den Knaben totgeprügelt habe und jetzt dies zu verheimlichen suche, so sagte ich, dass eine Sektion stattfinden müsse, um die Todesursache festzustellen. Damit war er einverstanden und meinte, ich solle selbst die Sektion vornehmen.«[2] Severin unterrichtete die Staatsanwaltschaft und fuhr mit dem Hauslehrer

zum nächstgelegenen Postamt, damit die Familie telegraphisch be-
nachrichtigt werde. Die kurzen Worte enthielten sogleich eine Diagnose: »Heinz gestorben. Arzt konstatiert als Todesursache Blutschwä-
che.«[3] Vor Gericht räumte Severin später ein, daß er das Wort »Blut-
schwäche« gegenüber Dippold fallengelassen haben könnte, stellte
aber noch einmal heraus, daß er sogleich die Mißhandlungen als Todesursache angesehen habe. Dippold dagegen versuchte noch vor der
Obduktion, den Tod seines Zöglings als tragisches Ereignis darzustellen, so auch in einem Telegramm an Oskar Vogt: »Mein Schüler und
Patient Heinz Koch starb gestern ohne weiteres als Müdigkeit vorher
zu klagen.«[4]

Bis zum letzten Atemzug Heinz Kochs hatte sein Lehrer ihn für
einen Simulanten gehalten, für einen faulen, durchtriebenen, berech-
nenden und verlogenen Jugendlichen, der seinen moralischen Kredit
verspielt hatte. Da in der abgelegenen Welt Drosendorfs keinerlei Kontrolle mehr zu befürchten war und abgesehen von einer eingeschüch-
terten Haushälterin kein mißtrauisches Dienstpersonal Dippolds Gewalt gegen die Jungen mehr einzuschränken vermochte, die Eltern
ihm nach der ärztlichen Intervention und aufgrund ihrer eigenen Wertvorstellungen und Intuitionen vollständig vertrauten, sanken die letzten Hemmvorrichtungen in sich zusammen. Er hatte seinen Schüler
gedemütigt, zu schriftlichen Geständnissen gezwungen, diffamiert,
zu Tode geprügelt und redete nun, vielleicht noch unter dem Schock
der Ereignisse, von seinem »Patienten«, der an seiner schwachen körperlichen und geistigen Konstitution zugrunde gegangen war. Wie
kam der Hauslehrer dazu? War es Zynismus oder ein plumper Versuch, die Schuld von sich abzuwälzen? War es Hilflosigkeit oder ein
Mangel an Gefühl, der sein Verhalten gegenüber dem Bezirksarzt
und die Telegramme erklärt? Gewiß kommen hier Eigenarten einer
Persönlichkeit zum Ausdruck, doch dahinter zeichnet sich auch die
Wirkmächtigkeit eines Diskurses über Körper und Disziplin, über
Schwäche und die Gesetzmäßigkeiten des Lebens ab, der um 1900
kursierte, an Universitäten gelehrt wurde und in Büchern nachzulesen
war. Dieser Diskurs durchzog auch das Denken eines wißbegierigen
und gleichzeitig mit felsenfesten Überzeugungen ausgestatteten Studenten wie Andreas Dippold.

In den Erklärungen und Rechtfertigungen des Hauslehrers kam ein schroffer Sozialdarwinismus zum Vorschein, der die Härte des Lebens propagierte und davon ausging, daß die Schwachen unausweichlich dem raschen Tod ausgeliefert waren. All das paßte vorzüglich mit dem *kriminalanthropologischen Dossier* über Heinz Koch zusammen, das Dippold längst vorher angelegt hatte und nun weiter anreicherte. Immer neue Gründe für die vermeintlich unausweichliche Tragödie wurden angeführt, wobei der Hauslehrer sein bereits bekanntes Verfahren anwandte, die Feststellungen und Deutungen anderer für seine eigenen Zwecke einzuspannen und auf wissenschaftliche Überzeugungen zu rekurrieren, um die Plausibilität seiner Aussagen zu unterstreichen. Nicht nur dem Bezirksarzt und Oskar Vogt sowie etwas später dem Untersuchungsrichter – auch der Familie Koch mutete er seine Sicht der Dinge zu, und in diesem Zusammenhang kam auch das bis dahin nicht bekanntgewordene letzte und umfangreichste schriftliche Geständnis Heinz Kochs zum Vorschein.

Das Ehepaar Koch befand sich zu diesem Zeitpunkt mit einigen anderen Familienmitgliedern in Cannes. Bevor sie Genaueres über die Todesumstände wußten, hielten sie es für das Dringlichste, ihren Sohn Joachim in die Familie zurückzuholen. Damit beauftragten sie ihren Schwiegersohn Ferdinand Bugge, der aus Steglitz anreiste und den Jungen in seine Obhut nahm. Um die Formalitäten mit dem Leichnam sollte sich Karl Koch kümmern. Der in Konstantinopel lebende älteste Sohn des Bankdirektors hielt sich zufällig gerade in Deutschland auf und reiste umgehend nach Drosendorf. Als er dort eintraf und Dippold nach den letzten Lebenswochen seines Halbbruders befragte, konfrontierte ihn dieser mit jenem nicht an die Eltern geschickten Selbstbekenntnis von Heinz. Wie schon erwähnt, war darin noch ausführlicher als zuvor die Rede von Denunziationen, Diebstählen, Bordellbesuchen am Kurfürstendamm und einer Syphilis, die die Folge dieser Besuche gewesen sei. In diesem Zusammenhang benutzte Dippold auch das vergiftete Wort vom »geborenen Verbrecher«, von dem er aus Franz von Liszts Seminar gewußt haben dürfte, daß es auf Lombroso zurückging und eine Stigmatisierung bedeutete, der man kaum entrinnen konnte.

Wie genau Dippold seinen Lombroso und die Konstruktion eines Verbrechertypus kannte, geht aus der Zeugenaussage Karl Kochs hervor: »Zum Beleg für die verbrecherischen Neigungen des Heinz, die er [Dippold, MH] mit vielem Aufgebot von Lombroso, Rousseau, Nietzsche, Kant, Hegel u. anderen Philosophen erörterte, zeigte er mir das Portemonnaie, das Heinz jahrelang mit sich herumgetragen habe, u. darin 2 aus einem illustrierten Blatt ausgeschnittene Bilder, deren eines die Ermordung der Kaiserin von Oesterreich, das andere einen bekannten, mir nicht mehr erinnerlichen Verbrecher darstellte.«[5]

Man sieht, wie sich die Kriminalanthropologie im Alltagsleben einzunisten vermochte. Neben den körperlichen Zeichen, so Lombroso, sollten auch bestimmte Verhaltensmerkmale auf den potentiellen Verbrecher hinweisen. Für Dippold gehörte das Sammeln von entsprechenden Zeitungsnotizen und Bildern dazu. Soviel läßt sich immerhin sagen, doch ob Heinz Koch selbst sie in seinem Portemonnaie aufbewahrte oder ob der Hauslehrer sie vor oder nach dem Tod des Jungen dort hineingeschmuggelt hatte, bleibt offen. Jedenfalls scheint Karl Koch durch die von Dippold vorgelegten vermeintlichen Evidenzen erst einmal beeindruckt gewesen zu sein. Auf seine Frage, wieso der Student überhaupt die Erziehung seines Bruders übernommen habe, wenn er ihn für einen geborenen Verbrecher hielt, replizierte der Hauslehrer, er habe es nicht für ausgeschlossen gehalten, aus Heinz doch noch einen »ordentlichen Menschen« zu machen.[6] Genau diesen Ehrgeiz hatte er ja bereits mehrfach hervorgehoben und damit seine Züchtigungen gerechtfertigt. Jetzt hingegen begann er zu suggerieren, daß die Chance auf Erfolg sehr gering gewesen sei, weil die Natur des Jungen es nicht zuließ. Einmal mehr schlüpfte er in die Rolle des Experten, der die Kriminalanthropologie für seine Situation auszunutzen versuchte. Dabei kam ihm zugute, daß er das bereits angesprochene Dossier angelegt hatte, in dem er die Verfehlungen, Sünden und krankhaften Abartigkeiten seiner beiden Schüler festhielt und kommentierte.

Der Student Andreas Dippold war nicht nur ein großer Leser, er war auch ein eifriger Schreiber, der Tage- und Notizbücher mit seinen Lesefrüchten, persönlichen Eindrücken und Einschätzungen füllte und vor allem über sich selbst Rechenschaft ablegte. Diese Hefte sind nicht überliefert, wohl aber eine »autobiographische Skizze«, die aus den letzten Wochen in Ballenstedt stammt. Sie wurde in stenographischer Kurzschrift verfaßt, was dafür spricht, daß er sie für sich selbst anfertigte und vermeiden wollte, daß die Jungen oder das Dienstpersonal sie lesen können. Diesen Text, der zum Teil auf Tagebucheinträge und Passagen aus den Briefen an Rosalie Koch zurückgriff, fand die Staatsanwaltschaft unter Dippolds Papieren in Drosendorf, die sie vollständig beschlagnahmte. Für die weiteren Ermittlungen wurde die autobiographische Skizze genauso relevant wie die Briefe, die zwischen dem Hauslehrer und dem Ehepaar Koch gewechselt worden waren.

Man kennt zahlreiche autobiographische Texte von Außenseitern, Kriminellen und Geisteskranken und hat auf sie, insbesondere innerhalb der Humanwissenschaften, mit einer Mischung aus Faszination und Entsetzen reagiert, die das enorme zivilisatorische Interesse am Anomalen wachhält. Manche dieser Texte sind als schwer taxierbare Zeugnisse von Opfern bestimmter Diskurse gelesen worden, andere wurden als beispielhaft für die Durchleuchtung von Macht- und Herrschaftsverhältnissen bezeichnet, in einigen sah man sogar eine eigentümliche Schönheit. Michel Foucault beispielsweise attestierte dem *Mémoire* des Mörders Pierre Rivière, das er fast 150 Jahre nach seinem Entstehen aus dem Archiv ausgegraben und veröffentlicht hatte, Schönheit, Patina und eine »lyrische Position«, die ihn dazu brachte, das *Mémoire* in die Tradition der Flugschriften einzuordnen.[7] Unschwer läßt sich Foucaults von Verklärung und Entsetzen durchzogene Haltung als Ausdruck der antipsychiatrischen Sehnsucht der 1970er Jahre verstehen. Damals wollte man im Wahnsinn eine eigene Logik, Ordnung, Freiheit und auch Schönheit erkennen, also einen Gegenentwurf zur Welt des Konventionellen, Akzeptierten und Normalen. Mit einem verblüffenden Resultat: Foucault war tatsächlich der Ansicht, daß man erst jetzt in der Lage sei, diesen Text wenigstens ansatzweise zu verstehen bzw. überhaupt lesen zu können. Erst ein antipsychiatrisches Verständnis des Wahnsinns räumte die Hindernisse beiseite, die den Weg zu dem *Mémoire* für einen so langen Zeitraum verstellt hatten.

Ganz antirelativistisch scheint Foucault davon ausgegangen zu sein, daß es so etwas wie ein Eigentliches des Wahnsinns gebe, das prinzipiell erkennbar und verstehbar sei, nur eben nicht mit den Sensorien und Begriffen der Psychiatrie oder Justiz, also jenen mächtigen Institutionen, die im 19. Jahrhundert den Fall in den Archiven verstauben ließen, weil er quer zu ihrem eigenen Diskurs stand. Ich glaube, daß Foucault hier einem doppelten Irrtum aufgesessen ist. Erstens bestand überhaupt keine Veranlassung dazu, dem *Mémoire* Rivières eine Bedeutung über den konkreten Fall hinaus zuzusprechen. Für die von Foucault postulierte »Verwirrung« der Ärzte gibt es keinerlei Anhaltspunkte. Zweitens: Natürlich ist es völlig legitim, wenn Foucault der offiziellen Psychiatrie ein angemessenes Verständnis des Wahnsinns abspricht. Aber wieso sollte ausgerechnet er darüber verfügen? Gerade die Geschichte der Antipsychiatrie, die politisch notwendig und erfolgreich, in epistemologischer Hinsicht jedoch ein einziger Fehlschlag war, zeigt, daß niemand über den Zauberschlüssel zu einem Phänomen wie Wahnsinn verfügt. Immerhin gibt sich Foucault bescheiden und räumt ein, daß man erst »anfange«, das *Mémoire* zu lesen, dennoch war damit die Erwartung verbunden, daß der Text weiter gelesen, entschlüsselt und vielleicht so etwas wie ein lyrisches Manifest der Befreiung werden könnte. Nichts davon ist eingetreten, und deswegen sagt uns der *Fall Rivière* heute, gut drei Jahrzehnte nach seiner Publikation, mehr über die Zeit, in der sich Foucault damit auseinandersetzte, als über die, in der er spielt.

Ich habe diesen kurzen Exkurs zu Foucault hier nicht eingeschaltet, um mich über seine romantisierende Lesart lustig zu machen oder gar die Antipsychiatrie zu diffamieren. Es geht mir lediglich darum, zu verdeutlichen, daß Lektüre und Einordnung der Texte von Individuen, die die Geschichte zu Außenseitern gemacht hat, mit großen Schwierigkeiten behaftet sind. Was man nach Jahrzehnten erstmals aus der Verborgenheit des Archivs zieht, ist weder eine Offenbarung noch eine Bestätigung für irgendeine theoretische Methode oder politische Hoffnung; es ist ein Gegenstand, der einen zunächst einmal mit der eigenen Unwissenheit konfrontiert, wenn man sich ihm annähert.

Das gilt auch für Dippolds autobiographische Skizze. Hierbei handelt es sich um einen Text, das muß zuallererst festgehalten werden,

der nicht im Gefängnis, also nicht schon aus der Perspektive eines Angeklagten oder Verurteilten verfaßt wurde. Er entstand wenige Wochen vorher, als der Student überhaupt noch nicht ahnte, daß sein bisheriges Leben bald beendet sein würde. Weiterhin handelt es sich
auch nicht um die Prosa eines Geisteskranken. Anders gesagt: Weder
diese Skizze noch sonst eine Verhaltensäußerung des Hauslehrers hat
letztlich dazu geführt, daß die zuständigen Behörden ihn als geisteskrank apostrophiert hätten. Vielmehr liegt hier ein Dokument vor,
dessen Eigentümlichkeit sich aus der Überlagerung zweier Kraftfelder
zu ergeben scheint. In Dippolds autobiographischer Skizze findet sich
keine Schönheit, keine Freiheit und schon gar keine Poesie, sondern
nur das traurige Gebräu eines misanthropischen Kulturpessimisten,
vermischt mit Starrsinn, Selbstrechtfertigung und bizarren Schilderungen seiner Erlebnisse. Subjektive Wahrnehmung verschränkt sich
mit diskursiven Strukturen, woraus sich eine Konstellation ergibt, die
über eine persönliche Tragödie hinausweist und die Humanwissenschaften jener Zeit auf die Bühne holt. Mit Medizin und Justiz glaubte
sich der Hauslehrer auszukennen. Nur kurze Zeit später ist es das
Spannungsfeld ebendieser beiden Institutionen, in dem sich sein weiteres Schicksal entscheiden sollte.

Rekapitulieren wir noch einmal die hervorstechenden Eigenschaften und Wissensbestände, Werte und Vorurteile, wie sie bei dem Jurastudenten bislang sichtbar geworden sind. Die eiserne erzieherische
Hand wird moralisch und wissenschaftlich legitimiert, wobei *Wissenschaftlichkeit* hier heißt, sich getreu der naturwissenschaftlichen
Vorstellung am Kausalprinzip zu orientieren, ohne dabei dem Materialismus und Determinismus ergeben zu sein. Menschen sind durch
Härte, Disziplin und Übung verbesserbar, auch wenn ihre biologische
Disposition ihren Persönlichkeitsrahmen vorgibt. Eine solche Einstellung ist um 1900 nichts Außergewöhnliches. Des weiteren sind gewisse Einflüsse der Lebensreformbewegung zu erkennen: Vermeidung
der Stadt zugunsten der Natur, körperliche Ertüchtigung und gesunde Ernährung sowie Wertschätzung einer einfachen Lebensweise, die
sich nicht durch Luxus und Konsum korrumpieren läßt. Der enorme
Wert, den der Hauslehrer auf das Geständnis legt, spricht dafür, daß
er trotz seines Hasses auf den Katholizismus am Beichtritual fest-

hält, allerdings transformiert in eine säkulare Geständnispraxis, bei
der die Entlastung des Schuldigen genauso wichtig ist wie das Macht-
wissen desjenigen, gegenüber dem das Geständnis abgelegt wird. Dieses angedeutete Menschen- und Gesellschaftsbild erscheint auf den
ersten Blick idiosynkratisch, denn wie lassen sich so unterschiedliche Ingredienzien wie pädagogische Lebensreform und rücksichts-
lose erzieherische Strenge, emphatischer Katholizismus und nüchterne Wissenschaftlichkeit zusammenfügen? In der autobiographischen
Skizze wird dieses Potpourri erheblich nuanciert, zugespitzt und er-
weitert.

　　»Wenn ich hier nun gar etwas über mein Leben einschalte, so geschieht dieses aus Lebens›überdruß‹, wenn ich die Welt, die Leute
und ihr Getriebe ansehe und beobachte, daß fast niemand vernünftig
lebt, sich selbst im Wege steht und sein Leben selbst auf alle mögliche
Art und Weise erschwert und verkürzt, wenngleich er kurz zuvor die
Schädlichkeit und den Unsinn seines Handelns eingesehen haben
mag.«[8] Mit diesen durchaus zeittypischen Sätzen hebt die Skizze an.
Man kennt die in der bürgerlichen Moderne um 1900 üblichen verführerischen und explosiven Gemische, die Körperkult und Degene-
rationsdenken, konservative Wendung zur Natur und Antisemitismus,
das Plädoyer für ein einfaches, natürliches Leben und Verachtung für
den Kapitalismus und seine Hauptvertreter verbanden. All das ging
nicht selten mit einer Misogynie einher, die Frauen schlicht die Fähigkeit absprach, im gesellschaftlichen Leben eine verantwortungsvolle
Rolle zu spielen. Es gab gewiß keine homogene Gruppe, die all dies
gleichzeitig und gleich lautstark vertrat. Wir haben es vielmehr mit
unterschiedlichen männlich dominierten Kreisen, Bewegungen und
Gruppen zu tun, die von Männerbund und Wandervogelbewegung
über konfessionell gebundene Gruppen, Vegetarier und Antialkoho-
liker bis zu faszinierten Lesern Friedrich Nietzsches und Otto Wei-
ningers sowie zum Kreis um Stefan George reichte. Entscheidend ist
nicht die Homogenität, sondern die spezifische Ansammlung von
Werten und Überzeugungen, die von unterschiedlichen gesellschaftlichen Akteuren lanciert und vertreten wurde und damit eine erhebliche Anziehungskraft auf die nachwachsende männliche Generation
ausübte.

Auch bei Andreas Dippold gruppierten sich diese Elemente zu einer Weltanschauung, in der Antisemitismus und körperliche Ertüchtigung, das Recht des Stärkeren und eiserne Disziplin, Verachtung der Kapitalisten und Hinwendung zur Natur, Misogynie und der Glaube an ein einfaches, an ausgewählten christlichen Werten orientiertes Leben ein Ensemble bildeten. Dabei verstand er das Leben als einen gefährlichen Sog, der einen hierhin und dorthin trieb, als Verkettung von Falschheit, Oberflächlichkeit, Äußerlichkeit und Verführung – mit einem Wort: als Kampf ums Dasein, der nur durch Härte, Disziplin und Enthaltsamkeit zu gewinnen war. Gegen die Verlogenheit der Reichen und deren dekadente Lebensweise heißt es mit Matthäus 19,24: »O! Diese Großstadtleute, diese Reichen, die ihre Kinder nur zum Spielen und Tändeln benutzen wollen. Ja ich sehe immer mehr die Wahrheit des Sprichwortes ein: Eher wird ein Kamelhaar [!] durch ein Nadelöhr gehen als ein Reicher ins Himmelreich.« Entsprechend wird die Armut verklärt, treibt sie einen doch »zu geregelter Arbeit, nötigt mich, den Kampf mit dem Geschick aufzunehmen, es zu bezwingen versuchen«. Gegen die Frauen heißt es mit einem anderen geflügelten Wort: »Große Kinder sind die Frauen, sagt ein weltweiser Mann; viele wollen anders scheinen, doch in Wirklichkeit sind es alle, ich habe es gefunden.«[9] Damit diffamierte er nicht bloß seine Arbeitgeberin und die anderen weiblichen Mitglieder der Familie Koch, die »höhere Ziele als ihre eigene Größe überhaupt nicht kennen und alle Leute für Mühlesel« halten, sondern es gemahnte ihn auch an seine eigene sündhafte Natur: »mein Liebesleben, mein geschlechtlicher Fall [...] mein gesundheitlicher Kampf im Ringen um Vervollkommnung« – ein keineswegs abgeschlossenes Ringen – weswegen der »Weltgeist [...] mir nur die Kraft [gebe], mich selbst zu bekämpfen«.[10]

Also auch hier: Bekenntnis und Geständnis. Der Diarist war alles andere als mit sich im reinen, glaubte aber doch, den anderen haushoch überlegen zu sein, weil er beharrlich an sich arbeitete, während sie, exemplarisch die Familie Koch, sich nur ihrem Luxus hingaben. Genau das stellte der Hauslehrer als Grunddilemma seiner Schüler in den Mittelpunkt: »Ich härte die Jungen ab, und sie [die Eltern, MH] wickeln sie in Decken und umhüllen sie mit Pelzkrägen.«[11] So läßt er die Monate in Haus Ziegenberg seit August 1902 noch einmal Revue passieren, beklagt sich über das Dienstpersonal, das ihn verleumdet habe, mokiert sich über die beklagenswert schwache schulische Bildung der Jungen, als er ihre Erziehung übernahm, und steuert dann unweigerlich auf das Thema zu, welches das Epizentrum des Textes ausmacht: die vermeintliche oder tatsächliche Masturbation der Jungen. Weitaus stärker als in den Briefen erscheint die Onanie in dieser Skizze als Todfeind, der mit allen Mitteln bekämpft werden mußte.

Dippold war laut eigener Aussage mit den Schriften Christian Gotthilf Salzmanns vertraut, eines Pädagogen der Spätaufklärung, der nicht zuletzt wegen seines zuerst 1785 veröffentlichten Traktats *Über die heimlichen Sünden der Jugend* Berühmtheit erlangte. Dieses Buch, in mehreren Auflagen gedruckt, darf einen der ersten Plätze in der Geschichte der Onanie-Debatte beanspruchen.[12] Ganz im Sinne der am Ende des 18. Jahrhunderts florierenden Autobiographien und Bekenntnisse, in denen die dunklen Seiten der Vernunft thematisiert wurden, hatte Salzmann öffentlich dazu aufgefordert, ihm autobiographische Berichte über die Masturbation zukommen zu lassen. Entsprechend ist sein Buch eine Aneinanderreihung von unterschiedlichen Bekenntnissen, die jedoch in dem Punkt konvergieren, daß den Autoren die Ursprünge und Ursachen der Onanie im dunkeln bleiben. Das Leiden erschien so unberechenbar und unheimlich, daß die Pädagogen aufgefordert waren, ihm alle Aufmerksamkeit zu widmen und mit größter Härte dagegen vorzugehen. Salzmann führte eine ganze Reihe von Symptomen an, die auf Masturbation hinweisen sollten: blasse Gesichtsfarbe und Lippen, schlaffe Muskeln und schwächlicher, matter Körper, dunkle Ränder unter den Augen, wenig Modulation in der Mimik.[13]

Zur körperlichen Schwächung gesellte sich der geistige Verfall, der aus hoffnungsvollen Jünglingen bemitleidenswerte gesundheitliche Wracks machte. Als Therapie bzw. noch besser Prävention schlug Salzmann etliche Maßnahmen vor, darunter die beständige Beschäftigung der Kinder, permanente Aufsicht, Frühaufstehen, einfaches Essen, kontinuierliche Wachsamkeit.[14] An dieser Sichtweise hat sich in theoretischer und praktischer Hinsicht bis ins 20. Jahrhundert hinein nur wenig geändert. Wohl kamen um 1900 mehr und mehr Ärzte zu der Überzeugung, daß Masturbation nicht so gesundheitsschädlich sei, wie lange Zeit angenommen wurde. Oskar Vogt beispielsweise will diesen Punkt nach eigenem Bekunden gegenüber Dippold auch geltend gemacht haben. Allein, selbst in gebildeten bürgerlichen Kreisen hatte sich dieser neue Standpunkt noch keineswegs festgesetzt, und die Mittel zur Bekämpfung der kindlichen Onanie blieben so brutal wie zuvor. Die traditionelle Position wurde nach wie vor in medizinischen und pädagogischen Lehrbüchern und Ratgebern vertreten und eben auch in die Praxis umgesetzt.

Die Passagen zur Masturbation der Jungen gehören zu den verstörendsten des ganzen Textes, denn Dippold gerierte sich hier wie Arzt, Detektiv und Richter in einer Person. Seine Aufmerksamkeit galt dabei weniger dem verhaßten Heinz Koch als dessen jüngerem Bruder Joachim, bei dem er trotz Laufen, Turnen, körperlicher Arbeit und gesunder Ernährung anhaltende Schwäche und geistige Rückbildung, Gedächtnisschwäche, blasses Gesicht sowie abgekaute Fingernägel konstatieren mußte, Zeichen mithin, die auch Salzmann und andere einschlägige Autoren aufgeführt hatten. Daß Dippold die Onanie für die alles überwuchernde Macht hielt, zeigt sich auch darin, daß er andere, plausiblere Erklärungen für Joachims Kränklichkeit und verzögerte Entwicklung – die schwere Ohrenoperation mit nachfolgender einseitiger Taubheit – nicht in Rechnung stellte. Der Hauslehrer hat sich der täglichen hygienischen Pflege des Ohres wohl mit Hingabe gewidmet – wie allen anderen Dingen auch –, aber er kam nicht auf die Idee, daß der elfjährige Junge mehr eingebüßt haben könnte als nur seine volle Hörfähigkeit.

Dippold redete sich nun selbst ein, zunächst vor einem Rätsel gestanden und nach genauester Prüfung, Überwachung und Aufmerksamkeit die Ursache gefunden zu haben, und zwar so, wie ein Wissenschaftler zu seiner Entdeckung kommt: durch plötzliche Eingebung, bei der sich alle Dinge zusammenfügen: »Da wie ein Blitzstrahl aus heiterem Himmel, wie ein Löwe plötzlich vor mir aus ebenem Gelände steigt der harte und grausam nagende Wurm vor mir auf, der an dem Blute und dem Geiste des Jungen saugte, der den Körper schwach hielt, den Geist bannte, die Brust klein und den Rücken krumm machte, der Freude, Friede, Liebe und Gemütlichkeit aus dem Jungen gewühlt, gezerrt hatte, der Wurm, der ihm die Fingernägel abkaute, der seinen Magen und damit die Verdauung schwächte und so dem ganzen Körper schadete, unter dessen Krümmungen immer sein Körper zusammenzuckte, wie eben jetzt, wo ich ihn zum ersten Mal klar und deutlich sehe und erkenne, ich sehe den Wurm, eben die Wunde – am Penis nagen und die feinen Fäden keifen und meine Heilwirkungen vernichten, zertreten, ich sehe ihn in Geilheit alle Kräfte anziehen, das reine Gefühl beschmutzen, sein Sinnen mit sündiger Nacht erfüllen – Nacht war es und der Junge lag im Bette und ich wollte mich eben sorglich nochmals nach ihm umsehen –, ich trat an das Bett, der Körper bewegte sich unter der Decke heftig, der Kopf war gerötet. Was war es. Es ist zu heiß. Ich schlage die Decke zurück und sehe, wie die kleine Hand in krampfhafter Weise den kleinen benarbten entzündeten Penis drückt und reibt und wie eine Furie sich dabei windet und ein Zittern und Zucken und Strecken und Krümmen des ganzen Körperchens. Da ein tiefes Erzittern, ein Schauer durchrieselt das Körperchen, ein Ausstrecken, ein langsames Zusammenziehen, – müde und welk liegt der Körper wieder vor mir, wo er eben noch ganz durchlebte und bebte. Man könnte ihn jetzt für eine Leiche, wenigstens für einen Ohnmächtigen halten, und dieses war es sicherlich. Doch was war es? Das war Onanie.«[15]

Ob es sich hier um Beobachtung oder um Imagination handelt, läßt sich kaum entscheiden. Auffällig ist aber das Pathos, mit dem das Heureka-Erlebnis, das den Schlüssel zur vermeintlichen oder tatsächlichen Schwäche des Jungen darstellt, verkündet wird. Weiterhin zeigt der Tagebuchschreiber eine große Detailverliebtheit, um die Ursachen, die körperlichen Phänomene und die Effekte der Onanie zu beschreiben. Er tut damit genau das, was er in der offiziellen pädagogischen Anti-Masturbations-Literatur, die von Details gar nicht genug kriegen konnte, auch vorfand. Ein Schauder des Entsetzens, vermischt mit einem kleinen Schuß erregter Genugtuung, die stets im Spiele ist, wenn es um die Beobachtung von etwas Verbotenem geht, mäandriert durch diese Sätze. Zudem wird Joachim Koch weniger als Täter denn als bemitleidenswertes Opfer hingestellt, das vom »Wurm« der Onanie allmählich zerstört wird. Onanie war dementsprechend nicht etwas, dessen sich der Junge schuldig machte, sondern eine heimtückische, obskure Angelegenheit, die sich seiner bemächtigte. Man war von ihr befallen wie von einer Infektionskrankheit, und die Metaphern der Bakteriologie und der Schädlingsbekämpfung geben hier das Hintergrundrauschen ab. Angesichts dieses Leidens fühlte sich Dippold aufgerufen, »den Jungen zu heilen und für das Leben brauchbar zu machen«. Der Erzieher als Arzt, die Pädagogik als Therapie. Das war mit damaligen Erziehungsidealen durchaus kompatibel.

Damit nicht genug, färbte die therapeutische Pädagogik, der Dienst an den Schülern auch noch auf den Studenten selbst und seine Persönlichkeitsentwicklung ab. Dippold sah sich einen Reifungsprozeß durchlaufen, der vom egoistischen »Selbstmenschen« zu einer »höheren Menschheitsstufe« führte. Nur wenige, so steht es in den Almanachen der Bildungspriester, konnten diesen Zustand erreichen, und auch der Hauslehrer räumte kleinlaut ein: »Vielleicht ist mein Zustand auch erst ein darnachkämpfen.«[16] Wie vermutlich zahlreiche junge Männer der damaligen Zeit, die ihren Schopenhauer gelesen hatten, sehnte sich auch Andreas Dippold nach einer solchen geistig-moralischen Erhebung. Möglicherweise führte das zu einem Gefühl von Mitleid, das er für die beiden verzogenen Bankierskinder empfand. Auch wenn seine Sympathien für sie ungleich verteilt waren, sah er sie beide als Opfer ihrer Natur und ihrer sozialen Herkunft. Nichtsdestoweniger legitimierte der Hauslehrer mit seinen hehren Werten und Maximen auch vor sich selbst eine Praxis von ungezügelter Brutalität. Dementsprechend notiert er mit wiederum geradezu unbekümmerter Offenheit: »Ich schlug ihn [Joachim] bis zur Bewußtlosigkeit« oder »Ich prügelte ihn wieder gehörig«.[17]

Auch wenn Dippold sich später vor Gericht herauszureden versuchte, solche Redensarten seien nicht wörtlich zu nehmen, so erscheinen sie in der Skizze als Bestandteil eines konsequenten Programms. Durch die eigene Geschichte – eine Leidensgeschichte der Bildung und Selbstfindung – befugt, legte sich Dippold ein moralisches Fundament zurecht, das gegen jegliche Einwände oder Fragen zur Folge immunisierte. »Mein Studium und meine Zoeglinge und dabei allein«, so hatte Dippold Anfang Januar 1903 an den Lehrer Vorndran geschrieben. Die Selbstisolation, die nicht vorhandene und auch nicht gesuchte Kommunikation mit anderen führte zu einem Tunnelblick, der jede Reflexion über die Praktiken ausschaltete, die Dippold an seinen Schülern ausprobierte.

Einmal mehr stellt sich die Frage, wo die Grenze verläuft zwischen Realität und Phantasie, Beschreibung und Übertreibung, Erklärung und Erfindung. Besonders aufschlußreich in diesem Zusammenhang sind die ausführlichen Passagen über Heinz Koch, der im Gegensatz zu seinem Bruder nicht als bemitleidenswertes Opfer, sondern als ein Monstrum, als ein Verbrecher *in statu nascendi* erscheint, dem Lüge, Verleumdung, Ungehorsam und Diebstahl, moralische Minderwertigkeit und Perversion zur Last gelegt werden. Die zynisch wirkenden Äußerungen gegenüber dem Bezirksarzt Severin oder gegenüber Karl Koch nach dem Tod des Jungen waren also keineswegs aus der Not gekrochene Lügen, um die Schuld von sich abzuwälzen. Vielmehr scheint Dippold ab einem bestimmten Zeitpunkt fest von der charakterlichen Eigenart und den Untaten seines Schülers überzeugt gewesen zu sein. Warum sonst hätte er eine autobiographische Skizze, die nur für ihn selbst bestimmt war, mit solchen Vorwürfen füllen sollen? Wie irrational und falsch seine Unterstellungen, Übertreibungen und Deutungen der Situation auch immer gewesen sein mögen, sie motivierten und legitimierten seine Handlungen und hatten somit reale Folgen – nicht nur in den Züchtigungen selbst, sondern auch in den Erklärungen gegenüber Dritten, insbesondere gegenüber Rosalie Koch und Oskar Vogt, die Dippolds Interpretationen ja weitgehend plausibel fanden. Die ärztlichen Gutacher führten dies später auf Dippolds Fähigkeit zur Täuschung und Dissimulation zurück und verwiesen die Angelegenheit damit in den Bereich individueller Skrupellosigkeit. Darauf wird noch zurückzukommen sein, aber zunächst geht es darum, noch weiter die soziale Pathologie auszuleuchten, an der Dippold teilgehabt hat und die diese autobiographische Skizze von vorne bis hinten durchzieht.

Es gehörte zu den gängigsten und billigsten Stereotypen des Antisemitismus, daß Juden über eine schändliche Sexualmoral verfügen und danach trachten, unschuldige Nichtjuden damit zu infizieren und ins Verderben zu ziehen. Völlig konform mit dieser denunziatori-

schen Haltung erregt sich Dippold über einen jugendlichen Bekannten Heinz Kochs, der diesem die Adresse des Bordells gegeben haben
soll, in dem er sich angeblich infizierte: »Ein Jude namens Oppen-
heimer hatte ihm das verraten. Schweinejud!«[18] Es ist nichts darüber
bekannt, ob Heinz Koch mit einem Jungen dieses Namens überhaupt
zu tun und ob er tatsächlich je ein Bordell aufgesucht hatte. All das
verblaßt jedoch hinter der verzerrten Realität, die der Hauslehrer
sich für sich selbst und seine Umwelt zurechtgelegt hat. Am Ende
der Skizze, gleichsam als Resümee seiner Auseinandersetzung mit
Heinz Koch, liefert Dippold noch einmal ein mächtiges Zeugnis für
die Schlüsselrolle des Geständnisses in dieser Geschichte: »Nun ist
doch bekannt, daß manches Schuldbewußtsein das schlechte Gewissen erst verliert, wenn man seine Schuld gesühnt sieht durch äußeren Zwang, oder man liefert sich dem Gerichte selbst aus, nur um
ein ruhiges Gewissen zu bekommen. Ich verweise dabei auf die vielen Verbrecher, die ihr schlechtes Gewissen nicht mehr länger ertragen konnten und sich selbst dem Gerichte stellten mit dem ausdrück-
lichen Beifügen, damit sie nur wieder ruhig schlafen könnten. Dieses,
dächte ich, hätte Heinz auch notwendig. Er könne dann wieder ruhig schlafen, er könne ein ordentlicher Mensch werden, wenn er seine
Schuld gesühnt hat durch Mitteilung an die ihm vorgesetzte Behörde,
in diesem Falle, seinen Erzieher.«[19]
   Die Sühne durch Gestehen, das Aneinanderrücken von Verbrechen und jugendlicher Verfehlung, von Gericht, Behörde und Pädagogik – das ist das eine. Daneben gibt es aber noch etwas anderes: die
Behauptung der großen kathartischen Wirkung des Geständnisses,
das Erleichterung verschafft und den reuigen Sünder wieder ruhig
schlafen läßt. Durch das Geständnis wird nicht nur die Ordnung
der Gerechtigkeit wiederhergestellt, sondern auch der innere Seelen-
haushalt wieder ins Gleichgewicht gebracht. Genau diese Vorstellung, die Dippold antrieb, seine eigenen moralischen Verfehlungen
zu gestehen – in dem Brief an Vorndran, im Tagebuch und später
vor Gericht –, führte auch bei jenen Praktiken Regie, mit denen er
die Geständnisse aus Heinz Koch herauspreßte.
   In seinen Untersuchungen zur Geschichte der Sexualität hat Foucault das Geständnis als eine der effektivsten Techniken der Wahrheits-

produktion bezeichnet.[20] Von seinem Ursprung in der kirchlichen
Beichte und der Strafjustiz breitete sich das Geständnis in der Neuzeit Schritt um Schritt in die verschiedensten Bereiche aus und hat
die Beziehungen von Eltern und Kindern, Lehrern und Schülern, Ärzten und Patienten, Experten und Delinquenten geprägt. Sexualwissenschaft und Psychoanalyse, beide um 1900 entstanden, sind für Foucault regelrechte »Geständnis-Wissenschaften«, die sich auf die Inhalte
dieser Aussagen verlassen und zugleich ihre Wahrheitsfähigkeit dadurch unterstreichen, daß sie das Geständnis an die wissenschaftliche
Rationalität anschließen. Das heißt: Das Geständnis spricht nicht
ganz für sich selbst, sondern muß im Rahmen eines erfahrenen und
kompetenten Expertensystems gedeutet werden. In einer Hinsicht
scheinen Foucaults Überlegungen etwas zu kurz zu greifen. Die entsprechenden Experten müssen nämlich keineswegs immer Mitglieder einer entsprechenden Machtinstitution sein, sondern können sich
zu ihrer Kompetenz, wie im Falle Dippolds, selbst ermächtigen. Auch
außerhalb der Wissenschaften und der Institutionen hat das Geständnis somit seinen Dienst getan, sofern es eine Deutungsinstanz gab, die
es einzuordnen wußte.

Als Karl Koch das Geständnis seines toten Bruders las und die weiteren Äußerungen Dippolds vernahm, ging er zunächst davon aus,
daß der Junge tatsächlich an seinen Lastern und Schwächen gestorben sei. Das unterstreicht einmal mehr die enorme Verbreitung von
Ignoranz und Vorurteilen, wenn es um den gefährlichen Komplex
aus Onanie, Minderwertigkeit und schwächlicher Konstitution ging.
Zu diesem Zeitpunkt wußte Koch freilich noch nicht, daß der Bezirksarzt Severin ganz anderer Ansicht war. Die Obduktion wurde aufgrund seines Berichts durch die Staatsanwaltschaft am Landgericht
Bayreuth angeordnet und fand im Wohnhaus von Dippolds Vater statt.
Neben dem obduzierenden Landgerichtsarzt Dr. August Weiß und
seinem Assistenten waren der Bayreuther Staatsanwalt Dröber, ein
Polizist sowie Dippold und Koch anwesend.

Der Untersuchungsbefund war grauenvoll. Heinz Kochs Körper
war übersät mit Blutergüssen und Verletzungen, die zum Teil bis in
das Muskelgewebe reichten, sich entzündet hatten und vereitert waren. Die durch die Blutergüsse bedingten Hautverfärbungen mach-

ten es unmöglich, diese von den üblichen Totenflecken zu unterscheiden. Besonders schlimm betroffen waren Rücken und Gesäß, am linken Handgelenk fanden sich Spuren von Fesselung. Die Leichenöffnung zeigte zwei pathologische Befunde, die nichts mit den Mißhandlungen zu tun hatten: eine in ihrer Konsistenz ungewöhnlich schlaffe rechte Niere sowie eine Asymmetrie des Schädels, bei dem die linke Seite deutlich flacher war als die gewölbte rechte. Das Frontalhirn unterhalb dieser Schädelabflachung war an der dritten Windung in Daumennagelgröße muldenförmig eingesenkt und bräunlich verfärbt. Die Hirnsubstanz hatte sich an dieser Stelle in bindegewebsartige Substanz verwandelt. Die Asymmetrie und die Veränderung der Hirnsubstanz konnten nach damaliger Vorstellung tatsächlich als Degenerationszeichen gewertet und kriminalanthropologisch gedeutet werden. Allerdings ist im Obduktionsbericht keine Rede davon, was darauf hindeutet, daß diesen pathologischen Veränderungen keine allzu große Bedeutung beigemessen wurde. Weder eine chronische Syphilis noch eine andere Geschlechtserkrankung wurden bei Heinz Koch gefunden, ebensowenig eine nennenswerte Irritation des Penis oder des Analbereichs. So heißt es im Obduktionsbericht zusammenfassend: »Der Tod ist anscheinend eingetreten infolge allgemeiner Erschöpfung, welche durch zahlreiche und schwere Mißhandlungen des Körpers verursacht worden ist. Die Entscheidung, ob nicht ein krankhafter Zustand in den Nieren zu dem tödlichen Ausgang beigetragen hat, muß bis zur genauen mikroskopischen Untersuchung vorbehalten bleiben.«[21]

Aufgrund dieses Ergebnisses wurde Dippold der Körperverletzung mit Todesfolge beschuldigt und umgehend verhaftet. Noch am gleichen Tag fand ein Verhör statt, das erste von insgesamt fünf, in denen er seine Sicht der Dinge unverblümt darlegte. Der Hauslehrer wähnte sich völlig im Einklang mit den erzieherischen Praktiken und rechnete mit seiner raschen Freilassung. Als ihm der Haftbefehl überreicht wurde, legte er sofort Haftbeschwerde ein. Vergeblich, denn schon am nächsten Tag wurde er in das Untersuchungsgefängnis in Bayreuth gebracht, wo auch die nächsten Verhöre stattfanden, geführt von dem nun die Ermittlungen leitenden Untersuchungsrichter Dr. Hammerer. Und auch hier beteuerte der Inhaftierte immer wieder seine Unschuld und redete offen über die vergangenen Geschehnisse.

In den Verhören, so läßt es sich jedenfalls den Protokollen entnehmen, stellte Dippold seine eigene Entwicklung wie folgt dar: Als eines von neun Kindern gab er schon als Gymnasiast Nachhilfeunterricht, um Geld zu verdienen. Der Unterhalt für das Studium in Würzburg kam zwar vom Vater, aber das Geld war knapp, und vor seinem Umzug nach Berlin lieh er sich vom Vater seiner Verlobten 2500 Mark. Er hatte Verkehr mit Prostituierten, was zum Bruch mit der Verlobten führte, ausgelöst durch die Intrige eines katholischen Geistlichen. Dadurch wurde im Sommer 1902 die Frage der Finanzierung des Studiums wieder akut. In Berlin studierte er Rechtswissenschaft und Volkswirtschaftslehre bei den dortigen berühmten Professoren, um dann zu promovieren und als Redakteur bei einer Tageszeitung zu arbeiten. Die Dissertation sollte sich – ausgerechnet – dem Thema »Zwangserziehung unter Berücksichtigung der Gesetze u Vollzugsvorschriften der deutschen u auswärtigen Staaten« widmen, worüber er auch schon im strafrechtlichen Seminar bei Professor Franz von Liszt gearbeitet habe.[22] Laut Studienbuch hatte Dippold zwar die Strafrechtsübung bei Liszt belegt, doch ob ihn das Thema Zwangserziehung zu dem Zeitpunkt tatsächlich schon beschäftigte, ist unklar.

Dann die Zeit als Hauslehrer bei den Kochs: Die vorangegangenen Erziehungsversuche der beiden Jungen durch Gouvernanten und Hauslehrer, in Privatschulen und Internaten waren völlig erfolglos geblieben. Es kam zu einigen Fortschritten in Haus Ziegenberg, doch weil die Verwandten durch Besuche bei den Jungen immer noch zuviel Zerstreuung verursachten und die Lernerfolge ausblieben, sei man auf die Idee gekommen, mit den Knaben einen von Gütern und Landhäusern der Eltern unabhängigen Wohnsitz zu nehmen. Für Drosendorf habe er sich entschieden, weil das am Wald gelegene Haus für die Gesundheit und die persönliche Entwicklung der Jungen so vorteilhaft gewesen sei: »Garten- und Waldarbeiten sollten Arbeitsobjekte zur Hebung der körperlichen Konstitution der Jungen sein, dann die Gedanken der Jungen ueberhaupt auf andere Lebensbedingungen und Gefuehle basieren.«[23]

Schließlich führte Dippold bis ins Detail aus, ab wann und in welcher Frequenz, wie schwer und mit welchem Gerät er die Knaben bestraft hatte. Einige Stöcke, Ruten und Fesseln waren im Drosendorfer Haushalt beschlagnahmt worden. Als Begründung für die harten Strafen führte er einmal mehr die Onanie an, die er nun bereits wenige Tage nach Antritt seiner Stelle wahrgenommen haben wollte. Er habe die beiden Jungen mehrfach auf »die schrecklichen Folgen dieser ihrer Handlung hingewiesen«, und als das nichts fruchtete, habe er zu »strengeren Zuchtmitteln« gegriffen. Weitere Details kamen ans Tageslicht. Ab November 1902 fesselte der Hauslehrer seinen Schülern gelegentlich nachts die Hände auf den Rücken, bisweilen band er auch die Füße an den Bettpfosten fest. Eine heftige Züchtigung mit dem Spazierstock habe »sowohl zu offenen als auch blutunterlaufenen Körperstellen am Rücken und am Gesäß« geführt, woraufhin die Mutter ihm nahelegte, »in Zukunft die Knaben nicht mehr so kräftig zu züchtigen«. Nach einigen Wochen der Besserung sei das sündhafte Verhalten zum Jahreswechsel wieder schlimmer geworden, und er züchtigte stärker, allerdings mit ausdrücklichem Einverständnis der Mutter. In den letzten Wochen in Drosendorf schließlich sei es von zwei Ausnahmen abgesehen nur noch zu leichteren Züchtigungen gekommen. Am Tag seines Todes klagte Heinz zwar über Müdigkeit, nicht aber über Schmerzen. Über die Persönlichkeit des Verstorbenen vermerkte er lapidar: »Heinz war geistig gut befähigt und hatte Talent, leider aber wandte er es nicht richtig an. Derselbe hat in Berlin auch schon gestohlen und hat sich auch lügenhaft benommen.«[24]

Das nächste Verhör vom 1. April 1903 brachte weitere Einzelheiten hervor, die sich wie die Legende zu einer jener zahlreichen Abbildungen über Züchtigungen von Kindern durch Erzieher oder Eltern lesen, die etwas später in sexualwissenschaftlichen Büchern publiziert wurden: »Ich legte die Knaben, einen nach dem anderen, über einen Stuhl, nachdem ich ihnen, um sie an der Vereitelung der Züchtigung zu verhindern, die Hände vorn übereinander gebunden hatte. Die Knaben hatten, wie auch bei der ersten, im letzten Verhör erwähnten starken Züchtigung, nur das Nachthemd an, das an sich u da es den unteren Teil des Körpers unbedeckt ließ, keine Abschwächung der Züchtigung bedeutete, eine solche auch nicht bedeuten sollte. Ich

verabreichte die Schläge auf Gesäß u Oberschenkel.«[25] Ebenso un-
geschminkt erzählte der Hauslehrer, daß er sich nachts zwischen die
Jungen gelegt habe, um zu kontrollieren, ob sie schliefen.

Auch in der Untersuchungshaft kam Andreas Dippold nicht zu
sich. Das Verhörprotokoll enthält keine grundlegend anderen Aussagen und Einschätzungen als die vorangegangenen Briefe, die autobiographische Skizze oder die Äußerungen gegenüber Vogt, Severin
und Karl Koch. Onanie, berechtigte Züchtigung und die charakterliche Deformation des Verstorbenen – das waren die drei Elemente,
um die es immer wieder ging. Dippold nahm kleine Verschiebungen
vor – erst in diesem Verhör spielte die Onanie bereits seit Beginn
seiner Tätigkeit als Hauslehrer eine Rolle, »Talent« und »gute Befä-
higung« waren vor Heinz Kochs Tod nie ein Thema gewesen –, doch
daraus wurde keine grundsätzlich andere Geschichte.

Verhör und Geständnis stehen in dem Ruf, oftmals gewaltbeton-
te, doch effektive Methoden der Wahrheitsproduktion zu sein: »Das
Verhör ist ein Sonderfall institutionell gerahmter Kommunikation.
Es steht unter dem klar umrissenen Vorzeichen, daß der Verhörende
ein Geständnis hören möchte, das der Verhörte verweigert.«[26] Das
war in diesem Fall anders, denn Dippold bestritt keinen Moment,
daß er für die Züchtigungen und dementsprechend auch für die an
der Leiche sichtbaren Mißhandlungszeichen verantwortlich war. Er
lehnte es jedoch ab, einen ursächlichen Zusammenhang zwischen seinen Bestrafungen und dem Tod Heinz Kochs herzustellen. In den
Verhörprotokollen findet sich kein einziger Hinweis darauf, daß der
Untersuchungsrichter auf ein Schuldeingeständnis Dippolds drang.

Protokolle gehören bekanntlich zu jenen Texten, die einen Wahrheitsanspruch erheben. Sie dokumentieren die zentralen Aussagen
einer Kommunikation und werden durch die Unterschrift der Beteiligten beglaubigt, und auch hier wurde jedes Protokoll durch die Unterschrift des Beschuldigten, des Untersuchungsrichters und des Ge-
richtsschreibers für richtig erklärt. Selbstverständlich wurde nicht
jede Frage, nicht jede Antwort, geschweige denn die Gefühlsregun-
gen, Mimik oder Gestik des Befragten festgehalten, doch allein schon
die Ich-Form, in der die Texte abgefaßt sind, verleiht ihnen einen Charakter, der nicht auf einen Effekt der gerichtlichen Macht zu redu-

zieren ist. Nichts deutet darauf hin, daß die Justiz dem Delinquenten ein Geständnis abpreßte, ihn als Musterexemplar einer Verbrecher-Spezies darzustellen versuchte oder sonstwelche Mechanismen der Unterdrückung in Gang setzte. Insofern geben diese Protokolle trotz aller Filterung und Vermittlung etwas von der Atmosphäre wieder, die während der Vernehmungen herrschte. Dippold erzählte bereitwillig und flüssig seine Geschichte noch einmal so, wie er sie sich selbst bereits im Tagebuch und anderen Personen vorgelegt hatte, nämlich zu seiner eigenen Entlastung und zur Anklage der anderen.

Soll man Aussagen wie die des Hauslehrers unter der Rubrik Bekenntnis und Geständnis einordnen? Wenn Geständnis bedeutet, daß ein Beschuldigter irgend etwas zugibt, das ihn belastet, so lautet die Antwort: Nein. Dippold gab beharrlich zu Protokoll, daß er am Tod Heinz Kochs unschuldig sei. Andererseits redete er ausgiebig über die Züchtigungen, allerdings nicht, um sich selbst anzuklagen. Die detaillierten Schilderungen waren vielmehr Teil der Entlastung, weil der Beschuldigte davon ausging, daß Überwachung und Strafe im Falle von Masturbation als legitim angesehen wurden. Insofern können seine Aussagen durchaus als Bekenntnisse gelten, in denen er sich zum Sachverhalt erzieherischer Strenge bekannte. Dieses Auseinanderfallen von Bekenntnis und Geständnis, die im Recht eigentlich eher zusammengehören, war möglich, weil Dippold sich als kompetenten Teilnehmer jenes Diskurses betrachtete, in dem das Verhältnis von Erziehung und Sexualität geregelt wurde.

Die gleiche Haltung geht auch aus einer schriftlichen Stellungnahme hervor, die kurz darauf bei Gericht einging. Darin versuchte Dippold seine Unschuld dadurch zu untermauern, daß er einen Grund für die Todesursache angab, der das Obduktionsergebnis mit seinen eigenen diagnostischen Vermutungen kombinierte. So spekulierte er über das »Nierenleiden und die Nervenschwäche als Folge der in ungewoehnlichem Masse [!] betriebenen Masturbation, erhoeht durch die ganz ungenuegende Nachtruhe – weil der Verstorbene den groessten Teil der Nacht damit hinbrachte«. Unbeeindruckt von Oskar Vogts Hinweisen, denen zufolge die gesundheitsschädliche Wirkung der Onanie längst nicht so hoch zu veranschlagen sei wie noch weithin angenommen, versuchte er sie zum alles entscheidenden und letztlich obsiegenden Feind zu stilisieren. Flankierend zu dieser Erklärung griff er auch noch die Degenerationslehre auf und unterstellte eine »von seiner Mutter mir gegenueber wiederholt geaeusserte (erbliche) physische Belastung [...], die sich besonders bei der Bekaempfung der Onanie zeigen wuerde, wie es bei beiden aelteren Bruedern des Verstorbenen der Fall war. Als naemlich bei diesen in ungefaehr gleichem Alter wie bei Heinz die Onanie bekaempft wurde, trat ein ausserordentlicher Kraefteverfall ein, worueber Frau Direktor Koch des Naeheren befragt werden moege.«[27]

Auch als Untersuchungshäftling übte sich der Hauslehrer in Kriminalanthropologie. Mit seinen Mutmaßungen zog er alle männlichen Mitglieder der Familie Koch bis hin zum Familienoberhaupt in den anthropologischen Sumpf der Anomalie und Minderwertigkeit. Selbst die bei der Obduktion festgestellte Schädelasymmetrie – »seine ungewoehnlich schmale, fast spitz zulaufende Stirnbildung« – mußte als mögliches Degenerationszeichen herhalten. Natürlich war das alles in denunziatorischer Absicht gemeint, um die Familie des Toten ins biologisch-moralische Zwielicht zu rücken, aber zugleich war die Frage nach der körperlichen Konstitution Heinz Kochs nicht vollständig abwegig, denn immerhin hatte der Gerichtsarzt Dr. Weiß angeordnet, die Nieren des Verstorbenen zur mikroskopischen Untersuchung an die Universität Würzburg zu schicken, um zu klären, ob sie möglicherweise eine Ursache für den Tod des Jungen darstellten. Das Ergebnis zeigte zwar eine beginnende Nierenentzündung, die jedoch keinerlei letale Konsequenzen hatte.[28]

Bevor Dippold das Untersuchungsergebnis kannte, trieb er seine Haltung mit der Behauptung auf die Spitze, daß wenn die Züchtigungen tatsächlich die Todesursache gewesen wäre, Joachim Koch vor seinem Bruder hätte sterben müssen, da er diesen in der fraglichen Zeit vor dem Unglück wesentlich härter bestraft habe. So zynisch das auch klingt, es paßte wiederum genau in das sozialdarwinistische Weltbild, wonach vornehmlich männliche Heranwachsende durch Strenge und Disziplin, also Prügel und Demütigung, auf entscheidende Weise geprägt werden und daraus gestärkt fürs weitere Leben hervorgehen. Um diese vermeintlich wissenschaftliche Perspektive auch noch theologisch abzusichern, orchestrierte der Hauslehrer seinen

Standpunkt einmal mehr mit alttestamentarischen Weisheiten, diesmal aus den Sprüchen Salomos (XIII, 24), wo es heißt:»Wer seine Rute schont, der haßt seinen Sohn; wer ihn aber lieb hat, der züchtigt ihn beizeiten.«[29] Ein vielzitierter und unmißverständlicher Satz, gerade in jenen pädagogischen Texten, die die Prügelstrafe für unverzichtbar hielten.

Dippolds Verteidigungsstrategie bestand also darin, sich einerseits als Diagnostiker darzustellen, der Krankheit und Todesursache seines ehemaligen Schülers zu kennen vorgab und diesen zu einem biologisch minderwertigen Typus abstempelte, so daß die ganze Angelegenheit in die Perspektive einer sozialdarwinistischen Anthropologie geriet. Andererseits sah er sich als gottesfürchtigen, optimistischen Pädagogen, der auch vor schwierigen Fällen nicht zurückschrak und sich bis zur Selbstaufopferung darum bemühte, gefährdete Kreaturen doch noch auf den rechten Weg zu bringen. Daß sein Bemühen an der biologischen Minderwertigkeit seines Schülers gescheitert war, verschaffte ihm die Gelegenheit, sich als Märtyrer hinzustellen. Eine solche Selbstdarstellung wird auch aus historischer Distanz wenig Nachsicht finden, doch ob es sich hier um ein gezieltes Täuschungsmanöver handelte, darf man bezweifeln, denn in ganz ähnlicher Weise hatte er sich auch schon Wochen vorher seinem Tagebuch anvertraut.

Aus dem Gesagten läßt sich natürlich nicht schlußfolgern, daß es sich bei Andreas Dippold um einen aufrichtigen Charakter handelte, der stets mit offenen Karten spielte. Wir haben gesehen, daß er auch vorher schon mit unterschiedlichem Erfolg versucht hatte, die verschiedenen Akteure gegeneinander auszuspielen. Bei der ohnehin nicht ganz intakten Familie Koch war ihm das gelungen, und als er nun im Gefängnis begriff, daß die Affäre für ihn nicht so schnell ausgestanden sein würde, versuchte er die Familie unter Druck zu setzen, indem er seinen Vater, der bis dahin noch kaum in Erscheinung getreten war, mobilisierte.

Das Verhältnis des Sohnes zu seinem Vater bleibt weitgehend im dunkeln, denn Briefe zwischen ihnen sind vor der Haftzeit kaum gewechselt oder wenigstens nicht bekanntgeworden, und auch anderen gegenüber hat Dippold wenig über seine Kindheit und Jugend auf dem elterlichen Bauernhof erzählt. Er hatte, wie erwähnt, acht Geschwister. Nach dem Tod der Mutter hat sich der Vater nicht wieder verheiratet. Mit seinen Kindern scheint er streng umgegangen zu sein. Vor Gericht sagte Dippold aus, daß sein Vater ihn heftig geschlagen habe, um dann den so typischen Kommentar hinzuzufügen, daß ihm das nicht im mindesten geschadet habe.[30] Die Prügel gehörten vermutlich zu seiner Kindheit wie Weihnachten und Ostern. Mit zwölf Jahren wurde Andreas Dippold auf das Gymnasium geschickt, und dann war es der Vater, der seinen siebzehnjährigen Sohn anhielt, in das Priesterseminar einzutreten. Was waren die Erfahrungen des Jugendlichen im Bamberger Priesterseminar? Kam es dort zu Mißhandlungen oder gar sexuellem Mißbrauch durch die Lehrer? Wiesen sich die Schüler gegenseitig in die Onanie ein? Wir wissen es nicht.

Immerhin hat Johann Dippold es nicht verhindert, daß sein Sohn aus dem Seminar bald wieder austrat, um an einem staatlichen Gymnasium sein Abitur abzulegen. In Würzburg war der Student noch in der Nähe seiner Heimat, doch mit dem Umzug nach Berlin verließ er die katholisch-bäuerliche Atmosphäre seines Elternhauses, um anderthalb Jahre später wieder in dieses Milieu zurückzukehren, als die Situation in Ballenstedt untragbar geworden war. Wie hat der Vater die Entscheidung seines Sohnes für ein Jurastudium beurteilt? Was hielt er davon, daß sein Sohn mit den beiden Großstadtkindern quasi nach Hause zurückkehrte? Auch das wissen wir nicht. Sehr wahrscheinlich hat der Bauer über die heftigen Züchtigungen Bescheid gewußt, auch dürfte er den übel zugerichteten Leichnam Heinz Kochs gesehen haben – die Obduktion fand immerhin in seinem Wohnhaus statt. Vielleicht hielt er seinen Sohn für schuldig, vielleicht ging er aber auch davon aus, daß es sich um eine tragische, gottgewollte Fügung handelte.

Aufschlußreich ist ein Brief, den Dippold am 8. April 1903 aus dem Gefängnis an seinen Vater richtete: »Mein Handeln gebot mir meine Pflicht, meine Schuldlosigkeit an dem Tode meines Schuelers wird sich herausstellen. Bei alledem habe ich mein unerschuetterliches Vertrauen auf Gott allein gestellt; er moege mein Recht vertreten. Mit Daniel rufe ich: ›Siehe, unser Gott, den wir ehren, kann uns wohl erretten aus dem dunklen Kerker. Und wo ers nicht thun will, so sollst du dennoch wissen, dass wir deine Götter nicht ehren, noch das gueldne Bild, das du hast setzen lassen, anbeten wollen.‹ Deswegen weigere ich mich keiner Züchtigung des Allmächtigen – denn er verletzet und verbindet, er zerschmeisset und seine Hand heilet.«[31] Anscheinend waren das die Worte und die Denkweise, die der Vater verstand. Indem Andreas Dippold, berechnend oder nicht, das eigene Schicksal und die Frage von Schuld oder Unschuld in die Hände Gottes legte, gab er zu erkennen, daß er die moralische und soziale Ordnung, in der solche außerordentlichen Fälle gedeutet und gezähmt wurden, akzeptierte. Wie immer das Verhältnis zwischen den beiden zuvor gewesen sein mochte, in der nun entstandenen Situation stand der Vater fest an der Seite seines Sohnes.

Bereits am 19. März, also sechs Tage nach der Verhaftung seines Sohnes, richtete Johann Dippold einen Brief an Rosalie Koch, in dem er nach ausführlichen Mitleidsbekundungen zur Sache kam: »Um Ihre Familiengeheimnisse zu schonen, verschwieg mein Sohn Andreas die Ursachen seiner strengen Erziehung und Züchtigung und wurde deshalb wegen Mißhandlung beschuldigt und in Untersuchungshaft genommen. Wird die Untersuchung weitergeführt, so schadet dies Ihrem Sohne Ansehen [sic!], denn die Presse bringt die Sache in alle Welt hinaus. Wenn Euer Hochwohlgeboren das Opferleben meines Sohnes in Betracht ziehen, so wollen (ich bitte Sie darum) bei der zuständigen Behörde Schritte gethan werden, daß die Untersuchung eingestellt und mein Sohn aus der Haft wiederum entlassen werde.«[32] Die »Familiengeheimnisse« bezogen sich zweifellos auf die durch Rosalie Koch offenbarte Masturbation der älteren Söhne Rudolf Kochs und auf die verschiedenen Verfehlungen von Heinz, die Dippold bereits zu verschiedenen Gelegenheiten verbreitet hatte. In einem schlichten Akt der Erpressung versuchte er nun gemeinsam mit seinem Vater, den drohenden Prozeß abzuwenden, und zwar zu einem Zeitpunkt, als der Beschuldigte die »Familiengeheimnisse« längst zu Protokoll gegeben hatte. Die nur notdürftig kaschierte Drohung, die Familie Koch öffentlich durch den Schmutz zu ziehen, kalkulierte mit einem starken Interesse der Öffentlichkeit an diesem Vorfall. Damit lagen Vater und Sohn Dippold durchaus richtig, ohne allerdings zu diesem Zeitpunkt ahnen zu können, daß die einmal geweckte Neugierde der deutschen (und, wie sich noch zeigen wird, auch der internationalen) Presse diese Geschichte in eine völlig neue Dimension rücken würde. Während der Hauslehrer noch damit beschäftigt war, schnell wieder aus dieser Sache herauszukommen, machte die Presse aus dem Vorfall einen Fall, der über das wilhelminische Kaiserreich hinaus großes Aufsehen erregte.

Am 17. März 1903 berichtete das *Berliner Tageblatt*, eine der großen Berliner Tageszeitungen, über die Vorfälle in Drosendorf und teilte folgende Einzelheiten mit: Die beiden Söhne des Bankdirektors Koch befanden sich seit drei Wochen wegen Abwesenheit der Eltern, die in Cannes weilten, bei dem Privatlehrer und Jurastudenten der Friedrich-Wilhelms-Universität Andreas Dippold in Drosendorf. Der Aufenthalt diente »der weiteren Ausbildung und Kräftigung ihrer Gesundheit in Wohnung und Pflege. [...] Da die beiden Knaben von zarter Konstitution sind, und daher der Aufenthalt in Drosendorf kräftigend auf sie einwirken sollte, wurden sie zeitweilig mit landwirtschaftlichen Arbeiten beschäftigt. [...] Herr Koch hatte übrigens für seine beiden Söhne in Drosendorf ein schönes Haus angekauft und hübsch einrichten lassen; eine Köchin und sonstige Dienerschaft stand zur Verfügung. Der Verhaftete, welcher anscheinend geistig gestört zu sein scheint, war zu einem Geständnis bisher nicht zu bewegen; die eingeleitete Untersuchung dürfte Weiteres ergeben.«[33] Für das *Berliner Tageblatt* stand es zu dem Zeitpunkt bereits unzweifelhaft fest, daß Heinz Koch infolge der Mißhandlungen gestorben sei.

An dieser Meldung ist so ungefähr jedes einzelne Wort bemerkenswert, denn sie erzählt eine andere Geschichte als die, die sich aus der bisherigen Rekonstruktion ergeben hat. Die Zeitungsmeldung stellt es so dar, als ob die Koch-Söhne nur für drei Wochen, während der Ferien der Eltern, in der Obhut des Hauslehrers waren, womit indirekt behauptet wird, daß sie ansonsten zu Hause lebten und die Eltern sich um sie kümmerten. Der Aufenthalt in Drosendorf erscheint eher als eine Art Urlaub, der der körperlichen Stärkung der beiden Knaben dienen sollte. Und das spartanische Holzhaus, das Dippold mit den beiden Jungen erst einmal herzurichten hatte, wird zu einem »schönen Haus«, das der Bankdirektor Koch sogar noch gekauft und »hübsch eingerichtet« haben soll. Kurzum, aus dem »Exil«, in das die Jungen geschickt worden waren – so äußerte sich Rosalie Koch kurz vor dem Umzug von Ballenstedt nach Drosendorf[34] –, wurde eine vermeintlich harmlose Landpartie, die nach den guten bürgerlichen Sitten und der Fürsorge der Eltern organisiert war und in einem Albtraum endete.

Man braucht nicht lange zu rätseln, woher das *Berliner Tageblatt* seine Informationen bezogen hat. Wohl kaum aus Drosendorf oder vom Gericht in Bayreuth. Viel eher ist davon auszugehen, daß die Familie Koch selbst diese Version in die Presse lancierte, um damit ihrerseits eine Geschichte zu konstruieren, die sie selbst in einem günstigeren Licht zeigte, als es zu diesem Zeitpunkt, nur wenige Tage nach dem Geschehen, nach ihrer eigenen Einschätzung der Fall war. Daß alles in bester Ordnung sei – diese Worte Oskar Vogts mögen Rosalie und Rudolf Koch im Ohr gehabt haben, als sie Anfang März nach Südfrankreich aufbrachen. Um so erschütternder war die Todesnachricht. Nach Berlin zurückgekehrt, konnte sich Rudolf Koch leicht ausmalen, was diese Geschichte über das persönliche Unglück hinaus an möglichen Konsequenzen für seine berufliche Stellung nach sich ziehen konnte, wenn sie als Sensationsfall durch die Massenmedien gezogen wurde. Seine Stellung als Direktor der Deutschen Bank konnte dadurch beeinträchtigt werden. Um einigermaßen die Kontrolle zu behalten, war es somit nötig, in der Öffentlichkeit eine Version zu etablieren, die den Todesfall nicht als furchtbaren, allerdings auch konsequenten Höhepunkt einer längerfristigen Entwicklung erscheinen ließ, sondern als ein plötzliches Unglück, das über die Beteiligten hereingebrochen war.

Diese Strategie sollte keineswegs vollständig aufgehen – die Kochs gerieten während und nach dem Prozeß heftig unter Beschuß –, doch es gelang ihnen weitgehend, ihre beiden Söhne als zarte, wohlerzogene und unschuldige Kinder hinzustellen, was so ziemlich das Gegenteil desse war, was sie noch zu Lebzeiten ihres Sohnes über diese gedacht und gesagt hatten. Damit die Überführung der Jungen ins Reich der Unschuld erfolgreich sein konnte, war es umgekehrt nötig, aus Dippold etwas anderes zu machen als einen übermäßig strengen, prügelnden Lehrer. Und das funktionierte am ehesten, indem man ihn zum pathologischen Fall stigmatisierte. Entsprechend gilt das bemerkenswerteste Detail des Zeitungsberichts seiner Person. Es stimmt natürlich, daß er insofern kein Geständnis abgelegt hatte, als er seine Schuld am Tod des Jungen bestritt, aber die Züchtigungen als solche hatte er zugegeben. Daß er in dem Artikel als »anscheinend geistig gestört« bezeichnet wurde, war zu diesem Zeitpunkt nicht die Überzeugung des Bayreuther Gerichts. Wer außer der Familie des Opfers hätte also in Berlin eine solche Vermutung ausstreuen sollen?

In den neueren Kulturwissenschaften ist immer wieder von den Wegen die Rede, die Psychiatrie, Pädagogik, Sexualwissenschaft oder Anthropologie eingeschlagen haben, um aus Individuen mit abweichenden Verhaltenweisen Geisteskranke, Onanisten, Homosexuelle oder Degenerierte zu machen – Typen, bei denen erst einmal das weite Feld der pathologischen Praktiken erkundet wurde, um dann die Aufmerksamkeit auf ihre Persönlichkeit, ihre genealogische Entwicklung, ihre anatomische und biologische Ausstattung zu richten. Beispielhaft dafür wäre Richard von Krafft-Ebings Unterscheidung zwischen Krankheit (Perversion) und Laster (Perversität), die sich nur dann anwenden läßt, wenn »die Gesammtpersönlichkeit des Handelnden« untersucht und die »Triebfedern seines perversen Handelns« erkannt werden.[35] Zu einer perversen Handlung sind somit je nach Situation viele Menschen fähig, ohne daß das eine pathologische Bedeutung hätte, während die krankhafte Perversion gleichsam aus der Tiefe der Persönlichkeit heraufsteigt.

Nach dieser Logik entscheidet sich die Frage, ob ein prügelnder Lehrer ein krankhaft Perverser oder nur ein übertreibender Pädagoge ist, weniger an den Striemen im Fleisch der Gezüchtigten als an den Triebursachen, die zu diesen Handlungen geführt haben. Die Verschiebung der Aufmerksamkeit von der Handlung auf den Handelnden, von der Tat auf den Täter ist gleichermaßen in Psychiatrie, Sexualpathologie und Kriminologie des späten 19. Jahrhunderts zu bemerken. Und so passierte es auch mit Dippold. Aus dem wegen Körperverletzung mit Todesfolge angeklagten Studenten und Hauslehrer wurde nach und nach ein pathologisches Monstrum, eine perverse und grausame Bestie, die ironischerweise mit genau demjenigen kriminalanthropologischen und psychiatrischen Instrumentarium traktiert wurde, das er selbst gegenüber seinen Schülern in Anschlag zu bringen versucht hatte.

Es ist nun genauer zu untersuchen, wo die Entstehungsherde für die Verschiebung von einem Vorfall zu einem Fall zu lokalisieren sind. Es waren nämlich nicht die unpersönlichen Instanzen der Justiz oder der Psychiatrie, die hier den ersten Schritt vollzogen, sondern die beteiligten Akteure selbst. Dabei kamen zwei ganz unterschiedliche Dinge zusammen: zum einen ein Vorgang, den ich als das *Verschwinden der Onanie* bezeichnen möchte und der zunächst durch Rudolf Koch mit großer Energie betrieben werden sollte; und zum anderen die *Nemesis der Heimat*, durch die Dippold unversehens mit seiner Vergangenheit konfrontiert wurde. In bezug auf letzteres bildet wiederum eine Zeitungsnotiz den Ausgangspunkt.

In den Bamberger Prozeßakten befindet sich ein Zeitungsausschnitt aus einem leider nicht identifizierbaren, aber offensichtlich lokalen fränkischen Blatt. Dort heißt es: »Bayreuth, 27. März. Ueber den in Untersuchungshaft befindlichen Dippold, durch welchen ein Sohn des Direktors der deutschen Bank in Berlin zu Tode gemartert wurde, wird noch bekannt, daß man dessen zu Roheiten aller Arten geneigte Natur schon als Gymnasiast in Münnerstadt erkannte. Nach seinem Abgange dortselbst wurden haarsträubende Dinge bez. seiner moralischen Lebensführung durch das Rektorat festgestellt [. . .]. Unter anderen Betrügereien prellte er auch einen Lehrer in Neustadt a. S. um nahezu 5000 M., während er mit dessen Tochter verlobt war, bis man zum Glück noch rechtzeitig seine wahre Natur entdeckte.«[36] Damit war Dippold mehr als nur jemand, der Kinder mißhandelt, er war nun auch ein Betrüger und ganz allgemein ein Mensch von höchst zweifelhafter Moral, dessen »wahre Natur« letztlich auf den Typus des »geborenen Verbrechers« hinauslaufen mußte.

Der Bayreuther Untersuchungsrichter Hammerer ging der Zeitungsmeldung sofort nach und konsultierte die Rektoren der beiden Gymnasien, die Dippold besucht hatte. Der Direktor des Bamberger Gymnasiums konnte nichts Nachteiliges berichten und merkte sogar an, Dippolds Verhalten und seine Lernfortschritte seien gut gewesen. Ganz anders Direktor Dr. Zipperer, der bereits ein Jahr zuvor massiv in das Leben seines ehemaligen Schülers eingegriffen hatte, indem er den Pfarrer in Mittelstaedt über den leichtfertigen Lebenswandel des Studenten und seine Geschlechtskrankheit in Kenntnis setzte, was schließlich zur Auflösung der Verlobung geführt hatte. Aus dem Zeitungsartikel geht recht eindeutig hervor, daß Zipperer die Informationsquelle für die Meldung darstellte, und in seinem Brief an Hammerer präzisierte er seine Anschuldigungen. Dippold sei schon in der Schule als »Pharisäer« bezeichnet worden, der aber durch seine »biedermännisch-plebejische Hülle wußte, [...] nicht bloß den Rektor, sondern auch die meisten seiner Mitschüler zu täuschen. Die Folge war, daß Beamte der Stadt, sowohl wie auch ich ihn ausgiebigst unterstützten, da er sich als außerordentlich dürftig hinzustellen wußte.« Während der Studienzeit in Würzburg habe er dann »nicht bloß Knaben mißhandelt und sozialdemokratische Redensarten geführt, sondern auch in Folge einer Geschlechtskrankheit die Familie in Gefahr gebracht«.[37] Damit wußte das Gericht auch von dieser Seite über das Vorleben des Hauslehrers Bescheid. Leichtsinnigen Lebenswandel, Geschlechtskrankheit und Auflösung der Verlobung hatte der Beschuldigte im Verhör selbst zugegeben, aber dem Gymnasialdirektor ging es um mehr, nämlich um das Bild eines perversen und kriminellen Charakters, bei dem sexuelle Abart und Gewalt, Verlogenheit, Betrug und politische Gefährlichkeit zusammenkamen. Über Dippold begann sich das Netz einer narrativ konstruierten Identität zu legen, das die einzelnen Versatzstücke zu einem biographischen Ganzen knüpfte.

Wenige Tage nach Erscheinen des Zeitungsartikels waren nicht der Gymnasialdirektor, aber dafür Josepha und Ferdinand Vorndran sowie der Pfarrer Johannes Strubel zur Zeugenaussage vorgeladen. Deren Aussagen fielen deutlich zurückhaltender aus als die Zeitungsmeldung und der Brief des Rektors. Die ehemalige Verlobte hatte nichts Abschätziges über Dippold zu sagen, im Gegenteil: er habe sich ihr gegenüber »in jeder Hinsicht anständig geführt«. Die Auflösung der Verlobung sei erfolgt, nachdem sie und ihr Vater von verschiedenen Seiten gehört hatten, daß Dippold sich »während der Verlobungszeit mit anderen Mädchen abgegeben habe«.[38] Allerdings hob sie hervor, daß sie von dem Menschen, der ihr gegenübergetreten sei, weder diese Fehltritte noch das spätere Verhalten erwartet habe. Und auch Ferdinand Vorndran äußerte sich eher vorsichtig über den ehemaligen Verlobten seiner Tochter. Von Betrug konnte keine Rede sein, denn die finanzielle Unterstützung des Studiums in Berlin war auf Bitten Josephas zustande gekommen. Der Betrag wurde in mehreren Raten überwiesen und mit Schuldscheinen quittiert. Auch war vereinbart worden, die Summe auf die Mitgift anzurechnen. Über Dippolds Persönlichkeit hatte er wenig zu sagen, außer daß ihm dessen starke Religiosität sehr gefallen habe. Um wenigstens etwas aus dem Rahmen Fallendes beitragen zu können, gab Vorndran an, daß er sich einmal gewundert habe, als ein ehemaliger Mitschüler Dippolds diesem beim Wiedersehen sehr kühl gegenübertrat; und manchmal habe er gedacht, »ob Dippold nicht am Ende Epileptiker sei, weil er öfters so dahin stierte«.[39] Nach der Auflösung der Verlobung im Mai 1902 habe Dippold sogleich seine Schuld eingestanden und nicht weiter auf der Verbindung insistiert. Erst viele Monate später erhielt er einen letzten Brief, der ihn an der Zurechnungsfähigkeit seines ehemaligen Schwiegersohns in spe zweifeln ließ.

Der Aussage des Pfarrers Johannes Strubel kam in diesem Zusammenhang eine besondere Rolle zu, denn immerhin hatte seine Autorität zur Auflösung der Verlobung geführt, ohne daß Dippold seinerzeit überhaupt noch einmal die Möglichkeit erhalten hätte, sich zu rechtfertigen. Nachdem der Gymnasialdirektor Zipperer dem Pfarrer eingeimpft hatte, daß der Student kein angemessener Bräutigam sei, stellte dieser in Würzburg auf eigene Faust Nachforschungen an, ohne den Beschuldigten je gesehen zu haben. Strubel ging so weit, im Würzburger Juliusspital vorstellig zu werden und nachzufragen, ob Dippold dort wegen Syphilis behandelt worden sei.[40] Mehr allerdings hatte der Pfarrer in seiner Zeugenaussage nicht vorzubringen, und das galt auch für die anderen Zeugen aus dem Würzburger Umfeld. Die Zimmervermieterin Marie Brod, Informantin des Münnerstädter Gymnasialdirektors, konnte nur aussagen, daß sie Dippold gekündigt habe, nachdem sie erfahren hatte, warum er im Juliusspital gewesen war.[41] Und Emil Feldbaum, ein Würzburger Student und Mitglied der Burschenschaft Adelphia, aus der Dippold schnell wieder ausgeschieden war, gab zu Protokoll, daß die Verbindungsbrüder keinen guten Eindruck vom ihrem ehemaligen Bundesbruder gewonnen hätten. Mit der Wahrheit habe er es nicht so genau genommen, und er sei ein Sprücheklopfer gewesen, um damit seine Unwissenheit zu kaschieren.

In der Retrospektive erschien Dippold seinem Kommilitonen als aufgeregter, überspannter, nicht ganz normaler Mensch.[42]

Mit solchen Aussagen war das Gericht auch nicht viel klüger als zuvor. Sollte es die ursprüngliche Absicht des Gymnasialdirektors oder des Pfarrers gewesen sein, Dippold aufgrund von Pharisäertum, sozialistischen Anschauungen, sexuellen Ausschweifungen oder Mißhandlung früherer Nachhilfeschüler zu belasten, weil sie sich für befugt hielten, die Maßstäbe der sozialen Ordnung zu überwachen und gegebenenfalls auch aktiv einzugreifen, so war davon für die Ermittlungen nicht viel Verwertbares übriggeblieben. Doch so irrelevant die Ansichten dieser Provinzmoralwächter für den Untersuchungsrichter Hammerer und den Staatsanwalt auch sein mochten, jedes einzelne in der Ermittlungszeit zum Vorschein kommende Versatzstück bildete ein Mosaiksteinchen, mit dem sich nach und nach das Bild einer *persona* Dippolds formierte, die mit der der Körperverletzung mit Todesfolge beschuldigten Person nur noch partiell übereinstimmte. Diese *persona*, dieses Gemisch aus Biographie und Gerücht, biologischer Kategorisierung und rigiden Moralvorstellungen, gewann ihre Konturen zunächst mit einigen Zeugenaussagen und Zeitungsartikeln, entwickelte sich einige Monate später zum Gegenstand öffentlicher Erregung, wurde dann im Rahmen der wissenschaftlichen Bearbeitung weiter geformt und fand ihren endgültigen Platz im sexualpathologischen Kabinett der Perversionen.

Im April 1903 war die Dominanz des Sexuellen in dieser Sache noch keineswegs präformiert, und insbesondere das Schwurgericht in Bayreuth hatte offenkundig keinerlei Interesse daran, die Sexualpathologie ins Zentrum der Ermittlungen bzw. der Anklage zu stellen. Daß der Fall dennoch in diese und nicht in eine andere Richtung lief, hatte ursächlich damit zu tun, daß gewisse Akteure durch die Fokussierung auf diesen einen Punkt andere Aspekte dieser Geschichte in den Hintergrund zu drängen versuchten. Das heißt nicht, daß es sich hierbei um eine Konstruktion post hoc handelte, daß etwas erfunden wurde, was mit den tatsächlichen Vorkommnissen nichts zu tun hatte. Dippolds Verhalten, soweit es bis dahin bekannt und von ihm selbst auch eingeräumt worden war, lenkte den Blick fast automatisch auf den Bereich des Sexuellen, doch dessen zunehmende

Exklusivität ist nur zu verstehen, wenn man die verschiedenen Interessen, Taktiken und Verflechtungen in Betracht zieht, die nach der Verhaftung des Hauslehrers wirksam wurden. Um diese Fokussierung einordnen zu können, sind zunächst einige Überlegungen zur Geschichte der Sexualität einzuflechten.

In seiner Geschichte der Sexualität macht Foucault vier strategische Komplexe aus, die um den »Sex spezifische Wissens- und Machtdispositive«[43] entfaltet haben. Seit dem späten 18. Jahrhundert haben diese Komplexe nach und nach den Rahmen dafür abgesteckt, was als normale und akzeptable und was als pathologische Sexualität gilt. Die *Hysterisierung des weiblichen Körpers* und die *Sozialisierung des Fortpflanzungsverhaltens* können hier ausgeklammert werden. Relevant hingegen ist die *Pädagogisierung des kindlichen Sexes*, die nach Foucault von der Annahme ausgeht, daß quasi alle Kinder sich einer sexuellen Betätigung hingeben und dies eine Reihe von Gefahren birgt. Deswegen mußten Eltern, Erzieher und Ärzte sich dieser gefährdeten Sexualität besonders annehmen, was sich vor allem im »Krieg gegen die Onanie« äußerte.[44] Davon war die Geschichte des Hauslehrers und seiner Schüler bis jetzt bestimmt. Und schließlich konstatiert Foucault eine *Psychiatrisierung der perversen Lust*, die darin besteht, die möglichen Anomalien des autonomen sexuellen Instinkts aufzuspüren, zu analysieren und zu bekämpfen. Dies hat vornehmlich der Medizin und der Pädagogik ganz neue Betätigungsfelder eröffnet, die dann mit den entsprechenden Typen besiedelt werden konnten – in diesem Fall dem masturbierenden Kind und dem perversen Erwachsenen.

Foucault legt großen Wert darauf, daß die vier Dispositive historisch zwar nicht zur selben Zeit entstanden sind, aber doch eine Kohärenz auf der Ebene der Macht und des Wissens gewonnen haben und im Diskurs über die Sexualität ein eng miteinander verflochtenes Knäuel bilden. Nimmt man diese These ernst, so schließt sie kategorisch aus, daß diese Dispositive sich idiosynkratisch zueinander verhielten. Was damit gemeint ist, läßt sich an einem Beispiel verdeutlichen: Im modernen Denken über Sexualität bildet die kindliche Onanie den traurigen Pfad zum perversen Erwachsenen. Daß solche Denkmuster verbreitet waren, ist unstrittig. Aber: Hat der Typus des

perversen Erwachsenen unweigerlich die Stationen der Onanie durchlaufen, um der entsprechenden Taxonomie gerecht zu werden? Ist im
masturbierenden Kind notwendig der *Perverse* vorprogrammiert? Bei-
des wird man kaum in dieser Ausschließlichkeit behaupten wollen.
Darüber hinaus scheint Foucault sich nicht mit der Frage befaßt zu
haben, was geschieht, wenn sich ein Dispositiv quasi nur auf Kosten
und unter Verdrängung eines anderen zur Geltung bringen konnte.
Was passierte, wenn beide Formen von anomaler Sexualität direkt
aufeinanderstießen? Was, wenn der exzessiv onanierende Junge und
der sadistische Erwachsene sich trafen, und das nicht nur in irgendeiner tatsächlichen Lebenssituation, sondern vor allem im strategi-
schen Feld der Beurteilung und Sanktionierung von Sexualität? Der
Fall Dippold gibt darauf eine Antwort, und sie lautet: Diese beiden
Formen der Sexualität sind nicht miteinander vereinbar. Im Verbund
hätten sie dem Gebäude der sexuellen Ordnung bedrohliche Risse
zugefügt, denn wenn exzessive Masturbation der beiden Jungen tatsächlich stattgefunden hatte, dann waren schärfste Sanktionen legitim, waren die heftigen Prügel und die permanente Kontrolle Tag und
Nacht vielleicht übertrieben, aber im Grundsatz nicht zu verwerfen.
Und vor allem ließen sich dann keine weiter gehenden Schlußfolgerungen hinsichtlich der Sexualität des Hauslehrers ziehen. Anders
formuliert: Die eine Form der Sexualität mußte zum Verschwinden
gebracht werden, damit sich die andere um so schärfer konturieren
ließ.

Bis zum Tod Heinz Kochs ging es für dessen Eltern, Dippold und
Vogt ausschließlich um die kindliche Sexualität und deren Gefährlichkeit. Die beiden Jungen wurden – was immer sie getan oder nicht
getan hatten – als Musterfälle des masturbierenden Kindes hingestellt
und behandelt. Auf eine sehr konkrete und beklemmende Weise war
somit der Diskurs über die Onanie mit all seinen Phantasien, Befürchtungen, Verklemmtheiten, Beobachtungs- und Bekämpfungsstrate-
gien in dieser Situation als unhintergehbare Wahrheitsinstanz aufgetreten. Nun haben sich die Protagonisten der Körpergeschichte lange
und mehr oder weniger fruchtlos mit dem Problem herumgeschlagen,
daß es zwar so etwas wie unmittelbare Körperlichkeit geben möge,
diese jedoch keine brauchbare Kategorie für eine historische Analyse

darstelle, weil der Körper sich stets in die Sprache derjenigen Diskurse auflöse, die die angeblichen Erlebniswelten programmieren wie der Informatiker einen Computer. Mehr noch: Nicht nur die unmittelbare Erfahrung, auch die Sache als solche rutscht ganz in den Einflußbereich des Diskurses und seines Fußvolks – der Texte. Zweifellos gehen der Tatbestand der Onanie und seine Ableugnung auch im Fall Dippolds aus Texten hervor, an die wir uns zu halten haben, vor allem aus den Berichten des Hauslehrers, die freilich nicht ohne Tücken sind. Darüber hinaus gibt es die Geständnisse der Jungen gegenüber Vogt. Es ist durchaus möglich, daß sie dem Arzt aus Verängstigung heraus nicht die Wahrheit gesagt haben, weil aus ihrer Sicht die Gefahr bestand, von Dippold nachher um so härter bestraft zu werden, wenn sie dem vermeintlichen Bekannten des Hauslehrers gegenüber ihre Selbstbefriedigung geleugnet hätten.

Ob einer der Jungen der Mutter gegenüber irgendwann einmal Masturbation zugegeben oder abgestritten hat, ist nicht bekannt. Doch wenn man berücksichtigt, daß Rosalie Koch vor Heinz' Tod an den moralischen Verfehlungen ihrer Söhne keinen Zweifel hatte, die geheimen Sünden mit erblicher Belastung erklärte und auch einräumte, daß das gleiche Problem bereits bei anderen männlichen Familienmitgliedern aufgetaucht sei, so kann die Onanie nicht ausschließlich ein Produkt von Dippolds Phantasie gewesen sein. Und auch Vogt, der an die Onanie noch zu einem Zeitpunkt glaubte, als er den Hauslehrer bereits für einen schweren, nicht mehr resozialisierbaren Psychopathen hielt, hat sein Urteil nicht allein auf dessen Aussagen gestützt. Weitere Hinweise wie etwa Heinz Kochs Aufenthalte in Internaten, die als Brutstätten onanistischer Praktiken galten, oder seine Freundschaften mit gleichaltrigen Jungen bieten nicht mehr als vage Anhaltspunkte. Selbstverständlich hatte das Gericht ein großes Interesse daran, diese Frage eindeutig zu klären, weil es für die Einschätzung Dippolds und der Schwere seiner Tat relevant war, aber selbst dort ist die Frage letztlich nicht beantwortet worden. Etwas anderes läßt sich darüber auch heute nicht sagen. Für unseren Zusammenhang ist es von größerer Wichtigkeit, daß Heinz und Joachim Koch ab einem bestimmten Punkt keine Chance mehr hatten, irgend jemandem gegenüber ihre sexuellen Praktiken glaubhaft zu bestätigen oder zu bestreiten, und das hing keineswegs nur mit Dippold zusammen, sondern mit dem allgemeinen Krieg gegen die Onanie, den alle Beteiligten, wenn auch mit unterschiedlichen Waffen, gemeinsam führten.

Nach dem Tod Heinz Kochs wurden die Vorzeichen umgedreht. Nun ging es, vor allem in der medialen Berichterstattung, darum, die perverse Lust des Hauslehrers Schicht für Schicht freizulegen. Während der Gerichtsverhandlung und dem daran anschließenden Skandal kam diese Verschiebung zur vollen Entfaltung. Doch bevor es überhaupt dazu kommen konnte, daß die Pathologisierung Dippolds zur Erfindung einer neuen Spezies im Naturalienkabinett der sexuellen Perversionen führte, mußte die Sexualität der Jungen aus dem diskursiven Getümmel entfernt werden. Dieses Verschwinden der Onanie läßt sich ziemlich genau verfolgen.

Der zwölfjährige Joachim Koch ist bislang kaum aus dem Schatten dieser Geschichte herausgetreten, doch nun wurde er zur Schlüsselfigur. Dippold schien ihn mehr gemocht zu haben als seinen Bruder, aber das hatte ihn nicht davor bewahrt, ebenfalls Opfer schwerer Mißhandlungen durch den Hauslehrer zu werden. Noch vor der Obduktion seines Bruders wurde er von seinem fast 40 Jahre älteren Schwager Ferdinand Bugge nach Berlin gebracht. Auf Geheiß Rudolf Kochs machten sie einen Umweg über Liegnitz, wo der mit der Familie Koch befreundete Oberstabsarzt Dr. Christian Preuße eine Untersuchung des Jungen vornahm und auch bei ihm zahlreiche Zeichen von Mißhandlung feststellte: ein stark angeschwollenes Handgelenk, ebenso geschwollene Augenlider, Verletzungen und Striemen an Oberarm, Rücken und Gesäß, insgesamt ein aufgedunsener, gelblich verfärbter Körper und ein auffallend unelastischer Gang des Jungen.[45]

In Berlin mußte Joachim Koch noch eine zweite Untersuchung über sich ergehen lassen, und das ausgerechnet durch Oskar Vogt, der ihm sechs Wochen zuvor als Bekannter Dippolds vorgestellt worden war. Vogt untersuchte den Knaben in Anwesenheit eines Assistenten und bestätigte die zuvor erhobenen Befunde, entdeckte allerdings keine weiteren ernsthaften Verletzungen, die bleibende körperliche Schäden befürchten ließen. Bei dieser Gelegenheit befragte er Joachim auch über die Ursachen der Verletzungen, und dabei kam unweigerlich noch einmal die Selbstbefriedigung zur Sprache, die der Junge

auch jetzt zugab. Seine Ergebnisse faßte Vogt mehrere Wochen später
in einem Bericht für den Bayreuther Untersuchungsrichter Hammerer zusammen, der auch ausführlich auf das erste Zusammentreffen
des Arztes mit den Knaben und Dippold einging. Vogts Ausführlich-
keit ist nachvollziehbar, denn nur wenige Wochen zuvor hatte er den
Eltern ein sie völlig beruhigendes Zeugnis über den Hauslehrer ausge-
stellt. Schon aus Gründen der Selbstrechtfertigung konstatierte der
Psychiater, daß zur Zeit seines Besuches in Ballenstedt »nennenswerte
Körperverletzungen infolge von Züchtigungen bei den Knaben«[46]
nicht vorlagen. Das war eine gewagte Aussage, denn eine körperliche
Untersuchung hatte er bei den beiden nicht vorgenommen. Um die
Gründe für sein nach außen sonderbar wirkendes Verhalten bei sei-
nem damaligen Besuch in Ballenstedt noch weiter zu legitimieren, be-
absichtigte Vogt, seine Kommunikation mit Rosalie Koch und ihren
Söhnen detaillierter zu schildern, was ihm jedoch von Rudolf Koch
regelrecht untersagt wurde.

Am 22. April 1903 fand die Vernehmung Vogts durch den Untersuchungsrichter Hammerer in teilweiser Anwesenheit des Bankdirektors statt. Das Protokoll dieser Vernehmung ist recht knapp und
vermerkt, daß Vogt dem Untersuchungsrichter eine schriftliche Darstellung seiner Sicht der Dinge zukommen lassen wollte, was er dann
auch tat. Jedenfalls ging er auch auf die Frage der Onanie ein, ebenso
auf Rosalie Kochs Berichte wie auch auf die Geständnisse der beiden Knaben und auf Joachims erneute Bestätigung der Verfehlungen
nach dem Tod seines Bruders. Im Anschluß an diese Vernehmung erhielt Vogt einen schroffen Brief Kochs, in dem dieser sich darüber beklagte, daß er ausschließlich um eine körperliche Untersuchung seines Sohnes ersucht habe, nicht aber um »eine Untersuchung und
ein Verhör über Vorgänge auf dem Ziegenberge oder sonst mit seinem
Verhalten im Zusammenhang stehende Dinge«. Zum Zeitpunkt der
Untersuchung habe der Junge noch zu sehr unter dem Einfluß Dippolds gestanden und befürchtet, er müsse wieder zu diesem zurückkehren. Deswegen möge Vogt das »protocollarisch niedergelegte Verhör« aus seinem Bericht streichen. Außerdem bat Koch unmißverständlich um Vorlage von Vogts Bericht, und zwar bevor dieser an
den Untersuchungsrichter abging.[47]

Der Maulkorb für Vogt bezog sich auf den gesamten Themenkomplex der Onanie. Die von Koch zensierte Fassung über die Gründe für das Engagement des Nervenarztes liest sich dann so: »Ich erhielt von Frau Koch den ganz bestimmten Auftrag, zu untersuchen, ob dem im übrigen völlig von ihr gebilligten Erziehungssystem des Herrn Dippold noch ärztliche Massnahmen hinzugefügt werden könnten, um den Söhnen die Abgewöhnung von einer von Herrn Dippold konstatierten excessiven Onanie zu erleichtern.« Den Widerspruch zu seiner Aussage bei der Vernehmung mußte Vogt damit erklären, daß er sich »im Einverständnis mit Herrn Director Koch veranlasst« sehe, einen Teil der Angaben Rosalie Kochs zu übergehen, »weil ich es unentschieden lassen muss, wie weit diese Angaben thatsächlichen Verhältnissen entsprechen oder auf Beeinflussungen von Seiten des Herrn Dippold zurückzuführen sind«.[48] Der eine ließ es unentschieden, der andere ließ keinen Zweifel daran aufkommen, daß seine Frau getäuscht und seine Söhne zu ihren Geständnissen mit Gewalt gezwungen worden seien. Die *masturbierenden Kinder* sollten verschwinden und vollständig zur Phantasie des *perversen Erwachsenen* transformiert werden.

Vogt ließ sich auf dieses Manöver zwar nur widerwillig ein, aber er hatte kaum eine andere Wahl. Wenn er seinen guten Ruf als Arzt der höheren und höchsten Kreise Berlins nicht beschädigen wollte, mußte er es vermeiden, sich mit dem einflußreichen Direktor der Deutschen Bank anzulegen. Was er in seinem Bericht verschwieg, holte er in einem Brief an Untersuchungsrichter Hammerer nach. Diesem waren die Ungereimtheiten natürlich nicht entgangen, und deswegen fragte er noch einmal nach, was Joachim Koch bei der Untersuchung eine Woche nach dem Tod seines Bruder gesagt habe. Vogt antwortete, daß der Junge »excessives Onanieren speciell bis zur Entdeckung durch Herrn Dippold zugab, dann aber eine fortgesetzte Abnahme behauptete und speciell hervorhob, dass Herr Dippold ihn öfter mit Unrecht des Onanierens bezichtigt und dafür bestraft habe. Speciell habe Herr Dippold ihn öfter nachts aus tiefem Schlaf geweckt und ihn dann des Onanierens bezichtigt. Eine Leugnung hätte er nie gewagt, da er dann doppelt bestraft worden sei.«[49] An dieser Aussage des Jungen hatte Vogt keinerlei Zweifel.

Für den Untersuchungsrichter war damit klar, daß Bankdirektor und Arzt in diesem Punkt divergierende Ansichten vertraten, und das bestätigte sich auch bei den Befragungen, die er mit der Familie Koch am 1. und 2. Mai 1903 in Berlin durchführte. Besonderes Gewicht kam dabei den Aussagen Joachim Kochs zu, der folgendes erzählte: »Mit dieser angeblichen Onanie, die wir getrieben haben sollen, hat es folgende Bewandtnis. Eines Abends im November, vielleicht am 29., jedenfalls ganz gegen Ende des Monats, während ich auf Haus Ziegenberg mit Dippold lernte, ging er in das Nebenzimmer zu Heinz hinein, der bald weinend mit Dippold heraustrat. Ich wußte u weiß bis heute noch nicht, was beide im Zimmer verhandelt hatten während der guten Viertelstunde, die sie aleinig im Zimmer waren. Es ist ein ganz merkwürdiges Zusammentreffen, daß ich mich an jenem Abend gedrungen fühlte, dem Dippold, dem wir, wie auch unsere Mutter, vollkommen vertrauten, eine Eröffnung zu machen, bei der mich nur die Absicht leitete, ihm die allseitige Erkenntnis meines Wesens zu erleichtern. Ich teilte ihm mit, daß ich vor langer Zeit (gewiß schon 2 Jahre vor dem Eintritt Bensers bei uns war es gewesen) vielleicht 3-4 Mal an meinem Gliede gerieben hätte, u daß dies wohl nicht recht von mir gewesen sei. Dippold bestätigte das letztere u fügte bei, er habe gerade mit Heinz wegen derselben Sache gesprochen u diesem gesagt, er dürfe das nicht mehr tun.«[50]

Dies war offensichtlich eine ganz andere Geschichte als diejenige, die der Junge Vogt vorgelegt hatte. Welches Gewicht die Richter der damaligen Zeit den Zeugenaussagen von Kindern beimaßen bzw. inwieweit sie diese für ihre Urteilsbildung verwerteten, ist nicht leicht zu sagen. Zumindest jedoch waren solche Aussagen Gegenstand der Psychologie der Zeugenaussage, die nach 1900 in den Fokus der medizinisch-psychologischen und juristischen Forschung rückte. Der Kinderpsychologe William Stern hatte in einer Serie von Experimenten gezeigt, daß der Prozentsatz unbewußt falscher Aussagen bei Kindern, selbst wenn sie an der Schwelle zur Pubertät standen, noch recht groß war, insbesondere bei Suggestivfragen.[51] Aufgrund dieser Ergebnisse sowie einiger Gerichtsfälle kam der Psychiater F. Siemens zu der Empfehlung: »Im allgemeinen sollte den Kinderaussagen überhaupt kein erheblicher Wert beigelegt werden.«[52] Zu welch schauder-

haften Szenen es vor Gericht kommen konnte, wenn solche Aussagen
für die Urteilsfindung entscheidend waren, hatte sich einige Jahre
zuvor im Sensationsprozeß gegen den Bankier August Sternberg gezeigt, der 1895 wegen des Verdachts sexueller Kontakte mit minderjährigen, noch nicht vierzehnjährigen Mädchen angeklagt worden
war. Die Mädchen brachten Richter und Staatsanwalt schier zur Verzweiflung, indem sie an einem Tag solche Kontakte zugaben und sie
am nächsten Tag vehement bestritten. Der außer sich geratende Richter wußte sich nur damit zu behelfen, daß er die Zeuginnen massiv
unter Druck setzte, bedrohte und ihnen die Antworten in den Mund
legte, die er hören wollte – eine Vorgehensweise, die wiederum die
damaligen Beobachter und Kommentatoren fassungslos machte.[53]

Mit Joachim Koch kam es weder bei der Zeugenbefragung noch
vor Gericht zu derart dramatischen Szenen, und es gibt auch keine
Anhaltspunkte dafür, daß ihm Suggestivfragen gestellt worden sind.
Inwieweit sein Vater ihm vorher bestimmte Aussagen suggeriert hat,
ist unbekannt. Offenkundig ist nur der Versuch Rudolf Kochs, die
Aussagen Vogts zu manipulieren. Welch verheerende Wirkung moralisch und/oder juristisch verbotene Sexualität in der Öffentlichkeit
hatte, wie sehr ein Sensationsprozeß, bei dem es um Sexualität ging,
außer Kontrolle geraten und das Ansehen eines Bankiers beschädigen
konnte, hatte Koch einige Jahre zuvor am Beispiel des Sternberg-Pro-
zesses aus nächster Nähe miterlebt. Auch wenn der Fall ganz anders
gelagert war, mußte das Bild einer sexuellen Unbescholtenheit der Familie aus seiner Sicht wiederhergestellt werden, bevor überhaupt die
Presse sich dieser Sache in großem Stil annahm. Bis dahin waren die
wenigen Zeitungsberichte durchaus günstig für Koch, aber es gab
keine Garantie, daß das so blieb.

Seit seiner ersten Zeugenvernehmung durch den Untersuchungsrichter behauptete Joachim Koch standhaft, daß Dippold ihm und
seinem Bruder die Onanie stets angedichtet habe, um sie verprügeln
oder anderweitig bestrafen zu können. Wir wissen nicht, ob das für
den Richter vollständig glaubwürdig war. Zumindest hielt er nicht
jede Aussage des Jungen für stichhaltig. So dürfte er nach den schroffen, anklagenden Briefen Rosalie Kochs kaum geglaubt haben, daß
der Junge stets volles Vertrauen zu seiner Mutter hatte. Noch gravie-

render ist die Behauptung Joachims, sein Bruder sei nicht nur infolge der vorangegangenen Mißhandlungen gestorben, vielmehr habe Dippold kurz vor Eintritt des Todes nachgeholfen, indem er dem schon schwer atmenden und röchelnden Heinz ein Taschentuch in den Mund stopfte, damit er nicht so laut war. Unmittelbar nach Eintritt des Todes habe der Hauslehrer einen »höhnischen Gesichtsausdruck« gehabt. Deswegen war Joachim Koch »der festen Überzeugung, daß Dippold über den Tod meines Bruders erfreut war u. denselben als ein willkommenes Ereignis betrachtete«.[54] Dieser Vorwurf korrespondierte mit einem Satz, den sein Vater bereits einige Wochen zuvor an den Untersuchungsrichter weitergereicht hatte und den er als Zitat seines Sohnes ausgab: »Papa, das war ein Mord.«[55] Und auch die Mutter äußerte die Überzeugung, daß der Hauslehrer den Tod ihres Sohnes »planmäßig herbeigeführt« habe.[56] Das sind zu spärliche Hinweise, um zu der Vermutung zu gelangen, daß die Eltern Dippold einen Mord unterstellen wollten. Entscheidend ist, daß weder der Untersuchungsrichter noch der Staatsanwalt darauf eingingen. Vielmehr waren sie der Ansicht, daß die teilweise Unglaubwürdigkeit der Aussagen Dippolds die Aussagen des Opfers und seiner Eltern noch nicht notwendigerweise und in jedem Fall glaubwürdig machte. Daran sollte sich auch bis zur Urteilsverkündung nichts ändern.

Selbst wenn man aus einem Abstand von mehr als 100 Jahren dazu neigt, nicht alle Aussagen des traumatisierten Jungen für bare Münze zu nehmen, dann ist umgekehrt natürlich nicht auszuschließen, daß er manches schlimme Detail seiner Erfahrungen mit dem Hauslehrer bewußt oder unbewußt verschwiegen hat. Mit einem Satz freilich verdeutlichte Joachim Koch die furchtbare und aussichtslose Lage, in der er und sein Bruder sich befunden hatten: »Wir ließen uns diese fortgesetzten Mißhandlungen gefallen, weil wir nichts dagegen machen konnten, u. Dippold behauptete, hierzu von der Mutter ermächtigt zu sein.«[57] Diese Einschätzung war vielleicht übertrieben, aber sie war nicht falsch. Die Jungen hatten von ihrer Mutter keinerlei Beistand erhalten, sie hatte sie von einem bestimmten Moment an nicht mehr in Schutz genommen, und ab Januar 1903, als es mit den schrecklichen Mißhandlungen richtig losging, hatten die beiden keine Möglichkeit mehr, direkt zu ihrer Mutter vorzudringen, um sie zu fragen, ob sie den Hauslehrer wirklich zu solchen Praktiken ermächtigt habe.

Dieser Sachverhalt geht sogar, wenn auch eher unfreiwillig, aus Rosalie Kochs eigener Zeugenaussage hervor, die mit Abstand die ausführlichste in den Prozeßakten ist und das verzweifelte Ringen um Selbstrechtfertigung in fast jeder Zeile erkennen läßt. Sie gab nämlich zu, den Hauslehrer befugt zu haben, die Jungen bei sittlicher Verfehlung und Lüge körperlich zu züchtigen, und das habe sie ihren Söhnen auch explizit mitgeteilt. Hätten die beiden nach dieser Ankündigung etwas anderes annehmen können, als daß sie ihrem Hauslehrer vollständig ausgeliefert waren? Warum räumte die Mutter, bevor sie Haus Ziegenberg Mitte Januar verließ, dem Hauslehrer derartige Befugnisse ein, wenn sie doch gleichzeitig, wie sie aussagte, nicht an die Masturbation der Jungen geglaubt haben wollte? Schließlich konzedierte sie doch, die »Sache« für möglich gehalten zu haben, weil ihr Mann geäußert habe, »geben tue es ja so etwas immerhin«. Also hatte sie mit ihrem Mann über das Onanieproblem gesprochen, und der fand das anscheinend überhaupt nicht ungewöhnlich. Warum gab sie zu Protokoll, ihr jüngerer Sohn sei noch nach dem Tod seines Bruders in sexueller Hinsicht so naiv gewesen, daß er gar nicht genau gewußt habe, wofür er eigentlich so hart bestraft worden war? Wie paßt das mit ihrer Behauptung zusammen, daß der Hauslehrer die beiden Jungen sexuell aufgeklärt und »ihre Phantasie damit dauernd erhitzt« habe? Und wie kam sie zu der Überzeugung, daß er die Jungen ganz in seine Hand bekommen wollte und dabei »unsittliche Zwecke« verfolgte?[58] Wollte sie damit andeuten, daß der Hauslehrer ihre Söhne auch sexuell mißbraucht hatte? Wenn ja, so hätte sie dafür weitere Indizien liefern müssen, was jedoch ausblieb. All diese Ungereimtheiten kamen in einer Aussage zusammen, und es ist nicht davon auszugehen, daß Rosalie Koch in der Lage gewesen wäre, sie zu entwirren, wenn man sie damit konfrontiert hätte. Das unterließ der sie befragende Untersuchungsrichter aus nachvollziehbaren Gründen, er ging den Vermutungen der Zeugin jedoch auch nicht weiter nach.

Bei den Zeugenbefragungen der Familie Koch, die der Bayreuther Untersuchungsrichter Hammerer Anfang Mai 1903 durchführte, ist eine bemerkenswerte Leerstelle zu verzeichnen: Rudolf Koch. Während seine Frau, sein Sohn Joachim und auch seine älteren Kinder über Dippolds Charakter und Verhaltensweisen sowie über mögliche Auffälligkeiten im Verhalten der Jungen Auskunft gaben, scheint das Familienoberhaupt geschwiegen zu haben. Gewiß, er hatte seine beiden Söhne höchstens aus der Ferne beobachtet, aber zu Dippolds Charakter, zu seinen eigenen Eindrücken des Besuchs der Jungen zu Weihnachten 1902 in Berlin oder zu den Ereignissen wenige Wochen später in Ballenstedt hatte er ebenfalls nichts zu sagen. Die Aussage des Bankdirektors beschränkte sich auf einen einzigen Punkt: die Lügenhaftigkeit des Hauslehrers. Er legte die Abschrift noch eines weiteren Geständnisses vor, das Dippold Karl Koch überreicht hatte, und bezeichnete den darin zugegebenen Diebstahl von Geld, Schecks und Schmuck als »vollkommen aus der Luft gegriffen«. Heinz habe all das unter dem Einfluß Dippolds niedergeschrieben.[59] Für den Untersuchungsrichter war das nicht gerade eine Neuigkeit, doch es paßte zu der Strategie des Bankdirektors, die Onanie ganz zu einem Phantasma des Hauslehrers zu erklären, um den moralischen Ruf der Familie nicht weiter zu gefährden und um den Weg für die Psychiatrisierung Dippolds zu ebnen.

Wie bereits erwähnt, war der Verdacht auf Geisteskrankheit zunächst in der Zeitung erhoben und dann durch den Lehrer Vorndran unter Berufung auf einen einzigen Brief Dippolds erneuert worden. Eine erste Expertenmeinung erhielt das Gericht durch Vogt, der zwar einräumte, bei seinem Zusammentreffen mit Dippold keine psychischen Auffälligkeiten wahrgenommen zu haben, nun aber vorschlug, diesen sechs Wochen lang in einer psychiatrischen Anstalt untersuchen zu lassen und insbesondere dem bisherigen Sexualleben des Angeklagten genaueste Aufmerksamkeit zu schenken.[60] Für Vogt stellten kindlicher Sex und erwachsene Perversion offenkundig keinen Widerspruch dar, und die Gründe dafür lagen auf der Hand. Er hatte keine andere Wahl, denn hätte er die Onanie für abwegig gehalten, so wäre sein eigenes Verhalten vollends unglaubwürdig erschienen. So deutete er mit seiner Empfehlung auf einen sexualpathologischen Hintergrund für die Züchtigungen hin, ließ es allerdings bei der vagen Andeutung bewenden, daß das tragische Ende des Erziehungsversuchs »neue Verdachtsgründe« für einen solchen Hintergrund liefere. Vogts Vorschlag einer ausgiebigen forensischen Untersuchung war ganz im Sinne von Bankdirektor Koch, dem es letztlich darum ging, Dippold für unzurechungsfähig erklären zu lassen und ihn in einer psychiatrischen Anstalt unterzubringen. Die Vorteile für die ohnehin schwer in Mitleidenschaft gezogene Familie waren offensichtlich: Die nervliche Belastung der Gerichtsverhandlung wäre ihr erspart geblieben, das schon im Frühjahr 1903 absehbare öffentliche Interesse hätte sich auf Dippold beschränkt, der in seinen öffentlichen Auswirkungen unberechenbare Strafprozeß hätte nicht stattgefunden, und unangenehme Details des Kochschen Familienlebens wären unter dem Mantel der Verschwiegenheit verblieben.

Bei den Bemühungen des Gerichts, die Ermittlungen auch auf die psychische Verfassung des Delinquenten auszudehnen und weitere Zeugen zu finden, die ihn genauer kannten, kam es dem Untersuchungsrichter zugute, daß Eduard Töpfer auftauchte, vermutlich Dippolds einziger engerer Freund, den er auch kurz nach der Verhaftung über seine Lage in Kenntnis gesetzt hatte. Die beiden kannten sich bereits seit der gemeinsamen Schulzeit 1892 in Bamberg, hatten sich zehn Jahre später als Studenten in Berlin wiedergesehen und seitdem einen losen, aber doch vertrauensvollen Kontakt miteinander gepflegt. Am 23. März 1903 schrieb Töpfer einen eindringlichen Brief an den Inhaftierten, den man ihm vorlas, aber nicht aushändigte und zu den Akten nahm. Was bewog das Gericht dazu, diesen Brief zu konfiszieren? Gewiß nicht, daß man dem Untersuchungshäftling diese zugleich streng ermahnenden und durch freundschaftliche Gesten aufmunternden Zeilen vorenthalten wollte. Viel eher dürfte der Untersuchungsrichter darin eine Stellungnahme gesehen haben, die an Klarheit, Schärfe und Hellsicht alles übertraf, was er bis dahin zu dem Fall in den Vernehmungen gehört und in der Zeitung gelesen hatte.

Tatsächlich sprach Töpfer Klartext. Er hatte Dippold zuletzt um Weihnachten 1902 in Berlin gesehen und war spätestens von da an über die Schwierigkeiten mit den Koch-Söhnen im Bilde. Rückblickend betrachtete er die »unheilvolle Katastrophe« als Höhepunkt einer tragischen Entwicklung, die damit begann, daß Dippold für den Beruf des Pädagogen völlig ungeeignet war und in seiner Hilflosigkeit

den Zöglingen nur noch durch unkontrollierte Wutausbrüche zu begegnen vermochte. Sollte Heinz Koch in direkter Folge der Prügel gestorben sein, »so kann ich nicht umhin, dir die ganze Schuld beizumessen, wenngleich der Fall auch dann noch tragisch bleibt, denn
du warst in den durch die Jungen veranlassten Wutausbrüchen nicht
mehr Herr deiner selbst. Für die Thaten deines Jähzorns bist du pathologisch betrachtet nicht verantwortlich. Doch deine schwere, innere Schuld liegt darin, daß du, wiewohl du deine kolerische Anlage
genau kennst, die für dich ganz unpassende Stelle eines Pädagogen
überhaupt antratest oder trotz meinem Abraten darin verbliebst.«[61]

Ganz so einsam, wie er sich selbst fühlte, war der Hauslehrer also
gar nicht gewesen. Allerdings hat er die nüchterne Außenperspektive
beharrlich ignoriert. Und auch jetzt führte diese Perspektive zu einer
Einschätzung, die weder Dippold noch dem Ehepaar Koch ein gutes
Zeugnis ausstellte. Töpfer machte seinen Freund für die Katastrophe
verantwortlich, aber aus seiner Sicht trugen auch die Eltern eine Mitschuld, weil sie trotz der Einsicht, es mit einem Choleriker zu tun zu
haben, den Hauslehrer nicht rechtzeitig entlassen hätten. Woher wußte Töpfer das? Wohl kaum von den Kochs, die er gar nicht kannte.
Bleibt also nur Dippold selbst, der sich wohl darüber im klaren war,
daß sein cholerischer Charakter zumindest Rosalie Koch nicht entgangen war. Diese Dinge waren jedoch im Briefwechsel mit ihr nie
angesprochen worden.

Abschließend ließ Töpfer keinen Zweifel daran, daß Dippold eine
mehrjährige Haftstrafe drohte, der er mit Tapferkeit und Seelenruhe
begegnen müsse: »Biete all deine philosophische Erkenntnis, die hier
allein helfen kann, auf um dein heiß wallendes Blut zu dämpfen bei
der Gerichtsverhandlung, bei der einen stolzen Charakter tief demü-
tigenden Strafvollstreckung, im späteren Verkehr mit der kleinlichen
Menschheit, die dich, den gebrandmarkten Verbrecher, natürlich ver-
stossen wird aus ihren heuchlerischen Kreisen.«[62] Zehn Tage, nachdem Dippold verhaftet worden war und noch um seine schnelle Freilassung kämpfte, sah sein Freund ziemlich genau voraus, was geschehen
würde. Dabei war Töpfer durchaus parteiisch. Wenn er von »klein-
licher Menschheit« und »heuchlerischen Kreisen« sprach, kommt darin eine ähnlich misanthropische Haltung aus dem Geiste Schopen-

hauers zum Vorschein, die auch in Dippolds Aufzeichnungen zu finden ist. Eine Art Seelenverwandtschaft der beiden Studenten dürfte darin bestanden haben, daß sie beide der Überzeugung waren, die sinnlichen Verführungen der Welt zugunsten einer »sokratischen aequalitas animi« und der »Autokratie des gesunden Menschenverstandes« aufgeben zu können. Charakteristischerweise redete Töpfer hier vom »Innenmenschen«, einer um 1900 gebräuchlichen Charakterisierung derjenigen, die sich in zivilisationskritischer Absicht gegen Materialismus und Äußerlichkeit, gesellschaftliche Oberflächlichkeit und Geistlosigkeit wandten.

Trotz solcher weltanschaulicher Positionierungen hatte das Gericht mit Töpfers Brief ein Zeugnis vorliegen, das die entstandene Situation distanziert und sachlich einschätzte, dabei jedoch nicht den Stab über Dippold brach und ihn für geisteskrank oder pervers hielt, sondern ihn ermutigte, zu seiner Schuld zu stehen. In der Zeugenvernehmung äußerte sich Töpfer ähnlich und lieferte weitere Informationen. Er bezeichnete Andreas Dippold als »heftigen und herrischen Charakter«, doch Anhaltspunkte für eine »perverse sexuelle Veranlagung« sehe er nicht. Allerdings habe sich der Hauslehrer Weihnachten 1902 bitterlich über die Schwere seiner Erziehungsaufgabe beklagt und vor allem auf »grobe sexuelle Ausschweifungen« Heinz Kochs verwiesen, denen er jedoch mit großer Strenge begegne. Der Beschuldigte habe Details über diese Ausschweifungen der Jungen mitgeteilt, weswegen er sie sogar nachts kontrolliere und Joachim Koch einmal so verprügelt habe, daß er ohnmächtig liegenblieb. Auf den Einwand, daß so übermäßige Strenge unzweckmäßig sei, habe Dippold erwidert, er lasse sich nicht hineinreden, da er über größere pädagogische Erfahrung verfüge.[63] Die Frage, ob Töpfer sich vorstellen könne, daß ihn sein Freund damals angelogen habe und die Onanie eine reine Erfindung gewesen sei, stellte der Untersuchungsrichter anscheinend nicht, und auch der Student dürfte daran keinen Gedanken verschwendet haben. Jedenfalls sagte er auch vor Gericht aus, daß er Dippold für vollständig normal halte.[64] Die vermutlich einzige Person, die zu dem Beschuldigten ein engeres Vertrauensverhältnis unterhielt, konnte also weder eine pathologische Deformation noch sexuelle Motive für die Züchtigungen bestätigen.

Als Andreas Dippold klar wurde, daß Zweifel an seinem Geisteszustand aufgekommen waren, gab er bei einer weiteren Vernehmung
empört zu Protokoll: »Ich bin nicht verrückt, auch sexuell nicht pervers veranlagt u. verwahre mich mit aller Entschiedenheit dagegen,
daß meine Handlungsweise als Ausfluß einer nicht normalen Geistes-
verfassung betrachtet werden könnte.«[65] Seine Bitte, nicht auf seinen
Geisteszustand hin untersucht zu werden, war natürlich vergebens.
Zu diesem Zeitpunkt dürfte ihm gedämmert haben, daß seine weitere Existenz – wie Töpfer es vorausgesagt hatte – auf dem Spiel stand.
Er mochte noch so sehr auf seiner Unschuld beharren, der Justiz und
nun auch der Psychiatrie konnte er nicht entkommen. Ob er zu dem
Zeitpunkt, Ende Mai 1903, auch die Macht der Medien einzuschätzen vermochte, muß dahingestellt bleiben, aber erst einmal drohte
ihm von noch ganz anderer Seite Ungemach: von der Berliner Friedrich-Wilhelms-Universität, wo er nach wie vor immatrikuliert war.

Der dortige Universitätsrichter Dr. Daude hatte umgehend auf die
ersten Zeitungsmeldungen reagiert und bei der Staatsanwaltschaft
Bayreuth angefragt, ob der Beschuldigte mit dem Studenten der Friedrich-Wilhelms-Universität identisch sei. Als klar war, daß Dippold
seit Juli 1902 gar nicht mehr in Berlin weilte und im Wintersemester
1902/03 Veranstaltungen belegt hatte, ohne persönlich anwesend zu
sein, setzte Daude ein eigenes Untersuchungsverfahren mit dem Ziel
in Gang, Dippold von der Universität zu relegieren. In einem Brief
an das Amtsgericht Bayreuth hielt der Universitätsrichter fest, daß
der Student sich unerlaubt aus der Universitätsstadt entfernt und wiederholt die akademischen Behörden und Lehrer getäuscht habe. Wegen Verstoßes »gegen die akademische Sitte und Ordnung« ersuchte
er das Bayreuther Gericht, den Untersuchungshäftling ernsthaft zu
ermahnen.[66] Diesem wurde mitgeteilt, daß eine Disziplinarverhandlung vor dem Akademischen Senat der Universität für den 6. Mai
1903 anberaumt sei und diese auch dann stattfinden werde, wenn er
nicht persönlich erscheine.[67]

Selbstverständlich erhielt der Inhaftierte nicht die Erlaubnis, der
Vorladung Folge zu leisten, aber dafür rechtfertigte er sein Verhalten
in einem ausführlichen Brief, in dem die Geschichte seines Engage-
ments als Hauslehrer bei den Kochs noch einmal anders klang: bis

Anfang Juli 1902 habe er die Vorlesungen besucht und »täglich im cri-
minalistischen Seminar über Zwangserziehungswesen« gearbeitet.
Die Anstellung bei den Kochs sei zunächst nur für einige Wochen vorgesehen gewesen, dann sei er für »Probeunterricht und eine Probe-
erziehung« bis Weihnachten verpflichtet worden. Weil er seine Vorlesungen nach Weihnachten wieder habe besuchen wollen, ließ er
seine Veranstaltungen für das Herbstsemester »einstweilen belegen«.
Erst um Weihnachten herum habe sich herausgestellt, daß sein Engagement als Hauslehrer länger dauern würde. Insofern habe er nicht
bewußt gegen die akademischen Satzungen verstoßen und bitte darum, die Sache zu vertagen, bis er sich vor dem Senat persönlich rechtfertigen könne, denn es werde sich herausstellen, daß er am Tod eines
seiner Schüler schuldlos sei.[68]

Die Berliner Universität ließ sich auf diesen Vorschlag ein und verschob die Disziplinarverhandlung auf einen Zeitpunkt nach dem Prozeß. Dennoch: die Haft, der drohende Verweis, der ein weiteres Studium in Deutschland unmöglich gemacht hätte, und damit all seine
weiteren akademischen Pläne durchkreuzte, sowie die sich anbahnen-
de Psychiatrisierung seiner Persönlichkeit setzten Dippold erheblich
zu. Nach einigen Wochen Untersuchungshaft betrachtete er sich als
Opfer widriger Umstände und sprach in einem Beschwerdebrief an
die Gefängnisleitung von ungerechtfertigter »Freiheitsberaubung«.
Er verstieg sich sogar zu der Behauptung, daß man es auf seine »physische und psychische Vernichtung angelegt« habe, womit er einerseits
auf die Haftbedingungen, andererseits auf die Hinauszögerung des
Prozeßtermins anspielte.[69]

In dieser Situation scheint Dippold ungeduldig auf den Prozeß ge-
wartet zu haben, bei dem er aller Welt seine Unschuld beweisen zu
können glaubte. Bis dahin war es allerdings noch ein weiter Weg, weil
zunächst ein mehrwöchiger Aufenthalt in einer psychiatrischen An-
stalt zwecks gutachterlicher Beobachtung anstand. Dagegen konnte
Dippold trotz seiner Beteuerung, normal zu sein, wenig ausrichten.
Angesichts dessen inszenierte er einen weiteren ziemlich plumpen
Erpressungsversuch gegenüber der Familie Koch, bei dem wiederum
Johann Dippold die Rolle des besorgten, empörten und verzweifelten
Vaters übernahm. In einem unverhohlenen Drohbrief an Koch be-

klagte er sich darüber, daß sein Sohn in der Presse verunglimpft werde, während die eigentlichen Motive für seine Handlungen verschwiegen würden. Dippold gab zu verstehen, daß er in die Details der Koch-schen »Familiengeheimnisse« eingeweiht sei, bislang jedoch aus Anstand geschwiegen habe. Nun jedoch, da sein Sohn laut Zeitungsbericht für wahnsinnig erklärt werden und damit sein weiteres Leben ruiniert werden solle, könne er nicht weiter tatenlos zusehen. Indirekt forderte er Koch auf, sich dafür zu verwenden, daß der Prozeß endlich angesetzt werde.[70] Selbstverständlich hatte der Berliner Kommerzienrat nichts dergleichen im Sinn und schickte den Brief Johann Dippolds weiter an den Bayreuther Untersuchungsrichter, sprach von erneuten Drohungen und bedauerte es ausdrücklich, daß die Überweisung Dippolds in eine psychiatrische Klinik den Prozeß nicht hinfällig mache, sondern nur verschiebe.[71]

Den Geisteszustand eines Delinquenten zu beurteilen war eine notorisch heikle Angelegenheit im Austausch zwischen ärztlichen Gutachtern und Gericht. Während es den Richtern darum ging, ein klares Ja oder Nein im Hinblick auf die Zurechnungsfähigkeit zu erhalten, sahen sich die Psychiater oftmals mit fließenden Übergängen zwischen Gesundheit und Geistesstörung konfrontiert. Emil Kraepelin, der wohl einflußreichste deutsche Psychiater der damaligen Zeit und ein entschiedener Verfechter der Sicherheitsverwahrung von Straftätern, brachte dieses Dilemma auf den Punkt: Schrieben die Ärzte in ihren Gutachten ehrlich, daß der Zustand des Delinquenten zwischen Normalität und Pathologie angesiedelt sei, so wurden sie vor Gericht – zum Leidwesen Kraepelins – nicht selten ignoriert.[72] Diese Klage mag übertrieben gewesen sein, doch zweifellos blieben die Richter unangefochten die Herren des Verfahrens. Das hat neben den üblichen professionspolitischen Rangeleien eben auch an den Schwierigkeiten der Psychiater gelegen, zu einer eindeutigen Diagnose zu gelangen. Der Fall Dippold zeigt anschaulich, wie das Gericht mit der Frage der Zurechnungsfähigkeit und der medizinischen Expertise umging. Aus den Gerichtsakten geht ziemlich eindeutig hervor, daß der Untersuchungsrichter Hammerer an der Zurechnungsfähigkeit des Delinquenten keinen Zweifel hegte. Er ging sogar davon aus, den Prozeß noch vor der Sommerpause 1903 über die

Bühne bringen zu können.[73] Dennoch waren die Zeitungsberichte, die Aussage Vorndrans und die Bemerkung Oskar Vogts Grund genug für Hammerer, eine forensisch-psychiatrische Untersuchung im Hinblick auf Dippolds Geisteszustand anzuordnen.

Mit dieser Untersuchung wurde der Landgerichtsarzt Dr. August Weiß betraut, der die Obduktion Heinz Kochs vorgenommen hatte. Die Kenntnisse und Erfahrungen dieses Arztes auf dem Gebiet der Psychiatrie lassen sich mit Fug und Recht als eher bescheiden bezeichnen. Gleichwohl hatte er darüber zu befinden, ob weitere forensische Maßnahmen notwendig waren. Seine Aufgabe, eine für das Gericht verbindliche Aussage über die Todesursache zu treffen und gleichzeitig ein Urteil über Dippolds Geisteszustand abzugeben, erledigte Weiß durch eine ausführliche Stellungnahme, die noch einmal die ganze Geschichte von Dippolds Anstellung als Hauslehrer über die ersten Märztage des Jahres 1903 bis hin zu den Gesprächen mit dem in Untersuchungshaft sitzenden Hauslehrer aufrollte. Für den Gerichtsarzt stellte sich dieser Fall als allmähliches Abgleiten einer zunächst nicht ungewöhnlichen Erziehungssituation dar. Der gestrenge Lehrer änderte die Lebensweise seiner Schüler, gewöhnte sie an sportliche Ertüchtigung und körperliche Disziplin, stellte ihre Ernährungsweise um und konnte zunächst gewisse Erfolge vorweisen, die ihm bei den Eltern großes Vertrauen eintrugen.

Die Frage der Onanie behandelte Weiß eher zurückhaltend: Dippold »glaubte [...] das Laster der gewohnheitsmäßigen Onanie wahrzunehmen« und reagierte darauf zunächst mit Ermahnungen und dann mit einer »unheimlichen Schärfe«, die sich trotz der Empörung durch Personen in der Umgebung weiter steigerte und in Drosendorf schließlich zu »unerhörten Mißhandlungen« führte.[74] Im Detail ging der Gerichtsarzt auf die von Dippold gar nicht bestrittene Züchtigung zwei Tage vor dem Tod Heinz Kochs ein, beschrieb die zahlreichen durch sie hervorgerufenen Verletzungen und die gnadenlose Indolenz des Hauslehrers, mit der er den Jungen an seinem Todestag trotz dessen offensichtlicher Schwäche weiterhin für einen Simulanten hielt. Auch der Obduktionsbefund wurde noch einmal minutiös beschrieben, um den von Dippold vorgebrachten Behauptungen über mögliche Todesursachen – also Nierenentzündung, angebliche Syphilis oder allgemeine Schwäche wegen exzessiver Masturbation – den Boden zu entziehen. Mit der Frage, ob die Jungen möglicherweise onaniert hatten oder nicht, hielt der Bericht sich nicht weiter auf, sondern stellte nur fest, es sei »sehr unwahrscheinlich, daß Heinz übertrieben onaniert hat, sicherlich nicht seit seinem 6. Lebensjahr und gewiß nicht 30-40 mal des Tages; ein solches Übermaß hält kein Körper aus. [...] Seine Geschlechtstheile waren noch kindlich und sahen nicht mißbraucht und abstrapaziert aus.« Der Tod sei »einzig und allein durch die ihm zugefügte Körperverletzung verursacht worden«.[75]

Damit bestand für das Gericht Klarheit, daß Dippolds Spekulationen über eine defizitäre körperliche Konstitution des Jungen falsch waren. Hingegen ließ sich die psychiatrische Frage für den Gerichtsarzt erheblich schwieriger beantworten. Er wußte, daß der Inhaftierte sich vehement dagegen wehrte, als geisteskrank abgestempelt zu werden, und im Gespräch alles daransetzte, als normaler, gesunder Mann zu erscheinen. Es überrascht kaum, daß Weiß auf ein psychiatrisches oder gar kriminalpsychologisches Vokabular verzichtete; und doch ist es auffällig, daß er den Hauslehrer ganz ohne die Brille des spezialisierten Mediziners betrachtete und sich auf seinen gesunden Menschenverstand und seine jahrzehntelange Erfahrung verließ. So war es ihm unbegreiflich, daß der mittellose Student seine glänzend bezahlte Stelle als Hauslehrer durch seine Grausamkeit derart hatte verspielen können. Anstatt diese Chance zu einem weiteren gesellschaftlichen Aufstieg zu nutzen, entwickelte der Student, so Weiß, einen ausgeprägten Haß auf Heinz Koch, weil er geargwöhnt habe, der Junge wolle ihn aus seiner Stellung herausdrängen. Nur aus diesem Grunde habe er ihn gedemütigt, durch Suggestion zu seinen Geständnissen gebracht und ihn bei seiner Mutter denunziert.

Das mochte in den Augen des Arztes unverzeihlich sein, änderte aber nichts daran, daß er Dippold als gesunde und zurechnungsfähige Person betrachtete, die ihre Handlungen glaubwürdig und überzeugend zu rechtfertigen wußte. Nur hinsichtlich der Züchtigungen und ihrer Ursachen war es für Weiß nicht nachvollziehbar, daß der Student immer noch darauf beharrte, die Jungen nur einige Male und nicht einmal allzu streng gezüchtigt zu haben. Ebensowenig verstand er, daß er den Jungen »stündlich, ja fast jede Minute onanistische Manipulationen« andichtete: »Er behauptet sie an einer gewissen Unruhe der Knaben erkannt zu haben, sowohl bei Tage bei irgendeiner Beschäftigung (z. B. beim Stehen mit geschlossenen Beinen, beim Schaukeln auf dem Stuhl, bei gewissen Bewegungen des Oberkörpers usw.) als auch bei Nacht, wenn sie anscheinend schliefen; er öffnete ihnen bei jeder Gelegenheit den Hosenlatz oder schlug die Bettdecke zurück, um sich zu überzeugen, ob ihr Glied steif wäre; er ließ die Knaben am Pulte stehen mit herabgezogener Hose und hinaufgeschobenem Hemde, so daß Bauch, Geschlechtstheile u. Oberschenkel unbedeckt waren.«[76]

Weiß hielt solche Praktiken für maßlos übertrieben und abscheulich, aber nicht für pathologisch, und zwar vermutlich deshalb, weil der ehemalige Hauslehrer mit großer Selbstverständlichkeit und im Detail von seinen Überwachungs- und Bestrafungspraktiken berichtet hatte. Einen sexualpathologischen Hintergrund sah der Gerichtsarzt als unwahrscheinlich an. Hätte Dippold mit seinen Schülern etwas anderes im Sinn gehabt als Erektionen zu kontrollieren, wäre also sexuelle Gier die Triebfeder seines Handelns gewesen, so hätte er kaum derart offen darüber geredet. Das ist ein wichtiger Punkt. Sexueller Mißbrauch spielte sich nach diesem Verständnis im verborgenen ab und war dementsprechend mit dem Eingeständnis eines Kontrollregimes unvereinbar. Perverse Sexualität stellte für den Gutachter also nicht das Problem dar, statt dessen glaubte er bei den unausgegorenen weltanschaulichen Leidenschaften des Studenten fündig zu werden: »Er beschäftigt sich schon auf dem Gymnasium mit für ihn unverdaulichen Schriften philosophischen u. pädagogischen Inhaltes (Descartes, Leibniz, Schopenhauer, Darwin, Stirner, Rousseau, Nietzsche u. a.). [...] Zuerst gibt er sich für einen Freigeist und schimpft über Staat u. Kirche, bekennt sich zu sozialdemokratischen Ideen, macht Propaganda für den Bauernbund, lästert über die Geldprotzer, dann gibt er sich sehr religiös, steht auf dem Standpunkt des positiven Christentums, liest in der Bibel, spickt seine Briefe mit Citaten aus derselben, verfaßt Schriften über den Glauben und nimmt Herrn u. Frau Director Koch gegenüber eine sehr unterthänige Stellung ein.«[77]

Diese Charakterisierung entspricht nicht gerade dem Bild einer gereiften Persönlichkeit, doch Schlußfolgerungen zog der Gerichtsarzt aus seiner kleinen Phänomenologie nicht. Vermutlich hielt er Dippold für einen sprunghaften und auch unberechenbaren Charakter, der seine feste Position im Leben noch nicht gefunden hatte. Damit mochte er recht haben, und dennoch bleibt der Hinweis auf die unverdaulichen Schriften eigentümlich. Lag die Überforderung nur an der Unerfahrenheit des Lesers oder auch an den Texten? Abgesehen von Descartes und Leibniz handelt es sich um genau diejenigen Autoren, die bei Jugendlichen und jungen Männern um 1900 hoch im Kurs standen – und nicht zuletzt deswegen den älteren Vertretern des Bildungsbürgertums verdächtig waren, weil sie bestimmte ihrer Werte radikal in Frage stellten. Je nach Situation wurden solche Lektüren unterschiedlich bewertet. Vor Heinz Kochs Tod bedeutete die Lektüre Darwins, Nietzsches, Rousseaus, Schopenhauers oder Lombrosos für Dippold ein symbolisches Kapital, mit dem er seine Stellung als Hauslehrer untermauern konnte. In der Untersuchungshaft drehten sich die Verhältnisse um: Die philosophischen Lektüren wurden nun als Hemmschuh für die weitere Entwicklung des jungen Mannes aufgefaßt und flossen somit direkt in die forensische Beurteilung ein.

Die unterschiedlichen Befunde machten es dem Gutachter letztlich unmöglich, sich ein genaues Bild von Dippolds Charakter zu verschaffen. Immer wieder sah er sich mit Widersprüchlichkeiten konfrontiert: profunde akademische Bildung und gute berufliche Aussichten versus die schrecklichen Züchtigungen; hastige Verlobung und schmachvolle Entlobung; das wenig vorbildliche Leben des Studenten in Würzburg und sein eher zurückgezogenes, asketisches Leben in Berlin; die schwülstige Redeweise in den Briefen, die bisweilen nicht mehr als »Phrasendrescherei« gewesen sei, versus die geschickte Manipulation der Kochs und Oskar Vogts. Vor allem letztere stellte den Gerichtsarzt vor ein Rätsel: »Und wie er es versteht, die ganze Familie Koch und selbst Fernerstehende, wie z. B. den Arzt Dr. Vogt, für sich einzunehmen und ihnen eine ganz besondere Achtung und Wertschätzung seiner Person abzuringen, das muß man nachlesen, um zu der Ansicht zu kommen, daß all seinem Thun ein wohldurchdachter Plan zu Grunde liegt. Aber welcher? Das habe ich nicht ergründen können. Ist Dippold ein Heuchler oder handelt er unter dem Einfluß einer Wahnvorstellung?«[78]

Das war also das Ergebnis des Gutachtens: ein geradezu fassungs-
loser Respekt vor der Überzeugungskraft und dem unbeirrbaren Selbstbewußtsein, mit dem Dippold sein Handeln bis in die Einzelheiten
hinein zu begründen und zu rechtfertigen wußte. Die Alternative zwischen Wahn und Heuchelei entsprach einem schlichten dichotomen
Schema. Entweder war der Delinquent tatsächlich davon überzeugt,
daß die Knaben 30- bis 40mal am Tag zu onanieren versuchten. Dann
unterlag er einem Wahn. Oder das war nur vorgeschützt. Dann war
er ein Heuchler.

Wahn – das war auch um 1900 ein Zauberwort der Psychiatrie, ohne
daß der Begriff genau hätte definiert werden können, geschweige denn
daß irgendeine Wahnsymptomatik auf eine bestimmte Krankheit verwiesen hätte. Zu den damaligen Kriterien zählten laut Krafft-Ebing
beispielsweise ein verfehltes Urteil oder eine Überzeugung, die sich
nicht nachvollziehen ließ, und, ganz allgemein, eine »Aenderung der
Persönlichkeit und ihrer Beziehung zur Aussenwelt«, die notwendig
zur Aufhebung der Zurechnungsfähigkeit führte.[79] Nach Kraepelin
ist »jede Wahnidee eine krankhaft verfälschte Vorstellung, die sich zumeist auf die persönlichen Verhältnisse des Individuums bezieht«.
Eine unplausible Deutung äußerer Erscheinungen konnte es aber auch
beim Aberglauben geben, dem keinerlei Krankheitswert beizumessen
war. Deswegen legt Kraepelin erstens großen Wert auf die »Eruirung
des Durchschnittsaberglaubens bei der Umgebung des Kranken« und
betont zweitens, daß »die Wahnideen in den innigsten Beziehungen
zu dem eigenen Ich des Kranken« stehen.[80]

Nach diesen Kriterien hätte Dippolds irrige Vorstellung hinsichtlich der Onanie in irgendeiner Beziehung zu seiner eigenen Person
stehen müssen, um als Wahn zu gelten. Der Gerichtsarzt dachte sich
das schlichter: Wenn Dippold *wirklich* daran glaubte, daß die Jungen masturbierten, und die Mißhandlungen dementsprechend auf
diese irrige Vorstellung zurückgeführt werden konnten, dann war seine Zurechnungsfähigkeit zumindest eingeschränkt. So weit wollte
Weiß aber nicht gehen. Da vor Heinz Kochs Tod Dippolds Überzeugungen für seine Gesprächspartner vielleicht übertrieben, aber keineswegs abwegig waren, vermochte der Arzt sich nicht vorzustellen,
daß nun alles anders sein sollte. Genau in dieser Differenz liegt der

Grund für seine Unentschiedenheit. Auch wenn das Gutachten insgesamt keineswegs so klingt, als halte Weiß den Beschuldigten für unzurechnungsfähig oder für einen sexuell Perversen, der bei seinen Handlungen Lust verspürte, mochte er doch nicht das letzte Wort in dieser Angelegenheit haben. Ob er sich absichern wollte oder die Zeitungsberichte und Zeugenaussagen sowie Oskar Vogts Stellungnahme einen gewissen Einfluß auf sein Gutachten ausübten – er stellte den Antrag, Dippold zur Beurteilung seines Geisteszustandes und seiner Schuldfähigkeit in eine psychiatrische Klinik zu überweisen, allerdings nicht in eine der renommierten bayerischen Universitätskliniken, etwa zu Konrad Rieger in Würzburg oder nach München, wohin im gleichen Jahr der berühmte und als forensischer Psychiater ausgewiesene Kraepelin einen Ruf erhalten hatte, sondern in die Kreisirrenanstalt Bayreuth.

Diese Anstalt existierte seit dem späten 18. Jahrhundert, hatte 1870 ein neues, nach damaligen Standards modernes Gebäude bezogen, das für 250 Patienten ausgelegt war, eine Generation später jedoch mit über 600 Patienten aus allen Nähten platzte und wohl nicht zuletzt deswegen alle Vorurteile und Ängste bestätigte, die über eine solche Institution in der Bevölkerung kursierten.[81] Der Anstaltsdirektor Carl Kraussold hatte sein ärztliches Leben ausschließlich in Bayreuth verbracht, zunächst als Assistenzarzt, später als Oberarzt und seit 1888 endlich als Klinikleiter. Er war ein erfahrener Psychiater, der mit 63 Jahren langsam auf das Ende seiner ärztlichen Tätigkeit blicken durfte. Wissenschaftliche Ambitionen hatte er nur am Rande gehegt; nicht mehr als zwei Publikationen lassen sich nachweisen, allerdings geht es in diesen um Fragen der Schuld und Zurechnungsfähigkeit, und deswegen sind sie einer kurzen Betrachtung wert.

1874 veröffentlichte er die kurze Fallgeschichte eines fünfzehnjährigen Knaben, der wegen sexueller Belästigung mehrerer junger Mädchen, von denen die älteste zwölf Jahre alt war, vor Gericht stand. Kraussold hatte seinerzeit als Gutachter fungiert und bei diesem Jungen einerseits einen noch sehr kindlichen geistigen und körperlichen Zustand bei geringer Begabung konstatiert, andererseits »abnorm stark entwickelte« Geschlechtsorgane, verbunden mit einer »krankhaften Höhe des Triebes«. In einer Sprache, die noch nicht von stigmatisierenden Begriffen wie *Minderwertigkeit* oder *Degeneration* geprägt war, beschreibt Kraussold die Situation so, »dass das Bischen Verstand und Ueberlegung, das der Angeklagte ueberhaupt besitzt, im Kampfe mit dem ›mächtigsten aller Triebe‹ unterlag«.[82] Im nachhinein mochte der Junge glaubwürdig zugeben, daß seine Taten unrecht waren, zum Tatzeitpunkt verfügte er noch nicht über die Einsicht, eine strafbare Handlung zu begehen. Da das Gesetz vorsah, Jugendliche vor dem 18. Lebensjahr freizusprechen, wenn sie diese Einsicht nicht hatten, votierte Kraussold mit Erfolg für Freispruch, und das ist auch der zentrale Punkt, um den es in dem kurzen Artikel geht.

Die schmale Monographie *Melancholie und Schuld* hat in der Geschichte der Psychiatrie kaum Spuren hinterlassen, ist jedoch aus zwei Gründen bemerkenswert. Zum einen kritisiert Kraussold die Praxis, daß Melancholiker durch »hypermoralische Richtersprüche« oder »durch hochwissenschaftliche und doch oft sehr fadenscheinige Theorieen« beurteilt werden. Gegen die damals noch nicht ausgestorbene Alternative zwischen psychisch-moralischer oder hirnanatomisch-somatischer Erklärung der Geisteskrankheit plädiert er für einen von Verständnis, Mitgefühl und »werkthätiger Liebe« geprägten Umgang des Psychiaters mit diesen »unglücklichen Mitmenschen«.[83] Wenn man so will, artikuliert sich hier die Stimme eines klinisch denkenden Anstaltspsychiaters gegenüber der wissenschaftlichen Abstraktion des Universitätspsychiaters. Zum anderen ist diese Schrift ein Beispiel für die beginnende Psychiatrisierung der »widernatürlichen« Sexualität. Zwei Jahre vor der ersten Veröffentlichung von Krafft-Ebings epochaler *Psychopathia sexualis* macht Kraussold die »conträren Sexualempfindungen« zu einer »vernunftwidrigen, menschenunwürdigen« Krankheit, der im Privatleben mit Nachsicht, vor Gericht mit »mildernden Umständen« zu begegnen sei.[84] Von Sadismus ist hier noch nicht die Rede, und da Kraussold sich später nicht mehr publizistisch geäußert hat, muß es offenbleiben, ob er auch dieser Form von sexueller Aberration mildernde Umstände zuzubilligen bereit gewesen wäre. Jedenfalls ist er dieser Frage zwanzig Jahre später, als der Sadismus in der Sexualpathologie fest etabliert war, in seiner forensischen Beurteilung Dippolds aus dem Weg gegangen.

Am 8. Juli 1903 wurde Dippold in die Kreisirrenanstalt gebracht und blieb dort für fünf Wochen zur Beobachtung. Kraussold führte mit dem Delinquenten Gespräche, ließ ihn Texte schreiben und beobachtete ihn. Angesichts dieser Durchleuchtung und vor dem Hintergrund der Gründlichkeit, mit der sich der Gerichtsarzt Weiß der Frage angenommen hatte, würde man erwarten, daß Kraussold ein ausführliches, differenzierendes Gutachten vorgelegt hätte. Keineswegs. Er schickte dem Gericht am 10. August eine wenige Zeilen umfassende Stellungnahme, in der es lapidar heißt: »Dippold ist vom streng wissenschaftlichen Standpunkte aus als psychopathisch minderwertig zu erachten, aber vom Standpunkte der forensischen Psychiatrie nicht als unzurechnungsfähig. [...] Denn er befand sich zur Zeit der Begehung der incriminierten Handlungen, welche noch dazu fortgesetzte Körperverletzungen mit schließlicher Todesfolge involviren, nicht in einem Zustande krankhafter Störung seiner Geistestätigkeit, durch welche seine freie Willensbestimmung ausgeschlossen war.«[85] Das war alles.

Der Begriff »psychopathische Minderwertigkeit« geht auf Julius Ludwig August Koch zurück und hat in kürzester Zeit in der Psychiatrie Karriere gemacht, da er die Möglichkeit bot, verschiedene Formen normabweichenden Verhaltens zusammenzufassen. Im späten 19. Jahrhundert kursierten Begriffe wie Neurasthenie, Hysterie, Degeneration, Degenereszenz, Neuropathie oder Nervosität, die alle in die gleiche Richtung wiesen, ohne genau das gleiche zu meinen. Julius Koch wollte für diese Vielfalt einen Oberbegriff finden, der die verschiedenen Phänomene bündelte und mit angeborenen oder erworbenen pathologischen Veränderungen des Gehirns erklärte. Dieser Punkt war besonders heikel. Zwar war es für die sogenannten Hirnpsychiater dieser Zeit selbstverständlich, alle Arten von psychischen Veränderungen auf irgendeine Schädigung des Gehirns zurückzuführen, aber diese entzog sich in den meisten Fällen selbst den hochauflösenden Mikroskopen. Dennoch hielt Koch unbeirrt an der zerebralen Affektion fest und glaubte sogar, daß sie auch in schlimmeren Fällen noch nicht zur Geisteskrankheit führe. Dementsprechend fehlten Krankheitszeichen im eigentlichen Sinn wie Wahn oder Halluzinationen, nicht aber die sogenannten Degenerationszeichen, seien sie nun anatomischer oder funktioneller Art. Entsprechend konnte vom abgeflachten Hinterkopf über Muskelzucken und erhöhte Schweißsekretion bis zur Migräne alles mögliche ein Zeichen psychopathischer Minderwertigkeit sein.

Der zweite große Symptomkomplex der psychopathischen Minderwertigkeit bestand in Verhaltensauffälligkeiten, die den Mitmenschen der Psychopathen als übertrieben rührselig, weinerlich, furchtsam, reizbar, zornmütig, verschroben, geziert, steif, süßlich-schwärmerisch oder zimperlich erscheinen konnten. Kochs Aufzählung von psychopathisch Minderwertigen bildet eine Ansammlung unterschiedlicher Typen, die nichts miteinander gemein haben, außer daß sie nicht der sozialen Konvention entsprechen. Darunter befinden sich »die Menschenscheuen, die Mühseligen, die Gewissensmenschen, die Empfindlichen und die Übelnehmerischen, die Launenhaften, die Exaltierten und die Exzentrischen, die Gerechtigkeitsmenschen, die Stadt- und Weltverbesserer, die Eigensinnigen und die Rechthaberischen, die Hochmütigen, die Taktlosen, die Spöttischen, die Eitlen und die Gecken, die Bummler und die Neuigkeitskrämer, die Unruhigen, die Bösewichte, die Sonderlinge, die Sammler und die Erfinder, die missratenen und die nicht missratenen Genies u. s. w.«.[86] Hierbei handelt es sich offensichtlich nicht um Kranke, um die herum sich eine Nosologie aufbaut, sondern um Exzentriker im weitesten Sinne, die zum Gegenstand einer psychopathologischen Charakterologie gemacht werden. Da die Störung einen Teil ihrer Persönlichkeit ausmacht, kann es keine Heilung oder Beseitigung des Übels geben, nur Milderung und Eindämmung.[87]

In diesem Kaleidoskop von Charakterzügen konnte Kraussold problemlos einige Eigenschaften Andreas Dippolds wiederfinden. Das machte die Diagnose attraktiv, aber auch beliebig. Da Julius Koch beispielsweise auch die Onanie zu den erworbenen Ursachen der psychopathischen Minderwertigkeit zählte, hätte Dippold diese Diagnose im Prinzip auch auf Heinz Koch anwenden können.[88] Und nicht nur das. Entgegen Kochs Beteuerungen war mit dem Label psychopathischer Minderwertigkeit eine moralische Tätowierung verbunden. Bereits 1902 bezeichnete der Psychiater Wilhelm Weygandt, ein Schüler Kraepelins, die psychopathische Minderwertigkeit als »Missbildung des Charakters«, also als eine Monstrosität.[89] *Mißbildung*, dieses seit dem frühen 19. Jahrhundert zunächst nur in der Teratologie gebräuchliche Wort, stellte um 1900 einen pathologischen Sammelbegriff dar, der verschiedenste Phänomene der Anomalie und Gefährlichkeit zusammenbrachte. Das Spektrum reichte von schweren Geisteskrankheiten über sogenannte Verbrechertypen bis hin zu milderen Formen, zu denen auch die psychopathische Minderwertigkeit zählte. Niemand behauptete, daß der Psychopath eine eigene anthropologische Varietät darstelle – im Gegensatz zu Lombrosos umstrittener These vom »geborenen Verbrecher« –, allerdings bildete er einen Typus, der sich leicht zum Verbrecher oder Perversen entwickeln konnte.

Das vom psychiatrischen Standpunkt aus gravierendste Problem mit Kraussolds Diagnose lag darin, daß Julius Koch großes Gewicht auf die forensische Bedeutung der psychopathischen Minderwertigkeit gelegt und festgestellt hatte, daß sie die Zurechnungsfähigkeit zwar nur selten aufhebe, in der Regel aber doch einschränke.[90] Die eingeschränkte Zurechnungsfähigkeit war bereits im 19. Jahrhundert breit diskutiert worden.[91] Ärzte wie auch Juristen waren der Überzeugung, daß der Grad von Zurechnungsfähigkeit nicht immer genau taxiert werden könne, aber gerade deswegen mußte dieser Zwischenbereich problematisiert werden.[92] Doch davon konnte in dem Bayreuther Gutachten nicht einmal ansatzweise die Rede sein. Kraussold hielt Dippold ohne weitere Erklärung für vollständig zurechnungsfähig. Das allerdings wäre angesichts seiner Diagnose zumindest erklärungsbedürftig gewesen.

Vielleicht plante der Psychiater, in seinem in Aussicht gestellten ausführlichen Gutachten näher auf das Verhältnis von psychopathischer Minderwertigkeit und Zurechnungsfähigkeit, Perversion, Sadismus und Kriminalität einzugehen, doch ein solches Gutachten befindet sich nicht in den Prozeßakten. Es hat höchstwahrscheinlich auch nie existiert, denn erstens ist keine Lücke in diesen sorgfältig geordneten Akten erkennbar, und zweitens wird in einem nachträglich von der Staatsanwaltschaft angefertigten Inhaltsverzeichnis der für den Prozeß vorliegenden Dokumente zwar Kraussolds Kurzgutachten, nicht aber irgendein ausführlicheres Gutachten aufgeführt. Es könnte sich also so zugetragen haben, daß Untersuchungsrichter

Hammerer Carl Kraussold mündlich mitteilte, kein weiteres Gutachten zu benötigen. Jedenfalls würde das gut dazu passen, daß das Gericht an der Frage der Zurechnungsfähigkeit, nicht aber an einer psychopathologischen Charakteristik Dippolds interessiert war. Von einem forensisch interessierten Universitätsprofessor wäre ein solches Profil auch ohne spezielle Aufforderung mit hoher Wahrscheinlichkeit erstellt worden. Der schriftstellerisch kaum motivierte Anstaltspsychiater verzichtete darauf.

Womöglich hat Kraussold eine Zeitlang mit dem Gedanken gespielt, eine wissenschaftliche Publikation über diesen Fall vorzubereiten. Dafür spricht, daß Dippolds Krankengeschichte sich heute nicht mehr im Historischen Archiv des Bezirkskrankenhauses Bayreuth – der Nachfolgeinstitution der ehemaligen Kreisirrenanstalt – befindet, sondern dort nur der leere Umschlag der Krankengeschichte vorhanden ist sowie ein auf den 16. April 1904 datierter Zettel mit dem Hinweis, daß die Krankenakten bei Medizinalrat Kraussold seien. Zur Publikation ist es nicht gekommen, und die Akten sind auch nicht wiederaufgetaucht, also vermutlich mit Kraussolds persönlichen Papieren verlorengegangen.[93] Das Schweigen hatte entscheidende Konsequenzen, denn alle weiteren wissenschaftlichen Äußerungen über den Fall des Hauslehrers aus dem Munde von Psychiatern, Kriminologen, Pädagogen oder Sexualwissenschaftlern – und es waren nicht wenige – mußten sich auf Zeitungsberichte stützen, weil es den entscheidenden wissenschaftlichen Referenztext schlicht nicht gab. Das prägte die weitere historische Entwicklung des Falles Dippold mehr als alles andere.

Angesichts der fehlenden ärztlichen Dokumente ist über die Umstände von Dippolds Aufenthalt in der Kreisirrenanstalt nur das bekannt, was von ihm selbst überliefert ist, nämlich ein Beschwerdebrief an den Untersuchungsrichter Hammerer. Nach seiner Rückkehr ins Gefängnis beklagte er sich, daß ihm in der Klinik seine dort verfaßten Aufsatzmanuskripte und Notizen sowie einige Bücher weggenommen worden seien. Dippold tat also genau das, wozu ihn sein Freund Töpfer zu Beginn der Untersuchungshaft ermahnt hatte. Er las und schrieb unbeirrt weiter. Wegen seiner Detailversessenheit wissen wir sogar, womit er sich beschäftigte: Unter den Büchern befanden sich Werke von Kant, Rousseau und Herbart sowie Edmund Rebmanns *Der menschliche Körper. Sein Bau und seine Thätigkeiten*, ein Bändchen aus der Sammlung Göschen, das damals recht verbreitet war. Weder Philosophie und Pädagogik noch der menschliche Körper hatten Dippold losgelassen.

Noch interessanter klingen die Themen seiner Aufzeichnungen während des Anstaltsaufenthalts: Sie umfaßten »physiologische Betrachtungen ueber die Unvollkommenheit der menschlichen Sinne, die Diagnose der Lungenschwindsucht, die Niere und ihre Verrichtungen, der Einfluß der Musik auf die Nerven«. Diese und andere, nämlich juristische Texte über »die rechtliche Stellung des germanischen Weibes der vorchristlichen Zeit; ueber die Gesetzesvorbereitung; das moderne Wahlrecht eine Konzession an den Sozialismus« befanden sich zumindest zeitweise in Händen Kraussolds. Die Texte waren für diesen offensichtlich verwertbares Material, denn er forderte Dippold sogar auf, zwei Aufsätze zu von ihm vorgegebenen Themen abzuliefern: »Der Sozialismus und seine Perspektive, dann: die Beurteilung der Onanie.«[94]

Diese Kombination lädt natürlich zu Spekulationen ein, beispielsweise, ob Kraussold den Sozialismus für ähnlich schädlich hielt wie die Onanie. Letztere hatte er zumindest zwanzig Jahre zuvor als ein großes, widernatürliches Übel dargestellt, und Dippold hätte von jenen Ausführungen wohl jede Zeile unterschrieben. Ob Kraussold einfach nur wissen wollte, wie der ehemalige Hauslehrer einen solchen Text aufbaute, oder ob er diesen mit den entsprechenden Passagen aus den autobiographischen Aufzeichnungen vom Februar 1903 vergleichen wollte, muß dahingestellt bleiben. Sicher ist nur, daß Kraussold zu diesem Zeitpunkt ein psychiatrisches Interesse an Dippold hatte, das über die Frage der Zurechnungsfähigkeit hinausging. Weitere Konsequenzen zog er daraus nicht, und das fügte sich gut in die Strategie des Landgerichts Bayreuth ein, das eine weitere Pathologisierung des Angeklagten für unangemessen hielt. Nach Dippolds Rückverlegung von der Kreisirrenanstalt ins Untersuchungsgefängnis konnte mit der Vorbereitung des Prozesses begonnen werden.

Der Prozeß in Bayreuth

Am 7. September 1903 wurde das Verfahren gegen Andreas Dippold vor dem Schwurgericht Bayreuth eröffnet. Die Geschworenen hatten darüber zu befinden, ob der Angeklagte schuldig war oder nicht, der Vorsitzende Richter hatte das Strafmaß festzulegen. Zwei Anklagepunkte standen zur Verhandlung: das Verbrechen der »Körperverletzung mit Todesfolge nach §§ 223, 223a, 226 d. R. St. G. B« und das Vergehen der »gefährlichen Körperverletzung nach §§ 223, 223a, 74 d. R. St. G. B«.[1] Das *Strafgesetzbuch für das Deutsche Reich* von 1876 sah für die beiden Delikte Gefängnis- bzw. Zuchthausstrafen von bis zu drei bzw. nicht unter drei Jahren vor, § 74 regelte das Zusammentreffen mehrerer strafbarer Handlungen und legte fest, daß die Gesamtstrafe 15 Jahre Zuchthaus nicht übersteigen dürfe. Das war die maximale Strafe, die Dippold zu erwarten hatte.

An Sensationsprozessen war das wilhelminische Kaiserreich gewiß nicht arm. Neben rein politischen Prozessen kennt man bis auf den heutigen Tag auch solche, die das Nervensystem Deutschlands so grundlegend affizierten, daß sie für das historische Verständnis jener Zeit und darüber hinaus unverzichtbar sind, etwa der Eulenburg-Prozeß oder der Prozeß gegen Wilhelm Voigt, den Hauptmann von Köpenick.[2] Gleichwohl steht eine historische Phänomenologie der großen Gerichtsprozesse – und zwar vom Kaiserreich bis zu den beiden deutschen Staaten der Nachkriegszeit – noch aus. Solch eine Untersuchung könnte verschiedene Typen herausarbeiten, von diktaturspezifischen Schauprozessen bis hin zu Prozessen als öffentlichen Erregungsorten, wo sich soziale und politische Stimmungen und Ängste, Faszination, Sensationslust und Empörung treffen. Es wäre zu einfach, diese nur als Spiegel der Gesellschaft, als Seismograph für Trends oder Tendenzen anzusehen, doch potentiell konnte und kann jeder Prozeß einen Konflikt oder einen Mißstand zum Vorschein bringen, der weit über den eigentlichen Fall hinausgeht. Diese Erregungsorte sind somit einerseits Akutstationen für eine diffuse emotionale Gemengelage, andererseits können sie über die momentane Erregung hinaus Ausgangspunkt für publizistische, politische oder wissenschaftliche Erörterungen sein, die sich dem unerwartet zum Vorschein gekommenen Problem widmen.

Dieser Doppelcharakter führte im Kaiserreich dazu, daß nicht wenige Prozesse bereits von den Zeitgenossen als kulturhistorisch bedeutsam eingestuft wurden. Sie waren Stoff für die Literatur oder fanden Eingang in einen Pitaval. Kriminalfälle zur Unterhaltung und Belehrung des Publikums bildeten seit dem 18. Jahrhundert ein eigenständiges Genre, das im frühen 20. Jahrhundert eine besonders üppige Blüte entfaltete.[3] Davon zeugen mehrbändige Werke wie Hugo Friedländers *Interessante Kriminalprozesse von kulturhistorischer Bedeutung* und der *Pitaval der Gegenwart*, in etwas anderer Weise auch Bücher wie Karl Kraus' *Sittlichkeit und Verbrechen* oder Maximilian Hardens *Prozesse* und später, in der Weimarer Republik, die berühmte Buchreihe *Außenseiter der Gesellschaft*. Solche Sammlungen bildeten nicht selten den Punkt, an dem die dort aufgenommenen Prozesse zu Beständen des kulturellen Gedächtnisses transformiert wurden. Das gilt auch für den Fall des Hauslehrers, obwohl er nicht in den *Pitaval* aufgenommen wurde – was seinen schlichten Grund darin hatte, daß die Herausgabe der Prozeßakten beharrlich verweigert wurde. Dafür haben sich sowohl die *Fackel* von Kraus als auch Hardens *Zukunft* des Falles ausgiebig angenommen.

All diese publizistischen Aktivitäten werden Gegenstand des nachfolgenden Kapitels sein, aber schon jetzt sei hervorgehoben, daß öffentliche Erregung und kulturelle Ablagerung nebst wissenschaftlicher Verarbeitung eng miteinander verwoben waren. Mehr noch, diese Transformationen wären ohne die Aufwallungen im Gerichtssaal und in der Presse kaum möglich gewesen. Um diese Zusammenhänge zu verstehen, müssen zunächst die öffentlichen Umstände der Gerichtsverhandlung betrachtet werden. Dabei gab es im wesentlichen drei Orte, an denen sich die allgemeine Empörung in jenen Tagen im Oktober 1903 artikulierte: die Tageszeitungen, das Gerichtsgebäude in Bayreuth, wo sich zahlreiche Menschen einfanden, und Briefe von erregten Bürgerinnen und Bürgern, die an die Zeitungen oder an das Gericht adressiert waren.

Vom Interesse der Tagespresse am Tod Heinz Kochs und an Dippold ist bislang nur am Rande die Rede gewesen, doch mit dem Beginn der Gerichtsverhandlung rückten die Medien in den Mittelpunkt des Geschehens. Es bedarf keiner sonderlich tiefschürfenden medientheoretischen Erörterung, um die Behauptung plausibel zu machen, daß das öffentliche Spektakel um die Verhandlung von Kriminalfällen um 1900 seine Existenz den Tageszeitungen verdankte, die die entsprechenden Prozesse ankündigten, begleiteten und kommentierten. Die Tagespresse in Berlin und Franken hatte über den Fall seit März in einer Mischung aus Fakten und Fiktionen berichtet, im Oktober 1903 war die Gerichtsverhandlung fast in der gesamten Presse des In- und Auslandes Thema, wobei der Prozeßverlauf nirgendwo gründlicher dokumentiert wurde als in der Berliner *Volks-Zeitung* und in der *Vossischen Zeitung*, die offensichtlich die gleiche stenographische Mitschrift verwendeten, um über mehrere Tage hinweg ganze Spalten mit einer fast wörtlichen Wiedergabe der beim Prozeß gemachten Aussagen zu füllen. Auch in ausländischen Zeitungen wie dem *Prager Tagblatt* oder der Wiener *Neuen Freien Presse* wurden die Zeugenaussagen auszugsweise in wörtlicher Rede wiedergegeben.[4] Diese Zeitungsberichte sind die einzigen Dokumente, durch die wir heute über den Prozeßverlauf informiert sind. Man sollte sich jedoch hüten, die Artikel als tatsachengetreue Dokumentationen des Prozesses aufzufassen, zumal zumindest zwei Prozeßteilnehmer – Oskar Vogt und der Staatsanwalt Dröber – sich später darüber beklagten, daß die Zeitungsberichte unvollständig und fehlerhaft gewesen seien.

Für den Prozeß vor dem Landgericht Bayreuth, der vom 6. bis zum 9. Oktober dauerte, wurden nicht weniger als 46 Zeugen und Sachverständige geladen, darunter Joachim, Rosalie und Rudolf Koch, weitere Verwandte sowie Dienstpersonal der Familie, ehemalige Lehrer der Jungen und acht Ärzte, von denen allein fünf noch einmal zur Frage der Zurechnungsfähigkeit des Angeklagten Stellung nahmen. Der Gerichtssaal war Tag für Tag überfüllt, und vor dem Gerichtsgebäude fand sich jeden Abend eine Menge von über 1000 Menschen ein, die dem ins Gefängnis zu transportierenden Dippold Verwünschungen nachrief. Nach der Urteilsverkündung kam regelrecht Lynchstimmung auf, die sich auch in zahlreichen Briefen aus der Bevölkerung artikulierte. Einige anonyme Absender forderten die Todesstrafe für Dippold, ein Offizier aus Wien wollte darüber hinaus das Ehepaar Koch für 10 Jahre im Gefängnis sehen. Ein anderer Anonymus drohte, Staatsanwalt, Richter und Geschworene umzubringen, wenn der Angeklagte nicht zum Tode verurteilt werde.[5] Sogar aus den USA, wo ebenfalls über den Fall berichtet wurde, kam ein Brief »Mr. Burgermeister of Beireuth«, in dem der etwas verwirrte Schreiber die Überzeugung äußerte, daß Andreas Dippold gar nicht der Täter sei, sondern ein Doppelgänger.[6]

Von besonderer Bedeutung sind die Briefe zweier aktiver Mitglieder damaliger Homosexuellenkreise: des Grafen Günther von der Schulenburg aus Essen-Kettwig und des Münchener Publizisten August Fleischmann. Von der Schulenburg, der sich in höchsten politischen und adligen Kreisen durch perfide Denunziationen unbeliebt gemacht hatte und nach einem Skandal wegen sexuellem Verkehr mit Minderjährigen 1909 sogar entmündigt wurde, begründete sein Interesse an dem Fall damit, daß er Parallelen zu dem Kinderschlächter Gilles de Rais und dem Marquis de Sade sehe, und schlug dem Gericht vor, Dippolds Lesestoff sowie sein Vorleben genauer zu untersuchen.[7] In eine ähnliche Richtung ging Fleischmann, der damals eine gewisse lokale Prominenz in München erlangt hatte, weil er mit seinen Schriften und mit der Zeitschrift *Der Seelenforscher* für die Liberalisierung der Homosexualität eintrat, was er kurze Zeit später mit einer Gefängnisstrafe bezahlen mußte.[8]

Am 7. Oktober 1903, also am zweiten Prozeßtag, ließ Fleischmann den Bayreuther Gerichtspräsidenten wissen: »Dippold ist wahnsinnig! Der Mann leidet an Größenwahn und an ›Sadismus‹ (Krafft-Ebing – Moll). Ein gebildeter Arzt ist zu bestellen, der den Gesundheitszustand des Angeklagten prüft. Dann kommt Dippold nicht in das Zuchthaus, sondern in das Irrenhaus; [...] für immer, damit die Menschheit geschützt ist vor solchen Pädagogen.« Am gleichen Tag schrieb er an Dippold: »Allem nach sind Sie ein an Größenwahn leidender ›Sadist‹. Wenn Sie Bildung besitzen, müssen Sie Krafft-Ebing und Moll gelesen haben. Das Quälen macht Ihnen Vergnügen. Sie taugen zu einem ›Erzieher‹ wie der Elephant zum Flötenblasen. [...]

Sie sind wahnsinnig, sind Fanatiker und gehören leider, wie die meisten Pädagogen, nicht ins Gefängnis sondern ins Irrenhaus!«[9] Die besten Kenner der homosexuellen Milieus waren somit wohl die ersten, die dem Fall eine historische Dimension verliehen. Andere sollten ihnen rasch folgen.

Zur Erinnerung: Dippold wurde nicht eines Verbrechens wider die Sittlichkeit angeklagt. Paragraph 174 des Strafgesetzbuchs, der unzüchtige Handlungen durch Lehrer oder Erzieher mit ihren minderjährigen Schülern berücksichtigte, war nicht Gegenstand der Anklageschrift. Das Stichwort *Sadismus* war in den Stellungnahmen der Ärzte Weiß und Kraussold nicht gefallen. Für Fleischmann hingegen war die Diagnose *sadistische Perversion* und *Wahnsinn* die einzig mögliche, was ein klarer Hinweis darauf ist, daß es im Bereich der Diskursgefechte um die Anerkennung bzw. Ausgrenzung sexueller Minderheiten schneidende Idiosynkrasien gab. Wer für die Legalisierung und gesellschaftliche Akzeptanz der Homosexualität kämpfte, als bekennender Homosexueller in seinen Texten die Liebe zu fast erwachsenen Knaben besang und dennoch dem Stigma der Perversion entkommen wollte, tat gut daran, sich von solchen Perversionen abzugrenzen, die die eigene Sache von vornherein zum Scheitern verurteilten. Fleischmanns Anliegen, die Homosexualität in Anlehnung an Magnus Hirschfelds Theorie vom dritten Geschlecht im Bereich einer normalen biologischen Existenz anzusiedeln,[10] verlangte, die sadistische Perversion gegenüber einem Kind als eine mit drastischer Härte zu bekämpfende Pathologie hinzustellen. In bezug auf Dippold war Fleischmann, wie sich später herausstellen sollte, zwar der gleichen Ansicht wie die mit dem Fall befaßten Sexualwissenschaftler, allerdings aus einem anderen anthropologischen und moralischen Verständnis heraus. Die bittere Ironie liegt darin, daß zumindest einige dieser Wissenschaftler auf Nachfrage den Münchner Seelenforscher ebenfalls in ihr sexualpathologisches Klassifikationsschema eingearbeitet und nicht allzuweit entfernt von Dippold postiert hätten.

Um 1900 gab es zur Identifizierung und Typisierung von Perversen, Kriminellen und Wahnsinnigen bereits eine ausgeprägte Ikonographie, die im wesentlichen der raschen technologischen Entwicklung und Verbreitung des Mediums der Photographie geschuldet war.

Die Photographie prägte Tätertypologien in die allgemeine Vorstellungskraft ein,[11] aber auch das Wort hatte daran keinen geringen Anteil. Im Oktober 1903 waren die Tageszeitungen noch nicht regelmäßig mit Bildern ausgestattet, jedenfalls kursierte kein Bild von Andreas Dippold in der Öffentlichkeit. Also wurde seine äußere Erscheinung in Worte gekleidet. Bereits lange bevor er zu einem Delinquenten geworden war, scheinen Dippolds Aussehen und Auftreten ungewöhnlich und provozierend gewirkt zu haben. Sein Freund Töpfer hatte ihm in dem Brief, den er ihm in die Untersuchungshaft schickte, dringend geraten, die »absonderlichen Eigenheiten in Kleidung, Haltung, Gesten, Diktion, alle abzulegen, da dieses absichtlich von Dir gewollte Benehmen als äußerer Erkennungsgrund für deine geistige Störung angenommen wird«.[12] Und Johannes Benser, Dippolds Vorgänger als Hauslehrer bei den Kochs, hatte in der ersten Zeugenvernehmung vermutet, daß Dippolds äußere Erscheinung, »das lange wallende Haupthaar u seine nach hinten über gebeugte, unbeholfene Haltung«, dafür verantwortlich waren, daß die beiden Koch-Söhne ihn nicht richtig ernst nahmen.[13] Auch in der Öffentlichkeit wurde das Aussehen des Angeklagten thematisiert. In der *Vossischen Zeitung* klang das so: »Der Angeklagte ist ein ziemlich großer, schlanker junger Mann mit dunkelblondem Haupthaar und eben solchem, wenig gepflegtem Vollbart. Er trägt ein stählernes Pincenez. Sein Gesicht, das man fast häßlich nennen kann, verrät einen jähzornigen Charakter. Er sitzt mit zusammengepreßten Lippen und übergeschlagenen Armen in förmlich herausfordernder Haltung da.«[14]

Hier wird mit wenigen Sätzen ein physiognomisches Profil gezeichnet, das an der charakterlichen Minderwertigkeit des Mannes keinen Zweifel lassen will. Ungepflegtheit und Häßlichkeit, Jähzorn und eine herausfordernde Haltung – das sind Eigenschaften, die an eine aggressive, unberechenbare Bestie denken lassen. Auch im *Prager Tagblatt* werden diese Attribute hervorgehoben, und weiter heißt es: »Man weiß nicht, hat man es mit einem perversen Narren oder mit einer Bestie zu tun.«[15] Solche suggestiven Assoziationsketten entsprangen nicht allein der Phantasie von Gerichtsreportern, sie fanden sich auch in der wissenschaftlichen Medizin. So hatte der Leipziger Neurologe Paul Julius Möbius kurz zuvor in seiner Schrift *Ueber*

Entartung festgehalten: »Hässlichkeit dürfte das wichtigste Zeichen
der Entartung sein.«[16] Gewiß, körperliche Zeichen der *Entartung* waren unter den Wissenschaftlern umstritten, aber das änderte nichts
daran, daß sie die Vorstellungswelten der Zeitgenossen massiv präg-
ten. In der Dramaturgie des Zeitungsberichts fallen diese Zeichen
um so mehr ins Gewicht, als unmittelbar an die Charakterisierung
Dippolds anschließend der zwölfjährige Joachim Koch beschrieben
wird: »[...] ein kleiner, dicker, hübscher, hellblonder Knabe, der
mit seinen Eltern erschienen ist. Seine schönen, großen, blauen Augen
blicken so freundlich und treuherzig im Saale umher, daß man sich
vergeblich fragt: wie konnte ein Mensch mit menschlichem Herzen
ein solches Kind so lange Zeit derart mißhandeln.«[17] Klein gegen
groß, hübsch gegen häßlich, hellblond gegen dunkelblond, blaue Augen gegen stählernes Pincenez, offener Blick gegen zusammengepreß-
te Lippen, Treuherzigkeit gegen Jähzorn – mit diesen physiognomisch
aufbereiteten Gegenüberstellungen wurde die Verteilung von Schuld
und Unschuld vorgenommen, bevor das Urteil gesprochen war.

Schon zu Verhandlungsbeginn landete der Hauslehrer also im Kabinett des Bösen, und es war für ihn so gut wie aussichtslos, irgendeine Art von Verständnis, geschweige denn Sympathien für sich oder
seine Position gewinnen zu können. Die Menschenmenge im Gerichtssaal und draußen auf den Korridoren, vergeblich auf Einlaß war-
tend, war nicht gekommen, um einen gebildeten, sich geschickt ver-
teidigenden oder gar Reue zeigenden Studenten zu sehen. Sie wollten
auch keinen raffiniert agierenden Rechtsanwalt erleben, der versuchte, die Glaubwürdigkeit der Zeugen in Zweifel zu ziehen – wovon der
Dippold vertretende Anwalt ohnehin weit entfernt war. Das Publikum war angezogen durch das *Bild* eines perversen Kriminellen, der
ein Verbrechen mit einer Roheit und Gefühllosigkeit begangen hatte,
die beispiellos erschienen. Wenn Dippold vorher mehrfach die Überzeugung geäußert hatte, daß sich während des Prozesses seine Unschuld erweisen werde, so konnte er sich nun rasch davon überzeugen, daß das nicht der Fall sein würde.

Die öffentliche Vorverurteilung hatte bereits ihren Lauf genommen, und es kam hinzu, daß er durch seinen selbstgerechten, rechthaberischen und unbeirrbaren Auftritt für weitere Empörung bei

Gericht und Publikum sorgte. Er redete »mit großer Breite, fast im Predigerton« über sein bisheriges Leben, erging sich in Details über das ungebärdige Verhalten seiner ehemaligen Schüler, so daß ihn der vorsitzende Richter ermahnte, bei der Sache zu bleiben und sich kurz zu fassen. Dippolds Verteidigungsstrategie war im Prinzip die gleiche wie bei den Verhören. Er erklärte seine Strenge mit den lasterhaften Sünden der Jungen, hielt ihnen Ungezogenheit, Ungehorsam und bezogen auf Joachim auch fehlende Intelligenz vor, beklagte sich darüber, daß das Dienstpersonal »unter der Botmäßigkeit« der Jungen stand, und versuchte den Eindruck zu erwecken, daß er mit seinem idealistischen Ziel, den beiden eine ordentliche Erziehung zukommen zu lassen und ihre schulischen Leistungen zu verbessern, auf verlorenem Posten gestanden hatte. Auch im nachhinein hielt er Heinz Koch für einen Simulanten und behauptete, der nächtliche Ausbruchversuch auf dem Ziegenberg sei eine abgekartete Sache gewesen. Nach den Strafen befragt, gab er erneut zu, daß diese bisweilen heftig ausgefallen seien. Für die anwesenden Besucher und die Zeitungsleser mußten die ans Tageslicht kommenden Details schockierend wirken, und dies um so mehr, als Dippold die Gewaltanwendung zumeist nicht bestritt und mit ständigen Hinweisen auf die exzessive Onanie sogar rechtfertigte.

Der Angeklagte kam mit seiner Argumentation, wonach er vor einer geradezu unlösbaren Erziehungsaufgabe gestanden hatte und die körperlichen Züchtigungen sich im Rahmen des Üblichen bewegt hätten, nicht allzuweit. Das lag an seinem unbeirrten, reuelosen Gestus, aber auch daran, daß die Strategie von Bankdirektor Koch, die Onanie der Knaben als reines Phantasma Dippolds hinzustellen, während der Gerichtsverhandlung mehr und mehr aufging. Als der Vorsitzende dem Angeklagten provokativ vorhielt, den Jungen die Masturbation nur unterstellt zu haben, wies er das vehement von sich, ohne allerdings zu bemerken, daß seine Behauptung, die Jungen hätten sogar im Schlaf an ihren Geschlechtsteilen manipuliert, auf alle im Gerichtssaal anwesenden Personen unglaubwürdig wirkte. Doch für die Unmöglichkeit der Onanie wurden noch ganz andere Argumente ins Feld geführt, die gar nichts mit Dippold, sondern mit dem Onanie-Diskurs der Zeit zu tun hatten.

Nach Abschluß der Befragung des Angeklagten kamen die Zeugen an die Reihe. Noch einmal ging es um den Charakter und die Lebensweise des Hauslehrers, bevor dieser mit den Kochs in Berührung gekommen war. Mehrere Zeugen, allesamt Kommilitonen aus der Würzburger Zeit, redeten übereinstimmend von »Jähzorn« und »Größenwahn«; einer zitierte Dippold mit der sozialdarwinistischen Überzeugung, daß die robuste Kraft entscheiden und die Schwächlinge von der Erde verschwinden müßten. Auch sein kruder Antisemitismus kam noch einmal zur Sprache, und nur Töpfer konnte positiv anführen, daß Dippold in Berlin »ein vollkommen sittenreines Leben« geführt habe.

Aussagen wie diese waren ebenso an die Geschworenen adressiert wie an die Öffentlichkeit, die sich daraus ihre Meinung über den Angeklagten bildete. Gleiches galt für die Zeugen, die über Heinz und Joachim Koch befragt wurden. Hier stand die Onanie bzw. deren Verschwinden eindeutig im Vordergrund. Der ehemalige Hauslehrer Benser gab an, Joachim Koch hin und wieder körperlich gezüchtigt zu haben, aber von Masturbation habe er niemals eine Spur entdeckt, trotz regelmäßiger Kontrollen des Jungen, wenn er im Bett lag. Auch Hermann Lietz, der Reformpädagoge aus Haubinda, wollte bei Heinz Koch nichts dergleichen bemerkt haben und machte zudem deutlich, welche Kriterien er beim Onanieverdacht für maßgebend hielt: »Der Knabe war ungemein frisch und munter, hatte Freude an Brausen, kaltem Baden u. s. w. Knaben, die sich solchen Dinge hingeben, pflegen am kalten Baden keine Freude zu haben.«[18] Damit war ein Stichwort gefallen, das in den nachfolgenden Zeugenaussagen immer wiederkehrte: das gesunde und frische Aussehen der Jungen, das mit der angeblichen zügellosen Selbstbefriedigung nicht vereinbar war. Auch die beiden Hausärzte der Familie Koch aus Berlin und Ballenstedt stimmten dieser physiognomischen Deutung vollständig zu. Somit bestand eine weitgehende Übereinstimmung zwischen Ärzten und Pädagogen, denen zufolge die kindliche Onanie an körperlichen Zeichen und Verhaltensweisen erkennbar sei.

Daß das Ehepaar Koch sich in derselben Weise äußerte, ist keine Überraschung. Sein Auftritt wurde mit so großer Spannung erwartet, daß »der Andrang des Publikums geradezu lebensgefährlich« war.[19]

Zunächst wurde Rudolf Koch befragt. Er stellte sich vor Gericht als treusorgender und über seine Söhne genauestens informierter Vater dar, also so ziemlich das Gegenteil dessen, was die Briefe aus der Zeit vor dem Tod seines Sohnes nahelegen. Wohl räumte er ein, daß die Erziehung aufgrund seiner beruflichen Belastung im wesentlichen in den Händen seiner Frau gelegen habe, doch im Hinblick auf Selbstbefriedigung wollte er seine beiden Söhne ebenfalls auf das sorgfältigste beobachtet und niemals irgendwelche Spuren davon entdeckt haben. »Es ist auch vollständig unglaublich, daß der blühende Heinz mit dem frischen Gesicht und den leuchtenden blauen Augen sich einem geheimen Laster hingegeben habe.«[20] Rosalie Koch wiederholte in ihrer Aussage diese Ansicht mit annähernd den gleichen Worten – auch dies keine Überraschung, denn es ging ja auch darum, den Ruf der Familie des Direktors der Deutschen Bank zu bewahren.

Bemerkenswert an all diesen mehr oder weniger gleichlautenden Bezeugungen ist, daß die um 1900 kontrovers diskutierten Fragen, nämlich ob Onanie krankhaft bzw. schädlich ist oder nicht, ob die Züchtigung zu ihrer Bekämpfung angemessen ist oder nicht, während der Verhandlung bestenfalls indirekt beantwortet wurden mit der Behauptung, es könne gar keine Masturbation vorgelegen haben, weil die Jungen stets gesund und frisch ausgesehen hätten. Damit wurde die verbreitete Ansicht, wonach Masturbation zur Auszehrung führe, zum entscheidenden Argument. Die unheilvolle Vorstellung vom Typus des Onanisten, der seine Energien verschwendet und dadurch immer hinfälliger wird, war demnach immer noch geläufig, obwohl sie von besser informierten Ärzten bereits stillschweigend ad acta gelegt worden war. Vor Gericht wurde dieser Mythos quasi ex negativo herangezogen, um die Unschuld der beiden Jungen plausibel zu machen. Die Onanie war nun nicht mehr eine Angelegenheit, die das Familienleben der Kochs verdüsterte, auch keine mögliche Fiktion von Rosalie Koch, sondern einzig und allein ein Hirngespinst Dippolds, ein Bestandteil seiner Phantasien, um seine Züchtigungen zu legitimieren.

Je mehr die Masturbation dem Konto des Hauslehrers zugeschlagen und seine eigene Sexualität zum Gegenstand der Aufmerksamkeit wurde, desto dringlicher stellten sich zwei Fragen: Erstens, emp-

fand Dippold sadistische Lust bei seinen Züchtigungen und hatte er
womöglich Unzucht mit den Jungen getrieben? Zweitens, wenn die
Eltern von vornherein an den sexuellen Ausschweifungen ihrer Kinder gezweifelt hatten und von den Züchtigungen wenigstens partiell
wußten, wie konnten sie es dann überhaupt zulassen, daß der Hauslehrer einen ihrer Söhne zu Tode prügelte? Die erste Frage bzw. der
darin mitschwebende Verdacht vermehrte die Probleme des Angeklagten erheblich, aus der zweiten Frage erwuchs ein Problem für
das Ehepaar Koch. Im Gerichtssaal versuchten sie den Eindruck zu
erwecken, sie hätten ihrer Sorgfaltspflicht vollständig Genüge getan.
Insbesondere Rudolf Koch behauptete, daß er Oskar Vogt gerade wegen der Mißhandlungen Ende Januar 1903 umgehend nach Ballenstedt entsandt habe und selbstverständlich davon ausgegangen sei,
daß Vogt die Jungen auch körperlich untersucht habe.

Einen Tag später sagte Vogt das genaue Gegenteil aus: von Mißhandlungen sei nie die Rede gewesen, er habe auch nicht den Auftrag
erhalten, die Jungen körperlich zu untersuchen. Rosalie Koch wiederum gab sich arglos und meinte, sie sei damals beruhigt gewesen, als
Vogt ihr gegenüber Dippold als »idealen Menschen« bezeichnete, der
sich hingebungsvoll für seine Schüler engagiere – eine Äußerung,
die wiederum von Vogt bestritten wurde. Verstärkt wurden diese Ungereimtheiten durch Zitate aus dem Briefwechsel zwischen Dippold
und den Kochs, die der Vorsitzende verlesen ließ. Dadurch entstand
für die Öffentlichkeit der Eindruck, daß die Eltern trotz verschiedener Mahnungen und Besorgnisse die Überprüfung der gegen den
Hauslehrer erhobenen Vorwürfe lieber Stellvertretern überließen, als
selbst nach dem Rechten zu sehen. In keinem Moment hatte ihr Vertrauen in Dippold einen Riß erlitten, sosehr die Kochs diesen Eindruck vor Gericht auch zu korrigieren versuchten. Sie stellten sich
als Opfer einer infamen Person dar, die ihre Gutmütigkeit schamlos
ausgenutzt hatte. Das Mitleid der im Gerichtssaal anwesenden Zuschauer war ihnen sicher, doch unmittelbar im Anschluß an den Prozeß wurde massive Kritik am Verhalten der Eltern geübt.

Der andere Fragenkomplex kreiste um Dippolds perverse Lüste,
die durch die ungebetenen Interventionen Schulenburgs und Fleischmanns überhaupt erst thematisiert wurden, zu Beginn des Prozesses

aber noch keine zentrale Rolle spielten. Etwas abweichend von ihrer Aussage bei der Erstbefragung einige Monate zuvor, als sie vermutete, daß der Hauslehrer die Phantasie der Jungen durch seine Sexualaufklärung angeheizt hätte, sagte Rosalie Koch im Zeugenstand dann folgendes aus: Nachdem sie von der angeblichen Selbstbefriedigung ihrer Söhne gehört habe, sei ihr sofort der Verdacht gekommen, daß Dippold sie zu unsittlichen Handlungen verleitet habe. Über die brutalen Körperstrafen hinaus wurde dem Angeklagten damit, wenn auch nur indirekt, sexueller Mißbrauch vorgeworfen. Verschiedene Aussagen der Hausangestellten des Landguts in Ballenstedt wiesen in dieselbe Richtung und wurden sogar noch konkreter. Die Gärtnersfrau bekundete, Dippold einmal auf dem Sofa sitzend die Jungen umarmen und küssen gesehen zu haben. Ihr Ehemann sekundierte, die Jungen seien beim Baden und beim Ballspiel nackt zu sehen gewesen. Die Haushälterin in Drosendorf hatte die Jungen beim Lernen im Studierzimmer mit heruntergezogenen Hosen gesehen. Und der Ballenstedter Bürgermeister Wendt äußerte gar direkt die Vermutung, »daß Dippold mit den Knaben Unzucht treibe, denn ich habe oftmals gesehen, daß Dippold sich im Badehause bei vollständig entblößtem Körper ohne Badehose den Knaben gegenüberstellte«.[21] All das war von dem Angeklagten nie bestritten worden, doch nun, während der Verhandlung, mutierten die für die Reformpädagogik so wichtige Betonung der Körperlichkeit und der Kult der Nacktheit zu perversen Praktiken des Hauslehrers.

Die Befragung Joachim Kochs, der als letzter Zeuge aufgerufen wurde, bildete den dramaturgischen Höhepunkt der Verhandlung. Andreas Dippold wurde für den Zeitraum der Befragung ausgeschlossen. Es kamen Details seines fürchterlichen Strafregimes zur Sprache, die beim Publikum für Fassungslosigkeit sorgten. Als der Staatsanwalt bei der Besprechung intimer Details um die öffentliche Sittlichkeit fürchtete, mußten auch die Zuschauer den Saal verlassen. Laut Zeitungsprotokoll fragte der Gerichtsvorsitzende den Jungen immer wieder, ob er und sein Bruder sittliche Verfehlungen begangen hätten, und Joachim Koch sagte jedesmal: »Nein, niemals.« Wie schon bei der Vernehmung durch den Untersuchungsrichter gab er an, Dippold habe ihnen diese Verfehlungen angedichtet, um sie dann peinigen zu können. Auf die Frage des Vorsitzenden, warum er früher Verfehlungen durchaus zugegeben habe, antwortete der Junge, das wisse er selbst nicht. Weiterhin sagte er aus, daß Dippold sie bisweilen tagsüber und auch nachts unzüchtig an ihren Genitalien berührt habe. Wenn sie davon aufwachten, seien sie verprügelt worden.

An den grausamen Züchtigungen konnten keinerlei Zweifel bestehen, doch im Hinblick auf die Sexualität war die Sache viel weniger klar. Da ihnen der Briefwechsel zwischen Dippold und der Familie Koch vorlag, wußten Staatsanwalt und Richter, daß alle Beteiligten vor Heinz Kochs Tod wie selbstverständlich von der Onanie der Knaben ausgegangen waren. Oskar Vogt war auch während der Verhandlung dieser Auffassung. Daß der Angeklagte immer wieder übertrieben und gelogen, sich in Widersprüche verwickelt und mehrfach Geständnisse von Heinz Koch erzwungen hatte, war auch jetzt noch einmal deutlich geworden. Gleichwohl sagten mehrere Zeugen übereinstimmend aus, daß der Verstorbene über eine blühende Phantasie verfügt habe. Damit verdichtete sich, was die Mutter bereits früher angenommen hatte. Zumindest einige Episoden über Ausschweifungen von Heinz, die auch Dippold in seinem Tagebuch notiert hatte, entsprachen zwar nicht der Wahrheit, waren aber von dem Jungen so oder in ähnlicher Weise kolportiert worden, vielleicht um seinen Lehrer zu beeindrucken, vielleicht um sich selbst zu schützen oder auch nur aus einer Laune heraus. Ob er solche Dinge aus einem dieser Gründe erzählt hatte oder ob das ausschließlich auf Gewaltandrohungen Dippolds hin geschehen war, dazu konnte man Heinz Koch nicht mehr befragen. Sein Bruder sagte vor Gericht aus: »Dippold wird meinem Bruder wieder einmal fest ins Auge gesehen und ihn aufgefordert haben, das Selbstbekenntnis zu schreiben, das er ihm diktiert hat. Wir haben dem Dippold alles zugestanden, was er uns auch fragte.«[22] Hätten sie auch zugegeben, einen Menschen umgebracht zu haben, wenn der Hauslehrer sie danach gefragt hätte? Diese Suggestivfrage des Richters konnte Joachim Koch nur mit »Ja« beantworten.

Auf die Glaubwürdigkeitsprobleme, die sich bei Zeugenaussagen von Kindern ergeben, habe ich bereits hingewiesen. Bei der Gerichtsverhandlung war davon, folgt man den Zeitungsberichten, nichts zu bemerken. Der Richter hakte wegen der Masturbation mehrfach nach und gab sich angesichts der gleichlautenden Antworten des Jungen irgendwann zufrieden. Hat er dem Zeugen in diesem Punkt Glauben geschenkt? Wohl hatte sich Dippold mit seinen Aussagen trotz seiner offenen Berichte über die Züchtigungen als nicht unbedingt glaubwürdig erwiesen, doch daraus folgt nicht, daß das Gericht die Onanie für eine vollständige Erfindung des Angeklagten hielt. Weder Staatsanwalt noch Richter haben sich dazu im Plädoyer bzw. in der Verkündung des Strafmaßes öffentlich geäußert. Es ist daher keine ganz abwegige Annahme, daß sie diesen Punkt – anders als die Öffentlichkeit – im Hinblick auf die Schuldfrage für nicht so entscheidend hielten. Die Jungen mochten masturbiert haben oder nicht, die heftigen Züchtigungen waren dadurch nicht zu rechtfertigen. Ob die pädagogischen und medizinischen Empfehlungen für die Bekämpfung der Onanie womöglich mit auf die Anklagebank gehörten, stand nicht zur Verhandlung.

Anders verhielt es sich mit Joachim Kochs Aussage, Dippold habe auch unzüchtige Handlungen an ihnen vorgenommen. Das hatte der Junge bei der ersten Vernehmung in Berlin noch nicht behauptet. Wenn der Staatsanwalt ihm in diesem Punkt gefolgt wäre, dann hätte er die Anklage umgehend um Paragraph 174 erweitern müssen. Doch weder in seinem Plädoyer noch in der Urteilsbegründung war davon die Rede. Das Gericht, so folgt daraus, hielt sexuellen Mißbrauch für abwegig, und es ließ auch die Frage der kindlichen Onanie auf sich beruhen, vielmehr konzentrierte es sich ausschließlich auf die in der Anklageschrift formulierten Punkte.

Bleiben noch die acht medizinischen Sachverständigen, die am Ende der Vernehmungen zu Wort kamen. Drei von ihnen äußerten sich noch einmal zu den durch die Prügel zugefügten Verletzungen der Brüder, wobei damit nur die körperlichen Verletzungen gemeint waren. Seelische Schäden bei Joachim Koch, die unter Umständen auch dazu geführt hatten, daß er nicht alles erzählte, was vorgefallen war, kamen nicht zu Sprache. Die übrigen Ärzte nahmen zur Frage der geistigen Zurechnungsfähigkeit des Angeklagten Stellung. Dieses massive Aufgebot an medizinischer Expertise legt nahe, daß das Gericht diesen Punkt ernst nahm, und sei es nur, um sich gegen mögliche Angriffe der Tagespresse oder aus der Bevölkerung abzusichern.

Zunächst wiederholte Carl Kraussold noch einmal, daß er den Angeklagten unter medizinisch-wissenschaftlichen Gesichtspunkten für »geistig minderwertig« halte – wohl die umgangssprachliche Formulierung für psychopathische Minderwertigkeit. Darüber hinaus bezeichnete er ihn als einen Sadisten, der »durch Ausübung seiner Grausamkeit seine Wollust befriedigt hat. Die Aussagen des kleinen Joachim sind wahr. Die Knaben haben niemals sittliche Verfehlungen begangen. Diese hat ihnen der Angeklagte angedichtet, um Grund zu seinen Grausamkeiten und damit zur Befriedigung seiner Wollust zu haben.«[23]

Kraussold folgte hier Krafft-Ebing, für den das entscheidende Moment des Sadismus darin besteht, daß aus angeborener Perversion oder Entartung Akte der Grausamkeit begangen werden, die einen Ersatz für den Koitus darstellen, ohne zu diesem hinzuführen.[24] Da in Kraussolds Kurzgutachten mit keinem Wort von Sadismus die Rede gewesen war, haben wir es hier mit einem veritablen, gleichwohl kaum erklärlichen Sinneswandel zu tun. Fühlte er sich durch die Aussage Joachim Kochs zu dieser klaren Stellungnahme herausgefordert, oder gab es andere Gründe, diesem Punkt erst in der Gerichtsverhandlung besonderen Wert beizumessen? Immerhin könnte es sein, daß der Zeitungsstenograph Kraussolds Aussage falsch oder unvollständig notiert hat, was sich jedoch nicht mehr überprüfen läßt. Jedenfalls war es das unbedingte Anliegen des Bayreuther Anstaltspsychiaters, Dippold trotz pathologischer Verhaltensweisen als zurechnungs- und damit als schuldfähig hinzustellen.

Erstaunlich an dieser Einschätzung ist nicht der Dualismus zwischen einer wissenschaftlichen und einer forensischen Perspektive, sondern daß beide nebeneinander existierten. Wozu sollte die Wissenschaft überhaupt gut sein, wenn sie zwar einen Defekt Dippolds als ursächlich für die Mißhandlungen konstatierte, das für die Beurteilung der Tat und des Täters jedoch keine Rolle spielte? Wenn ein pathologisches Geschehen im Spiel war, mußte dann nicht von einer verminderten Zurechnungsfähigkeit ausgegangen werden? Und worauf stützte umgekehrt die forensische Diagnose der Zurechnungsfähigkeit ihr Urteil? Laut Zeitungsbericht führte Kraussold dafür einzig an, daß jemand, der sich über Stunden so logisch zu verteidigen wisse, willensfrei und zurechnungsfähig sein müsse. Doch war die stringente Argumentation des Hauslehrers vor Gericht ein so eindeutiger Beweis? Immerhin hatte Dippold auch den Eltern und Vogt gegenüber höchst kohärent und plausibel argumentiert; und genau dieser Umstand hatte den Gerichtsarzt Weiß ja so ratlos zurückgelassen und zu der Empfehlung geführt, eine psychiatrische Untersuchung durchzuführen.

Kraussolds Dualismus, mit dem Dippold gleichzeitig als gefährlicher Perverser und als juristisch haftbares Individuum konstruiert wurde, machte es dem Gericht einfach, weil es sich nicht mit Fragen der verminderten Schuldfähigkeit beschäftigen mußte. Eine solche im Endeffekt pragmatische Herangehensweise, die einer biotypologischen Charakterisierung und Erklärung ihre Berechtigung einräumte und sie gleichzeitig aus der juridischen Entscheidungsfindung ausklammerte, läßt sich auch bei anderen Strafprozessen finden. 1905 konstatierte der Staatsanwalt in einem gleichermaßen aufsehenerregenden Prozeß über den zweiundzwanzigjährigen Karl Brunke, der zwei Mädchen auf deren Wunsch hin erschossen hatte: »Er ist durch Selbstüberschätzung, sexuelle Verirrung und unverdautes Studium philosophischer Werke geistig und körperlich degeneriert, seine freie Willensbestimmung ist aber weder dauernd noch zur Zeit der Tat ausgeschlossen gewesen.«[25] Obwohl die beiden Fälle sich stark unterscheiden, sind die Parallelen auffällig, denn hier wie dort wurden Größenwahn, Perversion und unverdaute Lektüremahlzeiten als Elemente einer krankhaften Persönlichkeit diagnostiziert, ohne daß das Konsequenzen für die Schuldfähigkeit hatte.

In den damaligen wissenschaftlichen Diskussionen innerhalb der forensischen Medizin und der Kriminologie wurden diese Fragen, wie sich noch zeigen wird, wesentlich kontroverser diskutiert. Gerichtssaal und Hörsaal stellten eben zwei völlig unterschiedliche Foren dar. Vor dem Gericht in Bayreuth gab es keinen expliziten Widerspruch gegen Kraussolds Einschätzung, was sich auch daraus erklärt, daß keiner der anderen Experten den Angeklagten so ausführlich beobachtet und untersucht hatte. Vogt, der während der Gerichtsverhandlung in der ungewöhnlichen Doppelrolle als Zeuge und als Sachverständiger auftrat, war bezüglich der Onanie der Knaben anderer Ansicht

als Kraussold. Der Diagnose Sadismus hingegen stimmte er zu und
ließ seine Einschätzung laut Zeitungsbericht in eine nicht gerade un-
pathetische Formel münden: »Der Angeklagte ist schlimmer als ein
Lustmörder, letzterer mordet sein Opfer sofort, der Angeklagte hat
aber die armen Jungen monatelang gepeinigt.«[26]

Ob diese Aussage eher einem Experten oder – weil von Dippold so
nachdrücklich hinters Licht geführt – einem in seiner Eitelkeit ge-
kränkten ärztlichen Mandarin zuzuschreiben ist, mag dahingestellt
bleiben. Jedenfalls zielte Vogt auf ein völlig anderes Strafmaß hin,
als es dem Bayreuther Staatsanwalt vorschwebte, und daraus machte
der Nervenarzt nach Prozeßende auch keinen Hehl. Die restlichen
drei Experten, die bis dahin noch gar nicht in Erscheinung getreten
waren, schlossen sich Kraussold in bezug auf die Zurechnungsfähigkeit an, womit das Gericht seine Deutungshoheit uneingeschränkt aufrechterhalten konnte. Bei der Frage des Sadismus hingegen herrschte
laut Zeitungsberichten keine Einigkeit. Zwei Experten hielten den
Angeklagten für einen Sadisten, nur der Bayreuther Arzt Emil Holzin-
ger sah keinerlei Anhaltspunkte für eine solche Diagnose. Das war
nicht mehr als eine kleine und unscheinbare, wenngleich berechtigte
Fußnote, die jedoch für das Gericht belanglos war und auch in der
weiteren Entwicklung und Kanonisierung des Falles kaum weitere Be-
achtung fand.

Nach drei Verhandlungstagen, in denen sich die öffentliche Wut
über Dippold im Gerichtssaal und auf der Straße so sehr gesteigert
hatte, daß man ihn nun sogar vor der aufgebrachten Menschenmenge
schützen mußte, hatten Gericht und Staatsanwaltschaft keinen weiteren Klärungsbedarf mehr. Die Lebensumstände, Handlungsweisen,
Anschauungen und der Charakter Dippolds waren von allen möglichen Seiten beleuchtet und öffentlich gemacht worden. Ob er ein
Sadist war oder nicht, war für das Gericht gleichgültig, selbst wenn
Staatsanwalt, Geschworene oder Richter ihn für einen solchen halten
mochten. Es kam nur darauf an, ob er vollständig zurechnungsfähig
war. Auch die privaten Lebensumstände der Familie Koch waren
nun einer breiten Öffentlichkeit bekannt, und das bedeutete in einer
Zeit, als auf Diskretion und Wahrung der bürgerlichen Fassade großer Wert gelegt wurde, eine erhebliche Belastung für das familiäre

Gleichgewicht und vor allem für das gesellschaftliche Ansehen in den entsprechenden Berliner Kreisen. Daß die Eltern, wie wenig vorbildlich ihr Verhalten auch gewesen sein mag, mit dem Tod ihres Sohnes ganz erhebliches Leid erfahren haben, ist nur die eine Seite dieses Falles, die von den Zeitgenossen notiert wurde. Die andere ist, daß diese Angelegenheit in der politisch aufgeheizten Atmosphäre des Kaiserreichs, in der Prozesse nicht selten den Ausgangspunkt für politische und ideologische Scharmützel bildeten, mit dem Urteilsspruch längst nicht ausgestanden war. Die Verantwortung der Eltern für ihre Kinder wurde zum Gegenstand öffentlicher Diskussionen, und das deutet darauf hin, daß die traditionellen familiären Verhaltensmuster als fragil angesehen wurden.

Der Bayreuther Staatsanwalt Dröber scheint sich über diese Konstellation im klaren gewesen zu sein und legte sein Plädoyer so an, daß es zunächst einmal um die Entlastung des Ehepaars Koch ging. Sie seien auch über den Tod ihres Sohnes hinaus Opfer des infamen und verlogenen Täters gewesen, der die Ehre der Familie in den Schmutz gezogen habe. Der Vater des Angeklagten habe sogar die unerhörte Dreistigkeit besessen, die Familie damit zu erpressen, daß er peinliche Informationen an die Presse geben werde, wenn sie sich nicht für die Niederschlagung des Verfahrens einsetze. Falls vorher verschiedentlich der Eindruck entstanden sein sollte, daß die Eltern zumindest moralisch am Tod ihres Sohnes mitschuldig seien, so habe der Prozeß diesen Glauben gründlich zerstört. Hingegen seien die Täuschungsmanöver des Angeklagten zur Genüge deutlich geworden. Der Staatsanwalt faßte laut Zeitungsbericht noch einmal die schlimmsten Vergehen Dippolds zusammen und beendete sein Plädoyer mit den Worten: »Ich gebe zu, daß der Angeklagte einen moralischen Defekt hat und pervers veranlagt ist. Er ist aber geistig vollkommen zurechnungsfähig. Der Angeklagte ist für seine Handlungen voll verantwortlich zu machen. Die gemeine Handlungsweise des Angeklagten schließt die Annahme mildernder Umstände vollständig aus.«[27]

Damit schloß sich der Jurist der Argumentation des Psychiaters Kraussold an, indem er Dippolds Persönlichkeit in zwei nicht miteinander zusammenhängende Teile aufspaltete. Der eine Teil, wissenschaftlich faßbar, wies psychopathologische Merkmale auf, die freilich mit einer ganzen Reihe von Begriffen belegt worden waren: Weiß hatte eine mögliche *Wahnvorstellung* in den Raum gestellt, Kraussold hatte zunächst von *psychopathischer Minderwertigkeit,* vor Gericht von *geistiger Minderwertigkeit* und *Sadismus* gesprochen, Vogt sprach von einem *gefühlsrohen Menschen,* der Staatsanwalt redete vom *moralischen Defekt.* Ein Bündel von unscharfen Diagnosen, die den Eindruck erwecken, daß die Psychiatrie sich zwar irgendwie äußerte, ohne jedoch eine präzise Nosologie und Diagnostik anbieten zu können. Doch selbst wenn Perversion und moralischer Defekt die Handlungen des Hauslehrers aus dieser pathologischen Perspektive überhaupt erst erklärbar machten, so focht das den Juristen nicht weiter an, denn er hielt sich an den anderen, forensisch faßbaren Teil der Persönlichkeit, der eine vollständige Freiheit des Willens während der Taten nahelegte. Die Justiz behielt also die Herrschaft über das Verfahren, was aber auch bedeutete, daß der Fall nicht durch weitere Gesichtspunkte, etwa sexuelle Unzucht, weiter verkompliziert wurde. Es ging also in erster Linie um Komplexitätsreduktion, die Handlungsfähigkeit ermöglichen sollte. Als eine Verwissenschaftlichung des Kriminellen kann man das nicht bezeichnen. Die Wissenschaft wurde angerufen, zur Kenntnis genommen und zu den Akten gelegt.

Dippolds Rechtsanwalt, ein Dr. Langheinrich aus Bayreuth, war bis zu diesem Zeitpunkt, soweit es sich den Akten und den Zeitungsberichten entnehmen läßt, kaum in Erscheinung getreten. Auf eindringliche Zeugenbefragungen hatte er verzichtet, und auch sonst wollte er wohl nicht den Eindruck erwecken, daß er gewichtige Dinge zur Entlastung seines Mandanten vorzubringen hätte. In seinem Schlußplädoyer setzte er den Worten des Staatsanwaltes wenig entgegen und argumentierte lediglich dafür, dem Angeklagten mildernde Umstände zuzubilligen, und zwar aus den bereits genannten Gründen: Erstens, weil sowohl die Eltern als auch Oskar Vogt eine gewisse Mitschuld treffe; er fand es insbesondere »unbegreiflich, wie ein so hervorragender Psychiater sich derartig von einem einfachen Hauslehrer täuschen lassen konnte«. Zweitens, weil Dippold »geistig minderwertig« sei und an einem »moralischen Defekt« leide, der seine Handlungen überhaupt erst erkläre.[28] Damit nahm der Rechtsanwalt eine Position ein, die der Staatsanwalt und die Ärzte zu umschiffen versucht hatten, nämlich daß auch geistige Minderwertigkeit einen Einfluß auf das Strafmaß haben müsse.

Dippold selbst hatte zu seiner Verteidigung nichts mehr zu sagen. In der Öffentlichkeit stand er als eine sexuelle Bestie da, die ihr grausames Spiel mit Geschick und Perfidie über einen längeren Zeitraum gespielt und dabei die ihm untergeordneten Jungen auf unvorstellbare Weise gequält hatte; zudem als ein infamer Mensch, der durch Übertreibung, Täuschung und Suggestion seine Umwelt raffiniert zu manipulieren wußte und genau damit seine Zurechnungsfähigkeit unter Beweis stellte. Nach dem Plädoyer des Staatsanwalts und der schwachen Replik des Rechtsanwalts hätte man erwarten können, daß der Antrag auf Höchststrafe, also auf 15 Jahre Zuchthaus, lauten würde. Doch es kam anders. Staatsanwalt Dröber lieferte ein Kabinettstück juristischer Dialektik ab, indem er vorbrachte, die allgemeine Empörung lege ihm zwar nahe, die Höchststrafe zu beantragen, doch andererseits müsse man auch berücksichtigen, »daß der Angeklagte noch nicht vorbestraft ist und sich noch im jugendlichen Alter befindet. In Berücksichtigung dessen beantrage ich wegen des Verbrechens an Heinz Koch 7 Jahre Zuchthaus, wegen des Vergehens an Joachim Koch 3 Jahre Gefängnis. Diese wären in zwei Jahre Zuchthaus umzuwandeln. Gemäß § 74 des StGB beantrage ich eine Gesamtstrafe von 8 Jahren Zuchthaus, 10 Jahre Ehrverlust.«[29]

Acht Jahre Zuchthaus – das war nicht wenig, aber es blieb weit unter dem möglichen Strafmaß. Es war auch nicht das, was nach Prozeßverlauf, Plädoyers und den psychiatrischen bzw. kriminalbiologischen Beurteilungen zu erwarten gewesen wäre. Jedenfalls rechneten die Presse und die Zuschauer, vielleicht auch die Familie Koch und einige der Sachverständigen – mit Sicherheit Oskar Vogt – mit einer höheren Strafe. Reichten dem Staatsanwalt tatsächlich die relative Jugend und bisherige Unbescholtenheit Dippolds aus, um für ein vergleichsweise mildes Strafmaß zu plädieren? Oder handelte es sich um eine doppelte Strategie, die darin bestand, im Plädoyer wortmächtig jegliche Verantwortung der Eltern zu bestreiten und sie in die Strafausmessung dann doch implizit hineinzurechnen? Im Plädoyer mildernde Umstände auszuschließen und in der Gesamtbeurteilung doch einen Stellvertreter dafür einzusetzen? Der Staatsanwalt räumte ein, daß er nicht auf ganzer Linie dem gesunden Rechtsempfinden des Volkes folgen wollte. Wie sich im nächsten Kapitel zeigen wird, war das der Ausgangspunkt für eine hitzige Debatte zwischen den beiden wichtigsten kriminologischen Schulen jener Zeit – den Anhängern der Vergeltungstheorie und denen der Zwecktheorie der Strafe.

Für den Moment läßt sich so viel sagen: Andreas Dippold hat während des Prozesses nicht die geringsten Sympathien für sich einwerben können. Doch trotz der Schwere der Vorwürfe, trotz des Abscheus, die er erregte, weil er keine Spur von Reue oder Einsicht zu zeigen schien, und trotz der psychopathologischen Charakterisierung seiner Persönlichkeit als minderwertig folgte das Strafmaß einer Logik, der zufolge der verantwortliche Angeklagte nach acht Jahren die Möglichkeit erhalten sollte, sein Leben noch einmal in andere Bahnen zu lenken. Man vergegenwärtige sich noch einmal kurz die Entwicklung seit Dippolds Verhaftung im März 1903. Zunächst galt er als potentieller Krimineller, dann kamen, durch Zeitungsartikel ausgelöst, Elemente des Geisteskranken hinzu, die sich mit der psychiatrischen Untersuchung verfestigten, ohne jedoch aus dem Kriminellen einen Wahnsinnigen zu machen. Während des Prozesses standen die Typologien des vollständig zurechnungsfähigen Kriminellen und des defekten Charakters nebeneinander, wobei diejenige des Kriminellen überwog und auch im Urteil sichtbar wurde, wohingegen sich die während des Prozesses immer wieder thematisierte *psychopathia sexualis* im Urteil kaum niederschlug. Anders als in anderen Fällen war die Alternative zwischen Kriminalität und Wahnsinn hier aber nicht der erbitterte Streitpunkt zwischen Juristen und Psychiatern. Man einigte sich vielmehr auf eine doppelte Logik, mit der beide Seiten leben konnten.

Aus der psychopathologischen Wissenschaft stammte ein Persönlichkeitsprofil des Delinquenten, das unscharf war, aber von allen Seiten, auch von der Justiz, dankbar aufgegriffen wurde. Das führte nach dem Urteilsspruch dazu, daß Dippold dieses Profil in Öffentlichkeit, Publizistik, Wissenschaft und Kulturgeschichte nicht mehr loswerden konnte. Auf die Anklage und auf das Urteil hatte es jedoch

keinen entscheidenden Einfluß. Die Paragraphen, nach denen er angeklagt war und die das maximale Strafmaß festlegten, wären auch
zur Anwendung gekommen, wenn Dippold ganz andere Charakterzüge aufgewiesen hätte. Ob das Strafmaß ohne den Vorwurf von Grö
ßenwahn und Sadismus, ohne seine sture Selbstgerechtigkeit geringer
ausgefallen wäre, bleibt Spekulation. Im Bayreuther Prozeß, so viel
läßt sich zusammenfassend sagen, stand eher die Tat als der Täter im
Vordergrund, auch wenn es hier kein eindeutiges Entweder-Oder
gibt.

Die Geschworenen beantworteten die zu Beginn des Prozesses gestellten Fragen so, wie es der Staatsanwalt in seinem Plädoyer nahegelegt hatte. Dippold wurde schuldig gesprochen, an Heinz Koch
Körperverletzungen mit Todesfolge und an Joachim Koch ebenfalls
Körperverletzungen begangen zu haben. Mildernde Umstände schlossen die Geschworenen aus. In der Urteilsbegründung wurden die Jugend und das straffreie Vorleben Dippolds anerkannt, aber als straferhöhend wurden die »beispiellose Rohheit der Handlungsweisen
des Angeklagten, die lange Dauer der Mißhandlungen und die Gemeinheit der Gesinnung«[30] angeführt. Nach kurzer Beratung mit
dem Rechtsanwalt verzichtete Dippold auf eine Revision. Die Prozeßberichterstattung der *Vossischen Zeitung* schließt mit den Worten:
»Der Angeklagte, der, um ihn vor der Wut des Volkes zu schützen,
in der vergangenen Nacht im Landgerichtsgebäude untergebracht
war, wird auch vorläufig noch nicht abgeführt, da Ausschreitungen
befürchtet werden.«[31]

Der Skandal und die Medien

In Michel Foucaults Dossier über den Fall Rivière befindet sich ein kurzer Artikel aus der Zeitung *Le Pilote du Calvados,* die den Fall von Anfang an kritisch begleitet hatte. Dort wird am 22. Oktober 1840 gemeldet, daß Pierre Rivière sich in seiner Gefängniszelle erhängt habe. Nach einigen Hinweisen auf Umstände und Ursachen des Selbstmords folgt ein bemerkenswerter Kommentar über die Rolle der Presse: »Die Presse, die durch die Aufnahme der Diskussion anläßlich der Verurteilung dieses Unglücklichen sicherlich einen förderlichen Einfluß auf die Strafumwandlung ausübte, legt besonderen Wert auf die Erwähnung dieser Art seines Todes, die ihre Ansicht über den Geisteszustand von Rivière in vollem Umfange bestätigt.«[1]

Das sind selbstbewußte Worte. Sie erheben den Anspruch, daß die Presse als autonome politische, moralische und intellektuelle Instanz jenseits von Psychiatrie und Justiz fungiert und durch ihre Intervention daran mitgewirkt habe, den Fall in gerechte Bahnen zu lenken. Die Zeitungsberichte, so soll der Leser des *Pilote du Calvados* annehmen, trugen durch ihr hartnäckiges Insistieren auf Rivières Wahnsinn zur Aufhebung des gegen ihn gefällten Todesurteils bei. Der Stolz, der in diesen Worten durchscheint, ist Ausdruck eines sich im 19. Jahrhundert herausbildenden neuen Selbstverständnisses der Zeitungspresse, das vor allem durch drei Merkmale gekennzeichnet ist: Unabhängigkeit gegenüber anderen sozialen Kollektiven und Institutionen, eigenständige Recherchen bzw. die Verwendung zuverlässiger Informationen und eine autonome Urteilskraft, die zu begründbaren Einschätzungen gelangt. Die Medien verstehen sich nicht mehr nur als Vermittler, die Daten, Fakten oder Geschichten von einer Ecke der Gesellschaft in die andere schieben, sondern als Akteure, die die Spiele der Macht und des Deutungswettbewerbs um Normen und Werte mitgestalten.

So war es auch im Fall Dippold. Durch die Aufmerksamkeit der Medien wurden die Geschichte und ihre Protagonisten zu einem Gegenstand öffentlicher Erregung. Es kam zu einem fulminanten Skandal. Wie war das möglich? An der Schwere des Verbrechens allein kann es kaum gelegen haben, denn Mißhandlungen von Kindern mit Todesfolge gab es bereits vorher. Auch die Prominenz der Opferfamilie und der Prozeßverlauf geben noch keine hinreichende Erklärung. Auslöser war zweifellos das Gerichtsurteil, das auf Verständnislosigkeit und Kritik in der Öffentlichkeit stieß. Handelt es sich demnach um einen Justizskandal, der bei Anwendung der Höchststrafe ausgeblieben wäre? Es ist müßig, darüber zu spekulieren, doch offenkundig erlangte der Fall in der Folgezeit nicht als Justizskandal Berühmtheit.

Von einer wissenschaftlichen Skandalforschung im engeren Sinne kann bis heute keine Rede sein. Auch wenn es in der Soziologie vereinzelte Erklärungsansätze gegeben hat – zumeist dann, wenn wieder einmal ein politischer Skandal das Tagesgespräch bestimmte –, so bieten diese Ansätze wichtige Hinweise, aber noch keine tragfähige Theorie.[2] In der Geschichtswissenschaft steht die Skandalforschung ebenfalls noch am Anfang, doch auch hier finden sich eine Reihe von Ansatzpunkten für eine Phänomenologie des Skandals.[3] Fragt man nach den Bedingungen, unter denen ein Skandal entstehen kann, so scheinen drei Aspekte notwendig, wenn auch nicht hinreichend zu sein. Erstens muß eine differenzierte Medienlandschaft vorhanden sein, die es erlaubt, Kommunikationskanäle auszuweiten oder neue auszubilden und Informationsströme zu beschleunigen. Ohne solche mit Plötzlichkeit und Vehemenz auftretenden Veränderungen der Medienkanäle kann es keinen Skandal geben. Der Skandal ist, wenn man so will, eine Kommunikationskaskade unter erhöhten Hitzebedingungen, wobei das allein ihn von einer Sensationsmeldung noch nicht unterscheidet.

Zweitens bedarf es eines Normbruchs, also eines Verstoßes gegen eine Regel, einen Vertrag, eine Konvention oder ein Gesetz. Im Regelfall beziehen sich diese Verstöße auf Inhalte, die auf tiefer gehende gesellschaftliche Probleme, Tabus, Konflikte oder Ängste verweisen. Die Sexualität ist dabei immer wieder mit im Spiel. Fälle von Pornographie und Homosexualität mögen heutzutage nicht mehr so leicht Gegenstand eines Skandals werden, weil sie weniger stark tabuisiert sind als damals, doch wenn sie oder andere Bereiche der Sexua-

lität wie Kindesmißbrauch oder Inzest in den Skandalhorizont rük-
ken, dann gibt es einen fundamentalen Unterschied zur Sensationsmeldung. Diese weidet sich an einem stattgehabten Ereignis und
läßt es dabei bewenden. Ein Skandal hingegen weist in die Zukunft,
das heißt, er wird üblicherweise zum Anlaß genommen, um nach
politischen oder gesetzlichen Konsequenzen zu rufen, mit denen die
tabuisierten gesellschaftlichen Probleme gelöst werden sollen.

Daraus folgt als dritte Bedingung, daß Skandale oftmals den Anstoß zu einer weiter gehenden Debatte geben. Damit stellen sie ihre
Diskursfähigkeit unter Beweis und liefern direkte Hinweise auf die
politischen und sittlichen Befindlichkeiten in einer Gesellschaft.
Das wilhelminische Kaiserreich war alles andere als arm an Skandalen, und es ist zu Recht darauf hingewiesen worden, daß »die weltan-
schauliche Mobilisierung des späten 19. Jahrhunderts« neue Diskurs-
felder produzierte, in denen polarisierende Themen wie Sexualität,
Antisemitismus oder Sozialismus, aber auch körperliche Gewalt in
der Erziehung, der Sinn der Strafe im allgemeinen und die potentiell
biologische Natur des Verbrechens die Öffentlichkeit emotional auf-
heizten.[4]

Mit den Stichworten Medienkanäle, Normbruch und Diskursfähigkeit von Tabuthemen läßt sich auch der Fall des Hauslehrers
analysieren. Ohne die besondere Aufmerksamkeit zahlreicher Tageszeitungen und Zeitschriften im In- und Ausland, ohne die Versamm-
lungsöffentlichkeit, die durch die Medien angezogen war und in
einem Zirkulationsprozeß deren Interesse an der Verhandlung in Bayreuth noch weiter verstärkte, wäre aus dem Vorfall eine reine Gerichts-
sache geworden, die mit einem Urteil endet und nicht mehr als einen
schnell wieder verwischten öffentlichen Fußabdruck hinterläßt. Doch
weit über die Prozeßzeit hinaus füllte der Dippold-Fall die Medienkanäle und verdichtete sich zu einer neuen Geschichte, die sich aus Fakten, unterschiedlichen Deutungen und Empörung zusammensetzte.

Was den öffentlich gemachten Normbruch angeht, dem mit breiter Empörung begegnet wird,[5] so bietet dieser Fall einiges: Ein Jurastudent mißhandelt die ihm vertrauensvoll überlassenen Schüler über
einen längeren Zeitraum und zeigt vor Gericht nicht die Spur von
Reue; die Eltern haben sich nicht hinreichend um das Wohl ihrer Kin-

der gekümmert; ein hinzugezogener Arzt hat der ärztlichen Sorgfaltspflicht nur unzureichend Genüge getan; und das Gericht hat über
den Delinquenten nicht die angemessene Strafe verhängt. Die Diskursfähigkeit des Dippold-Falls liegt darin, daß er Tabuthemen auf-
rührte. Der Sadismus – neben der Homosexualität die zweite große
Perversion im Reich der Sexualität – war innerhalb weniger Jahre
zum Gegenstand kollektiver Phantasien geworden. Auch die Onanie,
die verbotene kindliche Sexualität, war noch im Spiel, selbst wenn sie
nach der Verhaftung des Hauslehrers mehr und mehr in den Hintergrund geriet. Die Erziehung und ihre Wissenschaft, die Pädagogik,
waren ebenfalls ein umstrittenes Thema. Wie und auf welches Ziel
hin sollte das Bürgertum seine Kinder erziehen? War die Prügelstrafe
überhaupt noch angemessen? Offenbarte sie Abseiten der Erziehung,
die unmittelbar an die perverse Sexualität grenzten? Und wenn das
tägliche Geschäft der Erziehung schon nicht von den Eltern übernommen wurde, wie stand es um deren Sorgfaltspflicht, und wer
sollte die Verantwortung für die Kinder tragen? Hinzu kam noch eine
politische Dimension. Was sagte es über die moralische Integrität der
selbstbewußten Mitglieder der Hochfinanz aus, wenn sie ihre Kinder
so schmählich im Stich ließ? Und schließlich die Tat und der Täter:
Justiz und Medizin waren zwar für deren institutionelle Bewältigung,
für den Schutz der Gesellschaft und für die Beruhigung der Öffentlichkeit zuständig, aber wo war die Angelegenheit am besten aufgeho-
ben? Wer verfügte über die größte Kompetenz? Es war kein Geheim-
nis, daß zwischen Justiz und Medizin ein Richtungsstreit über die Natur des Verbrechers und den Umgang mit ihm schwelte. Dieser Streit
brach hier offen aus.

Offene oder verborgene Diskursfronten zwischen Sexualität, Erziehung, Kriminalität und Wahnsinn erzeugen noch nicht automatisch
Skandale. Es muß zu Veränderungen in der Zeitlichkeit der Ereignisse kommen, zur Beschleunigung und Zuspitzung von Konflikten,
zum plötzlichen Aufeinanderprallen von Diskursen und Praktiken.[6]
Diese Verdichtung unterliegt keinen Diskursregeln, sondern ist von
Zufällen, spezifischen Dynamiken und Ereignissen bestimmt, die
nicht vorhersehbar sind und damit stets ein Moment des Schocks
und der Unbeherrschbarkeit mit sich führen. Im Skandal, so könnte

man sagen, vermischen sich Struktur und Kontingenz. Das ist der Grund, warum sie schwer zu fassen sind. Und noch etwas muß hinzukommen: ein großer Bereich, der von Nichtwissen beherrscht ist. Offene, ungelöste Fragen sind für den Skandal wie Öl, das ins Feuer gegossen wird. Sie füttern ihn, weil sich mangels gesicherten Wissens jeder befugt sieht, seine Meinung zum besten zu geben, was das Spektrum der möglichen Antworten enorm verbreitert. So auch im Fall des Hauslehrers. War Dippold gesund und zurechnungsfähig oder nicht? War er ein Sadist? Hatte er die Jungen sexuell mißbraucht? Was ließ sich aus seinem Vorleben ableiten? Was hätte man noch in Erfahrung bringen müssen? Was war zwischen Rosalie Koch und Oskar Vogt verabredet worden? Welche Rolle spielte der Arzt in dieser Angelegenheit?

Die Akteure damals sprachen weniger von einem Skandal als von einer Affäre, was ungefähr auf das gleiche hinauslief. Zwar wurde eine Revision des Verfahrens nur vereinzelt gefordert, doch mit ihrer kritischen Berichterstattung setzte die Presse dem Gericht, den Eltern und den beteiligten Ärzten erheblich zu. Freilich blieb es nicht bei dieser Personalisierung. Während des Skandals kam es zu einer Verschiebung der Kritik von den beteiligten Akteuren ins Allgemeine, womit jeweils ein ganzes Kollektiv – Justiz, Pädagogik und Psychiatrie – auf den Prüfstand gestellt wurde. Es entwickelte sich eine komplexe Diskussion, in der verschiedene Intellektuelle, Kritiker und Spezialisten das Wort ergriffen. Dadurch löste sich die Geschichte aber nicht, wie man erwarten würde, aus der unmittelbaren Empörung heraus, sondern sie blieb weiter in den Spuren, die durch den Skandal gelegt worden waren. Und dies, obwohl die vermeintlichen Frontlinien zwischen öffentlichen Publizisten und im Schutz der wissenschaftlichen Autorität agierenden Spezialisten auch hier gezogen wurden. Vertreter der attackierten Professionen reagierten mit dem typischen Abwehrreflex, wonach die Öffentlichkeit gar nicht kompetent sei, solche Dinge zu beurteilen. Ein anonym bleibender Staatsanwalt echauffierte sich in der Zeitschrift *Die Grenzboten* über die Presse, die zwar das Recht und die Pflicht habe, Mißstände aufzudecken, sich mit ihrer Kritik an dem vermeintlich zu milden Strafmaß für Dippold aber »in Dinge [einmischt], für die ihr das Augenmaß vollständig abgeht«.[7] Auch

Oskar Vogt und sein akademischer Patron, der angesehene Schweizer Psychiater Auguste Forel, äußerten sich verächtlich über die Presse.

Die Juristen pochten darauf, über das rechte Augenmaß im Hinblick auf die Strafe zu verfügen, die Mediziner beanspruchten dasselbe hinsichtlich der ärztlichen Kompetenz und der psychiatrischen Diagnose. Und doch beeindruckte die öffentliche Erregung über das Urteil die Fachleute so stark, daß sich Kriminologen, Pädagogen, Psychiater und Sexualwissenschaftler herausgefordert sahen, Urteil, Tat und Täter noch einmal genauer unter die Lupe zu nehmen. Der Fall ließ eine Reihe von Fragen offen, die zunächst in der Presse explizit formuliert und dann von der Wissenschaft aufgegriffen wurden. In dieser Gemengelage zeigte sich, daß die professionellen Diskussionen nicht so grundlegend anders waren als diejenigen, die in den Medien geführt wurden, so daß die Frage des rechten Augenmaßes sich etwas anders darstellt, als der eben zitierte Staatsanwalt behauptet hatte. Es gab fließende Übergänge zwischen den Medien und der Wissenschaft, die die übliche Einteilung zwischen dem pointierten Kommentar für den Moment und der langsamen Reflexion für die Ewigkeit unterlaufen.

Die Dippold-Affäre ist nach ihrer spektakulären Skandalzeit im Herbst 1903 für einige Jahrzehnte in das kulturelle Gedächtnis sowie in die einschlägige Literatur der Kriminologie, Pädagogik, Psychiatrie und der Sexualwissenschaften eingegangen. Welche Mechanismen waren hier am Werke? Gewiß, es ist nicht ungewöhnlich, daß sich die Humanwissenschaften von der Medizin bis zur Rechtswissenschaft auf Fallgeschichten stützen.[8] Aber wie wird ein Ereignis oder ein Vorfall zum kanonischen Fall? Wie wird das Spezifische zum Paradigmatischen? Wie kommt es zur Entstehung neuer Wahrnehmungs- und Deutungshorizonte? Diese Fragen bilden den Leitfaden für die nun folgenden Überlegungen. Meine These ist, daß die Skandalstruktur des Hauslehrer-Falls ein notwendiger Bestandteil der Erklärung sein muß. Die Herstellung solcher Zusammenhänge ist nicht selbstverständlich, denn eine weitere typische Eigenschaft von Skandalen ist es, daß sie kommen und gehen und, nachdem die Erregung einmal abgeklungen ist, vergessen werden. Relevant werden sie für die Wissensgeschichte durch ihre Fähigkeit, einen Diskurs in eine neue

Richtung zu treiben und dadurch in einem ganz direkten Sinn neue Gegenstände des Wissens zu generieren.

Als das Medium der Tageszeitung im Hinblick auf Schnelligkeit und kurze Taktung noch konkurrenzlos war, haben nicht wenige Zeitgenossen geglaubt, daß durch diesen spezifischen Rhythmus die Halbwertszeit von Medienereignissen festgelegt würde. Lakonisch schreibt Robert Musil im *Mann ohne Eigenschaften*: »Der Prostituiertenmörder Christian Moosbrugger war, wenige Tage nachdem in den Zeitungen die Berichte über die gegen ihn geführte Verhandlung zu erscheinen aufgehört hatten, vergessen worden, und die Erregung der Öffentlichkeit hatte sich anderen Gegenständen zugewandt. Nur ein Kreis von Sachverständigen beschäftigte sich noch weiter mit ihm.«[9] Natürlich berichtete eine Tageszeitung auch damals nicht über Wochen oder Monate hinweg über ein und dieselbe Sache. Neue Gegenstände halten das Tagesgespräch in Gang, doch im öffentlichen Raum wird nicht nur berichtet, sondern auch gedeutet, verglichen, zugespitzt und geurteilt. Erst dadurch werden Experten in Bewegung gesetzt, schreibt sich ein solches Medienereignis ins Gedächtnis der Zeitgenossen ein. Anders gesagt: Die Zeitungen waren mehr als bloß das »Leitmedium der Sensation«.[10] Das waren sie sicherlich auch, doch entscheidend ist, daß sie Aspekte des Falls in den Vordergrund stellen, die seine historische Konservierung in Wissenschaft und Kulturgeschichte überhaupt erst ermöglichen. Somit lassen sich zwei Typen von Skandalen unterscheiden: solche, die der raschen Vergessenheit anheimfallen, und andere, die zu einer historischen Einnistung führen.

Für einige Tage schienen die Augen des gesamten Kaiserreichs auf das Landgericht Bayreuth gerichtet zu sein, und als das Urteil gesprochen war, fühlten sich Journalisten, Kommentatoren und Leserbriefschreiber unmittelbar aufgefordert, dem Fall ein moralisches, soziales und historisches Etikett anzuheften. Daß sich die scheußlichen Details, die während der Verhandlung bekanntgeworden waren, mit dem als viel zu milde empfundenen Strafmaß zu einem Gemisch zusammenbrauten, das sich in einem Sturm der Entrüstung entlud, der das Urteil und die Umstände der Geschichte gleichermaßen betraf, war zu erwarten. Viel wichtiger jedoch ist, daß der publizistische Furor jene Aspekte in den Vordergrund zerrte, die während der Verhandlung eher verborgen geblieben waren. Oskar Vogts umstrittene ärztliche Beratung war zwar durch den Rechtsanwalt milde kritisiert worden, aber erst die Medien machten sich offen Gedanken darüber, ob hier nicht ein ärztlicher Kurpfuscher am Werke gewesen sei. Der Staatsanwalt hatte die Eltern ausdrücklich von jeglicher Schuld freigesprochen. Dafür wurde er in der Presse so scharf gerügt, daß sich sogar das Bayerische Justizministerium in München der Sache annahm. Auch das Ehepaar Koch, vor allem die Mutter, sah sich heftigen Angriffen ausgesetzt.

Die größte Differenz zwischen Gerichtsverhandlung und medialer Empörung bezog sich auf die Persönlichkeit Dippolds. Sein Charakter und seine Motive waren zwar Gegenstand der Verhandlung, doch im staatsanwaltlichen Plädoyer und im Urteil stand eher die Tat im Vordergrund. In der Presse wurde der Täter in einer Weise inszeniert, daß seine Aufnahme in die Annalen der Sexualpathologie nur eine Frage der Zeit war. Diese Verschiebung resultierte aus den unterschiedlichen Aufgaben und Interessen der beteiligten Instanzen. Dem Gericht ging es um ein Urteil und allenfalls noch darum, die Familie Koch zu schonen; in der Öffentlichkeit ging es trotz aller Kritik am Urteil weniger um eine Revision des Prozesses als um ein deutliches Eintreten für den Schutz und die Rechte der Kinder bei gleichzeitiger Erinnerung an die elterliche Verantwortung. Untrennbar damit verbunden war eine pathologische Stigmatisierung Dippolds, die vieles ignorierte und alles übertraf, was Gegenstand der Verhandlung gewesen war. Der Weg vom Fall zum Paradigma war geebnet.

Zwei Tage nach dem Bayreuther Urteilsspruch veröffentlichten die *Münchner Neuesten Nachrichten*, zeitweise eine der auflagenstärksten Tageszeitungen des Deutschen Reiches, auf der ersten Seite einen mehrspaltigen Artikel, der mit der Überschrift »Eine Bestie als Erzieher« die Richtung für die öffentliche Erregung vorgab. Zunächst einmal hob der anonym bleibende Autor die Singularität der Sache hervor, die er zum einen in den Charaktereigenschaften des Hauslehrers, zum anderen in der Gewissenlosigkeit und Leichtfertigkeit der Eltern begründet sah. In Unkenntnis des möglichen Strafmaßes von 15 Jahren wurde dem Gericht zugute gehalten, die Höchststrafe verhängt zu haben, aber der Autor hatte ein grundsätzliches Problem mit dem damals geltenden deutschen Strafrecht. Er ging nämlich konform mit dem Volkszorn, der diesen »erbärmlichen Menschen mit Fäusten und Knitteln nach Verdienst zu bearbeiten« gedenke, und er bedauerte es, daß es das Gesetz nicht erlaube, »den Zuchthäusler in regelmäßigen Zwischenräumen durch eine ausgiebige Züchtigung daran zu erinnern, daß das Zuchthaus keine Ferienkolonie ist«.[11]

Der Autor unterlegte die Forderung nach sühnender Vergeltungsjustiz mit einer Beschreibung Dippolds, die in wenigen, vernichtenden Worten vorgab, alles Wesentliche seines Charakters erfaßt zu haben: »gänzlich uninteressant«, »intellektuell unbedeutend«, »moralisch auf der Stufe zwischen Tier und Mensch stehend«, »anmaßender Hohlkopf«, »absolute Unfähigkeit und Wertlosigkeit« – dieses triste Bild einer Persönlichkeit, mit der man sich nicht weiter zu beschäftigen brauchte, wurde aber nur gezeichnet, um dann mit um so größerem Pathos den eigentlichen Kern des Verurteilten herauszustellen, und das in einer Weise, die die Ängste und Phantasmen eines aufnahmebereiten Publikums perfekt bediente: »Mit Grauen und Entsetzen sieht man in Dippold die ausschweifendsten Phantasien eines Marquis de Sade zur Wirklichkeit geworden; man kommt sich vor wie ein Träumender, der plötzlich die ungeheuerlichsten Gebilde eines nächtlichen Alpdrucks im hellen Tageslicht auf sich zuschreiten sieht.«[12]

Damit war es zum erstenmal öffentlich ausgesprochen: Dippold gehörte zum Sadeschen Figurenkabinett, das durch Grausamkeit und Quälerei seine perversen Lüste befriedigt. Von Sade zu reden war für eine deutsche Tageszeitung des Jahres 1903 offenbar eine Selbstverständlichkeit. Der Begriff Sadismus war im deutschen Sprachraum kaum mehr als zehn Jahre geläufig – Krafft-Ebing hatte ihn erst 1890 eingeführt. Die Monographie Iwan Blochs über den Marquis de Sade war gerade einmal drei Jahre im Handel, aber man durfte voraussetzen, daß jeder einigermaßen gebildete Leser wußte, worum es ging.[13] Mehr noch: Sades Vorstellungswelt – und das war noch etwas anderes als die abstrahierende Diagnose Sadismus – war gleichsam das Referenzsystem, das eine Tat wie diejenige Dippolds erklärbar machte. Bei dieser Zuordnung war es nicht mit dem wissenschaftlichen Zugriff getan, der eine solche Gewalthandlung biologisch und psychopathologisch ausleuchtete. Vielmehr galt Sade als Chiffre, hinter der die schlimmsten Alpträume eines sich als unbescholten ansehenden Bürgertums zum Vorschein kamen.

Sadisten gab es, wie man immer deutlicher zu erkennen meinte, viele, und daran erinnerte Dippold die Öffentlichkeit auf unangenehme Weise. Karl Kraus brachte das in bissiger und treffender Weise auf den Punkt: »Sollte wirklich erst der Fall Dippold für ein sadistisches Talent, das im deutschen Männerschlage schlummert, zeugen?«[14] Wie immer die Antwort ausfallen mochte – in der Existenz solcher tabuisierten Annahmen über die große Verbreitung sadistischer Neigungen lag ein Teil der Schockwirkung begründet, die durch Dippold ausgelöst worden war. Es kommt noch ein weiterer Aspekt hinzu, der zum exemplarischen Charakter des Falles nur scheinbar im Widerspruch steht. Indem der Hauslehrer nicht nur als Sadist bezeichnet, sondern als Figur hingestellt wurde, die auf dem Schreckensniveau des berüchtigten Marquis agierte, erhielt er das Etikett einer historisch bedeutsamen Ausnahmeerscheinung. Mit all seinen »wertlosen« Eigenschaften war Dippold im Grunde eine unbedeutende Erscheinung, Bedeutung erhielt er nur durch seine im Sadeschen Raum angesiedelte Sexualität. Anders gesagt: ein Sadist als solcher gehörte noch nicht in eine historische Dimension; ein Individuum, dessen Sexualcharakter und Taten wie aus den Schriften Sades gesprungen zu sein schienen, schon.

Man kann mit Foucault konstatieren, daß Wahrheit und Bedeutung eines Menschen von seiner Sexualität her aufgespult werden. Aber wie kommt es dazu? Handelt es sich um eine *scientia sexualis*, die diese Prozedur in Gang setzt? Spielen alte Verfahren wie Geständnis und Beichte als neue Derivate des wissenschaftlichen Diskurses tatsächlich eine so zentrale Rolle? Sind, darüber hinaus, Begriffe wie Rationalisierung oder Verwissenschaftlichung tauglich, um in diesem Fall die Verschränkung von Sexualität und Kriminalität zu erfassen? Auch wenn alles ganz irdisch zuging und keine Dämonen bemüht werden mußten, so erfolgte die Ansiedelung der Hauslehrer-Affäre vor dem Horizont der Gefühle des Publikums und nicht seines Verstandes. Das hatte gar nicht einmal so viel mit akuter Erregung oder

Empörung zu tun, kalkulierte vielmehr mit einer breiten Front der Übereinkunft, die den Täter aus dem Kreis der zivilisierten Menschen ausschloß. Sodann führte die psychiatrische Klassifikation Dippolds zu der Überzeugung, aufgrund wissenschaftlicher Erkenntnisse genau zu wissen, wie mit einem solchen Menschen zu verfahren sei. Allein, die im Bayreuther Kurzgutachten enthaltene Diagnostik hatte nicht gerade dem Ideal von Präzision und Eindeutigkeit entsprochen, sondern ein pragmatisches Angebot unterbreitet, das den Spielraum für die Justiz eher vergrößerte als einengte.

In der Öffentlichkeit glaubte man, es unter Rückgriff auf das wissenschaftliche Instrumentarium besser zu wissen als das Gericht, aber in Wahrheit operierten die öffentlichen Kommentatoren mit trivialen Schablonen, etwa wenn Dippold neben der moralischen Integrität auch die intellektuellen Fähigkeiten vollständig abgesprochen wurden. Ein Bauernsohn, der sich aus einfachen Verhältnissen herausgewunden und es bis zum Jurastudenten gebracht hatte, paßte nicht ins Bild einer degenerierten Bestie. Erst wenn sich die biologische Anomalie, das Geist- und Wertlose und das sexuell Böse zu einer Einheit formieren, wird die Konstruktion dieser Bestie plausibel. Nun könnte man medienkritisch argumentieren, daß genau hier die Trennlinie zwischen wissenschaftlicher Kälte und journalistischer Aufheizung verläuft, aber wir werden noch sehen, daß der wissenschaftliche Diskurs sich genau der Kenntnisse, Stichworte und Deutungen bediente, die von der Presse vorgegeben worden waren. Die Trennlinie existierte nicht.

Mit der Klassifikation Dippolds war aber nur die eine Seite der exemplarischen Wucht dieses Falls erfaßt; die andere hatte das Verhalten der Eltern zum Gegenstand. Das Verhalten des Täters erfüllte den unbefangenen Beobachter mit Abscheu, dasjenige der Kochs bot Anlaß zu einer grundlegenden Kritik der elterlichen Fürsorgepflicht, insbesondere in der obersten Gesellschaftsschicht. Sogar ein gemäßigter Kommentator wie der vom Berner *Intelligenzblatt*, der gar nicht bezweifelte, daß die Kochs »ihre Kinder von Herzen lieb« haben, sprach von der »Erziehung der armen Kinder reicher Eltern« und einer völligen gegenseitigen »Entfremdung«.[15] Noch wichtiger als der Hinweis auf die Klassenfrage ist indes die Geschlechtskonnotation. Wie bereits festgestellt, waren die Erziehungsaufgaben im Bürgertum, zumal im Wirtschaftsbürgertum, um 1900 strikt geteilt. Während der Mann den finanziellen Hintergrund gestaltete, sich ansonsten jedoch aus Zeitmangel in diesen Dingen zurückhielt – so hatte es auch Rudolf Koch während des Prozesses dargestellt –, lag die Verantwortung für die Erziehung ausschließlich in den Händen der Frau. Diese Aufteilung akzeptierte der Autor der *Münchner Neuesten Nachrichten* und billigte dem Bankier durchaus zu, »daß geschäftliche Inanspruchnahme und gesellschaftliche Pflichten ihm wenig Zeit für seine Familie übrig ließen«. Das legitimierte ihn aber noch nicht, dem »weitverbreiteten Wahne« zu huldigen, »daß er seinen erzieherischen Pflichten genüge, wenn er nur recht ansehnliche finanzielle Opfer für die Erziehung bringe«.[16] Er habe sich seinem Sohn gegenüber »unverzeihlich versündigt«, indem er die »ernste Obhut dauernder väterlicher Ueberwachung« ohne Not aus der Hand gab. Überwachung hieß nicht Erziehung und schon gar nicht dauernde Präsenz, sondern regelmäßige Kontrolle der von der Ehefrau vorangetriebenen und begleiteten kindlichen Entwicklung. In einem süffisant mit »Koch als Erzieher« überschriebenen Kommentar der *Münchener Post* hieß es: »Herr Koch ist ein Bankdirektor, wie er im Buch steht – ein Vater war er niemals.«[17]

Daß ebenjene Rolle des Vaters innerhalb der Familie Koch umstritten war und Rosalie Koch mit allen Mitteln versucht hatte, ihren Mann von dieser Kontrolle abzuhalten, weil sie seinen Intuitionen nicht vertraute und sich obendrein vor seinen Wutausbrüchen fürchtete, konnten die Zeitungsschreiber nicht wissen. Dennoch tut das hier insofern etwas zur Sache, als die bürgerlichen Wertvorstellungen, wie sie in dem Artikel zum Ausdruck kommen, selbstverständlich normativ waren und von einem Soll-Zustand ausgingen, dem vermutlich nur wenige Familien entsprachen. Dabei zeigte sich gerade in der Tragik des Kochschen Familienlebens die ganze Fragilität dieser Aufgabenverteilung zwischen den Geschlechtern. Daran rütteln wollte aber niemand, weder die kritischen Zeitungsschreiber noch die Familie selbst, die vor Gericht alles dafür getan hatte, die Fassade einigermaßen zu wahren.

Die Folgen dieser geschlechtsspezifischen Skalierung waren eklatant. Während Rudolf Koch zwar kritisiert wurde, daß er sich zuviel mit dem Geld und zuwenig mit seinen Söhnen beschäftigt habe, richtete sich die volle Wucht der Empörung gegen Rosalie Koch, die geradezu gegen den Sittenkodex ihrer weiblichen Existenz verstoßen habe, indem sie die »liebevolle Fürsorge mütterlicher Aufsicht« nicht wahrnahm. Das moralische Urteil der *Münchner Neuesten Nachrichten* war erbarmungslos: »Ich kann die Mutter, so sehr ihre Tränen am Grabe des armen Heinz fließen mögen, nicht bedauern; denn ich sehe ihn vor dem Richterstuhle des Allmächtigen stehen und furchtbare Anklage erheben gegen sie.«[18] Nicht weniger drastisch die *Münchener Post*: »Frau Geheime Kommerzienrätin, mögen Sie Kinder zur Welt bringen, bis zu dem patriarchalischen Alter, in dem Sarah gebar, Sie werden nie eine Mutter werden, Sie werden nur eine Gebärerin sein.«[19]

Allein die Wortwahl und das Pathos des Vergleichs machen deutlich, daß hier mit zweierlei Maß gemessen wurde. Die Vernachlässigung der mütterlichen Pflichten wog ungleich schwerer als die Vernachlässigung der väterlichen – ganz so, wie es das Wertesystem bürgerlicher Geschlechterverhältnisse vorsah. Zwei Tage später teilten die *Münchner Neuesten Nachrichten* nicht ohne eine gewisse Genugtuung mit, daß sie eine Fülle von zustimmenden Leserbriefen aus allen Gesellschaftsschichten erhalten hätten. Die Reaktionen reichten von Verständnislosigkeit bis hin zur Empörung ob des Gerichtsurteils, der im Strafmaß nicht berücksichtigten vermeintlichen sittlichen Vergehen Dippolds und der überflüssigen staatsanwaltlichen Verteidigung Rosalie Kochs, die sich durch Gleichgültigkeit und Indolenz ausgezeichnet habe.[20]

Die Kritik an der Justiz, die das Ausmaß des Verbrechens und die Gefährlichkeit des Täters angeblich unterschätzt, sowie an der Familie, die ihre bürgerlichen Pflichten vernachlässigt habe, fand ihren Höhepunkt, als sich wenige Tage später Maximilian Harden in die Diskussion einschaltete. Der Herausgeber der Wochenzeitschrift *Die Zukunft* war ein herausragender, enorm wortmächtiger Journalist, dessen öffentlicher Einfluß auf die Geschicke des wilhelminischen Kaiserreichs kaum zu hoch veranschlagt werden kann – und er war eine durchaus ambivalente Figur.[21] Seit seinen publizistischen Anfängen als Theaterkritiker gehörte er zu den entschiedensten Befürwortern der literarischen und künstlerischen Moderne, gleichzeitig war er einer der schärfsten Kritiker des Kaisers und seiner Entourage, allerdings nicht aus einer liberalen Position heraus, sondern als treuer Anhänger Bismarcks und Verfechter konservativer preußischer Ideale. Hardens ätzende Feder, von der er selbst laut Theodor Lessing einmal sagte: »Ich verhandle nicht, ich exekutiere«,[22] brachte etwa den Eulenburg-Skandal ins Rollen, der das Ansehen Wilhelms II. und seiner Vertrauten schwer erschütterte. Sein journalistischer Mut und seine unbestechliche Feder trugen ihm viele Bewunderer ein, durch seine bisweilen erbarmungslose Kritik machte er sich aber auch erbitterte Feinde quer durch die politischen Lager.

Gleichzeitig – und das ist ein Aspekt, der nur selten beachtet wird – war die meinungsbildende *Zukunft* auch ein Sprachrohr der neuen Humanwissenschaften. Regelmäßig veröffentlichte Harden Artikel zu Sozialdarwinismus und Kriminologie, zur beginnenden Sexualwissenschaft und Eugenik, zu Psychiatrie und Kriminalanthropologie. Seine Autoren waren namhafte Persönlichkeiten wie Thomas Henry Huxley, Franz von Liszt, Magnus Hirschfeld, Albert Eulenburg, Auguste Forel, Willy Hellpach und nicht zuletzt Cesare Lombroso, der seine umstrittene Lehre vom geborenen Verbrecher auch in der *Zukunft* verbreitete.[23] Die meisten dieser Autoren werden uns noch begegnen, da sie in der einen oder anderen Weise in den Fall Dippold involviert waren. Umgekehrt dürfte die starke Präsenz dieser Experten und Themen in der *Zukunft* mit ein Grund dafür gewesen sein, daß Harden ein so lebhaftes Interesse an diesem Fall entwickelte.

Wie schnell das Phantasma vom Verbrechen als Schicksal in regelrechte Ausmerzungsphantasien mündete, demonstrierte die *Zukunft* am 24. Oktober 1903 mit einem kurzen Artikel, der schlicht mit »Dippold« überschrieben war. Die Logik des Autors, Karl Jentsch aus Neiße, der zu den regelmäßig schreibenden Autoren der Zeitschrift gehörte, funktionierte so: Da Dippolds Naturell nun einmal darin bestand, andere Menschen zu quälen, und daran auch nichts zu ändern war, bot die achtjährige Zuchthausstrafe keinen angemessenen Schutz der Gesellschaft. Lebenslängliche Verwahrung sei »unvernünftig«. Jentsch folgert mit verheerender Konsequenz: »So bleibt Tötung das einzige wirklich Vernünftige; Tötung, nicht Hinrichtung, nicht Todesstrafe! Die Tötung wäre zugleich eine Wohlthat für das moralische Monstrum, denn ein solches hat, gleich einer Mißgeburt, in seinem Leben keinen glücklichen Tag.«[24] Wenn es 1903, also Jahre bevor die zwischen lebenswertem und lebensunwertem Leben unterscheidende Biopolitik ihr entsetzliches Haupt erheben und diese kruden Ideen in die Tat umsetzen sollte, eine Beglaubigung für Giorgio Agambens Beschreibung des nackten Lebens gibt, also des Lebens, »das keinen rechtlichen Wert mehr besitzt und daher getötet werden kann, ohne daß ein Mord begangen wird«, dann hier.[25] »Tötung« heißt nicht durch das Gesetz legitimierte und nach einer Gerichtsverhandlung entschiedene Todesstrafe, sondern gemeint ist, ein menschliches Wesen in der Weise zu töten, wie man ein tollwütiges Tier tötet. Es geschieht aus einer natürlichen Notwendigkeit *und* aus einer humanitären Erwägung heraus. Genau wie bei einem solchen Tier gilt die Vernichtung als ein Glück für eine Kreatur, die nur Leid kennt und Leid bringt. Die Exekution wird hier zum Gnadenakt, zur Euthanasie im ganz wörtlichen Sinne.

Die Kriminalanthropologie hatte große Mühe darauf verwendet, Verbrecher als Monstrositäten hinzustellen, und zwar in jener doppelten Bedeutung als biologische Mißbildung und als unheimliches Wesen, die eine Gefahr für die gesellschaftliche Ordnung darstellen.[26] Die Konsequenz dieser Konstruktion läßt sich bei Jentsch nachlesen, wo Tötung nicht einmal mehr als – wie auch immer fragwürdige, aber im Kaiserreich durchaus angewendete – Strafe angesehen, sondern als Erlösung umgedeutet und pervertiert wird. Vergleicht man das noch einmal mit dem Fall Rivière, so kommt es zu einer völligen Umkehr der Werte: Während dort der unheilbare Wahnsinn die Todesstrafe als unangemessen erscheinen ließ, sollte hier die unheilbare Monstrosität durch Tötung unschädlich gemacht und erlöst werden. Sicherlich war das eine radikale Position, die in der wilhelminischen Gesellschaft keine Mehrheit fand; und weil der Autor das wußte und auch einräumte, plädierte er kurzerhand für die Todesstrafe. Doch daß ein solcher Text in einer der einflußreichsten Zeitschriften Deutschlands veröffentlicht werden konnte, zeigt an, welch entsetzliche Optionen sich mit den neuen, sozialdarwinistisch und kriminalanthropologisch formierten biopolitischen Forderungen auftaten.

Stand Maximilian Harden hinter dieser Position? Wenn nicht, was hätte ihn dazu bewegen sollen, einen solchen Text abzudrucken? Jedenfalls reichte sein Interesse an diesem Fall so weit, daß er auch selbst zur Feder griff. Sein ausführlicher, reichlich polemischer Artikel sticht mehr durch seine Machart als durch seinen Inhalt ins Auge. Harden hatte sich nicht nach Bayreuth zum Ort des Geschehens begeben, dafür aber die Tageszeitungen studiert. Seine Version war pures Zeitungswissen, und doch ließ seine Polemik, die er mit dem Titel »Koch-Dippold« überschrieb, die *Münchner Neuesten Nachrichten* weit hinter sich. Er hielt den Hauslehrer für eine sexuelle Bestie welthistorischen Ausmaßes und das Ehepaar Koch sogar im strafrechtlichen Sinne für mitschuldig am Tod ihres Sohnes. Je monströser Dippolds Charakter und seine Taten, desto größer war die Mitschuld der Eltern. Ein einfaches Symmetrieprinzip: Sexualverbrechen und die elterliche Vernachlässigung ihrer Kinder in den obersten Schichten des Kaiserreichs waren für Harden zwei Seiten einer Medaille.

Der Publizist inszenierte seine Kritik an der sittenvergessenen Oberschicht und an der Klassenjustiz, indem er zunächst einmal eine andere Geschichte erzählte. Eine junge Warenhausverkäuferin wird schwanger, trägt das Kind aus, gibt es aber auf Druck ihres Freundes an eine Kostfrau. Bald erfährt sie durch eine Freundin, daß es dem kleinen Kind nicht gutgehe. Der Freund schreibt an den Arzt, der mit der Kostfrau bekannt ist, und erhält eine beruhigende Antwort. Alles sei auf gutem Wege. Wenige Wochen später die Todesnachricht. Der Obduktionsbefund stellt als Todesursache fest: mangelnde Ernährung und Reinlichkeit, Anwendung von Schlafpulvern, unmittelbare Todesursache war verdorbene Milch. Der Ersatzmutter wird wegen fahrlässiger Tötung der Prozeß gemacht. Dabei kommt auch heraus, daß die richtige Mutter durch eine Freundin gewarnt worden war. Daraufhin wird auch die Warenhausverkäuferin wegen Verdachts der fahrlässigen Tötung ihres eigenen Kindes verhaftet und schließlich zu fünf Jahren Gefängnis verurteilt.[27] Harden räumte ein, daß er diesen Fall nur erfunden habe, doch die Parallelen zum Dippold-Fall sind unübersehbar. Auch hier hatten die Eltern mehr als einmal die Alarmglocken überhört und sich damit der fahrlässigen Tötung ihres Sohnes mitschuldig gemacht. Doch während die fiktive Kaufhausan-

gestellte an einen kompromißlosen Staatsanwalt geriet, hatte es die
»vornehme Familie« Koch mit einem nachsichtigen Staatsanwalt zu
tun.

Harden sprach zwar nicht ausdrücklich von einem Justizskandal,
ließ aber klar erkennen, daß er hier Klassenjustiz am Werk sah, deren Praxis anders ausgesehen hätte, wenn ein anderer als der Direktor
der Deutschen Bank betroffen gewesen wäre. Wider eine allzu milde
Rechtspflege wünschte er sich einen »raueren Gerichtshof«, der das
Ehepaar Koch in Untersuchungshaft genommen hätte. Weil es dazu
nicht gekommen war, blieb als »gewaltige soziale Lehre dieses Prozesses [...], daß sorgende Elternliebe allein reichen wie armen Kindern sichere Häuser baut«.[28] Dieser Meinung waren so ziemlich alle,
die sich zu dem Fall äußerten, doch niemand hat so viel rhetorischen
Aufwand wie Harden betrieben, und das hatte einen einfachen Grund.
Die Geschichte des Hauslehrers eignete sich vorzüglich, um ein Lieb-
lingsthema Hardens zu intonieren: die Kritik am wirtschaftlichen
Establishment des Kaiserreichs, dem er vorwarf, grundlegende moralische und politische Prinzipien leichtfertig zu verspielen. Harden versuchte, den Fall »Koch-Dippold« zum Musterbeispiel für den Verfall
einer schwächelnden, inkonsequenten Gesellschaftsschicht aufzubau-
en, und dazu kaprizierte er sich auf Fragen der Sexualmoral sowie der
familiären Fürsorge und Erziehung.

Etliche andere Zeitgenossen waren hinsichtlich der Erosion bürgerlicher Werte und Strukturen, die hier exemplarisch sichtbar wurde, ähnlich besorgt, ohne daß sie gleich eine Anklage des Ehepaars
Koch forderten. Insofern war es vielleicht am ehesten Hardens Instinkt für potentielle politische Konsequenzen dieses Falls, der ihm
die Feder geführt hatte. Damit war er bei anderen Skandalen – insbesondere beim Eulenburg-Prozeß, in den er freilich auch selbst ver-
strickt war – wesentlich erfolgreicher, aber er siedelte den Fall Dippold auf einer vergleichbaren Bedeutungsebene an. Noch zehn Jahre
später nahm er den Text unverändert in sein Buch *Prozesse* auf – mit
einer kleinen, aber doch erwähnenswerten Verschiebung: Er änderte
den Titel von »Koch-Dippold« zu »Der Hauslehrer« und trug damit
dem weiteren historischen Verlauf Rechnung, denn das Interesse am
Ehepaar Koch flaute recht schnell ab.[29]

Harden war ein Zeremonienmeister des Skandals, aber auch er konnte, wie seine letztlich erfolglose Attacke gegen das Ehepaar Koch zeigt, die Wasser nicht gänzlich auf seine Mühlen lenken. Das paßt zur generellen Struktur von Skandalen, die eben nicht nach einem eindeutigen Kalkül verlaufen. Wesentlich folgenreicher hingegen war Hardens Versuch, Dippold zu einer Figur zu stilisieren, die »in der Geschichte der Sexualpsychopathie« fortleben werde.[30] Schon die *Münchner Neuesten Nachrichten* hatten den Jurastudenten als Sadisten und als wertlose Kreatur hingestellt. Harden schlug in die gleiche Kerbe, und er tat noch mehr, indem er Dippolds Vorgeschichte als Student recht eigenwillig zusammenfaßte und es auch mit den Fakten nicht ganz so genau nahm, um das Bild eines verlogenen Lumpen zu zeichnen, auf den hereinzufallen eine Schande darstellte: in Würzburg tagsüber dem Alkohol ergeben, nachts mit Prostituierten beschäftigt, so das Geld des künftigen Schwiegervaters durchbringend (das faktisch zur Finanzierung des Berliner Aufenthalts gedient hatte), der die Verlobung löste, als er Dippolds wahren Charakter erkannte. Daraufhin ging Dippold nach Berlin (die Verlobung wurde erst Monate später gelöst und führte zu seiner Bewerbung bei den Kochs), wo er ebenso faul war wie zuvor und »unter den Kommilitonen als ein roher, jähzorniger, größenwahnsinniger Lümmel verrufen war«[31] (Berliner Kommilitonen waren im Prozeß gar nicht aufgetreten). Harden war prinzipiell nicht zimperlich, wenn es darum ging, sich eine Figur zurechtzuformen, die seinen politischen und moralischen Überzeugungen dienlich war. So verfuhr er auch hier.

Dippolds gesamtes Leben wurde in eine kriminelle Karriere umgedeutet, die mit den Mißhandlungen nur ihren traurigen Höhepunkt gefunden hatte. Noch radikaler als die anderen Kommentatoren konstruierte Harden das, was man mit Paul Ricœur eine *narrative Identität* nennen kann. Die Biographie wird so zurechtgeschnitten, daß sie eine Person ein für allemal auf diese Identität festlegt.[32] In diesem Fall funktionierte die Stilisierung Dippolds zur sexuellen Bestie durch die Kombination dreier Elemente: die Konstruktion einer kriminellen Biographie, die Aufblähung von Dippolds *persona* in eine historische Dimension und die Einordnung in sexualpathologische Kategorien. Bewandert in der sexualwissenschaftlichen und krimino-

logischen Literatur, setzte Harden den Hauslehrer neben Sade und
Gilles de Rais, und er variierte sein Spiel auf der Klaviatur des Entsetzens noch durch den Vergleich Dippolds mit dem Mädchenschlächter
Andreas Bichel, dessen grausame Morde an zwei Mädchen zu den besonders abscheulichen Geschichten in Anselm von Feuerbachs *Merkwürdigen Kriminalrechtsfällen* von 1828 gehören.[33] Hardens Gang
durch das Schreckenskabinett kulminierte in der pathetischen Formel: »Alldeutschland hat [...] wieder einen Oger.«[34] Mit Oger waren
jene menschenähnlichen, kannibalistischen Monster gemeint, die die
Märchen und Sagen bevölkern. Für einen Moment tat der Herausgeber der *Zukunft* also so, als ob die Welt noch nicht entzaubert wäre. In
der Summe und unter Zuspitzung der anderen Zeitungsberichte ver-
ordnete er Dippold eine Identität, die es sehr unwahrscheinlich machte, daß dieser nach der Entlassung aus dem Zuchthaus den Weg zurück in die deutsche Gesellschaft finden würde.

Bleibt abschließend die medizinische Komponente in Hardens se-
xualpathologischem Exkurs. Er betätigte sich nämlich auch als Diagnostiker, der dem »Bauernsohn und Priesterzögling [...] nach verfrüh-
ter, wüster und langer Ausschweifung« das Krankheitsbild »konträre
Sexualempfindung sadistischer Neigung« attestierte.[35] Auf Sadismus
hatten die sachverständigen Ärzte laut Zeitungsberichten auch getippt,
doch Homosexualität war bis zu diesem Zeitpunkt von niemandem
unterstellt worden, und dies aus naheliegenden Gründen, denn Dippolds Abenteuer mit Prostituierten in Würzburg paßten nicht so gut
in dieses Bild. Harden nahm es mit der Stimmigkeit seiner diagnostischen Übungen nicht allzu genau. Disqualifizierte er sich damit
als Laie, als vollmundiger Ignorant, dem es eher um Zuspitzung als
um Abwägung ging? Gewiß brauchte man auch um 1903 kein Mediziner zu sein, um bei einem Mann Homosexualität zu konstatieren. Darüber hinaus war eine solche Diagnose, wie Harden nur zu
gut wußte, ein effektives politisches Diffamierungsinstrument, zumal sie noch einigen Neuheitswert besaß, denn die Psychiater hatten
Homosexualität erst wenige Jahre zuvor als ein sexualpathologisches
Lieblingsspielzeug für sich entdeckt.[36] Harden jedenfalls verzichtete
auf jegliche Evidenz für seine Behauptung, was auch kein besonderes Aufsehen erregte, zumal die Experten sich nicht prinzipiell an-

ders verhielten und ebenfalls verschiedene Diagnosen in die Runde warfen.

Diagnosestellung im öffentlichen Raum war eine Übung, die gang und gäbe war. Das galt sowohl für Mediziner als auch für Journalisten und Kulturkritiker. Es erschien wichtiger, überhaupt Diagnostik zu betreiben, als sich zu fragen, welchen medizinischen Inhalt und Nutzen sie eigentlich haben sollte. So gesehen waren Psychiatrie und Sexualpathologie dichter an der öffentlichen Meinung, als es ihnen lieb sein konnte oder auch nur bewußt war. Anders gesagt: Die Humanwissenschaften stellten im Fall Dippold Theorien und Vokabular bereit, die in das Alltagsleben diffundierten und ein begriffliches und phänomenologisches Raster bildeten, mit dem Personen, Situationen und Handlungsweisen gedeutet wurden. Diese Konstellation war in vielen Fällen am Werk, doch das Besondere am vorliegenden Fall ist, daß hier auch ein Diskursstrom in die entgegengesetzte Richtung läuft: Was in der Öffentlichkeit und in der Tagesbeschäftigung kursierte, wurde im wissenschaftlichen Raum aufgegriffen und autorisiert.

Wie ist nun aber die Verschiebung von der akuten Erregung hin zur chronischen Einordnung und Ablagerung vonstatten gegangen? Der Verweis darauf, daß sich nur noch ein paar Experten für den Fall interessierten, reicht als Erklärung nicht aus. Es waren einfach zu viele Bereiche – Kriminologie, Pädagogik, Politik, Publizistik, Psychiatrie und vor allem die Sexualwissenschaften –, in denen weiterhin über Dippold verhandelt wurde. Die Kriminologen stritten sich über das Strafmaß, und auch die Politik schaltete sich ein; Pädagogen und Publizisten diskutierten kontrovers über das Züchtigungsrecht; und die Psychiater und Sexualwissenschaftler stritten über Dippolds vermeintliche Natur und die Einverleibung dieses Falls in das natürliche und historische Ordnungsraster der Sexualpathologie. Dabei absorbierten, ordneten und verarbeiteten die Experten das, was sie vorher in der Zeitung gelesen hatten, um es dann mit ihren jeweiligen Erfahrungen, Interessen und Deutungsmustern abzugleichen. Und das geschah nicht im Stile einer Versachlichung und Beruhigung, die sich signifikant von der öffentlichen Debatte unterschieden hätte. Mit anderen Worten: Empörung und Skandalisierung sind Elemente auch in der wissenschaftlichen Deutung des Hauslehrer-Falls.

Für den Transfer von der akuten Erregung in die wissenschaftliche Sphäre, für die große Bedeutung, die den Zeitungsberichten dabei zukam, spielte ein trivialer Umstand eine entscheidende Rolle. Es gab verschiedene Anfragen von wissenschaftlicher Seite an das Landgericht Bayreuth sowie an das bayerische Justizministerium in München, Einsicht in die Prozeßakten zu erhalten. Dies wurde konsequent abgelehnt. So fragte das sächsische Justizministerium gleich mehrfach offiziell in München an und bat um zeitweise Überlassung der Akten für die Dresdner Forensisch-psychiatrische Vereinigung, die sich für den Fall interessierte. Vergebens, denn das bayerische Ministerium teilte den sächsischen Kollegen zu seinem Bedauern mit, daß die Akten »in der öffentlichen Verhandlung nicht zur Sprache gebrachte Aussagen« enthielten, deren Bekanntwerden »wichtige und berechtigte Privatinteressen« verletzen würde.[37]

Die gleiche Antwort erhielt der Tübinger Strafrechtsprofessor Reinhard Frank, einer der drei Herausgeber des *Pitaval der Gegenwart*, in dem ab 1904 als interessant erachtete Strafprozesse aktengesättigt und doch für neugierige Leser goutierbar veröffentlicht wurden.[38] Man versteht die allgemeine Klage des seinerzeit berühmten Berliner Rechtsanwalts Erich Sello: »Solange ein aufsehenerregender Straffall verhandelt wird, berichten die Tageszeitungen darüber, mehr oder minder ausführlich, mehr oder minder gewissenhaft. Nach wenigen Tagen aber spricht man schon nicht mehr davon. Und wenn man gar nach nicht allzulanger Frist aus kriminalistischem oder kulturgeschichtlichem Interesse darauf zurückgreifen will, so ist es kaum und immer nur mit ungemeinen Schwierigkeiten möglich, sich auch nur die dürftigsten tatsächlichen Notizen über den einst so berühmten Fall zu beschaffen.«[39] Über Dippold redete man viel länger als nur ein paar Tage, aber die Beschaffung von Notizen blieb ein unüberwindliches Problem.

Zweifellos gingen aus den Akten Dinge hervor, die der Öffentlichkeit unbekannt geblieben waren: weitere Details aus dem unglücklichen Familienleben der Kochs sowie die subtilen Bemühungen des Bankdirektors, Dippold zum Geisteskranken zu stempeln; des weiteren Hinweise auf den Umgang der verschiedenen Erwachsenen mit der kindlichen Onanie, ob diese nun stattgefunden hatte oder nicht;

die Tagebucheinträge Dippolds, die tiefe Einblicke in sein zerrüttetes Seelenleben gestatteten; schließlich auch Dokumente zur merkwürdigen Rolle, die Oskar Vogt in der Angelegenheit spielte, und das nur wenige Zeilen umfassende Gutachten des Psychiaters Carl Kraussold, das von jedem wissenschaftlich orientierten Psychiater als ungenügend angesehen worden wäre.

Täter, Opfer, Zeugen, Sachverständige und das Gericht selbst – quasi alle am Prozeß Beteiligten waren mit der Situation konfrontiert, daß die Akten mehr wußten, als den Akteuren lieb sein konnte. Insofern bildeten sie eine unbeabsichtigte und unfreiwillige verschworene Gemeinschaft, die ein Interesse daran hatte, daß die Akten über diesen Fall geschlossen bleiben. Das blieben sie auch, und das führte dazu, daß der Fall nicht in die Annalen der *Großen Prozesse* einging, was mit einer Publikation im *Pitaval der Gegenwart* unweigerlich der Fall gewesen wäre. Und auch die Psychiater resignierten, wie sich noch zeigen wird, angesichts der spärlichen Kenntnisse über Dippolds Persönlichkeit. In Pädagogik und Kriminologie und vor allem in den Sexualwissenschaften hingegen wurde der Fall kanonisch.

Vom Nutzen und Nachteil der Humanwissenschaften

Über das große Interesse an Dippolds Charakter, das die öffentlichen Kommentare beherrschte, darf nicht aus dem Blick geraten, daß das vielfach bekundete Mitleid mit den beiden Knaben auf die prinzipielle Frage hinauslief: Wie können Kinder vor solchen Mißhandlungen geschützt werden? Auch wenn Publizisten, Kriminologen und Psychiater nach Präventivmaßnahmen riefen und Dippold bis an sein Lebensende in eine Anstalt sperren wollten, war das Problem damit nicht erledigt. Der Hauslehrer hatte sich immer wieder auf Grundsätze der Pädagogik sowie auf die Legitimität und Legalität der Prügelstrafe berufen, und das war auch mit dem Hinweis auf die geistige Minderwertigkeit des Verurteilten so leicht nicht vom Tisch zu wischen, denn die Eltern Heinz Kochs hatten ja seinen Maßnahmen prinzipiell zugestimmt. Wie gesehen, gingen deswegen nicht wenige Kommentatoren mit den Kochs hart ins Gericht, beschworen den Wert der Familie und diagnostizierten mit mehr oder weniger deutlichen kulturkritischen Untertönen einen fortschreitenden gesellschaftlichen Sittenverfall. Insbesondere das moderne Großstadtleben, so eine weitverbreitete Meinung, führte dazu, daß die Eltern immer weniger Zeit für ihre Kinder hatten, weil die Verpflichtungen und Vergnügungen des alltäglichen Lebens ihre Zeit zunehmend beanspruchten.

Der jüdische Publizist Arthur Kahn nahm den Fall Dippold zum Anlaß, um den »Niedergang des Familienlebens« als grassierendes Übel zu geißeln und vor allem die assimilierten jüdischen Familien zu ermahnen, sich nicht allzuweit von den traditionellen sittlichen Werten und Gewohnheiten zu entfernen, weil diese eben auch für Geborgenheit und sichere Erziehung der Kinder sorgten.[1] Auch wenn Kahn vielleicht hoffte, daß die Institution der Familie automatisch vor einer Tragödie à la Dippold bewahrte, war das keineswegs die einhellige Meinung. Die Reformpädagogik war gerade mit dem Anspruch angetreten, Kinder in Distanz zu ihren Eltern zu erziehen; andere forderten, daß Eltern die Erkenntnisse der Pädagogik besser umsetzen sollten. Die Pädagogik war um 1900 in einer Aufbruchstimmung und versuchte, sich Schritt für Schritt als eigenständige Disziplin zu formieren. Die Anzahl pädagogischer Zeitschriften und wissenschaftlicher Gesellschaften stieg sprunghaft an, und an den Universitäten wurden pädagogisch-psychologische Laboratorien gegründet. Das führte jedoch nicht zu einer paradigmatischen Engführung oder Kanonisierung, im Gegenteil bildeten sich verschiedenartige Strömungen heraus, von denen die Reformpädagogik nur eine war.[2] Dementsprechend gab es viele Fragen und ebenso viele Antworten. Wie sollte eine angemessene Erziehung aussehen? Wer war dafür zuständig, eher die Lehrer oder die Eltern? Worin bestanden Ziel und Funktion der Pädagogik? Welchen Einfluß hatten ihre Regeln und Praktiken? Wie sollte man es mit dem Züchtigungsrecht halten? Das waren allgemein diskutierte Fragen, die nun durch den Fall des Hauslehrers eine besondere Brisanz erhielten, denn ungeachtet ihrer unterschiedlichen Positionen geriet die Pädagogik als solche in die Kritik.

»Nichts hat seit Pestalozzis Zeiten so viel Kinderelend hervorgerufen wie der Elternglaube an eine lehrbare und erlernbare Wissenschaft und Kunst der Pädagogik.«[3] Diese schneidenden Sätze fanden sich in Karl Kraus' Zeitschrift *Die Fackel*. Der Autor des Artikels, Jacques Fränkel, gehörte zum Freundeskreis um Kraus und schrieb hin und wieder für die *Fackel* über Fragen der Kriminologie und Sexualpathologie. Für Fränkel war Heinz Koch »das Opfer eines Fanatikers der Pädagogik«, der aber nicht grundsätzlich von deren Prinzipien abgewichen war, weswegen er im Prinzip jeden Pädagogen im Verdacht hatte, »ein kleiner Dippold« zu sein. Neben dem Hauslehrer und dem Ehepaar Koch landete nun also auch die Pädagogik selbst auf der Anklagebank. Was war von der Erziehungswissenschaft zu halten, wenn es sogar einem Dippold gelang, »mit der oberflächlichsten schablonenhaften Psychologie pädagogische Theorien aufzustellen« und Eltern, Verwandte und Arzt davon zu überzeugen? Den Eltern war nicht die Vernachlässigung ihres Kindes vorzuwerfen, sondern allenfalls ihr Glaube, mit den Mitteln der Pädagogik erziehen zu können, doch diesen Glauben teilten sie mit »jedermann im Kulturstaat von heute«.[4]

Ganz trist wurde es für Fränkel, wenn es um kindliche Onanie ging. Mit ihrer »blödsinnigen Angst« vor deren Folgen machten sich Eltern zu Marionetten einer Pädagogik, die bereits im Ansatz verfehlt war. Das galt im Grunde auch für Dippold. Dieser mochte ein Sadist sein oder nicht, aber gewiß gab es »einen erworbenen Sadismus: nicht die Prügelsucht verleitet da zum Prügeln, sondern das Prügeln erzeugt die Prügelsucht«.[5] Sadismus war für Fränkel nicht der perverse Trieb eines einzelnen, sondern die rationalisierte Praxis einer Institution, die den Namen einer Wissenschaft und Kunst nicht verdiente. Aus dieser Perspektive betrachtet, war nicht nur Heinz Koch ein Opfer der Pädagogik, sondern in gewisser Hinsicht waren es auch dessen Eltern und sogar der Hauslehrer.

Die legitimierte und sanktionierte Gewalt zum Zwecke der Disziplinierung des Kindes, die Fränkel hier im Visier hatte, bezeichnete Katharina Rutschky Jahrzehnte später, im Gefolge der achtundsechziger Emanzipationsbestrebungen, als *Schwarze Pädagogik*.[6] In ihrer Anthologie »zur Naturgeschichte der bürgerlichen Erziehung« – so der Untertitel des Buches – versammelte Rutschky zahlreiche Textproben aus der Pädagogik zwischen dem späten 18. und dem frühen 20. Jahrhundert, die einem Dippold noch erheblich mehr Munition zur Rechtfertigung seiner Handlungsweisen geliefert hätten: Brechung des kindlichen Willens, Dressur, Manipulation und Suggestion, Abrichtung zum braven Untertanen – all die Punkte, die die Kritische Pädagogik zu Recht so empört haben, lassen sich um 1900 finden. Abscheu gegen diese Variante von Menschendressur gab es freilich schon damals, gerade bei Schriftstellern und Intellektuellen. Friedrich Gundolf schrieb angesichts der »gegenwärtigen Hauslehrergräuel« an Karl und Hanna Wolfskehl, daß er »gar keine zeitung mehr ohne diesbezügliche wut- und ekelanfälle in die hand nehmen« könne. Gundolfs Übelkeit war jedoch keineswegs durch das Besondere dieses Falles bedingt, sondern weil er darin ein Muster zu erkennen glaubte. »Und das grässlichste«, fährt er fort, »ist dass nichts vergangen ist sondern alles ewig und immer besteht.«[7] Ob sich hier irgendwelche persönlichen Traumata nach oben drängten oder nicht, für Gundolf schien das eher Symptom eines notorischen Mißstands als ein Einzelfall zu sein.

Ähnliche Aversionen gegen bürgerliche Erziehungspraktiken finden sich auch bei weiteren Wiener Kaffeehausliteraten um Karl Kraus.

Peter Altenberg, durch den Dippold-Fall aufgescheucht und Fränkels Essay lebhaften Beifall zollend, hielt es in barocker Übertreibung bereits für »Mord an den jugendlichen Kräften«, wenn ein Gymnasiast morgens aus dem Schlaf geweckt werde.[8] Und Robert Scheu, ebenfalls ein Freund von Kraus, machte Dippold noch drei Jahre später zum Kronzeugen für die verfehlten, weil kulturlosen bürgerlichen Bildungsideale und den zur Subordination führenden Schulunterricht: »Die so hart angegriffenen Gymnasialprofessoren üben allerdings Gamaschendienst. Aber das ist ja ihr Zweck. Das Bürgertum kann seinen Dippold nicht entbehren, so wenig wie seine Gendarmerie, seine Polizei, die ihm ja zeitweilig lästig werden, die es gelegentlich bewitzelt, aber im Bedarfsfall doch immer wieder ruft.«[9] In dieser Version repräsentierte Dippold den übersteigerten Typus des Lehrers, den das Bürgertum haben wollte, ein ausgewiesenes Scheusal zwar, aber doch repräsentativ. Damit war der Fall für Kommentatoren ganz unterschiedlicher Couleurs ein Exempel, an dem sich ein allgemeines Unbehagen beim Umgang mit Kindern artikulierte.

Auch innerhalb der Pädagogik sorgte der Fall für erregte Diskussionen. Daß die Reformpädagogik, für die prominent Hermann Lietz stand, die fragwürdigen Ziele und Methoden der traditionellen Pädagogik inklusive der Prügelstrafe über Bord warf, ist offensichtlich. Was aber war mit den Lehrern und Erziehern, die nach wie vor über eine starke Stimme verfügten? Immerhin kamen aus ihren Reihen die heftigsten Befürworter der körperlichen Züchtigung. Eine in mehreren Auflagen gedruckte *Geschichte und Theorie der Erziehungsstrafe*, verfaßt von J. J. Sachse und zuerst 1879 im renommierten Schöningh Verlag veröffentlicht, füllte mehrere hundert Seiten, um am Ende zu der Maxime zu gelangen: »Die körperliche Züchtigung ist im allgemeinen gerechtfertigt, in vielen Fällen empfehlenswert, in manchen Fällen sogar unentbehrlich.«[10] Die Literatur über das Für und Wider der Prügelstrafe um 1900 ist so umfangreich wie unerquicklich, denn es handelt sich zumeist um armselige Broschürenprosa mit mehr schlecht als recht zusammengeklaubten Argumenten.

Ein prägnantes Beispiel für diese unübersichtliche Situation ist der promovierte Stuttgarter Lehrer Otto Kiefer, ein emsiger Skribent, der sich innerhalb weniger Jahre ganz unterschiedliche Positionen zur

Prügelstrafe zu eigen machte. 1904 wartete er zunächst mit einer kritischen Geschichte der körperlichen Züchtigung auf, in der er die Persistenz der »Prügelpädagogik« umstandslos auf die christliche Tradition zurückführte und konfessionell gebundene Pädagogen dafür verantwortlich machte, daß »Prügelzucht« und »Ertötung des kindlichen Willens« unter Deutschlands Lehrern so viel Anklang gefunden hätten.[11] Dazu zählte er auch den Kasus Dippold – »zu bekannt, als daß man ihn hier noch bringen dürfte« –, der überdies gut zu Kiefers religionskritischer These paßte. Aus der Zeitung hatte er aufgeschnappt, daß Dippold in einer »orthodoxen katholischen Anstalt« erzogen worden war, wo er »all das lernte, was er an seinen bejammernswerten Opfern so ›genial‹, ein moderner Marquis de Sade in jeder Hinsicht, ausübte«.[12] Das waren gleich mehrere Anspielungen auf engstem Raum: auf Oskar Vogts eklatante Fehleinschätzung, auf die historische Dimension des Falles und auf das katholische Priesterseminar in Bamberg, für Kiefer ein weiterer klarer Beweis, daß das katholische Erziehungsideal zum Sadismus prädestiniere.

Drei Jahre später zeichnete sich ein Sinneswandel ab. Nun gelangte der Lehrer in seiner »wissenschaftlichen Behandlung« der »Psychologie des Prügelns« zu der Einsicht, daß ein Kind eine gerechtfertigte Prügelstrafe leicht verwinde und nicht so tragisch nehme, »wie es unsere modernen Pädagogen hinstellen«.[13] Damit meinte er offensichtlich auch sich selbst, denn von den zuvor beschworenen Gefahren der Züchtigung war nun keine Rede mehr. Statt dessen trat er für eine gemäßigte Prügelstrafe ein und steuerte auch Erfahrungen aus seiner eigenen Praxis bei, mit denen er die bis dahin unbrauchbare Literatur über die Wirkung körperlicher Strafen auf Kinder konterkarieren wollte. War der Hauslehrer-Fall ihm kurz zuvor noch mahnendes Beispiel für die Barbarei der Züchtigung gewesen, äußerte er nun die feste Überzeugung, daß ein zwölfjähriger Junge, der zum erstenmal masturbiere, »am sichersten durch eine tüchtige Tracht Prügel mit der Rute von weiteren onanistischen Handlungen abgeschreckt wird«.[14] Genauso hatte Dippold auch argumentiert, aber davon sagte Kiefer selbstverständlich kein Wort. Und es ist nur folgerichtig, daß er den Fall nun auch gar nicht mehr für repräsentativ hielt: »Die Möglichkeit, daß sich einmal unter 100 Erziehern auch ein Sadist findet, beweist noch nichts gegen die Prügelstrafe als solche, so wenig man etwa gegen die Darstellung des Nackten in der Kunst die Tatsache anführen kann, gewisse Leute hätten beim Anblick derartiger Werke sexuelle Empfindungen.«[15] Damit war die Pädagogik aus dem Schneider und brauchte sich nicht mehr in kritischer Manier selbst zu befragen, denn es handelte sich ja nun um einen seltenen Fall der Sexualpathologie.

Je nach Einstellung zur körperlichen Züchtigung wurde der Fall Dippold nach der einen oder anderen Richtung hin gedeutet. Für die Gegner der Prügelstrafe war er das typische und mahnende Beispiel einer verfehlten Erziehungspraxis. Entsprechend interessierte sie die Frage, ob Dippold geisteskrank sei, nur am Rande. Es ging ihnen primär um die Gefährlichkeit einer sanktionierten sozialen Barbarei und dann erst um die Gefährlichkeit des Individuums.[16] Das führte mitunter zu etwas radikalen Vorschlägen, die jedoch zeigen, wie aufgeheizt die Debatte jener Zeit war. So forderte die couragierte Pädagogin Nelly Wolffheim, das gesamte Lehrerpersonal vor Amtsantritt nervenärztlich untersuchen zu lassen, weil sich »unter den Prügelfanatikern perverse und krankhaft angelegte Sadisten« befinden könnten.[17] Bei ernsthafter Erwägung hätte eine solche Forderung innerhalb der Lehrerschaft zweifellos helle Empörung ausgelöst, weil hier eine stolze Berufsgruppe pauschal unter Verdacht gestellt wurde. Nun ist es keineswegs so, daß der moralische Leumund der Lehrerschaft um 1900 völlig einwandfrei gewesen wäre. Tatsächlich wurden Lehrer vermehrt bezichtigt, sich sexuell an ihren Schülerinnen zu vergehen. Allerdings spielten Sadismus und gleichgeschlechtliche Übergriffe *vor* Dippold eher keine Rolle. Der Punkt ist, daß Wolffheims provokatorische Forderung erst *nach* dem Fall Dippold möglich war, weil hier zum erstenmal der Zusammenhang von Pädagogik, Prügelstrafe und Sadismus so deutlich ins öffentliche Bewußtsein gerückt war. Und das wurde besonders aufmerksam wahrgenommen, weil das Sexualverhalten der Lehrer ohnehin als Problem galt.[18]

Ebenso eindeutig bezogen die Befürworter der Prügelstrafe Stellung. Für sie war Dippold nicht mehr als eine pathologische Ausnahme. Ein gewisser Theodor Petermann mag an Nelly Wolffheim gedacht haben, als er sich darüber echauffierte, daß ein einziger Fall zur

Entstehung des Begriffs »Dippoldismus« – es wird noch davon die Rede sein, wie schnell sich dieser Begriff einbürgerte – geführt habe: »Tausende von gewissenhaften Lehrern [werden] grundlos verdächtigt.«[19] Statt dessen schob er die Verantwortung den Eltern zu und forderte sie auf, sich sorgfältiger um ihre Kinder zu kümmern. Das war auch der Tenor bei einem Lehrer namens Ernst Freymut, der es fertigbrachte, in einem Jahr gleich zwei Traktate zur Kindesmißhandlung zu veröffentlichen. Im ersten, *Aus Anlass des Falls Dippold – Koch*, ermahnte er »alle Menschenfreunde, insonderheit Deutschlands Frauen«, das Problem der Kindesmißhandlung ernster zu nehmen, als es bis dahin der Fall war.[20] Gemeint war aber nicht die Mißhandlung von Kindern durch ihre Lehrer, sondern innerhalb der Familie, die Gerichte nur ungenügend berücksichtigten, so daß die Kinder oftmals in voller Kenntnis der Umstände ihrem Schicksal überlassen wurden. Das war zweifellos ein wichtiger Punkt, und weil Staat und Gesellschaft sich nicht ausreichend um solche Fälle kümmerten, ergriff Freymut die Gelegenheit, um für den 1898 auf Privatinitiative gegründeten Berliner Verein zum Schutze der Kinder vor Ausnutzung und Mißhandlung zu werben, der sich solcher Kinder annahm.[21] Die allgemeine Bekanntheit des Dippold-Falls diente also dazu, für die Sache des Kinderschutzes Werbung zu machen. Wie sehr dies auch der Exkulpierung der Pädagogik diente, geht aus Freymuts zweitem Traktat hervor, der als Fortsetzung des ersten gedacht war.

In diesem Text, mit der rhetorischen Frage *Prügel in der Schule?* überschrieben, mutierte der Fall Dippold zum nicht verwertbaren Einzelfall, der sich durch die »Außergewöhnlichkeit der Verhältnisse« und den »erwiesenermaßen krankhaften Zustand des Peinigers«[22] auszeichnete. Nun, so außergewöhnlich hatte Freymut die Verhältnisse, nämlich die elterliche Vernachlässigung ihrer Kinder, in seiner anderen Schrift nicht gefunden. Und Dippold, den er hier als krank darstellte, wollte er dort mit »Prügel neben entsprechender Freiheitsstrafe« bestraft sehen, da »die Todesstrafe ausgeschlossen ist«.[23] Auch wenn solche logischen Ungereimtheiten nicht repräsentativ für die deutsche Lehrerschaft oder Pädagogik des frühen 20. Jahrhunderts gewesen sein mögen, so ist es doch unverkennbar, daß die Causa Dippold einige Kommentare der übleren Sorte aus pädagogischen Kreisen evoziert hat, und zwar von Leuten, die sich als Autoritäten in Fragen der Erziehung, insbesondere als Experten in Sachen Prügelstrafe ausgaben. Dabei konnten sie sich, wie Freymut und Kiefer, für den Kinderschutz engagieren und sich gleichzeitig über die »Humanitätsduselei« – ein damals gern benutzter Kampfbegriff – erregen, die einen völligen Verzicht der Prügelstrafe forderte. Je nach Perspektive sah die Sache etwas anders aus, wobei den Protagonisten die Widersprüche in ihrer Beurteilung nicht einmal aufzufallen schienen. Klar ist indes, daß der Fall instrumentalisiert wurde, um die jeweils vertretene Position in einer Zeit zu stärken, in der die Autorität der Lehrerschaft, die Ausrichtung der Pädagogik und insbesondere die Prügelstrafe kontrovers verhandelt wurden.

Dieser Zugriff wird auch bei denen deutlich, die eine weitere Verwissenschaftlichung der Pädagogik forderten, neueste Forschungsergebnisse der Psychologie und Psychiatrie des Jugendalters zum obligaten Bestandteil des Studiums machen wollten und die Ansicht vertraten, daß auch Eltern sich gewisse erziehungswissenschaftliche Kenntnisse aneignen sollten. Georg Wanke sprach von einer Psychagogik, die sich komplementär zur Pädagogik der geistigen Entwicklung bzw. Fehlentwicklung des Kindes anzunehmen habe. »Fälle von Dippoldismus« seien gar nicht so selten, aber speziell dieser eine hätte laut Wanke vermieden werden können, wenn »bei allen Lehrern und Laien ein tieferes Verständnis für den veränderten Mechanismus unserer Kranken« und ein ausreichendes psychopathologisches Wissen vorhanden gewesen wäre.[24] Damit wurde die Schraube noch einmal um eine Umdrehung fester angezogen. Nicht nur die Eltern und Vogt hätten Dippolds psychopathischen Charakter erkennen müssen, sondern bereits seine Gymnasiallehrer in Münnerstadt und Bamberg. Eine wie selbstverständlich angenommene pathologische Disposition durfte gar nicht erst zur Entfaltung kommen, und deswegen mußte die Prävention bereits im Kindesalter ansetzen. Wenn Dippold seinen Schüler als geborenen Verbrecher bezeichnet hatte, so kehrte sich dieses Stigma nun gegen ihn.

Die alltäglichen Schwächen, Probleme und Verstocktheiten des Kinder- und Jugendalters zu starken Zeichen für spätere perverse und kriminelle Entartungen zu machen gehörte zu den Zielen der wissenschaftlich ambitionierten Pädagogik. Als wäre das Überwachungs- und Strafregime der Lehrer noch nicht gut genug organisiert gewesen, sollte deren Kompetenz nun auch noch auf das Feld der Pathologie ausgedehnt werden. Man möchte sich lieber nicht ausmalen, wie eine Schulpraxis ausgesehen hätte, wenn diese Forderungen konsequent realisiert worden wären. Aber auch so ist die Saat der Kriminalanthropologie, im auffälligen Jungen einen potentiellen Verbrecher zu sehen, nicht ganz vom Wind zerstreut worden. Das zeigt sich besonders deutlich an Johannes Trüper, einem Pionier der sich damals noch in den Anfängen befindenden Heilpädagogik, der ähnlich wie Nelly Wolffheim oder Hermann Lietz auch heute noch hohes Ansehen in der Geschichte der Pädagogik genießt.[25]

Trüpers Vorstellung von Heilpädagogik beschränkte sich nicht darauf, geistig oder körperlich behinderte Kinder therapeutisch zu unterstützen und ihnen ein geeignetes Umfeld zu verschaffen; er interessierte sich auch für den Zusammenhang von Krankheit und Kriminalität. Dabei vermied er jedoch die diffusen Theorien Lombrosos und stützte sich auf Julius Kochs Konzept der psychopathischen Minderwertigkeiten. Das ist die Diagnose, die Andreas Dippold gestellt worden war, und so ist es kaum überraschend, daß Trüper in seiner auf mehrere Fallgeschichten gegründeten Abhandlung über »Psychopathische Minderwertigkeiten als Ursache von Gesetzesübertretungen Jugendlicher« eine ausführliche Epikrise des Falls und der Persönlichkeit Dippolds vorlegte. In gewisser Hinsicht lieferte er damit das Gutachten, das der Bayreuther Psychiater Carl Kraussold nicht angefertigt hatte – freilich ohne über dessen psychiatrische Erfahrung und Kenntnisse der Geschehnisse zu verfügen. Wie alle anderen Experten auch, die nach dem Prozeß Stellung nahmen, hatte Trüper seine Informationen aus der journalistischen Berichterstattung bezogen, einschließlich aller faktischen Übertreibungen und Irrtümer, wie etwa Hardens Ausführungen über Dippolds angeblich ausschweifendes Leben in Berlin.

Wer aber war nun indirekt für Heinz Kochs Tod mitverantwortlich? Das war die Frage, die sich auch Trüper vorlegte, wohl wissend, daß die Pädagogik bereits mehrfach in ein schlechtes Licht gerückt worden war. Nicht zuletzt um diesen Eindruck zu korrigieren, kaprizierte auch er sich auf die Eltern. Er bezichtigte sie jedoch nicht, wie Fränkel, des blinden Vertrauens in die Pädagogik, sondern drehte den Spieß um und machte ihnen ihre Unkenntnis derselben zum Vorwurf. Als Repräsentanten des Geldadels, der typischerweise mehr von Hunde- und Pferdezucht verstehe als vom Seelenleben des Kindes, hätten sie ihren Sohn »dem Unverstande geopfert. [...] Das ist die rächende Nemesis an den Hochgestellten, die die Pädagogik dermaßen als Aschenbrödel behandeln und verachten, daß sie glauben, das Studentenleben befähige jeden zum Erzieher, während man z. B. auf medizinischem Gebiete sofort ›Kurpfuscher‹ schreit und nach dem Staatsanwalt ruft, wenn ein ›Laie‹ nur den Körper des andern in Behandlung nimmt.«[26] Trüpers Botschaft an alle, die mit Kindern zu tun hatten, lautete schlicht: die Pädagogik als Wissenschaft müsse endlich ernst genommen werden. So wie die moderne Medizin den Umgang mit Gesundheit und Krankheit auch außerhalb des Krankenhauses organisierte, sollte die Pädagogik ganz generell den Umgang mit Kindern regeln. Solange ihr Ansehen derart bescheiden war, passierten Tragödien wie die im Hause Koch fast zwangsläufig. Zu verwirklichen war die geforderte Verwissenschaftlichung und Autoritätssteigerung der Pädagogik für Trüper nur dann, wenn sie sich an die angesehenen Humanwissenschaften – in erster Linie an die Psychiatrie à la Kraepelin – anschloß.

Auch darin bestand also die Konsequenz aus der Dippold-Affäre, die weit über die Frage nach der Berechtigung der Prügelstrafe hinausging: Ähnlich wie zur gleichen Zeit die Sexualwissenschaften benutzte die Pädagogik pathologisch aufgeladene Fälle, um sich ihren Platz innerhalb der akademisch anerkannten Disziplinen zu erkämpfen. Freilich sah auch ein so unermüdlicher Apologet der Pädagogik wie Trüper ein, daß deren Gedeihen nicht allein von einer breiteren psychopathologischen Kompetenz abhängen konnte. Ebenso wichtig war die Frage, wie sie es mit der körperlichen Züchtigung und der kindlichen Sexualität halten sollte. Wir haben gesehen, daß die pädagogische Beurteilung der Geschichte des Hauslehrers unterschiedlich ausfiel, je nach dem, ob es sich um Befürworter oder Gegner der Prügelstrafe handelte. Wir haben auch gesehen, daß die Frage der kindlichen Onanie unmittelbar nach der Gerichtsverhandlung aus dem Diskurs verschwunden war. Nun wurden beide Aspekte aus einer ganz anderen Ecke wieder ins Getümmel geworfen. 1904 erschien ein weiteres Produkt der hastig hingeschriebenen, mit zahlreichen Fehlern gespickten Broschürenliteratur, diesmal jedoch aus dem Bereich der Sittengeschichte. Ihr Autor, der damals zweiundzwanzigjährige Publizist Hans Rau, verstand *Der Fall Dippold. Ein Sittenbild aus dem 20. Jahrhundert* als Streitschrift, mit der er den Zustand der Zivilisation charakterisieren und – ähnlich wie Fränkel in der *Fackel* – einen Zusammenhang zwischen Erziehung und Sadismus herstellen wollte.

Es wird noch genauer zu betrachten sein, wie Rau den Fall Dippold, durchaus anders als Harden, in die Sittengeschichte einordnete. Für den Moment ist nur wichtig, daß er den Strafpraktiken der Erzieher eine fatale sexuelle Komponente unterstellte, fatal insbesondere, weil sie auf seiten der Strafenden bisweilen und auf seiten der Bestraften stets mit einer völligen sexuellen Ignoranz einhergehe. Ganz ohne Referenz auf die Psychoanalyse war das ein neuer Deutungsversuch: Der Hauslehrer, so die These, hatte aus sexueller Lust heraus gestraft, aber das war ihm nicht bewußt geworden. Die Konsequenzen, die Rau daraus zog, waren eindeutig: erstens eine vollständige Abschaffung der Prügelstrafe und zweitens eine gründliche Sexualaufklärung in der Schule. Wenn das Ehepaar Koch und seine Söhne über Fragen der Onanie aufgeklärt gewesen wären, hätte Dippold sein Prügelregime nicht aufbauen können.[27]

Trüpers Reaktion auf Raus Schrift war maßlos. Er schäumte über »gewisse ›moderne‹ Schriftsteller und Buchhändler, die für Millionen von Mark die Jugend über Sexualität schamlos aufklären, die erbärmliche, im Sumpfe sich behaglich fühlende pornographische Schandliteratur züchtet uns die Dippolds und die ›geheimen Jugendsünden‹, auch der Kinder. Sie gehören als Begünstiger der Dippolds mit auf die Anklagebank.«[28] Der schrille Ton war nicht untypisch für die ideologischen Kulturkämpfe jener Zeit. Mit dem Genre der Pathographie und zumal mit Max Nordaus kulturkritischem Haßausbruch namens *Entartung* war es üblich geworden, mißliebige moderne Literatur und Philosophie in die große imaginäre psychiatrische Anstalt zu sperren. Deren notorischer Insasse war Nietzsche, dessen pathologische Schriften zu Trüpers Kummer »die Lieblingsspeise des Tertianers bildeten«.[29] Noch schlimmer war die Pornographie. Damit meinte der Sittenwächter jedoch nicht die in numerierten Privatdrucken und sorgsam unterm Ladentisch verkaufte Literatur, die nach der sogenannten »Lex Heinze« von 1900 ohnehin einer strengen Zensur unterlag.[30] Es ging ihm um einen Autor wie Rau, der »alles, was seit je die Menschheit an pathologisch grausamen Wollüstlingen gezeitigt hat, aufzählt, um zu beweisen, daß die Jugend gezüchtigt wird aus Wollust«.[31]

Rau war keineswegs der einzige, der diesen Vorwurf erhoben hatte. Fränkel war der erste, und später sollten auch Pädagoginnen wie Nelly Wolffheim und Lydia von Wolfring die gleiche Ansicht vertreten. Für Trüper war das jedoch nichts anderes als »den Teufel ja recht deutlich an die Wand« zu malen und damit eine »gesunde Erziehung, dem gesunden Instinkt entsprechend«, unmöglich zu machen.[32] Es ist bemerkenswert, wie rasch Trüper das Register zu wechseln wußte. Eben noch wollte er die Erziehung ganz den pädagogischen Prinzipien unterstellen, jetzt redet er vom gesunden Instinkt, der kaum einer wissenschaftlichen Anleitung unterstellt werden mußte, sondern wie von selbst wußte, was richtig ist – es sei denn, verdorbene Geister stellten einen Zusammenhang zwischen Sadismus und Züchtigung her. Immerhin hielt auch Trüper die Frage der Prügelstrafe und der Sexualaufklärung für diskussionswürdig, nur durfte sie sich nicht an einem pathologischen Ausnahmefall wie dem des Hauslehrers aufhängen, und dementsprechend sollten es keinesfalls Sittenhistoriker, Sexualwissenschaftler oder auch Mediziner sein, die hier Initiative und Kontrolle übernahmen.

Man sieht, wie verbissen die Pädagogik um ihre Gegenstände und ihre Autorität kämpfte. Was in Fragen der Erziehung zum Bereich des Normalen gehörte und was nicht, darüber wachte ein Pädagoge wie Trüper genauso energisch wie ein Mediziner auf seinem Gebiet. Insofern hatte Rau mit seiner Verknüpfung von körperlicher Strafe und Sexualität einen empfindlichen Punkt getroffen, der noch ein weiteres, längst bekanntes, aber nie recht angepacktes Problem aufwarf. In einer berühmten, immer wieder zitierten Passage seiner *Bekennt-*

nisse hatte Rousseau davon berichtet, wie er als achtjähriger Junge von seiner Erzieherin Mademoiselle Lambercier gezüchtigt wurde und dabei neben dem Schmerz auch eine angenehme sinnliche Erregung empfand. Rousseau war davon überzeugt, daß dadurch seine weiteren sexuellen Begierden und Leidenschaften präformiert wurden.[33] Die Flagellation als unerwünschtes Aphrodisiakum zur Erweckung kindlicher Sexualität war um 1900 von mehreren Ärzten und Sexualwissenschaftlern betont worden, und auch Rau machte daraus einen großen Punkt mit seiner Spekulation, daß Schläge in der Jugend bei Dippold zu einer »krankhaften Entartung seines Empfindungslebens« geführt hätten.[34]

Sogar Otto Kiefer hatte, solange er noch ein Gegner der Prügelstrafe war, sich dieser Meinung angeschlossen und behauptet, daß ein »Scheusal wie Dippold« das ganze Unheil offenbare, wenn der kindliche Sexualtrieb zu früh geweckt werde.[35] Kurze Zeit später wollte er davon nichts mehr wissen, und auch andere Pädagogen waren in dieser Frage ausgesprochen wortkarg. Trüper wollte nicht ausschließen, daß Dippold eine brutale Erziehung durch seinen Vater erlitten hatte, doch ob das mit der von ihm diagnostizierten psychopathischen Minderwertigkeit des Delinquenten zusammenhing, ließ er offen. Diese skeptische Zurückhaltung wäre Gold wert gewesen, wenn sie sich auch auf alle anderen vermeintlichen Fakten aus Dippolds Biographie erstreckt hätte. Davon kann jedoch keine Rede sein. Trüper war davon überzeugt, daß die »sexuelle Entartung« des Hauslehrers vor allem durch alkoholische Rauschzustände, Hurerei und »Lektüre der Sumpfblätter« – gemeint sind Nietzsche, seine Epigonen und die pornographische Literatur – zustande gekommen sei.[36]

Er und die anderen Pädagogen glaubten unbesehen, was die Zeitungen ihnen vorgesetzt hatten, solange es nur in ihren Vorstellungshorizont hineinpaßte. Was hingegen ihr Terrain bedrohte, wurde mit heftigen Reflexen abgewehrt. Während Mediziner im Anschluß an Rousseau darauf hinwiesen, daß körperliche Züchtigung als unerwünschter Lustverstärker dienen konnte, insistierten Pädagogen weiterhin auf dem Rohrstock.[37] Wenn Publizisten wie Fränkel oder Rau der Pädagogik eine Strenge unterstellten, die die Grenze zum Sadismus zu überschreiten drohte, wurde ihnen das als pornographische

Hetze ausgelegt. Im Grunde konnten die Pädagogen jedoch froh sein, denn während des Bayreuther Prozesses war nicht zur Sprache gekommen, daß Dippold dem Ehepaar Koch durchaus Erziehungsvorschläge unterbreitet hatte, die aus dem bewährten Werkzeugkasten der Pädagogen stammten. Mochten sich letztere auch noch so sehr darüber echauffieren, daß Dippold überhaupt als Erzieher akzeptiert worden war, so sahen sie doch großzügig darüber hinweg, daß die Pädagogik in diesem Fall versagt hatte. Das zeigt sich an einem Detail, das in der ganzen Diskussion zwar kaum eine Rolle spielte, aber recht aufschlußreich ist.

Hermann Lietz hatte Heinz Koch vor Gericht als gutmütigen, freundlichen Jungen dargestellt, der jedoch nicht sonderlich motiviert und lernbegabt war und deswegen Haubinda wieder verlassen mußte. Danach hat Lietz sich nicht mehr zu dem Fall geäußert – verständlicherweise, denn wenn die Reformpädagogik nicht das Richtige für Heinz Koch war, stellte sich unvermeidlich die Frage: was dann? Dazu mochten sich auch die Fachkollegen nicht äußern, mit Ausnahme von Johannes Trüper. Er riskierte es, auf der Grundlage der aus den Zeitungen stammenden Informationen eine kleine Charakterologie Heinz Kochs zu erstellen, die ganz am Konzept der psychopathischen Minderwertigkeit orientiert war. Der Junge litt an »angeborener intellektueller Schwäche«, war »nervenzart«, gehörte zu den »reizbar Schwachen, die [...] leicht ermüden, im Charakter dabei gutherzig schwach, d. h. auch zu Fehltritten allerlei Art fähig sind«, beispielsweise zu Diebstählen, die Trüper für wahrscheinlich hielt. Körperlich auffällig war die »Fettsucht, die im Kindesalter meistens auch eine Begleiterscheinung von nervösen und seelischen Herabminderungen ist«. Schließlich konstatierte er eine Herzschwäche, die er für den Tod des Jungen mitverantwortlich machte.[38]

Im Handumdrehen war ein Krankheitsbild Heinz Kochs erstellt, das freilich den unangenehmen Makel hatte, den Diagnosen auffallend zu ähneln, die der Hauslehrer seinem Schüler gestellt hatte: Auch Dippold sah das Übergewicht des Jungen als Problem an und veranlaßte deswegen, nicht ohne Erfolg, eine Umstellung der Ernährung und konsequente sportliche Betätigung; auch er konstatierte »angeborene intellektuelle Schwäche«, mangelnde Aufmerksamkeit und mo-

ralische Fehltritte. Sicher, das Thema der Onanie klammerte Trüper
wohlweislich aus, doch wenn er diese für ein reines Phantasma des
Hauslehrers gehalten hätte, so hätte er das wohl deutlich gesagt. Dennoch gilt: Dippold bezog sein Vokabular zur Charakterisierung Heinz
Kochs aus Kriminalanthropologie und Sozialdarwinismus, Trüper bezog es aus der Theorie der psychopathischen Minderwertigkeit, die er
bei Julius Koch kennengelernt hatte. Das waren graduelle, aber keine
prinzipiellen Unterschiede. Es zeigt sich einmal mehr, daß es hier ein
gemeinsames Diskursgewebe gab, aus dem psychophysische Profile
von Menschen hervorgingen, die unmittelbare Konsequenzen für
das Alltagsleben hatten.

Diese humanwissenschaftliche Taxonomie wandten die Pädagogen
auch auf Dippold selbst an. Alle Begriffe, die bis dahin in Umlauf
gebracht worden waren – Sadist, Perverser, Entarteter, Minderwertiger, in moralischer Hinsicht Debiler, sexuell Verderbter oder Psychopath –, tauchten auch bei ihnen auf. Das gleiche gilt für die Frage,
wie mit Dippold zu verfahren sei. Auch hier fielen die Antworten
nicht anders aus als in der Presse: Freymut, besonders kraß, bezeichnete den Hauslehrer als krank und wollte ihn gleichzeitig im Gefängnis verprügelt sehen; Trüper, etwas akademischer, hielt die Un-
terbringung in einer Heilanstalt oder Zwangsanstalt für angemessen.
Wo verlief die Grenze zwischen öffentlicher Empörung und wissenschaftlicher Analyse? In der Pädagogik ist sie nicht klar zu ziehen.
In den juristischen Diskussionen, die es nun zu betrachten gilt, ist
das anders, obwohl sich auch hier die Macht des Skandals bis in die
Feinstruktur der Argumentationen hinein auswirkt.

Noch einmal kurz zusammengefaßt: Das Bayreuther Urteil war
allgemein als unangemessen empfunden worden. Ob aus kriminalanthropologischen Erwägungen oder weil man das allgemeine Gerech-
tigkeitsgefühl mißachtet sah, die Aussicht, daß Dippold spätestens
nach acht Jahren wieder ein freier Mann sein und unter Umständen
an seine Untaten anknüpfen würde, bereitete großes Unbehagen. In
den verschiedenen spontanen Unmutsbekundungen sind die Keime
zweier Prinzipien erkennbar, die im Strafrecht der damaligen Zeit unter den Begriffen Vergeltungsstrafe und Zweckstrafe kontrovers diskutiert wurden. Auf diese in der Strafrechtsgeschichte grundlegende,

auch heute noch relevante Auseinandersetzung um Fragen von Tat und Täter, Freiheit und Determinismus, Schuld und mildernden Umständen ist kurz einzugehen, weil sie den Hintergrund für das kriminologische Interesse am Fall Dippold darstellt. Vertreter beider Lager betrachteten ihn als beispielhaft, um die Stärken bzw. Schwächen der jeweiligen theoretischen Positionen herauszustreichen.[39]

Das Fundament des damals gültigen Strafrechts wurde im Jahre 1901 von Karl von Birkmeyer, einem der Hauptvertreter der klassischen Strafrechtslehre, auf folgende Weise charakterisiert: »Jedes Verbrechen [ist] das Erzeugniss einer freien Willensentschliessung des Verbrechers, so dass eine Vergeltung durch Strafe zwecks Sühne gegenüber der missachteten Rechtsordnung und zwecks Genugthuung gegenüber dem verletzten Berechtigten ebenso als nothwendig wie als gerecht erscheint.«[40] Dieses Prinzip, auch als Vergeltungsstrafe bezeichnet, geht davon aus, daß es sich bei dem Verbrecher um ein autonomes Subjekt handelt, das sich auch anders hätte entscheiden können. Das Objekt der Strafe ist nicht der Verbrecher, dessen Konstitution und soziale Herkunft, sondern einzig und allein die Tat selbst. Sie muß angemessen geahndet werden, um die Rechtsordnung wiederherzustellen, dem allgemeinen Rechtsgefühl Genüge zu tun und dem Opfer Genugtuung widerfahren zu lassen.

Gegen den Vergeltungsgedanken, der dem Reichsstrafgesetzbuch zugrunde lag, hat sich im späten 19. Jahrhundert massiver Widerstand formiert. Die Kritikpunkte waren zahlreich: Er beruhe auf einem veralteten Rechtsgedanken, habe die Fortschritte der Biologie, Anthropologie und Psychiatrie ignoriert und unmenschlich zu sein, weil er die Strafknechtschaft aufrechterhalte. Ein weiterer Vorwurf bestand darin, daß es gegenüber dem modernen Verbrechertum unwirksam sei, womit gemeint war, daß er keinerlei Schutz vor rückfälligen Tätern biete.[41] Die besondere Betonung der Rückfälligkeit weist auf eine Wahrnehmungsverschiebung in der kriminologischen Argumentation hin, denn den Kritikern ging es nicht mehr in erster Linie um einen Täter, dessen Tat es zu sühnen galt, sondern um den Täter, der eine potentielle Dauerbedrohung für die Gesellschaft darstellte, also weniger um Schuld und Sühne als um Gefährlichkeit und deren Entschärfung.[42] Diese Achsendrehung ist ohne die positivistischen

Humanwissenschaften des Fin de siècle, ohne sozialdarwinistische Biologie und Psychiatrie, Kriminalanthropologie und Soziologie, undenkbar. Da von diesen bereits mehrfach verstreut die Rede gewesen ist, lohnt auch hier ein knapper Überblick über die Hauptpunkte.

Schon um die Jahrhundertmitte hatten Psychologie und Anthropologie den Kriminalisten als Hilfswissenschaften gedient, aber niemand wäre ernsthaft auf die Idee gekommen, daraus unmittelbare Konsequenzen für das Strafrecht abzuleiten. Das wurde um 1880 anders. In einer programmatischen Schrift argumentierte der junge Emil Kraepelin, die Determinierung eines Kriminellen sei das Resultat seiner Erbanlagen in Kombination mit ungünstigen Lebensverhältnissen. Als weitreichende, für heutige Ohren nicht unvertraut klingende Konsequenz ergibt sich daraus die Abschaffung der Strafe. Anstelle von Sühne und Vergeltung stellte Kraepelin den Schutz der Gesellschaft als oberstes Ziel der staatlichen Zwangsmaßnahmen dar.[43] Zwar ging er nicht so weit, alle Verbrecher als Geisteskranke hinzustellen, aber die angeblich oft fließenden Übergänge zwischen beiden führten fast zwangsläufig zu der Forderung, den Charakter und die biologische Natur eines Kriminellen mit den gleichen Instrumenten und Konzepten zu traktieren wie die von Geisteskranken. Suggestive Formeln wie *geborener Verbrecher, Perverser, Degeneration* oder *Minderwertigkeit* rückten diese Aspekte in den Mittelpunkt. Ein Krimineller wurde zu einem Typus stilisiert, der gar nicht anders konnte, als ein Verbrechen zu begehen, und damit auf Dauer eine Bedrohung für die Gesellschaft darstellte. Entsprechend war man schnell mit simplen Kausalfaktoren bei der Hand, wenn unter den Verwandten Alkoholiker, Prostituierte und Geschlechtskranke gefunden wurden[44] oder, was im Fall Dippold eine Rolle spielte, der Täter als Kind oftmals verprügelt worden war.

Viel schwieriger war die Suche nach körperlichen Zeichen, auf die sich vor allem Lombroso und seine Schule verlegten. Obwohl die Bemühungen zunehmend im Sande verliefen und die Kriminologen sich frustriert von einer physiognomischen Typenlehre zurückzogen,[45] blieb die Vorstellung vom entarteten Individuum quicklebendig. Durch eine ontogenetisch bedingte Hemmungsentwicklung waren Delinquenten auf einer bestimmten, noch tierischen oder we-

nigstens primitiveren menschlichen Stufe der Entwicklung stehen-
geblieben. In den an Deutlichkeit kaum zu überbietenden Worten
von Enrico Ferri, einem Anhänger Lombrosos: »Diese Auffassung
des Verbrechers als eines in unsere civilisierte Welt hineingeratenen
Wilden ist nicht einfach als Metapher zu betrachten, sondern ganz
streng als wissenschaftliche These im Sinne des Darwinismus und
der Biologie.«[46] Kraepelin, der Lombrosos Atavismus-These kritisch
gegenüberstand, war davon gar nicht weit entfernt, wenn er sich darüber aufregte, daß nach dem geltenden Strafrecht ein Krimineller
seine Strafe verbüße, bis dann »ruhig das Raubthier wieder auf das
Publikum losgelassen wird« und die ganze Geschichte von vorn los-
gehe.[47]

Die Gleichsetzung von Kriminellen mit Raubtieren, Bestien oder
Wilden, dieser rüde Jargon im Namen wissenschaftlicher Autorität,
war ein sprachlicher Sündenfall par excellence; und er war folgen-
reich, weil nun die verbrecherische Tat als notwendige Konsequenz
erscheinen mußte, die sich aus der Persönlichkeit des Täters ergab.
Bei der immer lauter werdenden Forderung nach einer Strafrechtsreform ging es also, wie bereits angedeutet, nicht mehr darum, die
Schuld durch die Strafe aufzuwiegen, sondern diese nach der Gefährlichkeit des Täters und der Sicherung der Gesellschaft zu bemessen.

Kraepelins Forderung nach einer Medikalisierung des Strafrechts
fand seitens der Psychiater Zustimmung, konnte in der Kriminologie jedoch erst nach einer Anpassung an den begrifflichen und kon-
zeptuellen Habitus der Strafrechtstheorie Fuß fassen. Dieser Schritt
ist vor allem mit dem Strafrechtler Franz von Liszt verbunden, also
ausgerechnet jenem Berliner Professor, bei dem Dippold einige Veranstaltungen belegt und seine Dissertation hatte schreiben wollen. Seit
seiner Marburger Antrittsvorlesung von 1882 verfolgte Liszt eine Neu-
konzeption der Strafe, indem er diese als »zweckbewußten Rechts-
güterschutz« verstand.[48] Nicht die abstrakte Rechtsordnung sollte
geschützt und also auch keine metaphysisch verstandene Gerechtigkeit wiederhergestellt werden, sondern empirisch faßbare Güter wie
Eigentum oder Gesundheit der Mitglieder der Gesellschaft sollten un-
versehrt bleiben. Der Schwerpunkt verschob sich damit zugunsten
der Prävention.[49] Entsprechend verfolgte die Strafe einen bestimm-

ten Zweck, sei es der Abschreckung, sei es der Besserung des Delinquenten oder auch der Ausschaltung des unberechenbaren, gefährlichen Individuums. Davon ausgehend teilte Liszt die Verbrecher in drei Kategorien ein, bei denen die Strafe je unterschiedliche Ziele verfolgte: Abschreckung des Gelegenheitstäters, Erziehung und Läuterung des verbesserungsfähigen Gewohnheitsverbrechers und Unschädlichmachung der Unverbesserlichen oder Unheilbaren.[50]

Liszt war, wie schon erwähnt, kein Determinist im Sinne Lombrosos, und doch ist die Ambivalenz seines Ansatzes kaum zu übersehen. Einerseits bildete die Erziehbarkeit eines Menschen für ihn stets das Herzstück der Kriminalpolitik, andererseits agierte er in der kalten, menschenverachtenden Denkweise des Sozialdarwinismus, wenn er sich die Ausschaltung des Unheilbaren ungefähr so vorstellte wie die Ausmerzung des Schwachen durch die natürliche Selektion: »Die Strafe ist Sequestrierung des Verbrechers; vorübergehende oder dauernde Unschädlichmachung, Ausstoßung aus der Gesellschaft oder Internierung in derselben. Sie erscheint als künstliche Selektion des sozial untauglichen Individuums.«[51] Eine Humanisierung der Strafe ist hier eher nicht zu erkennen. Wenn das Verdikt »unheilbar« einmal gesprochen war, so gab es zur Sicherheitsverwahrung nach Liszts Vorstellung keine Alternative.

Das war aber nicht das einzige Problem. Seine Unterscheidung zwischen besserungsfähigen und unheilbaren Verbrechern mußte sich auf Verfahren und Kriterien stützen, die auf eine anthropologische, medizinische und soziologische Durchleuchtung des Täters hinausliefen. Und diese Durchleuchtung zeigte im weiteren Verlauf eher die Fratze der Stigmatisierung und Repression, als daß sie den humanitären und liberalen Vorstellungen folgte, die der Theorie der Zweckstrafe einmal zugrunde gelegen haben mögen.[52] Aus dem bislang Gesagten folgt jedoch nicht, daß Liszts Position sich auf ganzer Linie durchgesetzt hätte. Das geschah allein schon aus dem Grunde nicht, weil es im Deutschen Reich, solange es existierte, nicht zu einer grundlegenden Strafrechtsreform kam. Es wäre auch genauer zu untersuchen, welchen Einfluß Liszts Theorie auf die Rechtsprechung in ähnlich gelagerten Fällen von körperlicher Mißhandlung genommen hat, doch das geht über die Fragestellung dieses Buches weit hinaus. Für unseren Zusammenhang ist es entscheidend, daß die Idee der Zweckstrafe mit all ihren möglichen Konsequenzen für das allgemeine Bild des Verbrechers bedeutsam wurde, wie es in den Humanwissenschaften und in der Medienöffentlichkeit, aber auch in Justizkreisen vorherrschte.

Dippold war von den ärztlichen Gutachtern als psychopathisch minderwertig bzw. geistig minderwertig bezeichnet worden, ohne daß seine Zurechnungsfähigkeit in Zweifel gezogen wurde. Auch aus diesem Grund mußte der Fall die Aufmerksamkeit der Kriminologen wecken, denn wie mit Minderwertigen strafrechtlich umzugehen sei, ob man ihnen mildernde Umstände zubilligt oder nicht, und wie man nach der Verurteilung mit ihnen verfährt, das wurde kontrovers diskutiert.[53] Im Sommer 1903, also vor dem Bayreuther Prozeß, wurden beim Treffen der deutschen Sektion der Internationalen Kriminalistischen Vereinigung (IKV) drei Vorschläge vorgelegt: Sogenannte minderwertige Kriminelle sollten überhaupt nicht bestraft, sondern in einer medizinischen Einrichtung verwahrt oder behandelt werden, bis sie nicht mehr gefährlich waren; oder sie sollten in speziell zu gründenden hybriden Institutionen untergebracht werden, die gleichzeitig der Strafe und der Therapie dienten; oder – und das war der Vorschlag Franz von Liszts – Minderwertige sollten zuerst in einem Gefängnis ihre Strafe absitzen und danach in eine psychiatrischen Anstalt eingewiesen werden, wenn sie noch als gefährlich galten.[54] Offensichtlich war das Bayreuther Gericht keinem dieser drei Vorschläge gefolgt, und das führte unter Juristen sogleich zu der besorgten Frage, ob Dippold nicht nach der Entlassung aus dem Zuchthaus sogleich wieder rückfällig werden würde.[55] Die Anhänger beider Schulen, der Vergeltungs- und der Zweckstrafe, kamen zu recht divergierenden Einschätzungen und Vorschlägen, doch trotz aller Meinungsverschiedenheiten wären die Aussichten für den Delinquenten in beiden Fällen erheblich gravierender gewesen als angesichts des tatsächlichen Urteils.

Die Hauptprotagonisten dieser in der *Deutschen Juristen-Zeitung* ausgetragenen Kontroverse stimmten darin überein, daß es sich bei Dippold um einen minderwertigen Charakter handle und daß die Strafe zu mild ausgefallen sei. Doch sie waren sich keineswegs einig darüber, ob Dippold nun nach dem Vergeltungsgedanken oder nach dem Zweckgedanken verurteilt worden war, welche Art von Strafe angemessen sei und wie ein anderes Urteil hätte begründet werden müssen. Der Freiburger Kriminologe Waldemar von Rohland beispielsweise, ein dezidierter Befürworter des Vergeltungsrechts, vertrat die Ansicht, daß dem »allgemeinen Rechtsbewußtsein« nicht in ausreichendem Umfang Genüge getan worden sei, und begründete das mit der breiten Empörung über das Urteil in der Bevölkerung. Da keine Rechtspflege »ohne das Vertrauen des Volkes« bestehen könne, da die Schwere des Verbrechens durch die Härte der Vergeltung aufgewogen werden müsse, wäre die Ausschöpfung des vollen Strafmaßes von 15 Jahren geboten gewesen. Damit nicht genug, Rohland erklärte sich für strafverschärfende Maßnahmen wie »Hungerkost, Dunkelzelle oder Prügelstrafe«, um »dem Bedürfnis nach Vergeltung und Sühne« Genüge zu tun – ein Akt der Rache also, wie er auch in der Tagespresse gefordert worden war.[56]

Geistige Minderwertigkeit war für Rohland also kein Grund zur Strafminderung. Im Gegenteil stand sie einer Strafverschärfung nicht im Wege, wenn das Verbrechen schwer genug, der Täter besonders »verroht« war. Der Ruf nach einer Wiedereinführung der Prügelstrafe für Straftäter war nichts Außergewöhnliches, ja, er wurde seit einigen Jahren sogar immer lauter vernehmbar. Für Heinrich Krausse beispielsweise sollte das Vorurteil, das »seit 1848 bei uns gegen die Prügelstrafe besteht«, durch klare Kriterien, wann diese im Gefängnis angemessen ist, überwunden werden.[57] Dippold schien zumindest für die Konservativen unter den Strafrechtlern ein solcher klarer Fall zu sein. Rohland sagte nicht ausdrücklich, daß er das Bayreuther Urteil als Resultat des Zweckgedankens ansah – was auch absurd gewesen wäre, da dieser nicht im Gesetz verankert war –, aber er ließ deutlich durchblicken, daß die irritierende Milde des Urteils ein Beweis für die Insuffizienz der auf Abschreckung und Besserung abzielenden, den Aspekt der Sühne hingegen ignorierenden Zweckstrafe sei. Insofern hoffte er, daß der Dippold-Prozeß bei der anstehenden Strafrechtsreform gebührend berücksichtigt werde.

In einem Punkt scheint Rohland die Zweckidee völlig falsch eingeschätzt zu haben, nämlich darin, daß sie einen Delinquenten wie

Dippold liberaler behandeln würde. Das zeigt die postwendende Antwort Franz von Liszts, der mit Rohland hart ins Gericht ging. Wenn dieser 15 Jahre Zuchthaus für Dippold fordere, so Liszt, beweise das nur die logische Inkonsequenz der Vergeltungsstrafe, denn der ehemalige Hauslehrer sei ja faktisch im Geiste des Vergeltungsgedankens verurteilt worden. Die unterschiedlichen Strafmaße zeigten die Unfähigkeit der »›Vergeltung‹ [...], uns zu sagen, wie die Strafe zu bemessen ist«. Und wenn die Vergeltungsidee bei einem Minderwertigen das Höchstmaß der Strafe und Prügel fordert, »so hat sie sich selbst gerichtet«. Der für Liszts Position wichtigste Punkt liegt indes woanders. Nach eigenem Bekunden hatte er sich ausgiebig in der Bevölkerung umgehört und verschiedenen Personen die Frage vorgelegt: »Würde es Ihrem Rechtsbewußtsein entsprechen, wenn ein solches Scheusal wie Dippold für den ganzen Rest seines Lebens unschädlich gemacht würde?« Zur großen Befriedigung des Zwecktheoretikers waren alle Befragten dieser Ansicht. Das allgemeine Rechtsbewußtsein verlangte also nicht nach Rache, sondern nach Schutz – eine These, die durch die vorhandenen Leserbriefe eher nicht gedeckt war und auch umgehend in Zweifel gezogen wurde. Jedenfalls konnte Liszt die Alternative zwischen Vergeltungsstrafe und Zweckstrafe in annähernd die gleichen Worte fassen, die Kraepelin mehr als 20 Jahre zuvor in seiner Schrift über das Strafmaß gebraucht hatte: entweder Vergeltungsstrafe, die Dippold im Zuchthaus hält und prügelt und ihn »nach Ablauf der Strafdauer wieder als wildes Tier auf die menschliche Gesellschaft« losläßt; oder Schutzstrafe, »die den gemeingefährlichen Minderwertigen unschädlich« macht und so die Gesellschaft und auch ihn selbst vor sich schützt.[58]

Offensichtlich war Liszt also der Ansicht, daß Dippold zu den unheilbaren Subjekten gehörte, die das Licht der Freiheit besser nicht mehr erblickten. Vermutlich hätte sein ehemaliger Student in diesem Fall 15 Jahre Zuchthaus plus Prügelstrafe vorgezogen. Wir sehen an dieser Diskussion erstens, daß Staatsanwalt und Richter in Bayreuth den Fall wesentlich liberaler und pragmatischer beurteilt hatten als die Theoretiker, die ohne genaue Kenntnis der Sachlage ihrer jeweiligen Doktrin Geltung verschaffen wollten. Wir sehen zweitens, wie der bedeutendste Theoretiker der Zweckstrafe seine psychiatrische Dia-

gnose des Delinquenten legitimierte. Um diesen lebenslänglich einzu-
sperren, reichte ihm das aus, was er in der Zeitung gelesen hatte und
was er für die Autorität der Psychiatrie hielt. Die von Liszt ansonsten
so geschätzte soziologische Betrachtung kommt hier nicht vor, und er
hielt es auch nicht für nötig, anzugeben, worauf er seine prognostische
Sicherheit gründete. Die Annahme der Unheilbarkeit entpuppte sich
als Achillesverse der Lisztschen Theorie, die mit dem Irrglauben hinsichtlich der Zuverlässigkeit der Psychiatrie zusammenhing. Daraus
folgt drittens, daß in diesem Fall die Koalition von Medizin und Strafrecht keineswegs zu einem differenzierteren oder gar menschlicheren
Umgang mit einem Delinquenten führte, im Gegenteil. Mangelnde
Effektivität hatte Liszt der Vergeltungsstrafe vorgeworfen. Nun, *effektiv* war sein Vorschlag zur Unschädlichmachung des »gemeingefährlichen Minderwertigen« durchaus, aber wie die weitere Entwicklung
der Kriminalpolitik in Deutschland zeigte, war es trotz aller liberalen
Aspekte in Liszts Überlegungen keineswegs schwierig, diese Effektivität nach 1933 in schiere Barbarei zu verwandeln.[59]

Mit der Kontroverse zwischen Rohland und Liszt war die juristische Diskussion um den Fall Dippold noch nicht beendet. Befremden
gegenüber dem Vorschlag, die Prügelstrafe im Strafvollzug wieder ein-
zuführen, kam von allen Seiten, auch vom liberalen Vergeltungstheo-
retiker Moritz Liepmann, der schlichtweg leugnete, daß dies irgend
etwas mit der Vergeltungsidee zu tun habe.[60] Aber auch Liszt wurde
wegen seiner Forderung nach lebenslanger Schutzstrafe kritisiert.
Liepmann konnte nicht akzeptieren, daß die zweifellose gegenwärtige
Gemeingefährlichkeit Dippolds auch für alle Zukunft gelten solle:
»Die Kriterien, nach denen wir die Gemeingefährlichkeit bestimmen
sollen [. . .], sind völlig dunkel.« Deswegen würde eine »heillose, gar
nicht zu beseitigende Unsicherheit und Willkür [. . .] die Folge einer
konsequenten Durchführung der Zweckstrafe sein«.[61] Diese Kritik
richtete sich indirekt natürlich auch gegen die Psychiatrie, und zwar
weniger gegen das Konzept der gefährlichen geistig Minderwertigen
als gegen die Kategorie der Unheilbarkeit. Liepmann war keineswegs
prinzipiell dagegen, Delinquenten nach verbüßter Haftstrafe in einer
psychiatrischen Anstalt unterzubringen. Aber bevor das geschah, sollte der Staat gewissenhaft prüfen, ob das nötig sei.

Im Hinblick auf Dippold war das auch die zwischen den Schulen vermittelnde Position des Schweizer Strafrechtlers Carl Stooss: »Es wird lehrreich sein, zu erfahren, wie sich Dippold führt, und ob sein Charakter sich in der Zelle umbildet. Es ist ja nicht ausgeschlossen, daß er zur Besinnung kommt und mit Schrecken auf seine Vergangenheit zurückblickt. Es ist aber auch denkbar, daß sich die pathologischen Keime, die in ihm liegen, pathologisch entwickeln und ein Geisteskranker das Zuchthaus verläßt. Eine Prognose ist dem Kriminalisten nicht möglich.«[62] So deutlich hat kein anderer der an der Diskussion beteiligten Juristen die Grenzen des Wissens benannt, vor allem nicht Rohland oder Liszt. Die konsequenten Verfechter einer dezidierten theoretischen Position taten sich mit jenen Grenzen ausgesprochen schwer. Daß sich die Dinge auch in eine ganz andere Richtung entwickeln konnten, vermochte ein pragmatischer, abwägender Standpunkt eher zu würdigen. Auch Stooss hielt Dippold für »moralisch entartet, entmenscht«, aber das war für ihn kein Urteil mit Ewigkeitswert. Allerdings stand er damit angesichts der ganzen Empörung, die offensichtlich auch die Juristen erfaßt hatte, ziemlich allein, ebenso wie mit der Auffassung, daß Dippold sehr wohl schwer für seine Tat büße: »Seine Existenz ist vernichtet; er ist aus der Gesellschaft, der er angehörte, ausgestoßen. So kurz uns auch acht Jahre erscheinen, wenn sie abgelaufen sind, so lang ist dieser Zeitraum für den, der sie im Zuchthaus zubringen soll.«[63] Damit sollte Stooss vollkommen recht behalten, aber eine solche Stimme vermochte sich kaum Gehör zu verschaffen. Gewiß, das Urteil wurde nicht revidiert, aber angesichts der öffentlichen Empörung und der kriminologisch-psychiatrischen Diskurshoheit setzte sich mit ganz unterschiedlichen Argumenten die Meinung fest, daß die Strafe zu gering ausgefallen sei.

Der »Prolog zu unserer Strafrechtsreform«– so schrieb Liszts Schüler Eduard Kohlrausch über den Fall Dippold – war gehörig schiefgegangen.[64] Damit meinte er wohl, daß sich über diesen Prozeß nur in der einen Hinsicht Konsens zwischen den beiden Schulen herstellen ließ, daß ihm ein exemplarischer Wert zukam. Ansonsten herrschte Uneinigkeit, und das lag, wie Kohlrausch bekümmert feststellte, an der ungeklärten Frage, welcher Gesichtspunkt bei der Bestimmung des Strafmaßes entscheidend sein sollte. In der Tat waren die diesbezüglichen Vorschläge recht divergierend. Rohland fand das Höchstmaß von 15 Jahren angemessen, hatte jedoch durchblicken lassen, daß er die gesetzlichen Möglichkeiten für nicht ausreichend hielt; Liszt plädierte für lebenslängliche Schutzstrafe; Liepmann fand das übertrieben, legte sich aber nicht genau fest, wie mit Dippold zu verfahren wäre; Stooss hielt das Strafmaß für mehr oder weniger angemessen; und Kohlrausch schließlich bezeichnete die Strafe als zu gering, ohne indes anzugeben, was er für richtig hielt. Einige Jahre später machte Ludwig von Bar in seinem Grundlagenwerk *Gesetz und Schuld im Strafrecht* noch einen weiteren Vorschlag, der Zweck und Sühne miteinander zu verbinden suchte. Er war zwar der Ansicht, geistig Minderwertige milder zu behandeln als gewöhnliche Delinquenten, doch da im Falle Dippolds »ein wollüstiges Grausamkeitsverbrechen« vorlag, mußten die Bedingungen in einer Anstalt selbst bei einem geistig Minderwertigen wie Dippold ebenso streng sein wie im Gefängnis.[65]

Diese Vielfalt von Ansichten zeigt, daß der Dippold-Prozeß für die Strafrechtler keine triviale Angelegenheit war. Womöglich kam er in einem unpassenden Moment, da die Fundamente des alten Strafrechts morsch geworden, die des neuen jedoch noch längst nicht gelegt waren. In dieser Situation konnte ein einziger Fall eine Wirkung erzeugen, die er ansonsten wahrscheinlich nicht gehabt hätte. Über diese kriminaltheoretische Konstellation hinaus war es zweifellos das öffentliche Aufsehen, für das der Fall gesorgt hatte, insbesondere die öffentliche Schelte des Gerichts, die die Juristen aufgeschreckt hatte. Der »Prolog« war auch deswegen so schlecht verlaufen, weil er in der Öffentlichkeit durchgefallen war. Und schließlich war da die unbeantwortete Frage, wie mit geistig Minderwertigen zu verfahren sei: erst Gefängnis und dann psychiatrische Anstalt oder gleich Einlieferung in eine Anstalt? Waren die Minderwertigen bedingt unzurechnungsfähig oder nicht, und für wie lange sollten sie in Sicherheitsverwahrung genommen werden?

Anders als die praktizierenden Juristen waren die wissenschaftlich orientierten Universitätsjuristen viel eher bereit, den Kategorien der Psychiater zu folgen, auch wenn kaum jemand so weit ging wie Krae-

pelin mit seiner Forderung nach einer Verabschiedung des Schuldbegriffs und Abschaffung des Strafmaßes. Das Bayreuther Landgericht
hatte vorgemacht, wie Mediziner als Sachverständige einbezogen werden konnten und das Gericht gleichzeitig die Kontrolle über das Verfahren behielt, statt es dem »Richter in Weiß« zu überantworten. Die
in die Diskussionen verstrickten Strafrechtler waren damit seinerzeit
größtenteils nicht einverstanden, aber auch in der Folgezeit sollte sich
an dieser professionspolitischen Konstellation nichts ändern.[66] Der
Fall wurde nicht noch einmal aufgerollt, und es blieb beim Strafmaß
von acht Jahren. Handelte es sich bei den juristischen Diskussionen
also um rein akademische Spiegelfechtereien? Im Hinblick auf eine
Strafrechtsreform, zu der es letztlich nicht kommen sollte, vielleicht;
und doch ist diese Debatte höchst lehrreich.

Zum einen liegt auf der Hand, daß Dippold bei einer Reform des
Strafrechts im Sinne der Kriminologen und Psychiater mit einer deutlich härteren Bestrafung hätte rechnen müssen. Die Pathologisierung
der Kriminalität und damit einhergehend die besondere Bedeutung
der Prävention führten in diesem Fall unweigerlich zur Forderung
nach repressiveren Maßnahmen. Liszts aggressive Formel, daß man
das »wilde Tier« nach einigen Jahren Haft nicht wieder auf die Gesellschaft loslassen dürfe, spricht in dieser Hinsicht Bände. Diejenigen Wissenschaftler, die besonders großes Vertrauen in Biologie und
Psychiatrie legten, hielten Andreas Dippold für einen hoffnungslosen
Fall. Wenn man bedenkt, auf welcher Wissensgrundlage dieses Ex-
pertenurteil gefällt wurde, und wenn man dies mit der lebensklugen
Einschätzung von Dippolds Freund und Kommilitonen Töpfer vergleicht, der dessen Schuld zunächst einmal darin sah, angesichts eines
solchen cholerischen Temperaments überhaupt eine derart heikle Erziehungsaufgabe übernommen zu haben, so stellt sich einmal mehr
die Frage, ob das humanwissenschaftliche Wissen hier nicht auf eine
Wiederverzauberung hinausläuft, und zwar insofern, als es nur scheinbar über ein rational definiertes und hinreichend untersuchtes Objekt befindet. Tatsächlich handelt es sich bei diesem Objekt um eine
aus Fakten, Kenntnissen, Deutungen und Vorurteilen bestehende
Chimäre, die die Humanwissenschaften – und nicht zuletzt Franz
von Liszt mit seiner Theorie – mit großer Selbstgewißheit konstruiert

haben. Dieses Ergebnis ist auch in der heutigen Zeit, da eine Biologisierung oder, genauer: eine Cerebralisierung der Kriminalität erneut im Raum steht, ernst zu nehmen. Wenn einige Neurowissenschaftler die Willensfreiheit für eine Illusion halten und – wie einst Kraepelin – für eine Abschaffung des Schuldbegriffs sowie eine Reform des Strafrechts plädieren und der Überzeugung sind, sich damit auf einem humaneren Weg zu befinden, dann ist zumindest in Erwägung zu ziehen, daß die Konsequenzen einer solchen Reform leicht in die entgegengesetzte Richtung weisen könnten.[67]

Zum anderen ist diese Chimäre des pathologischen Kriminellen nicht bloß bestimmten Regeln, bürokratischen Ordnungen, Untersuchungen, Durchleuchtungen und Archivierungen unterworfen, sondern auch mit einer bestimmten Sprache belegt worden. Moralisch entartet, entmenscht, wildes Tier, Bestie, gemeingefährlicher Minderwertiger – das waren die Begriffe, die sowohl in der Öffentlichkeit als auch in den Publikationen der Juristen, Mediziner, Psychiater und Sexualwissenschaftler vorherrschten. Selbst wenn man für einen Moment davon absieht, daß solche Stigmatisierungen in der Zeit des Nationalsozialismus lebensgefährliche Konsequenzen haben konnten, bleibt der Umstand, daß diese Bezeichnungen zu einem unwiderruflichen Verstoß des Betroffenen aus der Gesellschaft führten. Eine solche Identität war nicht mehr loszuwerden, und sie kam durch eine Koproduktion wissenschaftlicher und nichtwissenschaftlicher Narrative zustande, die jedes noch so kleine Detail, jedes noch so sonderbare Gerücht als Beweisstück für Dippolds Krankhaftigkeit nahmen. Noch einmal gefragt: Wie läßt sich die immer wieder behauptete scharfe Grenze zwischen öffentlichem und akademischem Diskurs aufrechterhalten, wenn die Humanwissenschaften aus einem Wissensfundus schöpfen, der sich in nichts von dem unterscheidet, was überall sonst kursiert?

Nun könnte man argumentieren, daß die Wissenschaften genau dieses Wissen aufgrund ihrer epistemischen Kategorien und Tugenden anders bewerten, vorsichtiger damit hantieren, es gegen andere Erfahrungen abwägen und sich vor allem eine professionelle Skepsis gegenüber voreiligen Schlußfolgerungen angeeignet haben. In der hier diskutierten Geschichte allerdings konnten sich distanzierte, rationale Prinzipien kaum gegen die Voreiligkeit behaupten. Auch diese Voreiligkeit hatte Konsequenzen, die aus der Wissenschaft heraus in andere Bereiche diffundierten, und insofern braucht man den Begriff der Verwissenschaftlichung, der auch einigen Untersuchungen zur Geschichte der Kriminologie zugrunde liegt, nicht gleich zu verabschieden. Es muß jedoch betont werden, daß die Wissenschaftler diejenigen epistemischen Meßlatten, die sie sich selbst gelegt hatten, um ihr Tun zu begründen, im konkreten Fall kaum überspringen konnten.[68] Namentlich die Juristen reflektierten nicht einmal den Umstand, daß ihre Kenntnisse ausschließlich auf Zeitungsartikeln beruhten. Auf diese Weise indes war dem Bayreuther Prozeß nicht wirklich beizukommen, wie nicht nur die Prozeßakten zeigen. Aus einem weiteren bemerkenswerten Dokument geht hervor, daß der Bayreuther Staatsanwalt Dröber eine etwas andere Sicht auf den Fall Dippold hatte, als er es während der Verhandlung öffentlich artikulierte.

Zunächst: Soll man angesichts der massiven juristischen Kritik den Schluß ziehen, daß das Bayreuther Gericht und der Staatsanwalt aufgrund ihrer Zeugen- und Dokumentenkenntnis sowie ihres Mißtrauens gegen die Diskurse um die unverbesserliche perverse und kriminelle Bestie tatsächlich zu einer menschlicheren Beurteilung des Falls in der Lage waren als die Rechtstheoretiker? Oder war das Strafmaß zu gering? Diese Frage stellte sich auch das Bayerische Justizministerium in München. Am 3. Dezember 1903 forderte es Staatsanwalt Dröber auf, sich für sein Plädoyer vor Gericht zu rechtfertigen. Auch dem Ministerium, aufgeschreckt durch die anhaltende öffentliche Kritik am Prozeß, war ein gewisser Widerspruch in den Ausführungen des Staatsanwalts nicht entgangen. Einerseits hatte er die Mutter der Kinder gegen den Vorwurf einer Mitschuld in Schutz genommen und alle Last auf den Angeklagten abgewälzt, andererseits hatte er nur acht Jahre Haft anstatt der möglichen 15 Jahre gefordert. Dröbers ausführliche, 35seitige Stellungnahme über die Ereignisse und den Charakter des verurteilten Hauslehrers ergeben ein anderes Bild als das in der Öffentlichkeit kursierende. Auch der Staatsanwalt sah Dippolds schwere Schuld über die begangenen Mißhandlungen hinaus darin, die Mutter der Jungen immer wieder getäuscht und belogen zu haben. Diesen Aspekt habe er nur dadurch hervorheben können, indem er Rosalie Koch von aller Mitschuld entlastete. Sie war Opfer, keine Mittäterin, und das sei in der ohnehin voreingenommenen Berichterstattung in der Zeitung schief wiedergegeben worden.

Warum dann aber die verhältnismäßig milde Strafe? In seiner Rechtfertigung zeichnete der Staatsanwalt ein wesentlich verständnisvolleres Bild des Verurteilten, als er es während der Verhandlung getan hatte. Die Höchststrafe wäre für den Angeklagten nur dann in Frage gekommen, »wenn das Motiv der Tat in der Befriedigung unmenschlicher Grausamkeit zu suchen, und der Täter normal wäre«.[69] Dröber hielt Dippold keineswegs für einen krankhaften Sadisten. Keiner der Sachverständigen, so der Staatsanwalt in deutlicher Distanzierung von den Zeitungsartikeln, habe das explizit behauptet, und das Geschlechtsleben des Hauslehrers spreche ebenso dagegen wie der Umstand, daß er seine Maßnahmen (nackt ballspielen und schwimmen, Untersuchung der Geschlechtsteile der Jungen) vor niemandem verheimlicht habe. Das Motiv für die Züchtigungen habe vielmehr in Dippolds aufrichtigem pädagogischen Ehrgeiz gelegen. Er habe »ernsthaft erzieherische Zwecke« verfolgt, die jedoch dadurch vereitelt worden seien, daß dem Hauslehrer nicht einmal der Gedanke kam, die Gesundheit der Jungen zu schädigen und ihr Leben zu gefährden, und daß er unter Größenwahn litt: »So wollte er an den beiden Knaben seine pädagogische Weisheit praktisch bestätigen und der Welt zeigen, daß er die Aufgabe, deren Bewältigung vor ihm schon viele erfolglos versucht hatten, in meisterhafter Weise zu lösen im Stande sei.« Dippold litt also an pathologischer Selbstüberschätzung, Jähzorn und einem Hang zur Brutalität, aber er handelte »aus guten Absichten«, und das »läßt seine Tat in einem anderen und weit milderen Licht erscheinen als wenn sie bloß Ausfluß menschlicher Grausamkeit gewesen wäre«.[70] Andererseits hätten sich in diese guten Absichten auch egoistische Motive gemischt, wie sich am Beispiel der Onanie zeige. Ohne Zweifel hätten die Jungen masturbiert, aber Dippold habe das den Eltern gegenüber maßlos übertrieben, um selbst in einem besseren Licht zu erscheinen und seine Züchtigungen zu rechtfertigen.

In der Verhandlung hatte Dröber all diese Punkte nicht zur Sprache gebracht. Gegenüber dem Ministerium redete er sich damit heraus, daß die »guten Absichten« bereits durch Dippolds Rechtsanwalt hervorgehoben worden seien, so daß er das nicht noch einmal wiederholen wollte. Eine unglaubwürdige Begründung. Viel wahrscheinlicher ist, daß Dröber damals die Befürchtung hatte, der Prozeß könnte angesichts der aufgeheizten Stimmung im und um den Gerichtssaal außer Kontrolle geraten, wenn er in seinem Plädoyer mildernde Umstände für Dippold angeführt hätte. So konnte er seine Überzeugung nur im Strafmaß *verstecken*. Allerdings waren acht Jahre Zuchthaus keine Kleinigkeit für den ehemaligen Studenten. Mit den gleichen Worten wie der Strafrechtler Carl Stooss schrieb er: »Seine Existenz ist vernichtet« und fuhr fort: »All die Zeit und Mühe, die er auf die Vorbereitung für seinen künftigen Beruf am Gymnasium und an der Universität aufgewendet, ist umsonst geopfert. Er ist ausgeschlossen aus der Gesellschaft. Die Wahrscheinlichkeit, daß sich die in ihm liegenden pathologischen Keime unter dem Einflusse des Lebens im Zuchthause zur völligen Geisteskrankheit entwickeln oder daß er physisch die Kraft nicht besitzt, die lange Reihe von Jahren im Zuchthause auszuhalten, ist größer als man vielleicht glauben mag.«[71]

Offensichtlich verfügte der Staatsanwalt über mehr Erfahrung mit den Folgen der Zuchthausstrafe als mancher der an der Debatte beteiligten Theoretiker. Anscheinend war er aber auch der Ansicht, daß die vollständige gesundheitliche Zerrüttung Dippolds in Kauf zu nehmen sei. Gegen genau diese Konsequenz hatten die Anhänger der Zweckstrafe Einspruch erhoben. Für Dröber war das irrelevant. Zweimal hob er hervor, daß mit dem Strafmaß die Sühne gewährleistet sei, womit er sich als Anhänger der Vergeltungsstrafe zu erkennen gab. Insofern hatte Liszt richtig gelegen, als er das Urteil als Ausdruck der Vergeltungsidee bezeichnete, auch wenn der Staatsanwalt post hoc argumentierte, Dippolds latente Geisteskrankheit oder Psychopathie neben den edlen Motiven stillschweigend als strafmindernd gewertet zu haben. Ob der Praktiker einfach nur liberaler war als seine universitären Kollegen, mag dahingestellt bleiben. Zumindest kam er aufgrund einer gründlicheren Kenntnis der Vorgänge zu einer maßvolleren und genaueren Einschätzung als diejenigen, die mit vergleichsweise wenigen Fakten, aber dafür mit einem erheblichen theoretischen

Aufwand argumentierten. Damit verfehlten die Humanwissenschaften ihren eigenen Anspruch, die Rechtsprechung zu liberalisieren, auf geradezu eklatante Weise.

Für das Ministerium war die Angelegenheit mit Dröbers Stellungnahme erledigt. Erledigt hatte sich aber auch das Bild Dippolds als eines intelligenten, psychopathischen, von guten und schlechten Motiven getriebenen jungen Mannes, der jedoch kein sexueller Sadist war. Dieses psychophysische Profil hatte das Strafmaß entscheidend beeinflußt, aber mit Dröbers offizieller Stellungnahme verschwand es in den Akten des Ministeriums. In der Öffentlichkeit und in den wissenschaftlichen Diskussionen herrschte ein anderes Bild vor, und das sollte sich verfestigen. Für dieses Bild waren indes weniger Pädagogik und Kriminologie zuständig als vielmehr Psychiatrie und Sexualmedizin, und wiederum ist das Verhältnis von Wissenschaft und Medien hier von außerordentlicher Brisanz.

Die erregte öffentliche Kommentierung hatte neben dem Verurteilten zu einigen weiteren *Mitschuldigen* geführt: den Eltern, der Pädagogik, der Pornographie oder gar der modernen Gesellschaft, die sich als immer grausamer erwies. Zu diesem Ensemble gehörte auch Oskar Vogt. Bereits während des Prozesses wurde seiner unseligen Rolle besondere Aufmerksamkeit geschenkt, unmittelbar danach hielt man ihm in verschiedenen Zeitungen, besonders scharf in der *Württembergischen Volkszeitung*, vor, die Jungen nicht körperlich untersucht und Dippold den Eltern gegenüber als »idealen« Erzieher hingestellt zu haben.[72] Auch Harden ätzte, daß der »Hirnschnittmacher« Vogt die einfachsten Regeln des ärztlichen Berufs mißachtet habe.[73] Vogt reagierte zunächst nicht, doch wenige Tage später veröffentlichte die *Deutsche Medizinische Wochenschrift* einen ungezeichneten Kommentar, in dem ein »verblüffender Mißerfolg« des neurologischen »Experten« in Anführungszeichen konstatiert wurde.[74] Vogt wurde nicht namentlich erwähnt, allerdings dürften angesichts der Bekanntheit des Falls die meisten ärztlichen Leser genau gewußt haben, um wen es sich handelte. Und es kam noch ärger für Vogt. In der Tageszeitung *Der Tag* fuhr der ebenfalls in Berlin tätige Nervenarzt Willy Hellpach schwerstes Geschütz auf und sprach von einer »Affäre Oskar Vogt«, weil dieser es bislang nicht für nötig gehalten habe, aufzuklären, »wieweit in den Prozessberichten die Vorgänge in Ziegenberg falsch dargestellt sind«. Nach bisherigem Kenntnisstand stehe Vogt im Verdacht, »die elementarsten ärztlichen Pflichten« mißachtet zu haben.[75] Zudem fand Hellpach es empörend, daß Vogt sich einerseits in Dippold radikal getäuscht, andererseits aber als Sachverständiger vor Gericht ein Urteil über den Geisteszustand des Angeklagten abgegeben hatte.

Nach dieser Attacke blieb Vogt nichts anderes übrig, als in die Offensive zu gehen und in der *Deutschen Medizinischen Wochenschrift* eine Erklärung abzugeben, die seine Differenzen mit Rudolf Koch noch einmal offenlegte. Er erwähnte das exzessive Onanieren ebenso wie mangelnde Erziehung und Verlogenheit der Jungen und beharrte darauf, daß sein Auftrag nur darin bestanden habe, Dippold bei seinen vermeintlich erfolgreichen Erziehungsbemühungen zu unterstützen. Von Mißhandlungen sei nie die Rede gewesen.[76] Das habe er bereits im Bayreuther Gerichtssaal gesagt, doch die Zeitungen hätten das verschwiegen. In diesem Punkt konnte Vogt Hellpachs Frage eindeutig beantworten: Die journalistische Berichterstattung war fehlerhaft, und Vogt begriff sich als deren Opfer. Damit war die Angelegenheit aber noch keineswegs erledigt. In einer scharfen Antwort auf Hellpach, die aber wohl nicht veröffentlicht wurde, ging Vogt noch einmal ausführlicher auf das Verhältnis von Wissenschaft und Öffentlichkeit ein und startete einen Generalangriff auf den Journalismus. »Mit der Tagespresse sich zu befassen«, schäumte Vogt, »ist nicht jedermanns Geschmack. Ich habe für das Gros der Tagespresse eine sehr grosse Geringschätzung. Die zu solcher Berichtigung notwendige Zeit thut mir deshalb zu Leid. Auf die erste Kritik in einer Fachzeitschrift habe ich sofort geantwortet.« Diese scharfe Differenzierung entsprach dem Selbstbewußtsein eines Wissenschaftlers, der sich an der Spitze der Gesellschaft wähnte und von dort auf die Niederungen der Tageszeitungen herabblickte. Forscher, so Vogt, sollten sich in öffentliche »Pressfehden« keinesfalls hineinziehen lassen.[77] Mit ausgeprägtem ärztlichen Standesdünkel und dem Gestus eines weltabgewandten Wissenschaftlers, der im Labor vor sich hin arbeitete, hielt er es nicht für nötig, auf »persönliche Verdächtigungen und Verunglimpfungen« der Presse zu reagieren.[78]

Mit dieser Geringschätzung stand Vogt keineswegs allein. Das Verhältnis zwischen Naturwissenschaftlern und Öffentlichkeit gestaltete sich seit der zweiten Hälfte des 19. Jahrhunderts ausgesprochen ambivalent. Einerseits waren beliebte Zeitschriften und Magazine das Medium schlechthin für die Popularisierung naturwissenschaftlicher Themen und galten den Wissenschaftlern als nützliche Multiplikatoren ihrer Erkenntnisse und Ansichten, gerade wenn die Journalisten ihre Lehren quasi eins zu eins wiedergaben. Es ging darum, den »Naturwissenschaften ›im Wettkampfe der Kulturfaktoren‹ zum Sieg zu verhelfen«.[79] Das galt auch für die Humanwissenschaften. Hardens *Zukunft* beispielsweise war durchaus ein Sprachrohr für Kriminalanthropologie und Eugenik. Sobald allerdings die Presse dieses Spiel nicht mitspielte und sich eine unabhängige Beurteilung oder Kritik erlaubte, war das Bündnis abrupt beendet. Ansatzlos ging man dann zu Beschimpfungen über und empörte sich über »journalistische Oberflächlichkeit« oder die »unwissenschaftliche und unzuverlässige Feder [der] Tageszeitungsschreiber«.

Genau diese Worte richtete Auguste Forel gegen Hellpach, um sich schützend vor seinen Protegé Vogt zu stellen. Auf einmal kam es nicht mehr auf die Sache, sondern auf die Form an. Forel warf Hellpach einen Verstoß gegen die ärztlichen und wissenschaftlichen Sitten vor, indem er Vogt in einer Tageszeitung und nicht in einer Fachzeitschrift angegriffen habe. Mit dieser moralischen Verfehlung war zugleich das Urteil über Hellpach als Wissenschaftler gefällt. Seine bisherigen Leistungen seien »halbwissenschaftlich«, oberflächlich und »nirgends etwas Ernstes, Eigenes«.[80] Wissenschaftliche Ernsthaftigkeit und Originalität vertrugen sich nämlich für Forel prinzipiell nicht mit Öffentlichkeit. Wer dort publizierte, konnte kein seriöser Forscher sein. Hellpach habe sich durch sein Verhalten also auf ganzer Linie disqualifiziert. Nichtsdestotrotz bestimmte die Tagespresse die Handlungen und Meinungen der Wissenschaftler in hohem Maße. Dafür ist Forel, der die öffentlichen Medien zu nutzen wußte wie kaum ein anderer Wissenschaftler seiner Zeit, das beste Beispiel.

Auguste Forel, der Schweizer Hirnanatom und Psychiater, Eugeniker und Sexualwissenschaftler, 1903 schon zu einer europäischen

Berühmtheit aufgestiegen, Abonnent, Leser und bisweilen auch Autor der *Zukunft*, hatte den Fall des Hauslehrers verfolgt und war durch den Artikel Hardens aufgeschreckt worden, in dem Vogt als »Schüler Forels und Günstling Krupps« hingestellt wurde.[81] Daraufhin bat er Vogt leicht beunruhigt um nähere Informationen, damit er, Forel, diejenigen, »die mich als Ihren Freund kennen, aufklären« könne. Zugleich bot er Vogt, dem er seit Jahren freundschaftlich verbunden war, seine Hilfe an und hatte auch gleich eine Erklärung parat: »Der Sadist Dippold ist ein Schwindler, zumal er es meisterhaft versteht, sich den Schein des anständigen Menschen zu geben. So hat er die Eltern betrogen. Letztere haben Ihnen von den körperlichen Misshandlungen, die Sie nicht ahnen konnten, nichts gesagt. Ihre Aufmerksamkeit war auf den Nervenzustand der Kinder gerichtet. Onanie pflegt nicht durch körperliche Untersuchung nachweisbar zu sein und so hatten Sie keine Veranlassung, eine solche vorzunehmen.«[82] Ganz so sicher war Forel sich der Sache aber doch nicht, und deswegen fragte er einige Tage später nach, ob die Kochs Opfer seien oder ob sie eine Mitschuld treffe und ob »die Kinder wirklich so verlogene Onanisten« waren. Wenn ja, dürften die Eltern »wohl auch nicht allerbester Sorte sein«. Als überzeugter Eugeniker hatte Forel nicht den geringsten Zweifel, daß es sich bei Onanismus um ein vererbbares Laster handelte – eine Ansicht, die ja auch Rosalie Koch gegenüber Dippold und Vogt hat anklingen lassen.

Forel wußte, warum er es so genau nahm, denn es ging um seinen eigenen und mehr noch um den Ruf und die weitere Laufbahn des gerade einmal dreiunddreißigjährigen Vogt, und er brachte das auch offen zur Sprache: »Ich möchte vor allem Ihnen etwas helfen – soweit es in meinen Kräften steht. Doch da darf man keine Dummheit begehen, da man gut weiss, dass wir sehr befreundet sind u Sie bei mir früher arbeiteten, könnte eine von mir geschriebene ›Ehrenrettung‹ eventuell das Umgekehrte bewirken als das, was beabsichtigt ist.«[83] Daraufhin überließ ihm Vogt seine nach dem Prozeß aufgeschriebenen »Beobachtungen«, in denen alle aus seiner Sicht relevanten Aspekte des Falls zusammengefaßt waren. Eine Mitschuld der Eltern war kein Thema, wohl aber das Masturbieren, das für Vogt nach wie vor den Anlaß bildete, warum er in dieser Angelegenheit überhaupt konsultiert worden war. Daß Joachim Koch später seine Geständnisse widerrufen hatte, ließ er außer acht. Dafür ging er noch einmal ausführlich auf Dippolds Persönlichkeit ein, verständlicherweise, denn Öffentlichkeit und Experten interessierten sich nach dem Prozeß nicht mehr dafür, ob die Knaben onaniert hatten oder nicht, sie interessierten sich nur noch für die Persönlichkeit Dippolds. Für Vogt war das ein peinliches Thema, denn der Hauslehrer hatte ihn gründlich genarrt. Als ob er diese Schmach vergessen machen wollte, schwang Vogt sich zum wissenschaftlichen Mandarin auf und warf den Bayreuther sachverständigen Ärzten vor, »zur psychologischen Klärung der Persönlichkeit Dippolds nichts Wesentliches beigetragen u. so auch keine Klarheit in die Motive seines Handelns« gebracht zu haben.[84]

Wenn die Diagnose einer psychopathischen Minderwertigkeit für Vogt nicht einleuchtend war, fragt sich, was er dagegenzusetzen hatte. Mangelnde Kritikfähigkeit bei überstarkem Selbstgefühl und Gefühlsroheit: das war auch für Vogt offensichtlich. Homosexuelle Neigungen: dafür gab es keine Beweise, auch wenn er es merkwürdig fand, daß Dippold offen zugab, die Genitalien der Brüder berührt zu haben, um mögliches Onanieren zu überprüfen. Sadismus: das war möglich, aber von keinem Sachverständigen als eindeutig »erwiesen« angesehen worden. Auch Vogt hatte seine Zweifel: »Mir persönlich scheint der Fall auf alle Fälle komplicirter zu liegen, es muß doch auch eventuell an einen paranoiden Phanatismus gedacht werden.«[85] Paranoia, diese Vermutung hatte ursprünglich der Gerichtsmediziner Weiß geäußert, ohne weitere Konsequenzen. Und auch Vogt lieferte keine weiteren Anhaltspunkte dafür. Verminderte Zurechnungsfähigkeit: dazu wußte er auch nichts Rechtes zu sagen. Die verschiedenen Versatzstücke ergaben kein klares Bild, von einer »psychologischen Klärung« konnte keine Rede sein, aber das hinderte Vogt nicht daran, mit einem kräftigen Seitenhieb gegen das Bayreuther Urteil zu fordern, Dippold »als konstitutiv antisociales Individuum dauernd in eine für solche Kranken zu schaffende Bewahranstalt« einzuliefern.[86]

Dieser Forderung sind wir im Verlauf dieser Geschichte schon häufiger begegnet. Sie wurde von Publizisten, Leserbriefschreibern, Psychiatern, Pädagogen und Juristen erhoben, zumeist auf der Basis von Zeitungswissen. Vogt hatte Dippold immerhin einmal persönlich getroffen und keinerlei Anzeichen für eine psychische Störung bemerkt; er verfügte über eine gewisse Aktenkenntnis und hatte den Angeklagten einen Tag lang im Bayreuther Gerichtssaal beobachten können. Gewiß hatte er ein großes Interesse daran, unbeschadet aus dieser Affäre herauszukommen; womöglich hegte er auch Rachegedanken gegenüber Dippold, der ihn nach allen Regeln der Kunst getäuscht hatte. All das mag für seine Einschätzung eine Rolle gespielt haben, aber viel wichtiger ist, wie ungerührt sich Vogt über die von Hellpach in kritischer Absicht gestellte Frage hinwegsetzte, ob er als Beteiligter überhaupt ein kompetenter Sachverständiger sein könne.

Daß Oskar Vogts Beurteilung Dippolds eindeutig durch dessen persönliche Interessen kontaminiert war, spielte weder für ihn selbst noch für Forel eine Rolle. Wie auch die anderen Wissenschaftler agierte Vogt mit großem professionellen Selbstbewußtsein bei gleichzeitig dürftiger Wissensgrundlage. In Vogts Karriere war das kein Ausrutscher; häufig fällte er Urteile über Personen, die sie dauerhaft aus der Gesellschaft auszuschließen drohten. Mit dem Label »antisoziales Individuum« war er bis an sein Lebensende schnell bei der Hand, überzeugt davon, daß Gehirne von Kriminellen besondere Merkmale aufwiesen. Seine eugenischen Vorstellungen zur Höherzüchtung des Wertvollen und Ausmerzung des Schädlichen waren ebenso resolut.[87] Diese professionelle Selbstsicherheit, die in der Öffentlichkeit mit großem wissenschaftlichen Gestus vertreten wurde und bekanntlich ziemliche Verwüstungen anrichtete, erscheint noch einmal in einem anderen Licht, wenn man sich genau vergegenwärtigt, wie eine solche Expertenaussage zustande kam.

Forel bedankte sich für Vogts »Beobachtungen«, war sich jedoch nicht ganz sicher, wie er sie in seinen Artikel einfließen lassen sollte, ohne in Erklärungsnot zu kommen, denn selbstverständlich unterlagen diese Beobachtungen der ärztlichen Schweigepflicht. Unverkennbar ist sein taktisches Kalkül, wenn er an Vogt schreibt, er wolle die von diesem vermutete Paranoia Dippolds lieber nicht erwähnen, und zwar nicht weil er sie unplausibel fand, sondern weil »man Ihnen dann erst recht vorwerfen würde, die Diagnose nicht gestellt zu haben«.[88] So hielt man es mit der Diagnose. Drohte sie ein schlechtes Licht auf den Diagnostiker zu werfen, wurde sie fallengelassen. Wie dem auch sei: Forels in der *Münchener Medizinischen Wochenschrift* veröffentlichte Beurteilung ist eine virtuose rhetorische Leistung, bei der die Desavouierung Hellpachs nur eine Facette unter vielen darstellte.

Zuerst einmal ging es um Objektivität, den heiligen Gral des wissenschaftlichen Selbstverständnisses. Das emotional aufgewühlte Publikum war dazu, so Forel, in der Beurteilung der Dippold-Affäre ebensowenig in der Lage wie die Journalisten. Ein objektives Urteil kam nur der Wissenschaft zu, die von möglichen Gefühlen zu abstrahieren und den Sachverhalt kühl und mit Sachverstand einzuschätzen wußte. Objektivität bedeutete hier also nicht Ausblendung des Subjekts, sondern im Gegenteil die Verabsolutierung eines urteilsfähigen Subjekts. Forels diagnostisches Urteil über den Hauslehrer lautete: sadistische Neigungen, pathologische Lüge, konträre Sexualempfindung, Frömmelei, asketischer Fanatismus. Schlußfolgerung: »Dippold ist ein psychopathisches Monstrum, das Zeitlebens hinter Schloss und Riegel gehört. [...] Es ist wiederum ein Fall von verminderter Zurechnungsfähigkeit, der dadurch vermehrt, gefährlich und unverbesserlich ist.«[89] Die Frage des weiteren Umgangs mit dem Delinquenten schien ganz leicht beantwortbar zu sein, viel leichter als die Frage, welches diagnostische Etikett ihm ans Revers geheftet werden sollte.

War das nun die versprochene Objektivität, die sich von den Emotionen der skandalisierten Öffentlichkeit abhob? Charakterisierungen Dippolds wie »Ungeheuer« oder »psychopathisches Monstrum« kannten die Leser längst aus der Tagespresse. Die Forderung nach lebenslanger Sicherheitsverwahrung war auch keine Neuigkeit. Und um sich nicht auf eine Diagnose festlegen zu müssen, hatte Forel kurzerhand die verschiedenen diagnostischen Möglichkeiten gebündelt und zu einem Syndrom zusammengefaßt. Die meisten davon waren von den Sachverständigen bereits benannt und öffentlich gemacht worden. Immerhin lehnte sich Forel in der Frage der Homosexualität viel weiter aus dem Fenster als Vogt. Aber diese Diagnose war erstmals ausgerechnet von Maximilian Harden gestellt worden, dessen

Text Forel nachweislich gelesen hatte. Was also war das genuin Wissenschaftliche an Forels Artikel? Nun, am ehesten wohl der Habitus, mit dem Wissenschaftlichkeit reklamiert wurde. Forel rügte das Gericht und klagte darüber, daß die »praktischen Bedürfnisse« sich nicht der »wissenschaftlichen Auffassung des Psychiaters« anschlossen, ignorierte aber zugleich geschickt, daß keiner der Sachverständigen vor Gericht (auch Vogt nicht!) die Zurechnungsfähigkeit Dippolds in Zweifel gezogen hatte.

Forel gerierte sich als kundiger Experte, indem er trocken konstatierte, bereits etliche Kranke gesehen zu haben, »die fast ebenso scheussliche Grausamkeiten wie Dippold im Namen Gottes und des heiligen Geistes begangen hatten«.[90] Damit war der Fall aus seiner vermeintlich einzigartigen Ungeheuerlichkeit in die gewöhnliche Erfahrung der Psychiatrie zurückgeholt worden. Mit so viel Autorität ausgestattet, fiel es Forel dann nicht mehr schwer, Vogt zu exkulpieren. Um das zu erreichen, mußte er nur noch einmal Dippolds pathologische Lügen und seine Dissimulationsfähigkeiten hervorheben, die so perfekt gewesen seien, daß Vogt und die Familie in die Irre geführt wurden. Auf diese Weise vermochte Forel den Widerspruch zwischen den beiden voneinander abweichenden Versionen Vogts und Kochs bezüglich der Onanie elegant zu überspielen. Von Onanie war jetzt nur noch insoweit die Rede, als Vogt die Jungen unter dieser Maßgabe untersucht habe. Daß sie womöglich doch onaniert hatten, wovon Vogt auch in seinen »Beobachtungen« noch ausgegangen war, wurde nicht einmal mehr als Möglichkeit in Betracht gezogen.

Forels wissenschaftlich angereicherte Ehrenerklärung, im Dezember 1903 publiziert, dürfte für Oskar Vogt vor allem in professioneller Hinsicht entlastend gewesen sein. Im Fokus der öffentlichen Aufmerksamkeit stand er zu diesem Zeitpunkt nicht mehr; und auch Hellpach hielt sich nun zurück. Der Fall Dippold war damit keineswegs beendet, hatte sich unter den Händen Forels aber erneut ein Stück verwandelt. Aus dem voll zurechnungsfähigen Psychopathen vor Gericht und dem perversen Sadisten in den Medien war ein nur vermindert zurechnungsfähiger homosexueller Sadist geworden, der eher in den Kompetenzbereich der Psychiatrie als den der Justiz gehörte. Aber konnte die Psychiatrie mit dem Hauslehrer überhaupt etwas anfangen? Paßte er in ihr Wissenssystem? Bislang sind wir ganz selbstverständlich davon ausgegangen, daß der Charakter Dippolds durch die Mangel des humanwissenschaftlichen Diskurses gezogen wurde und dadurch überhaupt erst einen pathologischen Stempel erhielt. Davon sind auch keine Abstriche zu machen, aber daraus folgt noch nicht, daß der Hauslehrer als Typus automatisch in einer Wissenschaft wie der Psychiatrie kanonisiert werden konnte.

Rückblende: Foucault hatte behauptet, daß die Geschichte des Pierre Rivière nicht in die Annalen der Psychiatrie aufgenommen, sondern quasi bewußt verdrängt wurde, weil er nicht in das wissenschaftliche System hineinpaßte; eine eher unplausible These, denn was an Rivière hätte für die damalige Psychiatrie unverständlich sein sollen? Die Pariser Autoritäten um Jean Étienne Dominique Esquirol hatten ein eindeutiges Urteil über Rivières Wahn gefällt. Es ist also viel plausibler, davon auszugehen, daß mit Rivières Selbstmord die Dossiers der Presse sowie die über ihn geführten Akten der Justiz und auch der Psychiatrie geschlossen wurden. Um sich weiter mit diesem Fall zu befassen, hätte es einer besonderen Konstellation bedurft.

Im Fall Dippold lagen die Dinge anders. Er war tatsächlich ein für die Psychiatrie schwerverdaulicher Brocken, aus mehreren Gründen. Zunächst einmal stand der Psychiatrie mit dem von Emil Kraepelin vorgeschlagenen nosologischen System zwar ein Instrument zur Verfügung, mit dem die psychischen Erkrankungen einigermaßen zuverlässig klassifiziert werden konnten, doch damit waren auch die Ansprüche an eine psychiatrische Diagnose erheblich gestiegen. Es wäre übertrieben zu sagen, daß nur das existierte, was in Kraepelins System hineinpaßte, aber bei Dippold war die diagnostische Situation ziemlich unübersichtlich: Sadismus, psychopathische Minderwertigkeit, Homosexualität, Fanatismus, Paranoia oder doch geistige Gesundheit – das waren die diagnostischen Alternativen, die die Mediziner ins Spiel gebracht hatten. Doch keine von ihnen konnte nach damaligen Kriterien als beweiskräftig angenommen werden. Das war äußerst unbefriedigend und wurde noch dadurch verschärft, daß Dippold nach Ansicht der wissenschaftlich orientierten Psychiater nicht gründlich genug beobachtet und untersucht worden war. Nun rächte es sich, daß Kraussold auf ein ausführliches Gutachten verzichtet hatte, und es entflammte der alte Konflikt zwischen praktisch orientierten Anstaltspsychiatern und wissenschaftlich orientierten Psychiatern, die entweder an einer Universität arbeiteten oder zumindest eine rege wissenschaftliche Publikationstätigkeit entfalteten. Die Frage einer angemessenen Untersuchung wurde in einem ausführlichen Artikel aufgegriffen, den der Hamburger Psychiater Paul Näcke im *Archiv für Kriminal-Anthropologie und Kriminalistik* veröffentlichte, also jener Zeitschrift, die vor der Gründung der *Monatsschrift für Kriminalpsychologie und Strafrechtsreform* das wichtigste Organ an der Schnittstelle von Psychiatrie, Kriminologie und Kriminalistik war. Näcke zählte neben Kraepelin, Gustav Aschaffenburg und Robert Sommer zu den wichtigsten Stimmen im Konzert derjenigen Psychiater, die die Kriminalität, oder besser: die Kriminellen, zu ihrer Sache machten.

»War Dippold geisteskrank?« Das war die erste von Näckes Fragen, und es bereitete ihm Mühe, darauf eine Antwort zu finden, weil es nur Versäumnisse zu vermelden gab. Weder war bekannt, wie lange Dippold psychiatrisch beobachtet worden war, noch hatte eine kriminalanthropologische Untersuchung stattgefunden, mit deren Hilfe sich sogenannte Entartungszeichen finden ließen. Auch Näcke vertraute auf das, was er in der Zeitung gelesen hatte, und er folgte der perfiden Maxime von Möbius, wonach Häßlichkeit das wichtigste Zeichen der Degeneration darstelle. Eine angemessene Untersuchung »hätte vielleicht einiges ergeben, da es einmal heißt, Dippold sei blaß und unschön erschienen, der reinste Verbrechertypus«.[91] Es gab noch mehr Versäumnisse zu beklagen: psychologisch-experimentelle Tests; eine detaillierte genealogische Untersuchung, die Fragen der »erblichen Belastung durch Selbstmord, Trunksucht, Schlagfluß, Nerven- und Geisteskranken« bei Eltern, Großeltern und Geschwistern hätte klären können;[92] eine genaue Anamnese seit der Kinderzeit und schließlich eine möglichst vollständige Kenntnis der Vita sexualis – nichts davon war seitens der Psychiatrie in Angriff genommen worden. Will sagen: für Näcke hätte Dippold dem ganzen Arsenal psychiatrischer Untersuchungsmethoden unterzogen werden müssen. Da diese Untersuchungen offensichtlich versäumt worden oder zumindest nicht in der Öffentlichkeit bekanntgeworden waren, vermied er es, sich auf eine klare Beantwortung der gestellten Frage festzulegen. Am Ende begnügte Näcke sich mit der Feststellung, bei dem Hauslehrer handele es sich um einen »geistig Minderwertigen, wahrscheinlich [...] echten Entarteten«, mit der Konsequenz, daß »das Urteil einer verminderten Zurechnungsfähigkeit vielleicht gerechtfertigt gewesen wäre«.[93]

Näckes zweite Frage: »War Dippold Sadist?« Auch hier war es um die Wissensgrundlage nicht besser bestellt, insbesondere weil über das Sexualleben des Delinquenten so wenig bekannt war. Daß Kraussold Sadismus für möglich gehalten hatte, focht Näcke nicht weiter an. Er vermutete sogar, daß Dippold – »ein durch und durch verlogenes Subjekt« – den Bayreuther Anstaltspsychiater hinters Licht geführt haben könnte.[94] Somit ergab sich auch in diesem Punkt keine klare Situation. Um in der Frage der Homosexualität weiterzukommen, hätte laut Näcke ein ausgewiesener Experte wie der Sexualwissenschaftler Albert Moll hinzugezogen werden müssen, da gewöhnliche Psychiater und Gerichtsärzte auf dem Gebiet der sexuellen Pathologie überfordert seien. Genau das war das Stichwort: Die Psychiater waren mit dem Fall Dippold überfordert, und auch Oskar Vogt hatte sich mit seinem Auftritt »unsterblich blamiert«. Es blieb Näcke letztlich also nur ein Entweder-Oder. Entweder war Dippold geisteskrank und »ein geborener Sadist«, dann mußte er lebenslang interniert werden; oder er war »vorwiegend ethisch verkümmert«, dann bestand die Hoffnung, daß er nach Jahren in die Gesellschaft zurückkehren konnte.[95]

Zu einer weiteren wissenschaftlichen Untersuchung Dippolds ist es in der Folgezeit nicht gekommen. Um eine solche in Gang zu setzen, hätte es zu einer Revision des Gerichtsverfahrens kommen müssen, und daran hatte offensichtlich keiner der Beteiligten, außer vielleicht dem Delinquenten, ein Interesse. Zudem standen, wie bereits geschildert, die Prozeßakten nicht zur Verfügung, weil das zuständige Ministerium die Herausgabe verweigerte. Es fehlten also die Fakten, die weiteres Licht in die Sache hätten bringen können. Aus der Sicht der Psychiatrie war der Fall damit erledigt. Die wichtigste Lehre konnte nur sein, in Zukunft genauere psychiatrische, kriminalanthro-

pologische und sexualpathologische Untersuchungen der entsprechenden Personen vorzunehmen, also genau diejenige Verwissenschaftlichung zu realisieren, die das Gericht in Bayreuth trotz oder vielleicht auch mittels der Hinzuziehung mehrerer medizinischer Sachverständiger verweigert hatte.

Ein kleines Postskriptum zum Hauslehrer hielt die Psychiatrie allerdings doch bereit. Ungeachtet der schwierigen Kenntnislage sah
sich der Doyen der deutschen Psychiatrie sehr wohl in der Lage, sein
Urteil über den Hauslehrer abzugeben. In seinem monumentalen
Lehrbuch *Psychiatrie* ordnete Emil Kraepelin den Fall unter den »Geschlechtlichen Verirrungen« ein und sprach von dem »erschütternden
Beispiel [...] des Erziehers Dieppold [!], [...] der seinen Zögling aus
geschlechtlichen Beweggründen durch die ausgesuchtesten Martern
langsam zu Tode quälte«.[96] Eine kritisch-abwägende Analyse der Angelegenheit im Stile Näckes kann man das nicht nennen. 1915, als
Kraepelin sein apodiktisches wie spekulatives Urteil fällte, war der
Fall Dippold längst zum Klassiker der Sexualpathologie geworden.

Rekapitulieren wir noch einmal, welche unterschiedlichen Versionen über Dippold kursierten: Für das Gericht war er ein psychopathischer Krimineller gewesen, den man einer angemessenen Bestrafung
zuführen mußte. Für die sachverständigen Ärzte war er ein voll zurechnungsfähiger, minderwertiger Psychopath und vielleicht ein Sadist, der in die Domäne der Justiz und nicht der Psychiatrie gehörte.
Für die Öffentlichkeit war er ein gefährliches Monstrum, das unschädlich gemacht werden mußte. Für die Strafrechtler war er je nach
Theorie ein Krimineller oder ein Kranker, der ins Zuchthaus oder in
die Irrenanstalt gehörte. Für die Pädagogen war er je nach Einstellung
zur Prügelstrafe ein durch die Erziehungsregeln irregeleiteter Sadist
oder eine perverse und kranke Bestie. Für Psychiater wie Forel und
Kraepelin war er sowohl ein Verbrecher als auch ein Irrer und Perverser, vereinte somit in seiner Person die drei großen Dispositive: Kriminalität, Wahnsinn und Sexualität.

Wie steht es nun mit der These, daß seit dem 19. Jahrhundert die
Kriminellen ebenso wie die Perversen zu Persönlichkeiten geworden
sind, die sich seitens der Medizin einer doppelten Durchleuchtung
zu unterziehen hatten? Durchleuchtung einerseits ihrer erblichen Be-

lastungen und familiärer Krankheiten, ihrer Kindheit und weiteren Entwicklung, die Hinweise auf Charakterprägung, typische Verfehlungen und Vorläufer des zur Diskussion stehenden Verbrechens liefern; Durchleuchtung andererseits ihres Körpers zur Aufdeckung möglicher anatomischer Auffälligkeiten und physiologischer Fehlfunktionen, die auf eine biologische Ursache der Verhaltensstörung hindeuten. Dieser doppelte Zugriff war effektiv und füllte wissenschaftliche Bücher und Aufsätze, aber das bedeutet nicht, daß stets die gesamte Eingreiftruppe von Befragungen, Techniken, Apparaturen, Untersuchungsmethoden und Kenntnissen in Bewegung gesetzt worden wäre. Keineswegs alle Spezialisten kamen zum Zuge, und das führte zu weiteren Diskussionen, hatte aber häufig, und so auch in diesem Fall, für die juristische Praxis keine Konsequenzen.

In bezug auf Dippolds Charakter und seine vermeintlichen oder tatsächlichen pathologischen Deformationen bestanden erhebliche Meinungsverschiedenheiten, die nicht aufgelöst werden konnten und es wohl auch nicht mußten. Für die Psychiatrie war der Hauslehrer ein undankbarer Kandidat, aber deswegen wurde er im humanwissenschaftlichen Diskurs noch lange nicht vergessen. Die Kakophonie der Spekulationen, Deutungen, Herleitungen und Analogien mündete direkt in die Kanonisierung ein, ohne daß es zuvor zu einer Auflösung dieser Widersprüche gekommen wäre. Was nicht zusammenpaßte, wurde weggelassen, und das veränderte die ganze Geschichte noch einmal erheblich, während sie zum Gegenstand der Sexualwissenschaft wurde.

Wie landete der Fall Dippold als knappe, kanonische Geschichte im Lehrbuch, obwohl doch der ganze Verlauf viel komplexer, reichhaltiger und widersprüchlicher gewesen war? Mit der Analyse dieser Transformation gelangen wir an das Ende dieser Untersuchung. Foucault hat die Ausbreitung des Sexes mit einem ursprünglich neurologischen Ausdruck als »diskursiven Erethismus« bezeichnet, also als gesteigerte Erregbarkeit, Unruhe und Bewegungsdrang, die zu einer Vermehrung der Diskurse geführt haben. Da die modernen Gesellschaften hinter jedem Busch Sex vermuten, wird ständig darüber geredet und ständig eine neue Fährte aufgespürt. »In Sachen Sex dürfte die unermüdlichste und unersättlichste Gesellschaft wohl die unsere sein.«[97] Gegen diese Diagnose läßt sich wenig einwenden, heute noch viel weniger als 1976, im Jahr ihrer Niederschrift.

Um 1900 war man vom Zustand einer gesellschaftlichen Übersexualisierung noch ein Stückchen entfernt, aber vielleicht schon auf dem Weg dorthin. Doch wie läßt sich dieser Weg beschreiben? Geht es um eine permanente Vermehrung, Ausbreitung, Unruhe und Sprossung? Wenn es so wäre, würde sich dieser Vorgang ungehemmt bis ins Unendliche fortsetzen, es käme zu einer »krebsartig wuchernden Produktion von Diskursen über den Sex«.[98] Foucault scheint dies geglaubt zu haben, aber wie soll man sich das vorstellen? Denkt man diese Metapher zu Ende, so müßten die Diskurse mitsamt den Umwelten, in denen sie wild wachsen, irgendwann an ihren eigenen Wucherungen eingehen oder im Chaos versinken. Das ist aber nicht der Fall. Diskurse scheinen gerade nicht krebsartig zu proliferieren, sondern sich in verschiedenen, zum Teil gegenläufigen Bewegungen auszubreiten, festzusetzen oder auch wieder zurückzuziehen, um dann an anderen Orten weiterzuwachsen. Wenn schon ein Vergleich aus der Biologie für dieses Phänomen bemüht wird, dann vielleicht eher die normale Zellteilung. Mal teilen sich Diskurse wie Zellen, breiten sich aus, sind produktiv und entfalten unvorhergesehene Dynamiken, mal kommt es zu einer Einschränkung des Wachstums, einer Verknappung der Möglichkeiten und dem Verschwinden ganzer Bereiche, die vormals zur Konstituierung eines oder mehrerer Diskurse beigetragen haben. Wenn man so will, unterliegen auch Diskurse den Effekten positiver und negativer Rückkopplung.

Die Unverträglichkeit von Sadismus und kindlicher Sexualität im Fall Dippold ist nur ein Beispiel für diese Art von Beschränkung. Daneben ist der Fall auch keineswegs zum Dauerthema verschiedenster Wissenskulturen, Disziplinen, Diskurse oder Künste geworden. Nachdem er durch verschiedene Bereiche mäandert war und mehrere Wissenschaften sich an der Tat, an Dippolds Charakter und am Prozeß abgearbeitet hatten, kam die Zirkulation irgendwann zum Stillstand. Der Erethismus, so könnte man sagen, wurde durch eine Akinesie, eine Bewegungslosigkeit, abgelöst. Damit sich Wissen konstituiert, darum geht es hier, bedarf es Phasen der Ausbreitung *und* der Setzung. Die Ausbreitung wird durch einen Skandal, wie wir gesehen haben, erheblich befördert; die Setzung hingegen erscheint als Beruhigung, als Zurechtstutzen der diskursiven Aussprossungen und Einordnung in eine übersichtliche Matrix. Dieser Vorgang hat erhebliche Konsequenzen, denn er impliziert zum einen die aktive Produktion von Unwissen, das heißt des Weglassens verschiedener Elemente, Aspekte, Verwicklungen und Komplexitäten, die nicht in die Matrix passen; zum anderen garantiert er nicht, daß am Ende eine gereinigtere, wahrere Version der Geschichte herauskommt. Indem das Wissen kanonisch wird, entfernt es sich vom ursprünglichen Geschehen und wird zu einer allgemeinen Klausel, die scharf genug konturiert ist, damit sie identifizierbar bleibt, und gleichzeitig eine hinreichende Modulationsfähigkeit aufweist, damit andere Fälle auf sie bezogen werden können.

In der Sexualwissenschaft blieb von der Geschichte des Hauslehrers viel weniger übrig als das, was der Wissensstand der beteiligten Akteure hergegeben hätte, aber dieses Wenige gerann zu einem stabilen und zeitlich überdauernden Wissen. Mit dieser Reduktion ist ein zentrales Element der Einnistung und Etablierung von Wissen benannt. Darüber hinaus darf ein solcher Vorgang gerade nicht als bloße Einpassung einer skandalträchtigen Affäre in den herrschenden Diskurs oder Denkstil verstanden werden. Kanonisch wird die Geschichte erst durch den Skandal, der den Diskurs verändert hat. Nach Dippold wird anders über sadistische Sexualität geredet als vorher; der Sadismus hat durch diesen Fall ein etwas anderes Gesicht bekommen. Diese Transformation wird anhand der Einführung von Neologismen wie *Dippoldismus* und *Dippoldist* sichtbar, Eponymen also, die wie die Begriffe *Sadismus* und *Masochismus* auf eine bestimmte historische Figur und die um sie gesponnene Geschichte verweisen. Dabei geht es um mehr als nur ein neues Label für ein längst bekanntes Krankheitsphänomen: Es wird tatsächlich ein neues Syndrom in die Sexualwissenschaft eingeführt.

Noch bevor die Psychiater über Dippolds Diagnose grübelten, war die Angelegenheit für die *Deutsche Medizinische Wochenschrift* bereits geklärt. »In medizinischer Hinsicht bietet der Fall nichts Aussergewöhnliches: die ganze Handlungsweise des sadistischen Verbrechers ist typisch und entspricht ganz dem Bilde der ›Knabengeissler‹, wie es in den Lehrbüchern und Monographien der Psychopathia sexualis [...] oftmals beschrieben ist.«[99] Daß die Diagnose Sadismus nicht ganz unumstritten war, hatte sich nicht wirklich herumgesprochen, und so wurde der Fall in die Zuständigkeit der *psychopathia sexualis* verwiesen.

Wie aber sahen diese älteren Beschreibungen der »Knabengeissler« aus? Ihr gemeinsamer Nenner besteht darin, daß ein erwachsener Mann einen Knaben mißhandelt und dabei sexuelle Erregung verspürt, ohne daß es zu weiter gehenden Handlungen wie sexuellem Mißbrauch im engeren Sinne kommt. Das entsprach Krafft-Ebings Klassifikation, wonach eine Erscheinungsform des Sadismus nicht dem sexuellen Akt vorangeht oder ihm folgt, sondern diesen ersetzt.[100] In dieses Raster ließ sich der Hauslehrer zwar einordnen, doch in einem zentralen Punkt markierte er eine Zäsur. In den *vor* Dippold gesammelten Fällen war das entscheidende Kriterium, daß ein erwachsener Mann einen Jungen mißhandelt, es war aber keineswegs relevant, ob die beiden in einem Lehrer-Schüler-Verhältnis zueinander standen. 1859 berichtete ein Dr. Albert – gewissermaßen ein Pionier auf diesem Gebiet – von zwei Lehrern und einem Stiefvater, die halbwüchsige Jungen wiederholt mit Schlägen mißhandelt hatten. Albert wußte noch nichts von Sadismus, nannte das von ihm beschriebene Phänomen »Mißhandlung aus Wollust« und rief nach dem Gericht, das ein solches Verbrechen ahnden sollte.[101] Eine weitere Zuständigkeit der Medizin war noch nicht vorgesehen.

Nun kommt die erste Transformation: Mit Krafft-Ebing erhält das von Albert beschriebene Phänomen eine nosologische Heimat und erfährt einen ersten sexualpathologischen Erklärungsversuch. In den frühen Auflagen der *Psychopathia sexualis* wird die Flagellation der *paraesthesia sexualis* zugeordnet, aber zwischen Schlagen und Geschlagenwerden wird kein Unterschied gemacht. Krafft-Ebing erwähnt die »wollüstigen Erzieher« aus Alberts Fallgeschichten, doch direkt im Anschluß folgt die Geschichte eines Mannes, den es danach gelüstete, sich züchtigen zu lassen.[102] Erst in den späteren Auflagen seines Hauptwerks und nach Einführung der Begriffe Sadismus und Masochismus wird Krafft-Ebing konkreter. Im Prinzip glaubt er nämlich, daß die wollüstige Gewalttätigkeit des Mannes sich gewöhnlich gegen Frauen richtet, aber bisweilen kommen sadistische Handlungen auch an »beliebigen lebenden und empfindenden Objekten, Kindern und Thieren vor«.[103] Kinder und Tiere. Entscheidend ist demnach, daß es sich um ein beliebiges Objekt der Begierde handeln kann, das entweder als Ersatz für eine eigentlich gemeinte Frau herhalten muß, die gerade nicht verfügbar ist; oder das eigentliche Objekt der Begierde bleibt im dunkeln, dann steht nur die sadistische Handlung als solche im Vordergrund.

Ganz konsistent ist Krafft-Ebing in dieser Frage nicht. Er benutzt den Begriff »Knabengeissler«, gibt aber keine Begründung dafür an, warum nun ausgerechnet Knaben geschlagen werden. Der Beliebigkeit auf seiten des Objekts entspricht eine ähnliche Beliebigkeit auf seiten des Subjekts, denn in den vier Fallgeschichten des entsprechenden Kapitels kommen Lehrer oder Erzieher gar nicht vor. Ähnlich in einer ausführlichen Fallstudie zur »Flagellatio puerorum«: Dort geht Krafft-Ebing zwar davon aus, daß Erzieher, Lehrer, Vormünder und Eltern nicht selten aus sadistischen Neigungen heraus prügeln, aber bei dem Protagonisten des von ihm vorgestellten Falls handelt es sich um einen Rechtsanwalt.[104] Halten wir fest: Es gab offenbar Vorbehalte, einen direkten Zusammenhang zwischen Erziehung, Prügelstrafe und Sadismus herzustellen – nicht weil es solche Fälle nicht gab, sondern weil sie für die frühen Sexualpathologen in Deutschland nichts Typisches darstellten. Bestätigt wird dies durch einen Seitenblick auf das etwas anrüchige Genre der sittengeschichtlichen Literatur.

Einen der aktivsten und sichtbarsten Autoren auf diesem Gebiet haben wir bereits im Zusammenhang mit der Pädagogik kennengelernt: Hans Rau. Bis zu seinem frühen Tod im Jahre 1906 brachte er ein Buch nach dem anderen heraus, mehr als ein Dutzend insgesamt. Diese trugen Titel wie: *Die Grausamkeit mit besonderer Bezugnahme auf sexuelle Faktoren*; *Verirrungen in der Religion*; *Lustmörder der Neuzeit*; *Franz Grillparzer und sein Liebesleben*; *Der Marquis de Sade und der Sadismus*; *Liebesfreiheit, Wollust und Schmerz*; *Capri und die Homosexuellen*. Damit wollte Rau, ähnlich wie andere Vertreter dieses Genres auch, ein Sittenbild der Zivilisation aus der Perspektive der sexuellen Perversionen zeichnen. In den Geschichten der Sexualwissenschaft kommt diese Art von Literatur, der durch Klassiker wie Krafft-Ebing oder Bloch die Zunge gelöst worden war, so gut wie nicht vor. Zweifellos erhob Rau einen aufklärerischen und kulturkritischen Anspruch, doch im wesentlichen bestanden seine Bücher aus locker aneinandergereihten Anekdoten, angereichert mit plagiatsverdächtigen Paraphrasen und Zitaten, die ohne Verweis auf wissenschaftliche oder sonstige Quellen blieben. Epigonal und von den billigen Plätzen aus geschrieben, erhoben sie keinen Anspruch auf Originalität oder theoretische Verdichtung und gründeten auf keinerlei eigenen medizinischen oder ethnologischen Erfahrungen. Ungeachtet ihrer zweifelhaften Qualität geben Raus Texte wichtige Hinweise darauf, wie der Fall Dippold den Diskurs über Sexualität verändert hat. Um diese Zusammenhänge besser zu verstehen, muß allerdings noch eine andere Überlegung vorgeschaltet werden.

In seiner glänzenden Untersuchung über Sexualität und Pornographie im viktorianischen England hat Steven Marcus einige Merkmale literarischer Texte herausgearbeitet, die den Flagellantismus zum Gegenstand haben. Schauplatz dieser Geschichten sind häufig Schulen oder das Elternhaus, und auch der Plot folgt einer standardisierten Dramaturgie. Marcus faßt es so zusammen: »Eine Person wird einer Missetat bezichtigt, meist ein Knabe, manchmal ein Mann, der einen Knaben spielt, manchmal ein Junge oder ein Mann, der sich als Mädchen verkleidet hat oder für ein Mädchen gehalten wird. Das Vergehen, dessen die Person angeklagt wird, wird in der Regel nicht erläutert: Gelegentlich wird ihr vorgeworfen, das Bett genäßt zu haben, zuweilen wird sie vage des Ungehorsams oder der Impertinenz beschuldigt, manchmal einer kindlichen sexuellen Handlung.«[105]

Anklageerhebung und Strafe erfolgen kaum je durch Vater oder Lehrer, auch nicht durch die Mutter, sondern durch eine Art Stellvertreterin, etwa durch Stiefmutter oder Tante, Lehrerin oder Gouvernante. Diese empfinden beim Schlagen oder Auspeitschen durchaus Lust, aber viel stärker stehen die Angstlust bzw. der in Lust übergehende Schmerz der gezüchtigten Jungen im Vordergrund. Überhaupt sind die Phantasien und erotischen Sehnsüchte, die diese Texte auszeichnen, stets auf seiten der Geschlagenen zu finden. Dieser Punkt führt Marcus zu einer Frage, die für uns relevant ist: »Warum ist diese

Literatur überwiegend masochistisch und nicht sadistisch?«[106] Er gibt keine eindeutige Antwort, nur verstreute Hinweise, etwa daß diese Texte einen Kontrast zum viktorianischen Ideal von Männlichkeit, Stärke, Selbstsicherheit und Zielstrebigkeit bilden oder daß sie sich immer wieder die Urszenen der Prügelstrafe zum Modell nehmen, allen voran die Geschichte Rousseaus und Mademoiselle Lamberciers. Und die sind masochistisch.

Eine andere Antwort auf Marcus' Frage könnte lauten: Es gab vor Dippold kein entsprechendes sadistisches Modell, das einen gültigen Referenzrahmen für den prügelnden Lehrer darstellte. Sade selbst hat ganz andere Szenarios und Muster für seine Geschichten gewählt, und man kann gewiß vieles in ihm sehen, aber mit Sicherheit keinen Lehrer, der Jungen züchtigt. Gilles de Rais, der Kinderschlächter, hatte nichts mit Erziehung zu tun, und die wenigen medizinischen Fallgeschichten von Männern, die Jungen aus sexuellen Motiven prügelten, waren nicht spezifisch für Lehrer. In seinem Buch über die Grausamkeit von 1903 schreibt Rau, noch ohne Kenntnis der Hauslehrer-Geschichte, daß bei züchtigenden Lehrern »der Geschlechtstrieb in den Grausamkeitstrieb umschlagen« könne, und zwar ein unbefriedigter Geschlechtstrieb, da Lehrer nicht selten unverheiratet sind. Immerhin, doch die einzigen Beispiele, die ihm für die sexuelle Phantasie der Schlagenden einfallen, sind alte Klosteranekdoten von Nonnen und Jesuiten, die sich an der Züchtigung nackter Novizinnen und Novizen ergötzten,[107] und das war alles andere als zeitgemäß. Ansonsten hebt auch Rau die masochistische Komponente der Flagellation hervor, die Erregung sexueller Begierden bei den Geschlagenen, die unter Umständen sogar in sadistische Begehrlichkeiten umschlagen könnten.

In ganz ähnlicher Weise äußern sich die Sexualmediziner. Albert Moll, zweifellos eine der erfahrensten Kapazitäten auf dem Gebiet der Sexualpathologie, hatte einige Jahre vor Dippold tatsächlich einen Fall vor Gericht zu begutachten, bei dem es für ihn feststand, »daß der Betreffende seine Stellung als Erzieher dazu benutzte, sich unter dem Vorwande der Bestrafung einen sinnlichen Reiz durch Prügeln der Zöglinge zu verschaffen«. Allerdings hält Moll das für eine ganz seltene Erscheinung und findet es »weit bedenklicher [...], daß durch die Prügelstrafe das Geschlechtsleben bei manchen Schülern vorzeitig geweckt wird«. Auch Iwan Bloch schenkt der »Phantasie des Gezüchtigten« mehr Aufmerksamkeit als der möglichen Entwicklung »typisch-sadistischer Neigungen« bei den Schlagenden.[108] Bei beiden überwiegt also deutlich die masochistische Komponente. Und in der deutschen Übersetzung des Buches *Sadismus und Masochismus* von Émile Laurent, das kurz nach dem Bayreuther Prozeß erschien und im Zuge des Hauslehrerskandals ein veritabler Verkaufserfolg wurde, wird zwar davon gesprochen, daß »Schulstrafen oft zur Erregung sinnlicher Befriedigung erteilt werden«, doch als einziges Beispiel muß eine aus der Sekundärliteratur zitierte russische Quelle über einen prügelwütigen Lyzeumsleiter in Kiew herhalten, die sich auch bei Krafft-Ebing findet.[109]

Zusammenfassend gibt es bis 1903 eine umfangreiche Literatur über pädagogische Züchtigung, in der das Für und Wider der Prügelstrafe abgewogen wird. Und es gibt mindestens ebenso viele Publikationen über sexuelle Flagellation, in denen prügelnde Erzieher jedoch nur eine Nebenrolle spielen, sei es, weil Sadismus für eine männliche Triebhaftigkeit gehalten wird, die sich in erster Linie gegen Frauen richtet; oder weil die masochistische Komponente im Vordergrund steht. Genau an diesem Punkt kommt es zu einer zweiten Transformation, die durch den Fall Dippold ausgelöst wird. Erziehung und perverse Sexualität rücken ab jetzt für die *scientia sexualis* ganz eng zusammen, Erzieher und Lehrer werden ihrerseits zu einer Spezies, der das zweifelhafte Privileg zukommt, einen eigenen Platz im nosologischen System der Sexualwissenschaft zu erhalten. *Sadismus und Erzieher*, so betitelte Rau sein Büchlein über die Geschichte des Hauslehrers, das er in großer Eile zusammenschrieb und 1904 auf den Markt brachte. Die Veränderungen zu seinem nur wenige Monate zuvor publizierten Buch über die Grausamkeit sind eklatant. *Vor* Dippold hatte er noch keine konkreten Beispiele für sadistische Lehrer parat, unmittelbar *danach* kennt er bereits »Dippolds in Hülle und Fülle, [nur] daß die meisten dieser Erziehungsbarbaren der wohlverdienten Strafe entgehen oder noch Anerkennung finden«.[110] Der Fall sei »geradezu typisch für unsere Zeit, typisch für die immer mehr überhand nehmende Grausamkeit der modernen Menschheit«.[111]

Rau gehörte, wie oben gezeigt, zu den heftigsten Kritikern der damaligen Pädagogik und forderte die Abschaffung der Prügelstrafe. Insofern war der Tod Heinz Kochs nur ein Anlaß, diese Kritik zu erneuern und zu verallgemeinern. Es kam aber noch etwas anderes hinzu, nämlich die Zuspitzung hin auf den Sadismus, den Rau an allen Ecken und Enden vermutete, nicht nur bei den Lehrern. Schon zuvor hatte Iwan Bloch im Vorwort zur ersten Ausgabe seiner Untersuchung über den *Marquis de Sade und seine Zeit* notiert, daß der Sadismus als Übel in der Welt sei und verstanden werden müsse, um ihn beseitigen zu können.[112] Das war auch Raus Maxime. Sein Kampf richtete sich gegen alle möglichen Formen von Brutalität und Grausamkeit gegenüber Kindern, untergebenem Dienstpersonal und Tieren; und neben dem Erziehungswesen hatte er insbesondere das Militär und die brutale Unterdrückung in den deutschen Kolonien in Afrika im Visier – wichtige politische Anliegen mithin, die auf die ganz dunklen Seiten des wilhelminischen Reichs verwiesen. In diesem Szenario fungierte Dippold als mächtige und zeittypische Erscheinungsform des Sadismus. Der Skandal verschaffte somit der allgemeinen kulturkritischen Diagnose eine spezifische Grundlage und trug dazu bei, daß eine ansonsten eher diffus bleibende Kritik wie in einem Brennspiegel gebündelt werden konnte. Diese Bündelung kommt durch nichts deutlicher zum Ausdruck als die Einführung eines Neologismus: *Dippoldismus* war von nun an das Synonym für Erzieher-Sadismus oder Erzieher-Flagellantismus.

Mit dem Ismus wird dem Phänomen eine Form gegeben, wird der Einzelfall ins Allgemeine erhoben und ein begriffliches Zentrum gebildet, das eine taxonomische Zuordnung erlaubt, die mehr will, als bloß einen treffenden Begriff für eine ohnehin bekannte Sache zu finden. Damit ändern sich gleich mehrere Dinge. Zunächst einmal wird Krafft-Ebings eher unspezifischer Begriff des Knabengeißlers, der auf das Objekt bezogen ist, durch eine auf das strafende Subjekt bezogene Benennung abgelöst, und dies vor dem Hintergrund der sozialen Praxis namens Erziehung. Nicht in allen Fällen von Dippoldismus spielen Lehrer oder Erzieher eine Rolle, aber dieses Milieu ist gleichsam der Entstehungsherd für das Syndrom. Weiterhin wird das Phänomen durch den neuen Begriff in eine andere Schadensdimension gehoben. Wie selten oder häufig auch immer Prügeln aus Wollust vor Dippold gewesen sein mag, in der entsprechenden Literatur wurden die Fälle bis dahin als eher verstreut und marginal hingestellt. Das ändert sich, weil es jetzt einen Referenzbegriff gibt, der zu sagen erlaubt, daß es sich um einen »leider sehr verbreiteten« Vorgang handelt und »dass geringfügige Fälle von Dippoldismus nicht selten sind«.[113]

Die postulierte große Verbreitung des Phänomens ist aber nicht damit zu erklären, daß durch Dippold unversehens ein ganz neuer und kritischer Blick auf die Lehrerschaft gefallen wäre. Vielmehr artikuliert sich hier ein proliferierender Kulturpessimismus, der bereits in den Zeitungsartikeln sichtbar geworden war und auch Hans Rau die Feder führte. Ein anderer Kommentator hielt den Dippoldismus für »die hochmodernste Form des Überbestientums, [...] ein echtes Kind der Neuzeit, eine würdige Ausgeburt der rastlosen, nervösen, genußsüchtigen, seichten und herzlosen Gegenwart«.[114] Insofern war Dippoldismus zunächst mehr als eine sexualwissenschaftliche Diagnose; es war eine kritische Mahnung an alle, die sich für die weitere Entwicklung der Gesellschaft interessierten. Damit fügt sich das neue Label in die alarmistische Rhetorik ein, die das Szenario eines völligen Niedergangs der Sittlichkeit heraufbeschwor.[115] Genau darin dürfte der Grund gelegen haben, daß sich der Begriff schnell herumsprach. Für einen von Rau zitierten anonymen Kommentator bildete er »ein ehernes Denkmal, das dem Gedächtnis der Nachwelt die Untaten des Verworfenen überlieferte. So gelangte Dippold in wenig Zeit zu der traurigen Berühmtheit jener, die berüchtigt sind durch ihre Laster und das Entsetzen an der Stirn tragen.«[116] Wenn Publizisten wie Maximilian Harden davon gesprochen hatten, daß ein Charakter wie Dippold in historischen Dimensionen zu verankern sei, dann war der Dippoldismus ein großer Schritt in diese Richtung.

Zur Zeit der Dippold-Affäre steckte die Sexualwissenschaft noch in den Kinderschuhen. Zwar rückte die Sexualität seit ungefähr zwei Jahrzehnten zunehmend in den Fokus der Wissenschaftler, die später als Hauptprotagonisten bezeichneten Autoren legten sukzessive ihre ersten Publikationen vor, und es gab ein erhebliches Publikumsinteresse. Aber um den Schritt von der *psychopathia sexualis* hin zur *scientia sexualis* zu tun, mußten Gesellschaften und Periodika gegründet sowie enzyklopädische oder überblicksartige Hand- und Lehrbücher veröffentlicht werden.[117] All das geschah nach 1903 in rascher Folge, und so ist es nicht verwunderlich, daß der Hauslehrer-Fall sofort Eingang in die grundlegenden Werke der Sexualwissenschaft fand, allerdings – wie kaum anders zu erwarten – zunächst einmal unter verschiedenen Diagnosen. Den Auftakt machte Forel mit seinem Bestseller *Die sexuelle Frage*. In seiner Verteidigung Vogts hatte er Dippold gleich ein ganzes Bündel von Diagnosen aufgebürdet: Sadismus, pathologische Lüge, Homosexualität, Frömmelei, asketischer Fanatismus und Psychopathie. In seinem Standardwerk war er etwas bescheidener und ordnete Dippold im Kapitel über die Homosexualität ein. Eine merkwürdige Entscheidung, denn Forels eugenisch motivierte, im Endeffekt sogar liberale Einstellung zur Homosexualität lief darauf hinaus, daß diese im Erwachsenenalter harmlos sei, weil sie nicht zu Nachkommen führt und sich dementsprechend auf längere Sicht von selbst erledige. Homosexuelle Handlungen mit Minderjährigen wollte Forel damit natürlich nicht rechtfertigen, und so erklärte er Dippold zu einem Perversen, der mit Minderjährigen sexuelle Unzucht trieb.[118] Das war bekanntlich ein Punkt, den das Gericht eher ausgeschlossen hatte, was aber nichts daran änderte, daß Forels nie überprüfte Diagnose sich massenhaft verbreiten konnte. Mit dem Begriff Dippoldismus dagegen wußte er verständlicherweise nichts anzufangen, denn indem Forel die Ursache für das Vergehen ganz bei der Homosexualität ansiedelte, konnte es in seinem System diese Unterform des Sadismus gar nicht geben.

Vergleicht man diese Version des Falls mit den anderen sexualwissenschaftlichen Deutungsversuchen, so zeigt sich einmal mehr eine auffällige Idiosynkrasie. Homosexualität und Sadismus sind im Sexualdiskurs um 1900 scharf voneinander abgegrenzt. Für dieses Entweder-Oder gibt es mehrere Gründe, die hier nur gestreift werden können. Hinsichtlich der Homosexualität gab es sexualpolitische Reformbemühungen, die auf eine Abschaffung des Paragraphen 175 hinzielten, für den Sadismus hingegen ist etwas Vergleichbares nicht zu verzeichnen. Homosexuelle Publizisten wie Fleischmann, die auf gesellschaftliche Anerkennung und Legalisierung drängten, wollten aus ebendiesen Gründen nichts mit Sadismus zu tun haben. Und wichtiger: Während die Homosexualität für Krafft-Ebing, Möbius und Forel noch ein pathologisches Degenerationsphänomen darstellte, hielten nachfolgende Sexualwissenschaftler wie Bloch oder Hirschfeld sie – anders als den Sadismus – für eine gesunde Erscheinungsform des Menschen, gleichgültig ob die Ursache in der Vererbung oder in der Umwelt zu suchen war.[119] Insofern waren Homosexualität und Sadismus schon aus anthropologischen Gründen miteinander unvereinbar. Um den Fall Dippold sexualwissenschaftlich verwerten zu können, mußte eine klare und eindeutige Zuordnung erfolgen. Konsequenz für die meisten Sexualwissenschaftler: Der Hauslehrer gehörte in die Kategorie des Sadismus und nicht diejenige der Homosexualität.

Einverleibung des Dippoldismus in die Sexualwissenschaft – was heißt das eigentlich? Wie und an welcher Stelle ist darüber geredet worden? Wieviel Platz hat man ihm eingeräumt? Wie verhielt sich das Allgemeine des Dippoldismus zur konkreten Geschichte des Hauslehrers? Zwar war deren Faszinationskraft zur Genüge deutlich geworden, doch was fingen die Sexualwissenschaftler damit an? Von Krafft-Ebing hatte man immerhin gelernt, die allgemeinen Erwägungen auf ausführliche Beobachtungen oder Fallgeschichten zu stützen, die auf eigenen ärztlichen Erfahrungen basierten oder der existierenden wissenschaftlichen Literatur entnommen wurden. Iwan Bloch, der mit seinem monumentalen, erstmals 1907 erschienenen und in mehreren Auflagen gedruckten Buch *Das Sexualleben unserer Zeit* vielleicht das erste Grundlagenwerk der Sexualwissenschaft vorgelegt hatte, redete von dem »allbekannten Fall des Lehrers Dippold«, stellte zwei neue Fälle als »Dippolds Nachfolger« vor und gab eine Erklärung für die Entstehung des Dippoldismus, die, nicht untypisch für Bloch, biologische Ursachen und kulturelle Auslöser kombinierte. Demnach war die »krankhafte Veranlagung« der Boden, auf dem sich der Sadismus entwickelte, zum Ausbruch kam er aber durch kulturelle Imprägnierung, nämlich die Gelegenheit zur Prügelstrafe. Ebenso wie die Intellektuellen und kritischen Pädagogen war Bloch der Überzeugung, daß Lehrer und Erzieher zu Beginn ihrer beruflichen Tätigkeit bei körperlichen Züchtigungen noch frei von flagellantistischen Neigungen sein mochten, sich im Lauf der Zeit jedoch unweigerlich sexuelle Lust einstellte.[120]

Ich verzichte darauf, diese Kritik an der Prügelstrafe mit Blochs im ersten Kapitel zitierten Ratschlägen zur Bekämpfung der kindlichen Onanie zu konfrontieren, wo er auch die Prügelstrafe als nützliches Mittel erwähnt hatte. Mit derartigen Widersprüchlichkeiten ist man in der Sexualwissenschaft immer wieder konfrontiert. Jedenfalls nahm er den Dippoldismus als eigenständige Erscheinung in die Sexualwissenschaft auf, und das war gleichsam die Initialzündung für eine neue Perspektive, in der ein enger Zusammenhang zwischen pädagogischer Züchtigung und sadistischer Lust postuliert wurde. Andere Autoren zogen nach. Für Georg Merzbach war Dippoldismus die am meisten verbreitete Form des Sadismus neben demjenigen in der Armee. Auch Max Hirsch hielt »Peitschungen von Knaben« für ein besonders häufiges Phänomen. Eulenburg sprach sogar von einem »pädagogischen Sadismus«, der in der Gegenwart eine ebenso große Rolle spiele wie in früheren Zeiten die Flagellation im Kloster.[121]

Die von den Sexualwissenschaftlern diskutierten kulturellen Faktoren bezogen sich jedoch nicht nur auf das Vorhandensein günstiger Gelegenheiten, die dem krankhaften Trieb ihren Weg bahnten, auch die Medien kamen hier erneut ins Spiel. Magnus Hirschfeld, zur Zeit des Dippold-Prozesses noch nicht ganz so bekannt wie später zu Zeiten der Weimarer Republik, aber doch bereits eine einflußreiche Figur, ging wie Bloch davon aus, daß die Richtung des Sexualtriebs mehr oder weniger biologisch festgelegt, jedoch die »Art der Betätigung« von kulturellen Faktoren abhängig sei. In diesem Zusammenhang äußerte er die große Besorgnis, daß »die Literatur über Flagellomanie, Sadismus, Masochismus und Verwandtes neuerdings« immer umfangreicher wird, angeregt durch Fälle wie den des Hauslehrers.[122] Mediale Aufmerksamkeit und Verbreitung erhöhen die Gefahr von Trittbrettfahrern und Nachahmern. Dieser Aspekt – damals wie heute von großer Relevanz – ist im Nachklang des Dippold-Prozesses nicht weiter diskutiert worden, auch von Hirschfeld nicht, und das aus nachvollziehbaren Gründen, denn die Sexualwissenschaft hätte sich nach 1900 wohl kaum so ausbreiten können, wenn sie über den Sadismus und seine Erscheinungsformen geschwiegen hätte.

Gegen die selbstverständliche Inkorporation des Dippoldismus in die perverse Sexualität durch die führenden Sexualwissenschaftler der damaligen Zeit wurde nur von einer einzigen Autorität Einspruch erhoben, nämlich von Albert Moll, der mit Hirschfeld und Bloch in kaum einer Frage einig ging.[123] Moll zielte genau auf den problematischen Punkt, den die anderen Autoren einfach ausgeblendet hatten: »Es ist meines Wissens durch die Verhandlung niemals festgestellt worden, und auch durch das sonstige Material nicht, dass hier sexuelle Motive für die Misshandlungen vorlagen, und nur, wo dies der Fall ist, haben wir das Recht, von Sadismus zu sprechen. Meistens lassen sich solche Fälle nur dann aufklären, wenn man das Seelenleben des Täters aufs genaueste analysiert.«[124] Im Hinblick auf die faktische Grundlage der sexualpathologischen Diagnostik war Moll also sogar noch kritischer als Näcke und legte damit implizit nahe, die Akten über diesen Fall zu schließen, ganz so, wie es – aus anderen Gründen – auch das Gericht, die Familie Koch und Dippold selbst gewünscht hätten. Aber das passierte nicht.

Das Momentum der Sexualwissenschaften im frühen 20. Jahrhundert, durch welches das diskursive Spielfeld der jungen Disziplin erstmalig freigegeben wurde, machte es geradezu unmöglich, Molls nüchterner Skepsis oder Hirschfelds Warnung vor einer *self-fulfilling prophecy* entsprechendes Gehör zu verschaffen. Mit dem Fall verband sich das Versprechen, eine komplizierte Angelegenheit, die in der Öffentlichkeit für einen großen Skandal gesorgt und in verschiedenen Wissensbereichen kontroverse Diskussionen ausgelöst hatte, wissenschaftlich zu domestizieren. Dazu waren keine grundlegenden neuen theoretischen Einsichten nötig. In dieser Hinsicht war die Sache relativ schnell geklärt. Es war auch nicht zwingend, über das, was während des Skandals in der Öffentlichkeit kursierte, hinauszukommen. Der Fall wurde durch die wissenschaftliche Behandlung nicht komplexer. Domestizierung hieß vielmehr, einen sadistischen Typus freizulegen, der in seinen Verhaltensweisen und Motivationen modellhaften Charakter besaß. »Schulbeispiel« nannte das Erich Wulffen, der dem Fall eine ausführliche Darstellung widmete.[125] Der damit verbundene Preis war allerdings kein geringer, denn nun wurde die Geschichte selbst immer mehr zurechtgeschnitten, bis sie in das Kostüm des Schulbeispiels hineinpaßte.

Iwan Bloch hatte die Bekanntheit des Falls noch vorausgesetzt. Merzbach widmete der Nacherzählung ganze zwei Seiten, die sich wie ein Reader's Digest der verschiedenen Zeitungsberichte lesen. Dann kam Wulffen. Als Staatsanwalt zählte er natürlich nicht zur Sexualwissenschaft im engeren Sinne, und seine beiden kriminalistischen Schmöker *Psychologie des Verbrechers* und *Der Sexualverbrecher* von 1908 und 1910 sind auch keineswegs Musterbeispiele methodischer und quellenkritischer Zuverlässigkeit. Dennoch gehören sie hierher, weil Autoren wie Hirschfeld, Forel, Liszt, Näcke oder Max Marcuse mit öffentlichem Lob für Wulffen nicht sparten. Ein tiefer Einblick in die »Verbrecherseele« wurde ihm attestiert, und so finden sich seine Bücher in der sexualwissenschaftlichen Literatur immer wieder als Standard- und Referenzwerke.

Wulffen erzählt eine andere Geschichte, indem er einfach den Anfang und den Anlaß der Hauslehrertätigkeit Dippolds bei der Familie Koch veränderte. Lapidar heißt es: »Der Kommerzienrat Koch hatte behufs einer Reise nach Italien im Frühjahr 1903 seine beiden 14 und 10 Jahre alten Söhne dem Dippold anvertraut. Das Engagement hatte Frau Koch bewirkt.«[126] Das klingt so, als ob die treusorgenden Eltern nur für ein paar Wochen eine erzieherische Aufsicht für ihre Söhne benötigten, um einen ausgedehnten Urlaub antreten zu können. Der unbedarfte Leser gewinnt den Eindruck, Dippold hätte zwei motivierte, wohlerzogene Jungen übernommen und sie von Anfang an seinem sadistischen Prügelregime unterworfen. Diese frei erfundene Geschichte paßte natürlich besser zur *persona* eines verbrecherischen Sadisten als der wesentlich kompliziertere Ablauf der Geschichte. Die Nuancen, die das Gericht sehr wohl noch berücksichtigt hatte, sind beseitigt; von Zweifeln, ob es sich hier tatsächlich um einen »psychologisch hochinteressanten Fall von Sadismus« handelt, keine Spur. Wulffen referierte seitenweise die Aussagen der Zeugen und Sachverständigen, wie sie im Oktober 1903 in den Tageszeitungen gestanden hatten. Der Täter selbst hat keine Stimme mehr, statt dessen erfährt er eine kurze, abschließende Charakterisierung, die den Sadisten zur perversen Spezies macht: Dippold »war völlig unzugängig, selbst im Verkehr mit den Eltern und Geschwistern, die im selben Orte wohnten. Wissenschaftlich soll er hervorragend tüchtig gewesen sein.«[127]

Die Transformation vollzog sich also in zwei Schritten: Im ersten Schritt wird der Fall zum Modell für ein sexualpathologisches Syndrom (Erzieher-Sadismus oder Dippoldismus) und einen sadistischen Typus (Dippoldist); im zweiten Schritt kommt es zur Umkehrung, indem der Fall einem Idealbild des Typus entsprechend zurechtgebogen wird. Beide Vorgänge werden durch die mediale Aufmerksamkeit während der Skandalzeit unmittelbar nach dem Prozeß angebahnt und finden ihre Vollendung in der wissenschaftlichen Auseinandersetzung, ohne daß es hier zu einem nennenswerten Bruch kommt. Der Übergang ist gleichsam nahtlos. Entsprechend findet man Dippold sowohl in Max Marcuses *Handwörterbuch der Sexualwissenschaft*[128] (wenn auch nicht unter einem eigenen Lemma) als auch in jener Literatur mit angeblich wissenschaftlichen Ambitionen, die sich nach visueller Aufmachung und narrativer Machart jedoch eher an den Leser im Boudoir wendet. In den sexualkundlichen Untersuchungen zum Erziehungs-Flagellantismus von 1932 wird die Geschichte des Hauslehrers als »das Standardbeispiel« ausführlich vorgestellt, und zwar in Wulffens Version, die auch in der seriöseren Literatur von niemandem mehr in Frage gestellt wurde.[129] Sie findet sich in kondensierter Form bei Hirschfeld, der es besser hätte wissen können, und in einer späten Bearbeitung von Krafft-Ebings *Psychopathia sexualis*.

Krafft-Ebing war im Dezember 1902 gestorben, also bevor es einen Fall Dippold gab. In den nachfolgenden Auflagen des Werks findet sich zunächst nichts über die Affäre, was auch leicht zu erklären ist. Der erste Bearbeiter, Alfred Fuchs, veränderte das Werk nur minimal und hielt sich im Kapitel über die »Knabengeissler« wortgetreu an die letzte, noch von Krafft-Ebing besorgte Ausgabe; der nächste Herausgeber, Albert Moll, verdoppelte zwar den Umfang des Werkes, doch Dippold gehörte für ihn eben nicht zur *psychopathia sexualis*. Erst als der sexualwissenschaftlich ansonsten kaum hervorgetretene Wiener Arzt Alexander Hartwich 1937 die Rücksichtslosigkeit besaß, die *Psychopathia sexualis* völlig neu zu bearbeiten, ohne seine Vorgänger auch nur zu erwähnen, – Moll lebte bis 1939, hatte als Jude im nationalsozialistischen Deutschland aber kaum noch Publikationsmöglichkeiten –, fand auch der Fall des Hauslehrers Eingang in das Werk. Der Bearbeiter sah ihn gar als »besonders aufschlußreich und beweisend« für sadistische Akte an, bei denen wehrlose Personen als Sexualobjekte ausgewählt werden.[130] Als Charakteristika für die Modellhaftigkeit des Dippoldismus führte er an: Mißhandlungen, bevorzugt nachts; falsche Beschuldigung der Masturbation (typisch für Dippoldisten, weil die Fiktion der Onanie die eigene Wollust erhöht); unzüchtige Berührungen; völlige Nacktheit beim gemeinsamen Spiel; Bedrohung mit dem Messer; Erniedrigung durch das Erpressen von falschen Selbstbekenntnissen, in denen es vor allem um Unzucht geht.

Einen ähnlichen Niederschlag fand der Fall bei Magnus Hirschfeld, der 1903 die berechtigte Sorge geäußert hatte, daß dessen große Publizität die Gefahr von Trittbrettfahrern mit sich bringe. Ein Vierteljahrhundert später mußte er in seiner monumentalen *Geschlechtskunde* im Einklang mit seinen Kollegen feststellen, daß Dippoldisten – die sexualpathologische Gruppe der Erzieher, die anderen Schmerzen zufügen, um sich selbst Lust zu bereiten – viel häufiger seien als gemeinhin angenommen. Als Beispiele dienten ihm dann mehrere Fälle aus seiner eigenen sexualwissenschaftlichen und gutachterlichen Erfahrung.[131] In seinem letzten Werk *Geschlechtsanomalien und Perversionen*, zuerst postum 1936 in England erschienen, kam Hirschfeld noch einmal auf Dippold zurück, und zwar mit fast den gleichen Worten wie Hartwich.[132] Beide hatten bei Wulffen abgeschrieben. Auch wenn man Hartwich und Hirschfeld zugute halten muß, daß sie eine umfassende Abschaffung der Prügelstrafe und schärfere Strafen bei Kindesmißhandlungen forderten, ändert das nichts an der leichtgläubigen Oberflächlichkeit, mit der sie den Fall Dippold im Kanon der Sexualpathologie bewahrt haben. Wie schon bei den anderen hier vorgestellten Autoren findet sich auch bei ihnen keine einzige Information, die nicht schon in den Tageszeitungen vom Oktober 1903 enthalten gewesen wäre. Das ist angesichts des verschlossenen Archivs zwar nicht überraschend, doch indem die Sexualwissenschaft, ebenso wie die Pädagogik, die Kriminologie und die Psychiatrie, offensichtliche Ungereimtheiten und Widersprüche, die von einzelnen Kommentatoren auch zur Sprache gebracht wurden, nicht zur Kenntnis nahm, stellt sich die grundsätzliche Frage nach dem Umgang dieser Wissenschaften mit Phänomenen, Wissensbeständen und Quellen. Wäre es angesichts dieser Situation nicht angemessener gewesen zu schweigen?

In diesem Zusammenhang ein Wort zur eigentlichen Wissenschaft der Stunde: der Psychoanalyse. 1905 veröffentlichte Freud seine *Drei Abhandlungen zur Sexualtheorie*. Von Dippold ist weder hier noch in seinen späteren Schriften mit einem Wort die Rede. Es ist kaum vorstellbar, daß Freud als Leser der Wiener Tageszeitungen und aufmerksamer Beobachter des Zeitgeschehens dieser Fall entgangen sein könnte. Er hätte auch in Löwenfelds Buch *Sexualleben und Nervenleiden* darüber lesen können, zumal er an diesem Band selbst mit einem Beitrag »Über die Rolle der Sexualität in der Ätiologie der Neurosen« beteiligt war.[133] Auch andere Psychoanalytiker haben den Fall Dippold in ihren einschlägigen Publikationen entweder gar nicht oder nur sehr beiläufig erwähnt.[134] Sogar Alfred Adler, der »bei vielen Erziehern [...], die vom Stock nicht loskommen«, den sadistischen Auslöser im »Schrecken ihrer Kindheit« begründet sah, verzichtete auf Beispiele.[135] Ohne dieses Schweigen überbewerten zu wollen – gerade Freud hat sich auch zu anderen prominenten Fällen der Sexualpathologie nicht geäußert –, möchte man der Psychoanalyse zweierlei zugute halten: Erstens hat sie sich dem psychiatrischen und sexualwissenschaftlichen Diskurs über Entartung, minderwertige Psychopathien oder sexuelle Bestialität schlicht verweigert. Hätte sie sich dem Fall aus ihrer eigenen Perspektive zuwenden wollen, wären wesentlich mehr Kenntnisse über Dippold nötig gewesen, über die bekanntlich niemand verfügte. Zweitens wurde der wissenschaftliche Diskurs über den Hauslehrer offensichtlich durch diejenigen Informationen gesteuert, die in Medien lanciert worden waren. Das war mit einer psychoanalytischen Befundaufnahme nicht vereinbar. So gesehen läßt sich das Schweigen der Psychoanalyse durchaus als ein Akt wissenschaftlicher Selbstbescheidung deuten. Anders als die Sexualwissenschaft hat sie der Gefahr widerstanden, einen solch prominenten Fall zur Selbstdarstellung zu nutzen.

Alle anderen hier behandelten Wissenschaften haben nicht geschwiegen, und sie hatten dafür, wie gezeigt, ihre Gründe. Die Juristen haderten mit der Begründung eines angemessenen Strafmaßes, die Pädagogen mit der potentiellen Perversität ihrer Erziehungsmethoden, die Psychiater mit den Widrigkeiten ihrer Klassifikation, und die Sexualwissenschaftler vermaßen überhaupt erstmals das weite Feld zwischen Geschlechtstrieb und Grausamkeit. Für letztere war Dippold gewissermaßen ein *idealer Sadist*, weil mit ihm ein neues Dispositiv, der Erzieher-Sadismus, ins Zentrum des Diskurses rückte. Alles drehte sich also um das Verhältnis von Sexualität und Erziehung, von Sadismus und Prügelstrafe. Daran arbeiteten sich die Mandarine der Wissenschaft genauso ab wie die schnellen Skribenten, die für den Augenblick schrieben. Um dieses Gravitationszentrum herum gruppierten sich die anderen Fragen – kindliche Sexualität, familiäre Erziehung der Kinder, Verantwortung des Vaters und der Mutter, ärztliche Sorgfaltspflicht, biologische und soziale Ursachen des Verbrechens, Zuchthausstrafe oder Sicherheitsverwahrung. Diese Fragen standen mal mehr und mal weniger im Vordergrund und verschwanden dann wieder hinter den Kulissen. Als Multiplizierung der Diskurse im Sinne Foucaults läßt sich das kaum bezeichnen. Es ist vielmehr eine Rekombination, weil das unvorhergesehene Ereignis und der daraus amalgamierte Skandal die Richtung des Diskurses über Sexualität und Erziehung verändert haben. In diesem Licht erscheinen auch Strukturen eher als plastisch denn als träge. Gewiß prägen sie Handlungsweisen, Umgangsformen und Deutungen eines Ereignisses, aber nur bis zu einem gewissen Grad. Im Ereignis liegt ein Überschuß, der an die Wissenssysteme und Institutionen weitergeleitet wird. Das ist die Lektion, die der Fall Dippold erteilt.

Dennoch ist Vorsicht geboten bei der Untersuchung dieser Verschiebungen und Transformationen. Dem Raster von Perversion, Sadismus und Bestialität konnte Dippold nicht mehr entgehen, doch das ist nur die eine Seite. Die andere Seite ist, daß dieses Raster für das Gerichtsurteil keine Rolle spielte. Sexualpathologie und Kriminalanthropologie hatten keinen dominierenden Einfluß auf die Bayreuther Juristen. Sie haben der Komplexität des Geschehens Rechnung getragen und einen Kriminellen verurteilt. Damit war ihre Arbeit getan. An der Typologisierung des Hauslehrers und seiner Stigmatisierung zur sexuellen Bestie haben sie sich nicht beteiligt. Das blieb den zahllosen Kommentatoren, Empörten, Deutern und Experten überlassen, die eine ganze Reihe von Profilen produzierten, von denen sich eines als kanonisch herauskristallisierte, das in den Begriffen Dippoldismus und Dippoldist auf den Punkt gebracht wurde. Bei diesem Reduktionsprozeß ging die ursprüngliche Geschichte verloren. Sie hatte ihre Schuldigkeit getan. Zirkulation und Transformation, Verfestigung und Weitergabe von Wissen haben eben auch den Charakter von stiller Post.

1933 ist die Wissensgeschichte des Falles Dippold weitgehend beendet. Die Bücher, in denen er behandelt worden war, landeten auf dem Scheiterhaufen der nationalsozialistischen Bücherverbrennung oder wurden in die Liste der verbotenen Schriften aufgenommen; ihre Autoren waren bereits tot oder mußten emigrieren, und die Sexualwissenschaft wurde in Deutschland quasi ausradiert. Hans Raus Broschüre *Der Fall Dippold* wurde 1938 auf die »Liste des schädlichen und unerwünschten Schrifttums« gesetzt.[136] Dem war wohl eine gründliche Lektürearbeit der Zensoren vorausgegangen, denn die zuletzt 1922 aufgelegte Broschüre dürfte zu jener Zeit kaum noch im Umlauf gewesen sein. Inwieweit der Fall im allgemeinen Bewußtsein überhaupt noch präsent war – er lag nun mehr als 30 Jahre zurück –, ist kaum zu entscheiden.

Um so ironischer mutet es an, daß die Aufbewahrung der Prozeßakten den Nationalsozialisten zu verdanken ist. 1935 und – in erweiterter Form – 1937 ordnete das Justizministerium die »Aussetzung der Vernichtung von Akten« bestimmter Kriminalprozesse an. Gemeint waren in erster Linie solche, die »für die Geschichte der Kampfzeit der nationalsozialistischen Bewegung von Bedeutung sind«, aber auch »aufsehenerregende Sittlichkeitsprozesse« und solche, die »bekannte Persönlichkeiten des öffentlichen Lebens« betrafen.[137] Die letzteren beiden Kriterien trafen auch auf den Fall Dippold zu, jedenfalls nach Ansicht des Oberlandesgerichts in München, das offenbar für die Beurteilung zuständig war und die Akten als »geschichtlich wertvoll« bezeichnete. Daraufhin vermerkte der zuständige Bayreuther Oberstaatsanwalt am 8. März 1938 auf der Akte: »Bis zum Ergehen weiterer

Weisung sind sie daher von der Vernichtung auszuschliessen und vorläufig sicherzustellen.«[138]

Im westlichen Nachkriegsdeutschland hatte Dippold vollends keinen Ort mehr. Die Prügelstrafe spielte nicht mehr eine so entscheidende Rolle, auch wenn sie erst 1973 gesetzlich verboten wurde. In Franz Meixners 1951 erschienenem Leitfaden *Kriminalität und Sexualität* gibt es tatsächlich noch ein ganzes Kapitel über Onanie, aber die sadistische Züchtigung bildet lediglich eine Fußnote im ohnehin schmalen Kapitel über den Sadismus. Meixner schreibt: »Bei übermäßigen Züchtigungen an Schülern und Untergebenen beiderlei Geschlechts kann versteckter Sadismus vorliegen, der, weil er sich in den Dienst einer anderen Absicht stellt, oft nicht ohne weiteres erkennbar und daher schwer beweisbar ist. [. . .] Die Gefährlichkeit des versteckten, des pädagogisch getarnten Sadismus liegt vor allem darin begründet, daß durch ihn sehr leicht in anderen Personen latente algolagnische Neigungen geweckt und aktiviert werden.«[139] Rousseau war also immer noch unterschwellig präsent, aber ansonsten spielte der Erzieher-Sadismus für die Sexualpathologie im Westdeutschland der Nachkriegsjahre keine nennenswerte Rolle. Als 1962 endlich das neue Strafgesetzbuch verabschiedet wurde, um das seit 1871 geltende Gesetz abzulösen, war der Erzieher-Sadismus für das Sexualstrafrecht eine quantité négligeable.[140]

In den einschlägigen Handbüchern, Lexika und Internet-Chroniken ist das Lemma »Dippoldismus« immer noch zu finden, allerdings zusammengezurrt auf einen dürren Begriff, dem nur noch eine historische Bedeutung zukommt.[141] Doch die Probleme, die dieser Fall aufgeworfen hat, sind damit nicht erledigt. Das zeigen nicht zuletzt die jüngst bekanntgewordenen Fälle von Kindesmißbrauch und Kindesmißhandlung in sehr unterschiedlichen erzieherischen Einrichtungen. Dabei sind die Ereignisse, die sich zwischen August 1902 und März 1903 in Ballenstedt und in Drosendorf abgespielt haben, nur ein Teil der hier ausgebreiteten Geschichte. Natürlich lohnt sich die Annäherung an jene Ereignisse, um aus der historischen Distanz heraus Vergleiche ziehen zu können mit den Fällen, die uns näher zu liegen scheinen. Aber damit ist es nicht getan. Wird die Frage ausgeblendet, die in diesem Buch im Vordergrund stand, nämlich wie die Verhaltensweisen der beteiligten Personen in Objekte des Wissens verwandelt worden sind und wie umgekehrt Wissen sich in die alltäglichen Verhaltensweisen einschreibt, gerät auch ein solches historisches Ereignis leicht zur Anekdote und erzeugt Überdruß. Heute wie damals gilt: Die paradigmatische Bedeutung eines solchen Stoffes bemißt sich daran, wie man mit ihm umgeht.

Als Maximilian Harden 1914 seine gesammelten *Prozesse* mit dem Text über Dippold herausbrachte, widmete Kurt Tucholsky dem Buch eine Rezension. Ursprünglich ein Bewunderer Hardens, stellte sich beim Wiederlesen der zehn Jahre zuvor noch beklatschten Texte Ernüchterung ein. Über Dippold und all die anderen von Harden beschriebenen Fälle hatte sich inzwischen Staub gelegt: »Man braucht ein paar Sekunden dazu, um sich jedesmal den Komplex wieder wachzurufen, den diese Schlagworte enthalten, und mit einem ziemlich enttäuschten: ›Ach ja, so war es . . .!‹ macht man sich an die Lektüre.« Die Geschichte selbst ist langweilig geworden. Doch was sich daraus entwickelte, hat Harden offensichtlich nicht mehr interessiert, und dabei wäre genau das die entscheidende Frage gewesen. Bemerkenswerterweise nimmt Tucholsky nicht nur an der Abgestandenheit Anstoß, noch viel stärker stört ihn die Art und Weise, in der Harden seinen Gegenstand traktiert: »Das Buch ist unanständig, weil es ohne Scham aus einer bitterernsten Sache, wie es eine Gerichtsverhandlung ist, nur das Theatralische heraushob, das [. . .], was man mit dem Opernglas betrachten kann. [. . .] Diesen lauten und unersprießlichen Angelegenheiten Hardens verdanken wir ein gut Teil der üblichen oberflächlichen Behandlung forensischer Dinge.«[142]

Opernglas und Oberflächlichkeit: Harden glaubte, die perverse Sexualität am Beispiel des Dippold-Falls besser ausleuchten zu können. Die wissenschaftlichen Experten waren derselben Überzeugung. Aber was waren ihre Ergebnisse? Führen wir uns diese ein letztes Mal kurz vor Augen: Die Pädagogen stritten über das Züchtigungsrecht, und diejenigen, die es unter keinen Umständen preisgeben wollten, machten den Hauslehrer zur sexuellen Bestie und die ganze Geschichte zum nicht verwertbaren Einzelfall, um eine Diskussion über die soziale Pathologie der Erziehungspraktiken gar nicht erst aufkommen zu lassen. Die Juristen stritten über Sinn und Zweck der Strafe und applizierten ihre jeweiligen Theorien auf den Fall, wobei fast jeder sein eigenes Rezept zu haben glaubte, wie man der perversen Sexualität juristisch und psychiatrisch zu Leibe rücken müsse. Die Psychiater diskutierten darüber, ob und inwieweit Dippold geisteskrank war, und die Sexualwissenschaftler schließlich extrahierten aus diesem Fall eine neue Unterform des Sadismus und etablierten einen neuen Typus und ein neues Syndrom, die in verschiedenen Gewändern durch die Sexualpathologie des 20. Jahrhunderts geisterten.

Es herrschte breiter Konsens in diesen Humanwissenschaften darüber, daß es sich hier um ein Phänomen der individuellen Pathologie handelte, dem mit den bekannten Instrumenten und Begriffen der biopolitischen Macht begegnet wurde. Nur wenige der damaligen Kommentatoren haben den starken Einfluß der sozialen Pathologie erkannt und diese als solche benannt. Das weitgehend kollektive Beschweigen ist durchaus nachvollziehbar, denn ansonsten wäre womöglich die Frage aufgetaucht, ob diese Humanwissenschaften mit ihren Grundannahmen, Typisierungen und Praktiken nicht selbst dieser Pathologie zuarbeiteten. Keine Mißverständnisse: Auch mit dem Wissen, über das wir heute verfügen, ist Andreas Dippold ganz zu Recht für seine furchtbaren Taten zur Rechenschaft gezogen worden. Aber was folgt daraus im Hinblick auf die Instanzen – Justiz, Wissenschaft, Medien –, die sich eines solchen Falles annehmen?

Der Fall Dippold hat keinen Beobachter vom Format eines Michel de Montaigne gefunden. Dieser hatte den vermessenen Richterspruch, der den falschen Martin Guerre 1560 an den Galgen führte, mit dem scharfen Satz kommentiert: »Das Gericht hat keine Ahnung, wovon die Rede ist.« Dagegen müßte es in unserem Fall heißen: »Medien und Wissenschaften haben keine Ahnung, wovon die Rede ist.« Um so treffender ist Montaignes Bemerkung: »Ich sträube mich sogar gegen Wahrscheinliches, wenn man es mir als untrüglich hinstellt. Ich liebe vielmehr Ausdrücke, welche die Unbesonnenheit unserer Behauptungen mildern und mäßigen, also: *vielleicht* und *gewissermaßen*, *ein wenig* und *man sagt*, *ich denke* und dergleichen. [...] Wer von seiner Unwissenheit geheilt werden will, muß sie zunächst eingestehen.«[143] Und das ist auch dann nicht von Nachteil, wenn man über reichhaltige archivalische Quellen verfügt. Auch in diesen Fällen müssen, wie Carlo Ginzburg mit Recht angemerkt hat, beizeiten die »›Wirklichkeiten‹ durch ›Möglichkeiten‹« ergänzt und ersetzt werden.[144] Gerade bei so verstörenden Ereignissen, wie sie sich im Fall des Hauslehrers zugetragen haben, gilt es um so mehr, einen klaren Kopf zu bewahren, und das betrifft in allererster Linie diejenigen, die solche Ereignisse aus sicherer Entfernung beobachten und kommentieren. Denn zumindest das hat diese Geschichte gezeigt: All die Empörungen und Vorwürfe, die Ratschläge, Deutungen und wissenschaftlichen Expertisen, die um den Hauslehrer und seine Tat herum entstanden sind, haben kaum mehr als hell leuchtende, weithin sichtbare Chimären produziert.

Epilog: Das Leben geht weiter

In den Händen der Medien und der Wissenschaften haben die Ereignisse, um die es in diesem Buch ging, eine öffentliche Physiognomie erhalten, die aus wenigen Strichen bestand und die verschlungene Geschichte in ein stereotypes Exempel verwandelte. Das sollte jedoch nicht das letzte Wort bleiben. 1919, als längst Gras über die Sache gewachsen war, nahm sich Jakob Wassermann des Stoffes in seinem umfangreichen Roman *Christian Wahnschaffe* an. Bewußt von den kolportierten Ereignissen abweichend, erzählte er eine andere Geschichte des Hauslehrers bzw. die Geschichte eines anderen Hauslehrers, die jedoch ohne den Fall Dippold nicht denkbar gewesen wäre. Der titelgebende Held des Romans, aus reichem Elternhaus stammend, entfremdet sich seiner großbürgerlichen Herkunft und läßt sich auf seiner Suche nach Lebenssinn in immer trübere und kargere Provinzen der Gesellschaft treiben, bis er schließlich mit seiner ursprünglichen Identität vollständig bricht. Auf seiner Reise trifft er auch einen jungen Mann namens Amadeus Voß, einen verstörten und verstörenden Sonderling, der Wahnschaffe sofort in seinen Bann schlägt. Eine der zahlreichen Nebengeschichten des Romans ist der Biographie dieses Mannes gewidmet.

Amadeus Voß stammt aus Oberfranken, sein Vater ist Förster – ein gewalttätiger Mann, der seine Frau mißhandelte und kleine Holzdiebstähle armer Leute erbarmungslos verfolgte. Als sich herausstellte, daß Amadeus ein begabter Schüler war, wollte ihn der Vater für eine Priesterlaufbahn vorbereiten und schickte ihn in das katholische Priesterseminar nach Bamberg, wo er die besten Noten erhielt. Dort geschah ein Unglück. Ein Mitschüler namens Dippel (!) ließ ein Album mit photographischen Aktdarstellungen junger Frauen im Schlafsaal zirkulieren. Amadeus Voß war empört und meldete den Vorfall als Stubenältester den Oberen. Daraufhin wurde Dippel verhört, gestand und mußte das Priesterseminar umgehend verlassen. Am nächsten Tag fand man ihn. Er hatte sich an einem Baum erhängt.

An diesem Punkt unterbricht Amadeus Voß und äußert gegenüber dem atemlos zuhörenden Wahnschaffe die Vermutung, daß dieser ihn wohl für einen niederträchtigen Denunzianten halten müsse. »Aber«, so läßt Wassermann ihn sagen, »nach den Grundsätzen, die man uns eingeprägt hatte, war es meine Schuldigkeit. Ich war 16 Jahre alt.«[1] Nach diesem Ereignis wollte Voß nicht länger im Priesterseminar bleiben, was vielleicht auch im Interesse der Geistlichen war. Sie empfahlen den begabten Schüler an den Bankdirektor Ribbeck, der einen Hauslehrer für seine beiden elf- und dreizehnjährigen Söhne suchte. Voß sollte die Jungen auf dem Familiengut in Oberfranken, wohin die Eltern nur selten kamen, unterrichten und erziehen. Auf dem Ribbeckschen Gut lernte Voß einen Luxus kennen, wie er ihn bis dahin nicht gekannt hatte. Einfacher wurde es für ihn dadurch nicht. Die Jungen, verzärtelt und verwöhnt, durchtrieben und von ihren Eltern vernachlässigt, leisteten dem neuen Hauslehrer Widerstand, zunächst offen provozierend, und als das nicht fruchtete, raffiniert und heimlich. Die Mutter kam, um nach dem Rechten zu sehen, und verhielt sich dem jungen Hauslehrer gegenüber erst einmal reserviert, doch als er seinen Schülern streng und unnachgiebig begegnete, zeigte sie eine gewisse Achtung. Im Gespräch mit ihr beklagte sich Voß über die Verwahrlosung seiner Zöglinge, hielt der Mutter vor, daß ihre Liebe zu den Jungen eigentlich Haß sei, und breitete seine eigenen Vorstellungen über Erziehung aus. Ihre Frage, ob er Hoffnung habe, aus den Jungen noch anständige Menschen zu machen, bejahte Voß, woraufhin sie ihm erklärte, sich nicht in sein Erziehungswerk einmischen zu wollen. Aus diesem Grund werde sie für längere Zeit verreisen.

Amadeus Voß hatte nun freie Hand. Er zog mit seinen Schülern in eine einsame Waldhütte und verschärfte sein strenges Regime. Die üppigen Mahlzeiten wurden durch einfache Kost, die weichen Betten durch harte Lager ersetzt. Spiele waren tabu. Die Jungen mußten früh aufstehen und beten. Er züchtigte sie mit der Peitsche. »Nackt mußten sie vor mir liegen, mit den blutigen Striemen auf der Haut, da sprach ich ihnen vom Martyrium der Heiligen.«[2] Eines Abends ertappte er die beiden, wie sie gemeinsam im Bett lagen und tuschelten. Panikartig flüchteten die Jungen im Nachthemd aus dem Haus, und als der Hauslehrer sie stellte, flehten sie um Gnade. Damit war der Widerstand gebrochen. Als die Mutter nach einiger Zeit auf das Gut kam und auch Voß mit seinen Schülern dorthin zurückkehrte, waren Mutter und Söhne einander entfremdet, weil »das weichliche, schwüle, überzärtelte Element nicht mehr wirksam war, das sie ehedem zueinander getrieben«.[3]

Auch das Verhältnis zwischen Hauslehrer und Bankiersgattin veränderte sich. In seinen nächtlichen Träumen malte er sich aus, sie sei seine Geliebte. Die Wirklichkeit sah anders aus. Ein kostbarer Ring der Frau war verschwunden, und als der Verdacht aufkam, er könne gestohlen worden sein, bestand Amadeus Voß darauf, daß auch sein Zimmer durchsucht werde; und tatsächlich fand der Gutsverwalter den Ring unter seinen Sachen. Der Hauslehrer vermutete sogleich ein abgekartetes Spiel zwischen dem Verwalter und den Jungen, zumal er auch noch erfuhr, daß diese ihn des Ehebruchs mit ihrer Mutter bezichtigt hätten. Und schließlich gab es Gerüchte über entsetzliche Mißhandlungen, die dazu führten, daß der Verwalter die Jungen körperlich inspizierte. Danach ging alles ganz schnell: Der Bankdirektor kam mit einem Polizisten angereist, Voß mußte das Haus umgehend verlassen, und die Mutter wurde in ein Sanatorium geschafft.

Es ist nicht nötig, diesen Roman hinsichtlich der Parallelen und Unterschiede zum Fall Dippold bis ins Detail auszuloten. Man erkennt auch so, daß es sich hier nicht um eine Nacherzählung der Geschichte des Jurastudenten handelt. Andererseits hat Wassermann auch keinerlei Spuren verwischt. Zumindest einige seiner Leser dürften die damals sechzehn Jahre zurückliegenden Ereignisse entweder aus eigener Erinnerung oder durch Maximilian Hardens Version aus den *Prozessen* noch präsent gehabt haben. Insofern liegt die Vermutung nahe, daß Wassermann die Geschichte mit Absicht von einem Wirklichkeitsraum in einen Möglichkeitsraum transponiert hat. Es ging ihm nicht darum, den Fall als solchen noch einmal ins Gedächtnis zu rufen, irgendwelche Ereignisse zu rekonstruieren und zu deuten – wie das wenige Jahre später mit denjenigen Kriminalfällen geschah, die in der legendären Buchreihe *Außenseiter der Gesellschaft* vorgestellt wurden –, sondern er nahm die reale Geschichte als Material, um eine andere zu erzählen, die aber ihre Herkunft in keinem Moment verleugnete.

Bei Wassermann stirbt niemand, und niemand wird zu einer Zuchthausstrafe verurteilt, doch gerade durch diese Entwirklichung wirft der Roman die Frage auf, wie eine mögliche Fortsetzung der Ereignisse in Drosendorf hätte aussehen können, wenn der Hauslehrer von dort aus mit seinen beiden Zöglingen wieder in die Einflußsphäre der Familie zurückgekehrt wäre. Wäre es dann unter Umständen auch zu seiner sofortigen Entlassung durch das Familienoberhaupt gekommen, wie es Rosalie Koch ja tatsächlich befürchtet hatte? Hätte Andreas Dippold sein Jurastudium dann einfach fortgesetzt, oder wäre er – fristlos gekündigt – durch die Schmach des Scheiterns als Hauslehrer aus der Bahn geworfen worden? Wir wissen nicht, ob Wassermann sich tatsächlich für solche spekulativen Fragen interessiert hat. Jedenfalls wäre es falsch, ihm zu unterstellen, er habe mit einer etwas weniger dramatischen Geschichte die Figur des Hauslehrers in irgendeiner Weise entlasten wollen. Wohl aber setzte er der wissenschaftlichen Kanonisierung, der Typologie und dem *Dippoldismus* eine Version entgegen, die keinen Wahrheitsanspruch erhebt, sondern nur daran erinnert, daß die weiteren Lebenswege der Hauptakteure durch diese Ereignisse unwiderruflich geprägt worden sind. Wassermanns entscheidender Kunstgriff ist ja, daß der Protagonist, Amadeus Voß, seine Geschichte aus einem Abstand von mehreren Jahren erzählt. Erst aus dieser Distanz wird deutlich, wie stark seine Identität durch die Erlebnisse im Bamberger Priesterseminar und als Hauslehrer in einer Bankiersfamilie festgelegt wurde. Das gleiche gilt auch für die beiden Personen, die bei den Ereignissen im März 1903 mehr als alle anderen im Mittelpunkt gestanden haben. Es ist nicht bekannt, ob Andreas Dippold oder Joachim Koch die Hauslehrer-Geschichte später noch einmal aus ihrer Perspektive erzählt haben, aber zweifellos haben die Erlebnisse ihren weiteren Lebensweg vorgezeichnet.

1919, im Erscheinungsjahr von Wassermanns Roman, starben Franz von Liszt und Hermann Lietz. Maximilian Hardens Stern strahlte nicht mehr so hell wie vor dem Krieg, und Oskar Vogt war zu einem der bedeutendsten Hirnforscher Europas aufgestiegen. Rudolf von Koch war 1908 in den Adelsstand erhoben worden, ein Jahr später schied er aus der Direktion der Deutschen Bank aus und wechselte in den Aufsichtsrat, dem er bis zu seinem Tod im Jahre 1923 angehören sollte. Seine Frau Rosalie Koch lebte bis 1930.

1919 war auch ein Jahr bürgerkriegsähnlicher Zustände in Deutschland. Im Januar fand in Berlin der Spartakusaufstand statt, der innerhalb weniger Tage durch nationalistische und republikfeindliche, aus demobilisierten Weltkriegssoldaten zusammengesetzte Freikorps niedergeschlagen wurde. Auch der inzwischen achtundzwanzigjährige Joachim von Koch war auf der Seite der Freikorps an den Kämpfen beteiligt. Es war nicht seine erste Kampferfahrung, aber sogar der Weg ins Militär war für ihn nicht ganz reibungslos verlaufen, wie sich den spärlichen Informationen über seinen weiteren Lebensweg entnehmen läßt. Nach dem Tod seines Bruders hatte er zunächst weitere acht Jahre lang Privatunterricht erhalten. Dazu schreibt er selbst: »Infolge eines schweren Ohrenleidens wurde ich privatim unterrichtet und kam erst 1911 in die Prima des Kgl. Gymnasiums zu Wetzlar. Da ich wegen meines Gehöres Schwierigkeiten hatte, verliess ich schon nach einem halben Jahre die Schule und trat als Volontär in die Deutsche Bank in Bremen ein. Da ich bei Ausbruch des Krieges dauernd untauglich geschrieben wurde, bereitete ich mich privatim für das Abiturexamen vor, das ich nach Eintritt in das Heer am 15. März 1916 am Königstädtischen Gymnasium in Berlin bestand.«[4]

Diese wenigen Sätze sagen nichts darüber, ob und wie er das Trauma der Mißhandlungen, des toten Bruders und des Alleingelassenseins durch die Eltern verarbeitet hat. Aber sie sagen doch einiges: Das Ohrenleiden scheint wesentlich gravierender gewesen zu sein, als Eltern, Ärzte und Lehrer zu Beginn des Jahrhunderts vermutet hatten; erst im Alter von zwanzig Jahren machte Joachim von Koch den Versuch, an ein reguläres Gymnasium zu wechseln – und scheiterte; der wohl durch seinen Vater eingefädelte Versuch, die Banklaufbahn einzuschlagen, wurde ebenfalls abgebrochen; mit der Kriegsuntauglichkeit mochte der junge Mann sich nicht abfinden, vielleicht hat ihn die Ablehnung durch das Heer sogar besonders motiviert; 1916 war ein Erfolgsjahr für den inzwischen Fünfundzwanzigjährigen: Er bestand endlich das Abitur und wurde in die Armee aufgenommen, kämpfte in Italien sowie an der Ost- und Westfront, wo er verwundet wurde.

Entnehmen lassen sich diese knappen Hinweise dem Lebenslauf, den Joachim von Koch seiner Dissertationsschrift anhängte, die er bereits im November 1921 abschloß. Nach der Niederschlagung des Spartakusaufstandes war alles ganz schnell gegangen. Im Mai 1919 immatrikulierte er sich an der Berliner Universität, um Philosophie und Nationalökonomie zu studieren, ein Jahr später wechselte er nach Freiburg im Breisgau, wo er sein Studium nach fünf Semestern sowie einem sogenannten Herbst-Zwischensemester Ende 1921 mit der Promotion abschloß. Das Thema der Dissertation lautete: *Der Zusammenhang zwischen Natur, Wirtschaft und Bevölkerung bei den Eingeborenen des australischen Festlandes.* Hierbei handelt es sich um eines jener Beispiele eher unambitionierter Fleißarbeit, die sich auf vielleicht zwei Dutzend Forschungsarbeiten und Reiseberichte stützte und darüber eine eigene Fragestellung zu stülpen versuchte. Man kann sie zur gewöhnlichen Fabrikware des akademischen Betriebs rechnen: Sie verschafft dem Autor einen Titel, um anschließend ungenutzt in den Katakomben der Universitätsarchive zu verschwinden. In unserem Zusammenhang lohnt jedoch ein genauerer Blick auf den Text.

Koch interessierte sich für die Frage, wie der dramatische Bevölkerungsrückgang der australischen Ureinwohner unter dem Eindruck der Kolonisierung zu erklären sei. Dazu befaßte er sich zunächst mit deren Lebensgewohnheiten und kam zu dem Ergebnis, daß sie als »Naturvolk« ohne Ackerbau und Viehzucht der Natur letztlich ausgeliefert blieben – im Gegensatz zu den »Kulturvölkern«, die sich die Natur untertan machten. Doch trotz ihres »instinktmässigen Charakters« sowie »triebmässigen Handelns« und trotz schwankender Naturbedingungen vermochten die Ureinwohner ihr Überleben zu sichern. Durch die Ansiedlung der Europäer und aufgrund der Unfähigkeit der angestammten Bewohner, »den Nahrungsspielraum zu erweitern«, geriet die Situation jedoch aus dem Gleichgewicht, was für Koch aus einer unabänderlichen Gesetzmäßigkeit folgt.[5] Zwar findet er keineswegs freundliche Worte für das brutale Verhalten der Kolonisatoren, ist aber dennoch davon überzeugt, daß sich Ureinwohner und Europäer angesichts der begrenzten Ressourcen »mit Naturnotwendigkeit in einem Kampf [befinden], der schliesslich mit dem Sieg des Stärkeren und dem Untergang des Schwächeren enden muss«.[6] Kurzum: Das völlige Verschwinden der Ureinwohner »ist nur noch eine Frage der Zeit« und »einzig und allein eine Folge des Zusammenstosses mit einer stärkeren Rasse«.[7]

Diese sozialdarwinistische Position, wonach die Menschen sich im Kampf miteinander befinden und der Schwache notwendigerweise aussterben muß, deckt sich fast vollständig mit derjenigen, die auch sein Hauslehrer Andreas Dippold knapp zwanzig Jahre zuvor vertreten hatte. Dippold hatte das sozialdarwinistische Vokabular vor allem im Hinblick auf Heinz Koch in Anschlag gebracht, doch darüber hinaus entlud sich sein Rassenwahn auch in heftigen antisemitischen Ausfällen. Joachim von Koch scheint das nicht sonderlich irritiert zu haben. Er eignete sich den Rassenwahn unhinterfragt an, und so paßt es perfekt ins Bild, daß einer der Betreuer seiner Dissertation ausgerechnet der berüchtigte Anthropologe und Eugeniker Eugen Fischer war, der nicht erst mit der Unterstützung der nationalsozialistischen Rassengesetze und seinem Reden über den »völkischen Staat« eine barbarische Gesinnung verbreitete, sondern sich bereits lange vorher als eingefleischter Rassentheoretiker hervorgetan hatte.[8]

Nach alldem ist es keine allzu große Überraschung, daß Koch im November 1930 in die NSDAP eintrat. Allerdings schied er zehn Monate später schon wieder aus, um im Mai 1933 erneut beizutreten. 1930 wohnte er in Berlin und gab auf der Mitgliedskarte der Partei als Beruf »Schriftsteller« an. Welche Art von Schriftstellerei er betrieb, bleibt im dunkeln, aber zumindest läßt sich aus dieser Angabe schließen, daß er zu jener Zeit keiner geregelten Arbeit nachging und von seinem ererbten Vermögen lebte. In einer parteistatistischen Erhebung der NSDAP, die Koch im Juli 1939 ausfüllte, kreuzte er als Beruf »Angestellter« an. Innerhalb der Partei leistete er ehrenamtliche Dienste als »Sachbearbeiter für Parteigerichtsangelegenheiten« und war Mitglied in mehreren Parteiverbänden, etwa in der Volkswohlfahrt, im Kolonialbund und im Rechtswahrerbund, der nationalsozialistischen Berufsorganisation der Juristen.[9] 1937 heiratete er im Alter von 46 Jahren eine 21 Jahre jüngere Frau. Die Familie mit drei kleinen Kindern überlebte den Krieg und siedelte sich 1952 in Wolfsburg an, wo Joachim von Koch am 13. Februar 1960 verstarb. Ein Jahr später wanderte die Witwe mit den beiden jüngeren Kindern in die USA aus.[10]

Auswanderung – das ist auch das Stichwort für die weitere Geschichte des ehemaligen Jurastudenten und Hauslehrers Andreas Dippold. Er hatte gerade seine Haft im Zuchthaus Ebrach angetreten, als der Akademische Senat der Berliner Friedrich-Wilhelms-Universität beschloß, den immer noch immatrikulierten Studenten zu relegieren. Das bedeutete, daß er sich auch nach seiner Haftentlassung an keiner deutschen oder österreichischen Universität mehr einschreiben konnte.[11] Die ohnehin nicht sehr wahrscheinliche Wiederaufnahme seiner akademischen Laufbahn war damit unmöglich geworden, und den Verurteilten selbst mögen während der Haft zunehmend Zweifel befallen haben, ob eine Wiedereingliederung in die Gesellschaft nach der verbüßten Strafe überhaupt noch eine realistische Möglichkeit darstellte. Zumindest ergibt sich das indirekt aus einer ganzen Reihe von Gnadengesuchen, die Dippolds Familie an den Prinzregenten Luitpold von Bayern richtete. Als im März 1906 der 85. Geburtstag des Monarchen anstand, wendete sich Johann Dippold an seinen König und bat um Gnade für den »Unglücklichen«, damit er der Familie zurückgegeben werden und »in einem Kloster Aufnahme finden könnte«.[12]

Ob Dippold tatsächlich im Kloster Unterschlupf finden wollte oder ob dies nur vorgeschoben wurde, um die Chancen auf eine Gewährung des Gesuchs zu erhöhen, läßt sich nicht entscheiden. Zumindest tat er so, als ob er sich der Kirche zuwendete. Schon beim nächsten Gnadengesuch im Juli 1908, wiederum vom Vater eingereicht, war von dem Plan die Rede, Dippold wolle im Fall seiner Entlassung Deutschland den Rücken kehren und sich in Brasilien der benediktinischen Missionsgesellschaft anschließen.[13] Als einige Monate später das dritte Gesuch an den König erfolgte, konnte Dippold sich sogar der Unterstützung des Ebracher Anstaltsgeistlichen Josef Hofmann versichern. Dieser verfügte offenbar über Kontakte nach Brasilien und schrieb an die Gefängnisleitung, daß »der Gefangene Andreas Dippold auf meine Befürwortung hin nach seiner Entlassung Aufnahme im Missionshause zu Olinda bei Pernambuco, Brasilien« finden könne und dort »als Novize unter Aufsicht eines Missionspaters« gestellt würde.[14] Damit war das Thema Auswanderung auf dem Tisch, und Dippold hat auch in der Folgezeit daran festgehalten.

Allerdings hatte der Häftling empfindliche Rückschläge zu verkraften, denn sämtliche Gnadengesuche wurden vom bayerischen Justizministerium unnachgiebig abgelehnt. Dafür gab es mehrere Gründe, die keineswegs nur mit Dippold selbst zu tun hatten. So hieß es in einer ministeriellen Aktennotiz:»Die Strafe wurde seinerzeit in der Öffentlichkeit als zu milde kritisiert. Dafür, daß D. wirklich auswandert, besteht keine Gewähr.«[15] Wie sehr man in der bayerischen Justiz ein Wiederaufflammen des Skandals fürchtete, geht auch aus einer Stellungnahme des Bayreuther Staatsanwalts Seitz hervor, der im Sommer 1909 einen wiederum von Johann Dippold gestellten Antrag auf Bewilligung einer Bewährungsfrist unmißverständlich kommentierte:»Die Handlungen des Verurteilten waren von ganz ungewöhnlicher Schwere. Der Fall hatte die weiteste Öffentlichkeit beschäftigt und erregt; in der Presse war das Urteil wegen seiner Milde vielfach angegriffen worden. Das Interesse des Publikums ist auch heute noch nicht ganz geschwunden. Die vorläufige Entlassung würde nun von vielen als ein unverdienter besonderer Gnadenakt aufgefaßt werden. Endlich scheint mir auch der Charakter Dippolds keine Gewähr dafür zu bieten, daß er in dem brasilianischen Kloster verbleibt, wenn er überhaupt die ernste Absicht hat, dort einzutreten.«[16]

An dieser Stellungnahme eines am Gerichtsverfahren gar nicht beteiligten Juristen wird neben der Angst vor der Öffentlichkeit erneut die Vergeltungsidee der Strafe deutlich. Die Schuld des Verurteilten war so groß, daß er die Zuchthausstrafe bis auf den letzten Tag absitzen mußte. Erst dann war der Idee der Gerechtigkeit Genüge getan. Von Einsicht oder Besserung war mit keinem Wort die Rede. Im Gegenteil hatten Ministerium und Staatsanwaltschaft nicht das geringste Vertrauen in eine charakterliche Besserung Dippolds und hielten ihn weiterhin für einen Heuchler. An dieser Haltung vermochten auch die positiven Worte des Anstaltspfarrers, der sich mehrfach für den Häftling eingesetzt hatte, nichts zu ändern. Die Familie unternahm noch zwei weitere Versuche, eine vorzeitige Entlassung zu erwirken, die jedoch ebenso erfolglos blieben wie gleichlautende Empfehlungen der

Leitung des Zuchthauses Straubing, in das Dippold zwischenzeitlich verlegt worden war.

Mehr als sechs Jahre nach den Ereignissen hatten die Behörden den öffentlichen Skandal noch nicht vergessen. Als im Januar 1910 ein Antrag auf vorzeitige Haftentlassung zur Beurteilung anstand, schrieb derselbe Bayreuther Staatsanwalt, der vorher schon eine Begnadigung für unstatthaft erklärt hatte, lakonisch: »Die Begnadigung oder auch nur vorläufige Entlassung würde zweifellos zu leidenschaftlichen Preßerörterungen führen.«[17] Ganz aus der Luft gegriffen waren solche Befürchtungen nicht, denn hin und wieder tauchten tatsächlich Zeitungsnotizen über den ehemaligen Hauslehrer auf. 1906 hatte das Berner *Intelligenzblatt* unter Hinweis auf eine Berliner Zeitung gemeldet, daß Dippold an Tuberkulose leide und die Zuchthausstrafe kaum überleben werde. Drei Jahre später meldeten die *Münchner Neuesten Nachrichten* sogar sein Ableben durch Selbstmord.[18] Auf diese Meldung hin fragte ein Journalist des *Berliner Lokalanzeiger* im Münchner Ministerium an, ob Dippold begnadigt worden sei.[19] Auch wenn es nicht mehr als ein Köcheln von Gerüchten auf kleiner Flamme war, was die Zeitungen hervorbrachten, kann man natürlich nicht ausschließen, daß eine vorzeitige Entlassung des Häftlings gerade von der Berliner Presse in größerem Stil kommentiert worden wäre. Skandalangst, Vergeltungsidee der Strafe und die unverrückbare narrative Identität Dippolds führten dazu, daß ihm kein einziger Tag Zuchthaus erlassen wurde. Erst am 9. Oktober 1911, fast auf den Tag genau acht Jahre nach der Urteilsverkündigung, war Andreas Dippold wieder ein freier Mann.

In ihren Gutachten hatte die Staatsanwaltschaft Bayreuth Dippold mehrfach unterstellt, er würde, einmal in Freiheit, möglicherweise gar nicht auswandern, geschweige denn Missionar werden. Damit sollte sie teilweise recht behalten. Missionar wurde er nicht, aber seine Übersiedlung nach Brasilien scheint er mit Hochdruck betrieben zu haben. Im Januar 1912 richtete er einen Brief an die Universitätskanzlei der Friedrich-Wilhelms-Universität mit dem etwas sonderbaren Absender »São Paulo – München«, in dem er darum bat, ihm schnellstmöglich eine Kopie seiner Exmatrikulation mit dem Verzeichnis der von ihm belegten Vorlesungen zukommen zu lassen,

aus dem hervorgehe, daß er »u. a. bei Geh. R. v. Liszt Strafrecht, bei
Geh. R. Kahl Strafprozeß, bei Adolf Wagner Bankwesen und Bankpo-
litik« gehört habe. Von diesem Zeugnis hänge seine »ganze spätere Le-
bensstellung« ab. Unterzeichnet war der Brief mit dem Zusatz »cand.
iur«.[20]

Was immer Andreas Dippold mit dieser dringlichen Anfrage genau
gemeint haben mochte, offensichtlich fühlte er sich mehr zur Juriste-
rei als zur Theologie hingezogen. In São Paulo sollte sein neues Leben
beginnen, und damit das gelang, mußte er ein bißchen nachhelfen.
Aber das kam erst viele Jahre später ans Tageslicht. Am 24. Oktober
1929 richtete die Polizei von São Paulo in untadeligem Deutsch folgende Anfrage an das Kriminalgericht Bayreuth: »Die unterzeichnete
Polizeiabteilung erlaubt sich, Ew. Excellenz um folgende Auskunft zu
bitten. Ein hier lebender Rechtsanwalt – Dr. Andreá Dó – soll mit
dem ehemaligen Verbrecher ›Andreas Dippold‹, geb. am 15-5-79 in
Drosendorf als Sohn von Johannes und Katharina Dippold identisch
sein. D. soll im Jahre 1903 vom dortigen Gericht zu 8 Jahren Zuchthaus verurteilt worden sein, und sei nach Erledigung seiner Strafzeit
(9-10-1911) nach Brasilien ausgewandert. Wir fügen Photographien
des angeblichen Andreá Dó und seine Fingerabdrücke bei und fragen
an: 1) Stimmt unsere obige Vermutung? 2) Könnten Sie uns eine Kopie der Photographie des Dippold senden? 3) Sind damals Fingerabdrücke genommen worden? (Wenn bejahend, so bitten wir um eine
Photographie derselben, die uns von hohem Nutzen sein kann). 4)
Welche Schulen hat D. besucht? 5) Hat er Rechtswissenschaft studiert
und wieviele Semester? Welche Examina? 6) Ist D. zur Führung des
obigen Titels berechtigt? 7) Ist D. irgendwie berechtigt zur Namensänderung ›Andreá Dó‹? 8) Könnten Sie uns ein publ. Werk über
dem Fall Dippold angeben? 9) War D. im Besitz von ausreichenden
Barmitteln, als er im Oktober oder November 1911 (?) nach Brasilien
auswanderte? 10) Wie hat sich D. in der Haft betragen?«[21]

Wie beim Abschminken hinter der Bühne wurde Dippolds Physiognomie auch nach so langer Zeit sofort sichtbar. Er hatte den Konti-
nent gewechselt und sich einen neuen Namen gegeben, zugleich hatte
er aber auch ein Stück seiner alten Identität mitgenommen, eben seine
juristische Expertise und die weltweite Reputation der Berliner Uni-

versität. Die nützten ihm jedoch nur, wenn er Zeugnisse vorweisen konnte. Möglicherweise hatte ihm die Bescheinigung über die in Berlin belegten Veranstaltungen dabei geholfen, an ein gefälschtes Abschlußzeugnis bzw. eine Promotionsurkunde zu gelangen oder wenigstens die Existenz solcher Dokumente in Brasilien glaubhaft zu machen. Natürlich werden durch die Anfrage der brasilianischen Polizeibehörden einige Fragen aufgeworfen: Mit welcher Spezialisierung hat Dippold jahrelang als Rechtsanwalt in São Paulo gearbeitet? Wie war er in den Fokus der brasilianischen Polizei gelangt? Woher hatte die ihre erstaunlich genauen Informationen?

Sechs Wochen später hatte das Landgericht Bayreuth seine Informationen beisammen, um die Anfrage zu beantworten. Der Absender bedauerte, nicht über Polizeifotografien und Fingerabdrücke zu verfügen, da diese im Zuchthaus Straubing erst 1912, also nach Dippolds Entlassung, routinemäßig eingeführt worden seien. Als Identifizierungshilfe legte er einige alte Schriftproben bei. Hingegen konnte er bestätigen, daß Dippold in Deutschland nicht berechtigt war, den Titel »Rechtsanwalt« zu führen, und auch die Namensänderung sei von keiner Behörde genehmigt worden. Über größere Publikationen zum Fall war in Bayreuth nichts bekannt.[22] Das Gedächtnis des Gerichts reichte gerade so weit, wie das Archiv und die Auskünfte aus dem Zuchthaus Straubing es zuließen. Die eingehende wissenschaftliche Beschäftigung mit dem Fall war nicht Gegenstand der Akten, und über den nach dem Prozeß entstandenen Skandal wollte man die brasilianische Polizei vielleicht nicht so genau ins Bild setzen. Letztlich war danach aber auch nicht gefragt worden. Die Polizei in São Paulo hatte keinen Zweifel daran, daß es sich bei dem Rechtsanwalt Dr. Andreá Dó um Andreas Dippold handelte, wie aus dem Dankesbrief hervorgeht: »Wir haben sämtliche Dokumente photographiert und übersetzt und überwachen das Tun und Treiben dieses Individuums sehr scharf und werden nicht unterlassen, Ihnen s. Zeit vertraulich mitzuteilen, wenn wir ihn bei einem Vergehen gegen das Gesetz ertappen.«[23] Die Vergangenheit hatte Andreas Dippold auch in Brasilien eingeholt. Wie es mit ihm weiterging, wissen wir nicht. In Europa hat man nichts mehr von ihm gehört.

Nachbemerkung

Als ich vor über zehn Jahren im Cécile und Oskar Vogt-Archiv der Universität Düsseldorf nach Materialien zur Elitegehirnforschung suchte, stieß ich auch auf eine Mappe mit dem Titel »Fall Dippold«, die eine Sammlung von Zeitungsausschnitten enthielt. Es war weniger konkretes Forschungsinteresse als intuitive Neugierde, die mich bewog, den Inhalt der Mappe und weitere damit im Zusammenhang stehende Dokumente zu kopieren. Oskar Vogts Verwicklung in diesen Fall fand kurze Erwähnung in einem Artikel über dessen ambivalentes Verhältnis zu den Medien (Hagner 2002).

Eine Tagung über das Verhältnis von Sexualität und Medien im Volkshaus Zürich, im Herbst 2005 veranstaltet, war der Anlaß, mich genauer mit der Geschichte des Hauslehrers zu befassen. Ich dachte, daß aus dem dort gehaltenen Vortrag vielleicht ein größerer Aufsatz entstehen könnte, der das Verhältnis von Sexualwissenschaft und Öffentlichkeit genauer beleuchtet, doch Beate Fricke, Valentin Groebner und Philipp Sarasin beharrten darauf, daß in dem Vortrag der Keim für ein ganzes Buch stecke. Ich war nicht ganz überzeugt. Dann aber fand ich im Bayerischen Staatsarchiv Bamberg (mein Dank gilt dessen Direktor, Dr. Stefan Nöth, für seine Hilfsbereitschaft) eine umfangreiche Akte zum Prozeß gegen den Hauslehrer. Sie enthielt nicht nur die eigentlichen Gerichtsunterlagen – also Protokolle der Vernehmungen des Angeklagten und der Zeugenbefragungen, Gutachten, Briefwechsel des Gerichts, Anklageschrift, Zeitungsausschnitte, Briefe von empörten Zeitgenossen usw. –, sondern auch den Briefwechsel zwischen dem Ehepaar Koch und Andreas Dippold, die Briefe der Eltern an ihre Söhne, Dippolds Briefwechsel mit seiner Familie sowie die Abschrift seiner autobiographischen Skizze. Mit diesem Material traute ich mir zu, die Geschichte dieses Kriminalfalls und seiner Verwebung in Sexualität, Erziehung und Medien in Angriff zu nehmen.

Während meiner Forschungen profitierte ich von Vorträgen und Diskussionen am Forschungskolleg »Medien und kulturelle Kommunikation« der Universität Köln, am Zentrum für Literaturforschung in Berlin und am Max-Planck-Institut für Rechtsgeschichte in Frankfurt. Dorthin hatte mich im Sommer 2007 Marie Theres Fögen eingeladen. An der Veranstaltung selbst konnte sie dann wegen ihrer schweren Erkrankung nicht mehr teilnehmen. Wie wohl alle, die sie kannten, vermisse ich die Gespräche mit dieser außerordentlichen Gelehrten.

Konzeption und Teile der Niederschrift des Buches erfolgten im Sommer 2008 und in der ersten Jahreshälfte 2009, als ich Fellow an der Maison des sciences de l'homme in Paris bzw. am Max-Planck-Institut für Wissenschaftsgeschichte in Berlin war. Beiden Institutionen und insbesondere Hinnerk Bruhns und Hans-Jörg-Rheinberger möchte ich meinen Dank für ihre Gastfreundschaft aussprechen. Die Bibliothek am Berliner MPI ist immer noch ein Wunder an Hilfsbereitschaft und Kompetenz. Vielleicht ist es in diesem Zusammenhang angemessen, ein Wort zu Google als Suchmaschine zu sagen. Mich irritiert der imperiale Gestus, mit dem dieses Unternehmen geltendes Recht ignoriert, und ich gehöre auch nicht zu denjenigen, die der Ansicht sind, daß in Zukunft überhaupt nur noch das existieren wird, was man auch im Netz findet. Das wäre der sicherste Weg zur Zerstörung historischer Forschung. Aber umgekehrt wird ein Schuh draus. Man sollte auf keinen Fall verschmähen, was sich im Netz finden läßt. Und das ist nicht wenig: Auf etliche Spuren und Literaturhinweise bin ich überhaupt erst durch Netzrecherchen gestoßen.

Besonderer Dank gilt meinem Forschungsassistenten Cédric Perriard, der mich durch seine unermüdliche Energie und Findigkeit beim Aufspüren von Quellen und Literatur und seine sorgfältige Begleitung des Manuskripts in verschiedenen Entwicklungsstadien sehr unterstützt hat. Peter Becker, Valérie Graf, Valentin Groebner, Anke te Heesen, Tilmann Lahme, Philipp Sarasin und Miloš Vec haben das Manuskript ganz oder in Teilen gelesen. Ihnen allen möchte ich für Ermutigung und Kritik, Hinweise und Diskussionen herzlich danken. Schließlich: Die Zusammenarbeit mit Eva Gilmer und den anderen Suhrkamp-Berlinern war eine reine Freude.

Wien, im Juni 2010

Anmerkungen

Ein Junge stirbt

1 Siehe Koerner 1910, S. 325-328.
2 Helfferich 1921, S. 229; Schmidt 1957, S. 96; Achterberg 1965, S. 115.
3 Siehe Seidenzahl 1970; Gall u. a. 1995.
4 Reitmayer 1999, S. 131.
5 Siehe BBC vom 23. 11. 1917; BBC vom 24. 11. 1922; BBC vom 21. 3. 1923. Ich danke Herrn Dr. Bernd Kulla vom Historischen Institut der Deutschen Bank in Frankfurt sowie Herrn Prof. Dr. Volkhard Huth vom Institut für Personengeschichte in Bensheim für ihre Hinweise.
6 Siehe Wallich 1978; Gwinner 1975; Fürstenberg 1931, S. 211.
7 Zu den Vermögensverhältnissen siehe Martin 1912, S. 474-475.
8 Siehe Reitmayer 1999, S. 236-244.
9 Lietz 1997, S. 45. Zu Haubinda siehe auch ders. 1935, S. 100-120.
10 Zur Reformpädagogik existiert eine umfängliche euphemistisch-identitätsstiftende Literatur (z. B. Scheibe 1969), insbesondere in den Biographien ihrer Protagonisten wie Lietz (z. B. Kutzer 1968), Paul Geheeb oder Gustav Wyneken. Distanzierter ist Herrmann 1991, nüchtern und kritisch abwägend Oelkers 1988, 2005. Angesichts der seit Anfang 2010 endlich breit wahrgenommenen Sexualdelikte in der Odenwaldschule dürfte eine allgemeine Neubewertung der Reformpädagogik zu erwarten sein.
11 Lessing 1968, S. 29. Siehe auch die knappen Ausführungen Lessings über die Zeit in Haubinda in seinen Lebenserinnerungen (Lessing 1935, S. 323).
12 Die Briefe des Ehepaars Koch an ihre Söhne sowie an Andreas Dippold und dessen Briefe an die Kochs befinden sich als Bestandteil der Prozeßakten zum Fall Dippold im Bayerischen Staatsarchiv Bamberg (ab jetzt abgekürzt als StABa) in zwei Bänden unter der Signatur: K 106 StAnw LG BT Nr. 2060. Da sich die verschiedenen Briefkonvolute jeweils in einem größeren Umschlag befinden und zwar die Briefe, aber nicht die einzelnen Seiten durchnumeriert sind, verzichte ich im folgenden auf die Angabe der Signatur und gebe nur Absender, Empfänger und Datum des Briefes an. In diesem Fall: Rosalie Koch an Heinz Koch, 3. 4. 1902.
13 Ebd.
14 Rosalie Koch an Heinz Koch, 4. 4. 1902.
15 Inskriptionslisten der Universität Würzburg, UWü ARS 2076. Ich danke Herrn Dr. Marcus Sporn für seine freundliche Auskunft.
16 Marcuse 1908, S. 675, 678.
17 Blaschko 1900, S. 32.
18 Andreas Dippold an Johann Dippold, 11. 11. 1901.
19 Bernheim 1888, S. 145.
20 Rudolf Koch an Andreas Dippold, 19. 8. 1902.

21 Rosalie Koch an Andreas Dippold sowie an Heinz und Joachim Koch, beide
    30. 8. 1902.
22 Siehe dazu z. B. Buchholz u. a. 2001; Hau 2003; Fritzen 2006.
23 Andreas Dippold an Rosalie Koch, 6. 9. 1902.
24 Rosalie Koch an Heinz und Joachim Koch, 8. 9. 1902.
25 Selbstverständlich werden Begriffe wie »Minderwertigkeit«, »Entartung« oder
    »Degeneration«, die im Verlauf dieses Buches häufig vorkommen, ausschließ-
    lich als historische Begriffe verwendet. Allerdings verzichte ich darauf, sie
    stets in Anführungszeichen zu setzen.
26 Rosalie Koch an Andreas Dippold, 8. 9. 1902.
27 Siehe Rheinberger/Müller-Wille 2009, S. 152-153.
28 Andreas Dippold an Rosalie Koch, 9. 9. und 20. 9. 1902.
29 VZ Nr. 472, 8. 10. 1903, Abendausgabe, e. Beilage.
30 Rudolf Koch an Heinz und Joachim Koch, 22. 9. 1902.
31 Rosalie Koch an Andreas Dippold, 1. 10. 1902.
32 Andreas Dippold an Rosalie Koch, 20. 10. 1902.
33 Rosalie Koch an Heinz Koch, 26. 10. 1902.
34 Andreas Dippold an Rosalie Koch, 2. 11. 1902.
35 Dr. H. Wedde an Rudolf Koch, 12. 11. 1902.
36 Rosalie Koch an Andreas Dippold, 13. 11. 1902.
37 Rosalie Koch an Heinz und Joachim Koch, 15. 11. 1902.
38 Andreas Dippold an Rosalie Koch, 16. 11. 1902.
39 Rudolf Koch an Andreas Dippold, 18. 11. 1902.
40 Rosalie Koch an Heinz und Joachim Koch, 21. 11. 1902.
41 Zum Folgenden siehe Budde 1994, vor allem S. 401-414.
42 Rosalie Koch an Heinz und Joachim Koch, 29. 11. 1902.
43 Andreas Dippold an Rosalie Koch, 30. 11. 1902.
44 Rosalie Koch an Heinz Koch, 2. 12. 1902.
45 VZ Nr. 472, 8. 10. 1903.
46 Siehe Sarasin 2001, S. 403-417; Eder 2002, S. 126-127.
47 Rohleder 1902, S. 295-296; Bloch 1907, S. 472.
48 VZ Nr. 472, 8. 10. 1903.
49 Rudolf Koch an Heinz Koch, 15. 12. 1902.
50 Rosalie Koch an Heinz Koch, 5. 1. 1903.
51 VZ Nr. 472, 8. 10. 1903.
52 Ebd. Dieser Brief hat sich nicht in den Prozeßakten erhalten, da die Brie-
    fe der Kinder an ihre Eltern 1910 an die Familie zurückgegeben wur-
    den.
53 Geständnis von Heinz Koch, StABa K 106 StAnw LG BT Nr. 2060, Bd. 2,
    S. 222.
54 Andreas Dippold an Rosalie Koch, 14. 1. 1903.
55 Andreas Dippold an Ferdinand Vorndran, 6. 1. 1903.
56 Rosalie Koch an Andreas Dippold, 16. 1. 1903.
57 VZ Nr. 472, 8. 10. 1903.
58 Andreas Dippold an Rosalie Koch, 31. 1. 1903.
59 Rosalie Koch an Andreas Dippold, 28. 1. 1903.

60 Zu Vogt siehe z. B. den Roman von Spengler 1991 sowie Hagner 2004, S. 235-287.

61 Forel 1895, S. 111.

62 Schrenck-Notzing 1892; Rohleder 1902, S. 303-304; Vogt 1895/96.

63 Oskar Vogt, »Beobachtungen«, Cécile und Oskar Vogt-Archiv der Heinrich-Heine-Universität Düsseldorf (ab jetzt abgekürzt als COVA), Akte 695, S. 1-2 (bei diesem Manuskript handelt es sich um 15 eng beschriebene, numerierte Seiten, bei denen Vogt auch einige Sätze durchgestrichen und korrigiert hat). Entstanden ist dieses nicht datierte Manuskript zwischen dem 10. und dem 31. Oktober 1903.

64 Rosalie Koch an Andreas Dippold, 30. 1. 1903.

65 Vogt, »Beobachtungen«, COVA, Akte 695, S. 4.

66 Liszt 1899, S. 5. Siehe dazu Müller 2004, S. 129-141.

67 Lombroso 1887-1890; siehe dazu z. B. Becker 2002, S. 289-311; Galassi 2004, S. 139-244.

68 Liszt 1899, S. 7-8.

69 Andreas Dippold an Rosalie Koch, 21. 1. 1903.

70 Rosalie Koch an Andreas Dippold, 28. 1. 1903.

71 Musil 1930, S. 112.

72 Andreas Dippold an Rosalie Koch, 30. 1. 1903.

73 Geständnis von Heinz Koch, geschrieben am 30. 1. 1903, StABa K 106 StAnw LG BT Nr. 2060, Bd. 1, Bl. 132-139.

74 Rohleder 1912, S. 12.

75 Rosalie Koch an Andreas Dippold, 3. 2. 1903.

76 Andreas Dippold an Rosalie Koch, 4. 2. 1903.

77 Rosalie Koch an Andreas Dippold, 5. 2. 1903.

78 Ebd.

79 Rudolf Koch an Andreas Dippold, 8. 2. 1903.

80 Andreas Dippold an Rosalie Koch, 8. 2. 1903.

81 Andreas Dippold an Oskar Vogt, 8. 2. 1903 (Abschrift), StABa K 106 StAnw LG BT Nr. 2060 Bd. 2, Bl. 172-172r.

82 Andreas Dippold an Rosalie Koch, 14. 2.1903.

83 Rosalie Koch an Andreas Dippold, 9. 2. 1903.

84 Rosalie Koch an Andreas Dippold, 13. 2. 1903.

85 Rudolf Koch an Heinz und Joachim Koch, 12. 2. 1903.

86 Rosalie Koch an Joachim Koch, 19. 2. 1903.

87 Rosalie Koch an Heinz Koch, 20. 2. 1903.

88 VZ Nr. 474, 9. 10. 1903, Abendausgabe.

89 Verhör am 1. 4. 1903, StABa K 106 StAnw LG BT Nr. 2060, Bd. 2, Bl. 104-106.

Ermittlungszeit

1 VZ Nr. 474, 9. 10. 1903, Abendausgabe.
2 StABa K 106 StAnw LG BT Nr. 2060, Bd. 2, Bl. 266-266r.
3 VZ Nr. 474, 9. 10. 1903, Abendausgabe.
4 Andreas Dippold an Oskar Vogt, 11. 3. 1903, StABa K 106 StAnw LG BT
   Nr. 2060, Bd. 2, unnumeriert.
5 Zeugenvernehmung Karl Koch, Bayreuth, 19. 5. 1903, StABa K 106 StAnw
   LG BT Nr. 2060, Bd. 2, Bl. 286.
6 VZ Nr. 474, 9. 10. 1903, Abendausgabe.
7 Foucault 1975, S. 231, S. 238 f.
8 Die 35seitige Transkription der »autobiographischen Skizze des Angeschul-
   digten Dippold aus stenographischer Schrift in gewöhnliche Schrift« befindet sich in: StABa K 106 StAnw LG BT Nr. 2060, Bd. 1, ist allerdings sepa-
   rat paginiert und es wird im folgenden danach zitiert.
9 »Autobiographische Skizze«, S. 3. Der Vergleich von Frauen und Kindern war
   eine Art europäischer Allgemeinplatz. Er findet sich in der gönnerhaften Version bei Lord Chesterfield, der seinem Sohn Ratschläge über die Frauen
   erteilte (Chesterfield 1912, Bd. 1, S. 201), ebenso wie bei Cesare Lombroso,
   der damit auf diffamierende Weise die moralische Minderwertigkeit der Frau
   gegenüber dem Mann zum Ausdruck bringen wollte: »Das Weib ist, alles in
   allem, ein grosses Kind, und Kinder sind ja Lügner par excellence« (Lom-
   broso/Ferrero 1894, S. 148; vgl. auch ebd., S. 167).
10 »Autobiographische Skizze«, S. 3.
11 Ebd., S. 2.
12 Die Geschichte des Onanie-Diskurses ist vorzüglich aufgearbeitet. Siehe z. B.
   Lütkehaus 1992; Braun 1995; Eder 2002, S. 91-127; Laqueur 2003.
13 Salzmann 1799, S. 185.
14 Ebd., S. 200 ff.
15 »Autobiographische Skizze«, S. 11-12.
16 Ebd., S. 11.
17 Ebd., S. 34.
18 Ebd., S. 17.
19 Ebd., S. 23.
20 Foucault 1977, S. 75-85, vor allem S. 80-81.
21 StABa K 106 StAnw LG BT Nr. 2060, Bd. 2, Bl. 26.
22 Verhör am 18. 03 1903, ebd., Bl. 55r.
23 Verhör am 14. 3. 1903, ebd., Bl. 39r.
24 Verhör am 13. 3. 1903, ebd., Bl. 27-30r.
25 Verhör am 1. 4. 1903, ebd., Bl. 101r.
26 Niehaus 2006, S. 9. Zur Geschichte und Theorie des Verhörs und des Geständnisses siehe auch Niehaus 2003 und Reichertz/Schneider 2007.
27 Stellungnahme Andreas Dippolds zur Voruntersuchung, 3. 4. 1903, StABa K
   106 StAnw LG BT Nr. 2060, Bd. 2, Bl. 118-118r.
28 Untersuchungsrichter Dr. Hammerer an das Medizinalkomitee der Universität Würzburg am 14. 3. 1903, ebd., Bl. 51; gutachterliche Stellungnahme von
   Eduard von Rindfleisch, 17. 3. 1903, ebd., Bl. 74.

29 Stellungnahme Dippolds zur Voruntersuchung, 3. 4. 1903, ebd., Bl. 121r.
30 VZ 7. 10. 1903, Nr. 470, Abendausgabe, 2. Beilage.
31 Andreas Dippold an Johann Dippold, 8. 4. 1903, StABa K 106 StAnw LG BT Nr. 2060, Bd. 1, nicht paginiert.
32 Johann Dippold an Rosalie Koch, 19. 3. 1903, StABa K 106 StAnw LG BT Nr. 2060, Bd. 1, nicht paginiert.
33 BT, 17. 3. 1903, Abendausgabe.
34 Rosalie Koch an Andreas Dippold, 13. 2. 1903.
35 Krafft-Ebing 1888, S. 39. Siehe dazu Klabundt 1994.
36 StABa K 106 StAnw LG BT Nr. 2060, Bd. 2, Bl. 95.
37 Dr. Zipperer an Dr. Hammerer, 31. 3. 1903, ebd., Bl. 99.
38 Zeugenaussage von Josepha Margarete Vorndran, Mellrichstadt, 2. 4. 1903, ebd., Bl. 113r.
39 Zeugenaussage von Ferdinand Vorndran, Mellrichstadt, 2. 4. 1903, ebd., Bl. 114r.
40 Zeugenaussage von Johannes Strubel, Mellrichstadt, 2. 4. 1903, ebd., Bl. 116r.
41 Zeugenaussage von Marie Brod, Würzburg, 12. 5. 1903, ebd., Bl. 129r.
42 Zeugenaussage von Emil Feldbaum, Würzburg, 12. 5. 1903, ebd., Bl. 257r.
43 Foucault 1977, S. 125.
44 Ebd., S. 126.
45 Dr. Christian Preuße, Ärztlicher Bericht über den Körperzustand von Joachim Koch am 15. März 1903, erstellt am 20. 4. 1903, StABa K 106 StAnw LG BT Nr. 2060, Bd. 2, Bl. 260-261.
46 Stellungnahme von Oskar Vogt, 26. 4. 1903, ebd., Bl. 171.
47 Rudolf Koch an Oskar Vogt, 25. 4. 1903, COVA, Akte 695.
48 Stellungnahme von Oskar Vogt, 26. 4. 1903, StABa K 106 StAnw LG BT Nr. 2060, Bd. 2, Bl. 167-167r.
49 Oskar Vogt an Dr. Hammerer, 16. 5. 1903, ebd., Bl. 280.
50 Zeugenaussage von Joachim Koch, Berlin, 1. 5. 1903, ebd., Bl. 200r-201.
51 Stern 1902, vor allem S. 49-55.
52 Siemens 1905/06, S. 705. Vgl. auch Seidel 1910/1911. Siehe dazu überblicksartig Kerchner 1998, S. 16-20.
53 Siehe Friedländer 1911-1921, Bd. 3, S. 221-305. Zum Fall Sternberg siehe Kerchner 1998.
54 Zeugenaussage von Joachim Koch, StABa K 106 StAnw LG BT Nr. 2060, Bd. 2, Bl. 205r.
55 Rudolf Koch an Dr. Hammerer, 28. 3. 1903, ebd., Bd. 1, nicht paginiert.
56 Zeugenaussage von Joachim Koch, ebd., Bd. 2, Bl. 212.
57 Ebd., Bl. 205.
58 Zeugenaussage von Rosalie Koch, Berlin, 2. 5. 1903, ebd., Bl. 206r-220r, sowie ein eingefügtes, nicht paginiertes Blatt zwischen Bl. 218 und 219, das Notizen von Rosalie Koch enthält.
59 Zeugenaussage von Rudolf Koch, Berlin, 2. 5. 1903, ebd., Bl. 223.
60 Oskar Vogt an Dr. Hammerer, 16. 5. 1903, ebd., Bd. 1, Bl. 171r.
61 Eduard Töpfer an Andreas Dippold vom 23. 3. 1903, ebd., Bd. 1, nicht paginiert.
62 Ebd.

63 Zeugenaussage von Eduard Töpfer, Berlin, 18. 5. 1903, ebd., Bd. 2, Bl. 293r-294.

64 VZ Nr. 470, 7. 10. 1903, Abendausgabe.

65 Verhör am 28. 5. 1903, StABa K 106 StAnw LG BT Nr. 2060, Bd. 2, Bl. 301r, 305.

66 Universitätsrichter Dr. Daude an das Amtsgericht Bayreuth, 6. 4. 1903, HUB Archiv, Unirechtsrat 2174, Bl. 6.

67 Dr. Daude an Andreas Dippold, 27. 4. 1903, ebd., Bl. 13.

68 Andreas Dippold an den Senat der Friedrich-Wilhelms-Universität Berlin, 4. 5. 1903, ebd., Bl. 16-17.

69 Andreas Dippold an die Gefängnisleitung, 23. 6. 1903, StABa K 106 StAnw LG BT Nr. 2060, Bd. 1, Bl. 323.

70 Johann Dippold an Rudolf Koch, 18. 6. 1903, ebd., nicht paginiert.

71 Rudolf Koch an Dr. Hammerer, undatiert [Ende Juni 1903], ebd., nicht paginiert.

72 Kraepelin 1904/05, S. 142-145. Zu dieser Problematik siehe Müller 2004, S. 35-43; Germann 2007.

73 Aktennotiz Dr. Hammerer, 26. 5. 1903, StABa K 106 StAnw LG BT Nr. 2060, Bd. 2, Bl. 305r.

74 August Weiß, Gutachten vom 26. 6. 1903, ebd., Bl. 313-313r.

75 Ebd., Bl. 318r-319.

76 Ebd., Bl. 319r.

77 Ebd., Bl. 320-320r.

78 Ebd., Bl. 321.

79 Siehe Krafft-Ebing 1900a, S. 127.

80 Kraepelin 1887, S. 95.

81 Ettle/Renelt 1999, S. 89-90.

82 Kraussold 1874, S. 34.

83 Kraussold 1884, S. 77.

84 Ebd., S. 54, 58.

85 Carl Kraussold, Gutachten vom 10. 8. 1903, StABa K 106 StAnw LG BT Nr. 2060, Bd. 2, S. 341-341r.

86 Koch 1891-1893, S. 19, 48-49. Siehe dazu Germann 2000, S. 49-50; Baumann 2006, S. 43-45.

87 Koch 1891-1893, S. 102-103, 129.

88 Ebd., S. 273-274.

89 Weygandt 1902, S. 190.

90 Koch 1891-1893, S. 426.

91 Siehe dazu Greve 2004.

92 Einen Überblick über die damalige Diskussion gibt Schrenck-Notzing 1902.

93 Ich danke Dr. Maximilian Ettle vom Historischen Archiv des Bezirkskrankenhauses Bayreuth für seine freundliche Auskunft.

94 Andreas Dippold an Dr. Hammerer vom 17. 8. 1903, StABa K 106 StAnw LG BT Nr. 2060, Bd. 2, Bl. 345-346.

Der Prozeß in Bayreuth

1 StABa K 106 StAnw LG BT Nr. 2060, Bd. 1, Bl. 157r.
2 Zum Eulenburg-Prozeß siehe Mommsen 1996; Kohlrausch 2005, S. 186-230; Bösch 2009, S. 119-154. Unter dem Aspekt der öffentlichen Dramatisierung wird der Prozeß gegen Voigt thematisiert bei Müller 2005.
3 Siehe dazu Schönert 1983 sowie verschiedene Beiträge in Schönert 1991 und Linder u.a. 1999.
4 PT Nr. 274, 8. 10. 1903, S. 6; Nr. 275, 9. 10. 1903, S. 7-8; Nr. 276, 10. 10. 1903, S. 7; NFP Nr. 14 051, 9. 10. 1903, S. 9-10; Nr. 14 052, 10. 10. 1903, S. 9.
5 In den Prozeßakten sind auch diese Briefe nicht einzeln abgeheftet, sondern in mehreren Kuverts zusammengefaßt. Da sie zudem nicht numeriert oder paginiert sind, verzichte ich auf einen näheren Nachweis.
6 Allerdings ist der beigelegte Artikel aus einer leider nicht identifizierbaren amerikanischen Tageszeitung kaum weniger wirr, was schon mit einer Namensverwechslung zwischen Rudolf Koch und dem noch berühmteren Bakteriologen Robert Koch beginnt: »Chicago, Oct. 12 [...]. Robert Koch, president of the Deutsche bank, placed his two sons, 14 and 12 years old, in the care of Dippold during the summer, while Koch and his wife were in Paris. [...] Medical experts who examined him testified he was sane, but a moral degenerate. They said he was afflicted with a mania for blood, which could only be satisfied by inflicting torture.«
7 Günther von der Schulenburg an den Gerichtspräsidenten, 10. 10. 1903, StABa K 106 StAnw LG BT Nr. 2060, Bd. 1, Bl. 143-144. Zu von der Schulenburg siehe In het Panhuis 2006, S. 47-61.
8 Zu Fleischmann siehe Knoll 2007.
9 August Fleischmann an den Gerichtspräsidenten und an Dippold, beide am 7. 10. 1910, StABa K 106 StAnw LG BT Nr. 2060, Bd. 1, nicht paginiert.
10 Siehe Fleischmann 1902.
11 Siehe dazu Regener 1999.
12 Eduard Töpfer an Dippold vom 23. 3. 1903, StABa K 106 StAnw LG BT Nr. 2060, Bd. 1, nicht paginiert.
13 Zeugenaussage Johannes Benser, 21. 4. 1903, ebd., Bd. 2, Bl. 158.
14 VZ Nr. 470, 7. 10. 1903, Abendausgabe.
15 PT Nr. 275, 9. 10. 1903, S. 7.
16 Möbius 1900, S. 112. Vorsichtiger in der Beurteilung von »Degenerationszeichen« ist Aschaffenburg 1906, S. 144-153.
17 VZ Nr. 470, 7. 10. 1903, Abendausgabe.
18 VZ Nr. 472, 8. 10. 1903, Abendausgabe, 1. Beilage.
19 Ebd.
20 Ebd.
21 VZ Nr. 474, 9. 10. 1903, Abendausgabe, 2. Beilage.
22 Ebd.
23 Ebd.
24 Krafft-Ebing 1890, S. 30.
25 Friedländer 1911-1921, Bd. 2, S. 116.

26 VZ Nr. 474, 9. 10. 1903, Abendausgabe, 2. Beilage.
27 VZ Nr. 476, 10. 10. 1903, Abendausgabe, 2. Beilage.
28 Ebd.
29 Ebd.
30 StABa K 106 StAnw LG BT Nr. 2060, Bd. 1, Bl. 158.
31 VZ Nr. 476, 10. 10. 1903, Abendausgabe, 2. Beilage.

Der Skandal und die Medien

1 Foucault 1975, S. 192.
2 Siehe z. B. Laermann 1984; Käsler 1991; Thompson 2000, S. 11-25, S. 234-260; Hondrich 2002.
3 Siehe Kohlrausch 2005; Bösch 2009.
4 Bösch 2004, S. 456.
5 So die Definition von Hondrich 2002, S. 40, 59.
6 Siehe hierzu auch die Überlegungen von Bösch 2009, S. 4-11, denen ich einige Anregungen verdanke.
7 Anonym 1904, S. 15.
8 Siehe dazu z. B. Pethes 2005.
9 Musil 1930, S. 335.
10 Müller 2005, S. 362.
11 MNN, Nr. 475, 11. 10. 1903.
12 Ebd.
13 Krafft-Ebing 1890; Bloch 1917.
14 Kraus 1903, S. 19.
15 INB, 14. 10. 1903, S. 2.
16 MNN, Nr. 475, 11. 10. 1903.
17 MP, 14. 10. 1903.
18 MNN, Nr. 475, 11. 10. 1903.
19 MP, 14. 10. 1903.
20 MNN, Nr. 479, 14. 10. 1903, S. 1.
21 Zu Harden gibt es keine brauchbare neuere Biographie, weswegen man immer noch auf Young 1971 (zuerst 1959) angewiesen ist. Zu Hardens Rolle in der Skandalgeschichte des Kaiserreichs siehe Kohlrausch 2005, S. 158-301; Bösch 2009.
22 Lessing 1930, S. 188.
23 Siehe z. B. Lombroso 1896. Vgl. auch Weindling 1989, S. 82.
24 Jentsch 1903, S. 164.
25 Agamben 2002, S. 148.
26 Siehe Becker 1995.
27 Harden 1903, S. 87-92.
28 Ebd., S. 102.
29 Siehe Harden 1913.
30 Harden 1903, S. 99.
31 Ebd., S. 92.

32 Ricœur 1996; siehe dazu aus kriminalhistorischer Perspektive Becker 2002, S. 31.
33 Feuerbach 1993.
34 Harden 1903, S. 99.
35 Ebd., S. 100.
36 Zum Zusammenhang von Homosexualität, Politik und Öffentlichkeit in jener Zeit siehe Bösch 2009, S. 43-158.
37 Königliches Staatsministerium der Justiz an das Königlich-Sächsische Justizministerium in Dresden, 20. 11. 1903 und 31. 5. 1904 (Abschriften), Acta des koeniglichen Staats-Ministeriums der Justiz: Strafverfahren gegen den Hauslehrer Andreas Dippold von Drosendorf wegen Körperverletzung, Bayerisches Hauptstaatsarchiv, München (BayHStA, Mju 13 227); die Akte ist nach den einzelnen Schriftstücken geordnet und durchnumeriert. Hier: Schriftstück 5 und 13.
38 Brief des Bayerischen Justizministeriums an die Staatsanwaltschaft Bayreuth vom 9. 4. 1904, ebd., Schriftstück 11.
39 Sello in Friedländer 1910-1920, Bd. 1, S. 4.

Vom Nutzen und Nachteil der Humanwissenschaften

1 Kahn 1903, S. 33.
2 Siehe Herrmann 1991, S. 160-163.
3 Fränkel 1903, S. 10.
4 Ebd.
5 Ebd., S. 9.
6 Siehe Rutschky 1977.
7 Friedrich Gundolf an Karl und Hanna Wolfskehl, ohne Datierung (ca. 9. 10. 1903), in: Kluncker 1976, Bd. 1, S. 194.
8 Peter Altenberg an Karl Kraus, ohne Datierung (ca. 18. 10. 1903), in: Barker/Lensing 1995, S. 233.
9 Scheu 1906, S. 9.
10 Sachse 1913, S. 174. Siehe auch Hansen 1902.
11 Kiefer 1904, S. 132, 122.
12 Ebd., S. 136.
13 Kiefer 1907, S. 172.
14 Kiefer 1908a, S. 13; Kiefer 1908b, S. 6.
15 Kiefer 1908a, S. 15.
16 Siehe z. B. Reicher 1903; Ortloff 1904, S. 25-26; Wolfring 1907, S. 11, 31; Key 1905, S. 487.
17 Wolffheim 1906, S. 66.
18 Siehe dazu Kerchner 1998, S. 19-20.
19 Petermann 1909, S. 488.
20 Freymut 1904a.
21 Zum Verein zum Schutze der Kinder vor Ausnutzung und Mißhandlung siehe Nitsch 1999, S. 185-194. Daß Kinder gegen Mißhandlung ungenügend

geschützt seien, beklagte auch ein österreichischer Autor in seinem Kommentar zur Dippold-Affäre. Siehe M. P. S. 1904.

22 Freymut 1904b, S. 18.

23 Freymut 1904a, S. 31.

24 Wanke 1905, S. 5, 25.

25 Siehe z. B. Helmut und Irmela Trüper 1978.

26 Trüper 1904, S. 155.

27 Rau 1922, S. 57, 63

28 Trüper 1904, S. 156.

29 Ebd., S. 101.

30 Zur »Lex Heinze« siehe Mast 1994, S. 139-190.

31 Trüper 1904, S. 155. Noch 1933 stellte Guido K. Brand in seiner chronik-artigen Geschichte der deutschen Literatur den Fall Dippold in den Zusammenhang der um 1900 geführten Diskussion über die »freche, ungehindert sich ausbreitende Schundliteratur« (Brand 1933, S. 41). Zur sozialen Bewegung gegen die Schundliteratur siehe Maase 2002.

32 Trüper 1904, S. 156.

33 Rousseau 1978, S. 19.

34 Rau 1922, S. 50. Auch unabhängig von Dippold ist diese Gefahr der körperlichen Züchtigung thematisiert worden. Siehe Krafft-Ebing 1888, S. 18; Moll 1901; Bloch 1903; Hirschfeld 1903; Eulenburg 1911, S. 71.

35 Kiefer 1906, S. 159.

36 Trüper 1904, S. 152.

37 Siehe Moses 1909.

38 Trüper 1904, S. 153.

39 Zur Geschichte dieses Schulstreits siehe aus rechtshistorischer und rechtstheoretischer Position (mit durchaus unterschiedlichen Wertungen) Schmidt 1995, S. 353-388; Frommel 1987; Bohnert 1992; Vormbaum 2009, S. 117-140. Aus allgemeinhistorischer Perspektive, die das Verhältnis zwischen Kriminologie, Biologie und Psychiatrie genauer beleuchtet, siehe Wetzell 2000, S. 31-90; Müller 2004, S. 125-169; Galassi 2004.

40 Birkmeyer 1901, S. 68.

41 Siehe Liszt 1889, S. 482.

42 Diese Verschiebung wird in den meisten neueren Arbeiten zur Geschichte der Kriminologie angenommen, z. B. bei Wetzell 2000; Becker 2002; Müller 2004; Greve 2004.

43 Kraepelin 1880, S. 10.

44 Siehe dazu Becker 2002.

45 Siehe Vec 2009.

46 Ferri 1896, S. 27.

47 Kraepelin 1880, S. 21.

48 Liszt 1883, S. 33. Zum Folgenden siehe vor allem Wetzell 2000; Müller 2004, S. 129-141; Germann 2009; vgl. auch den Überblick von Vec 2007.

49 Siehe Frommel 1987.

50 Liszt 1883, S. 35-36.

51 Ebd., S. 34. Siehe dazu Bohnert 1992, S. 14-15; vgl. auch Vormbaum 2009, S. 123-125.

52 Ein solches Spannungsverhältnis zwischen liberalen und repressiven Elementen diagnostizieren z. B. auch Wetzell 2000; Galassi 2004; Müller 2004.

53 Siehe hierzu Wetzell 2000, S. 79-100, vor allem S. 83-85; und Müller 2004, S. 141-149, auf die ich mich im folgenden stütze.

54 Siehe Delbrück u. a. 1904. Zur IKV siehe Kesper-Biermann 2007.

55 Siehe Dohna 1903, S. 444; Samter 1903, S. 514.

56 Rohland 1903, S. 487, 488. Ähnlich argumentiert Kuhlenbeck 1904, S. 187.

57 Krausse 1899, S. 104.

58 Liszt 1903, S. 541.

59 Siehe Naucke 1982, S. 554-557; Vormbaum 2009, S. 131-132, 187-189.

60 Liepmann 1904, S. 96-97. Siehe auch Stooss 1903, S. 517; und am ausführlichsten bei Anonym 1904, S. 79-83.

61 Liepmann 1904, S. 96.

62 Stooss 1903, S. 518.

63 Ebd. Ähnlich äußerte sich auch der Zürcher Richter und sozialdemokratische Politiker Otto Lang (1903, S. 909).

64 Kohlrausch 1904/05, S. 16.

65 Bar 1907, S. 49.

66 Siehe Germann 2007.

67 Siehe Markowitsch/Siefer 2007; Lampe u. a. 2008. Siehe auch Strasser 2004 und 2005 sowie den historischen Überblick bei Bachhiesl 2008.

68 Siehe z. B. Becker 2002; Uhl 2003; Müller 2004. Ausgangspunkt für diesen Ansatz ist die einflußreiche Arbeit von Raphael 1996. Skeptischer ist Galassi 2004, die von einer »gebrochenen Verwissenschaftlichung« spricht.

69 Staatsanwalt Dröber an das Königliche Staatsministerium der Justiz, 7. 12. 1903, BayHStA Mju 13227, Schriftstück 9.

70 Ebd.

71 Ebd.

72 STA, Nr. 291, 9. 10. 1903, S. 1; WV, Nr. 237, 12. 10. 1903, S. 1.

73 Harden 1903, S. 96, 101.

74 Anonym 1903, S. 768.

75 Hellpach 1903.

76 Vogt 1903, S. 792. Diese Erklärung wurde sogleich im *Berliner Lokal-Anzeiger* ohne weitere Kommentierung referiert (BLA, 22. 10. 1903, S. 1).

77 Oskar Vogt, Entgegnung an Dr. Hellpach. COVA, Akte 695. Zu Vogts Verhältnis zur Presse siehe Hagner 2002.

78 Vogt 1903, S. 792.

79 Daum 1998, S. 337-376, S. 373.

80 Forel 1903, S. 2192-2193.

81 Harden 1903, S. 96.

82 Auguste Forel an Oskar Vogt, 27. 10. 1903, Medizinhistorisches Institut, Universität Zürich (MIUZH), Nachlaß Auguste Forel.

83 Auguste Forel an Oskar Vogt, 31. 10. 1903, ebd.

84 Oskar Vogt, »Beobachtungen«, S. 14, COVA, Akte 695.

85 Ebd., S. 15.

86 Ebd.

87 Siehe dazu Hagner 2004, S. 235-248.
88 Auguste Forel an Oskar Vogt, 4. 11. 1903, MIUZH.
89 Forel 1903, S. 2192.
90 Ebd.
91 Näcke 1903, S. 352.
92 Ebd., S. 353.
93 Ebd., S. 364.
94 Ebd., S. 354.
95 Ebd., S. 367-369.
96 Kraepelin 1915, S. 1930.
97 Foucault 1977, S. 46-47.
98 Ebd., S. 119.
99 Anonym 1903, S. 768.
100 Krafft-Ebing 1903, S. 71.
101 Albert 1859.
102 Krafft-Ebing 1888, S. 50-51.
103 Krafft-Ebing 1903, S. 93.
104 Krafft-Ebing 1901; ders. 1903, S. 93-96.
105 Marcus 1979, S. 219.
106 Ebd., S. 226.
107 Rau 1903, S. 146, 141.
108 Moll 1901, S. 216-217; Bloch 1903, S. 26.
109 Laurent 1923, S. 44; Krafft-Ebing 1903, S. 94.
110 Rau 1904, S. 120. In gleicher Manier versammelt Ortloff (1904), aufge-
    scheucht durch Dippold, mehrere Fälle, die er als typisch für den Zusam-
    menhang von Prügelstrafe und Sadismus ansieht.
111 Rau 1922, S. 25.
112 Bloch 1917, S. X.
113 Bloch 1907, S. 625; Wanke 1905, S. 5.
114 Wachter 1906/07, S. 200.
115 Besonders lautstark war hier, bereits vor Dippold, der protestantische Hof-
    prediger und Antisemit Adolf Stoecker (1901).
116 Rau 1904, S. 173.
117 Einen kenntnisreichen Überblick bietet Sigusch 2008.
118 Forel 1905, S. 252.
119 Siehe Bloch 1907, S. 536-538. Zu dieser Diskussion siehe auch Löwenfeld
    1906, S. 294-301.
120 Bloch 1907, S. 625.
121 Merzbach 1909, S. 244-249; Back 1910, S. 330-331; Hirsch 1907, S. 83;
    Eulenburg 1911, S. 77; ders. 1914, S. 356.
122 Hirschfeld 1903.
123 Zu den Auseinandersetzungen zwischen Hirschfeld und Bloch auf der
    einen und Moll auf der anderen Seite siehe Sigusch 2008, S. 197-233.
124 Moll 1909, S. 216.
125 Wulffen 1910, S. 321.
126 Wulffen 1908, S. 77.

127 Ebd., S. 81.
128 Kronfeld 1926.
129 Wörenkamp/Perkauf 1932, S. 86-89. Dieses Buch enthält auch eine widerliche Photographie »aus dem Besitz eines wegen Kindermisshandlung bestraften Lokomotivführers«, die einen Mann mit entblößtem Oberkörper zeigt, der ein gefesseltes, vollständig nacktes Kind mit dem Rohrstock züchtigt. Die Überschrift lautet: »Dippold lebt!« (Ebd., S. 98)
130 Krafft-Ebing 1918, S. 94-96; ders. 1924, S. 164-179; ders. 1937, S. 205-206.
131 Hirschfeld 1926, S. 175-178.
132 Hirschfeld o. J., S. 362.
133 Löwenfeld 1906, S. 330. Freuds Abhandlung findet sich ebd., S. 242-251.
134 Siehe z. B. Asnaourow 1913; Sadger 1921; Stekel (1925, S. 327) erwähnt den Fall kurz in einer Fußnote.
135 Adler 1925, S. 49.
136 Siehe die *Liste der von den Nationalsozialisten verbotenen Schriften*: ⟨http://www.berlin.de/rubrik/hauptstadt/verbannte_buecher/detail.php?re ferer=%2Frubrik%2Fhauptstadt%2Fverbannte_buecher%2Faz-titel.php %3 Fbuchstabe%3DS&id=74522⟩ (zuletzt besucht am 4. 4. 2010).
137 Aussetzung der Vernichtung von Akten, in: Deutsche Justiz 99/1, 1937, S. 431. Ich danke Mario Wimmer für den Hinweis auf diese Quelle.
138 StABa K 106 StAnw LG BT Nr. 2060, Bd. 1, unnumeriertes Blatt. Man stelle sich nur einen Moment vor, die Nationalsozialisten hätten die Gelegenheit gehabt, ihr gigantomanes Vorhaben in die Tat umzusetzen und all diese Akten »zur Auswertung eingefordert«. Welche Rolle der Fall Dippold bei einer nazistischen Umschreibung der Kultur- und Sittengeschichte Deutschlands, basierend auf Kriminalprozessen, gespielt hätte, wenn es dazu gekommen wäre, ist eine interessante Spekulation, allerdings eine, die man sich lieber nicht ausmalen mag.
139 Meixner 1961, S. 78. Algolagnie (wörtlich übersetzt: Schmerzlüsternheit) war ein um 1900 bisweilen benutzter Begriff, der sowohl Sadismus als auch Masochismus umfaßte. Womöglich ist er genau aus diesem Grund im deutschsprachigen Raum nur sehr selten benutzt worden.
140 Siehe die verschiedenen Beiträge in Bauer u. a. 1963.
141 Die Einträge unter dem Lemma »Dippoldismus« sind im *Pschyrembel Wörterbuch Sexualität* (Dressler/Zink 2003, S. 88) und bei Bornemann (1990, S. 110) ganz knapp; Hegeler (1966, S. 61) und Love (1995, S. 84), die bei Hirschfeld abschreiben, sind ausführlicher. Siehe auch den Eintrag in der *Datenschlag-Chronik des Sadomasochismus* [Dachs]: ⟨http://www.datenschlag. org/dachs/dachs1900_1949.html⟩ (zuletzt besucht am 4. 4. 2010). Einen eigenen, etwas idiosynkratischen Eintrag zu »Dippoldism« gibt es neuerdings auf Wrongdiagnosis.com: http://www.wrongdiagnosis.com/d/dippoldism/ intro.htm⟩ (zuletzt besucht am 28. 5. 2010).
142 Tucholsky 1975a, S. 158-159. Das war jedoch nicht Tucholskys letztes Wort in dieser Sache. In seinem Nekrolog auf Harden, der 1927 gestorben war, heißt es fast wehmütig: »Wenn der Schriftsteller packte, dann packte er mit Zangen. Unvergeßlich ist mir der Jugendeindruck, den ich bei der Lek-

türe seines Artikels über den sadistischen Erzieher Dippold empfing. Der hatte einen Jungen des Bankdirektors Koch zu Tode gequält – und wie Harden die Herren Eltern hernahm, wie er sie öffentlich auspeitschte, weil sie aus Unachtsamkeit, aus Lässigkeit, aus Faulheit ein junges Leben hatten zerstören lassen ... das erinnerte an die besten Pamphlete aller Literaturen.« (Tucholsky 1975b, S. 365)

143 Montaigne 1998, S. 518-519. Die Geschichte Martin Guerres ist Gegenstand der berühmten Untersuchung von Natalie Zemon Davis (2004), die sich Montaignes Warnungen auf bewunderungswürdige Weise zu eigen gemacht hat. Siehe auch Ginzburg 2004, S. 185-186.

144 Ginzburg 2004, S. 190.

Epilog: Das Leben geht weiter

1 Wassermann 1919, Bd. 1, S. 192.

2 Ebd., S. 208.

3 Ebd.

4 Koch 1921, S. 106.

5 Edb., S. 25, 57.

6 Ebd., S. 83.

7 Ebd., S. 98, 104.

8 Zu Fischer siehe Weingart/Bayertz/Kroll 1988; Weindling 1989; Lösch 1993.

9 Bundesarchiv Berlin (BA), Bestand des ehemaligen Berlin Document Center, NSDAP-Gaukartei; Parteistatistischer Fragebogen, 2. 7. 1939, BA. Ich danke Heinz Fehlauer vom Bundesarchiv in Berlin für seine Auskünfte.

10 Ich danke der Stadt Wolfsburg, Abt. Bürgerdienste, für ihre Auskunft vom 30. 3. 2010; siehe Ehrenkrook 1958, S. 274.

11 Beschluß des Akademischen Senats vom 9. 12. 1903, HUB Archiv, Unirechtsrat 2174, Bl. 33.

12 Johann Dippold an Prinzregent Luitpold von Bayern, 10. 3. 1906, BayHStA Mju 13227, Schriftstück 14.

13 Johann Dippold an Prinzregent Luitpold von Bayern, 5. 7. 1908, ebd., Schriftstück 22.

14 Johann Dippold an Prinzregent Luitpold von Bayern, 14. 11. 1908, StABa K 106 StAnw LG BT Nr. 2060, Bl. 201; Josef Hofmann an die Leitung des Zuchthauses Ebrach, 23. 12. 1908, ebd., Bl. 205.

15 Aktennotiz vom 15. 7. 1908, BayHStA Mju 13 227, Schriftstück 23.

16 Staatsanwalt Seitz an das Bayerische Justizministerium, 30. 8. 1909, StABa K 106 StAnw LG BT Nr. 2060, Bd. 1, nicht paginiert.

17 Stellungnahme von Staatsanwalt Seitz, 8. 1. 1910, BayHStA Mju 13227, Schriftstück 32.

18 INB, 16. 2. 1906, S. 1; MNN, 21. 4. 1909.

19 Akennotiz vom 21. 4. 1910, BayHStA Mju 13227, Schriftstück 27.

20 Andreas Dippold an Universitätskanzlei der Friedrich-Wilhelms-Universität, 12. 1. 1912, HUB Archiv, Unirechtsrat 2174, nicht paginiert.

21 Ricardo Gumbleton Daunt an das Kriminalgericht Bayreuth, 24. 10. 1929, StABa K 106 StAnw LG BT Nr. 2060, Bl. 224-224r. Die brasilianischen Polizeifotografien befinden sich noch in den Bamberger Prozeßakten und wurden für die Umschlaggestaltung dieses Buches benutzt.

22 Landgericht Bayreuth an die Policia de estado de São Paulo, 10. 12. 1929, ebd., Bl. 227-228.

23 Ricardo Gumbleton Daunt an das Kriminalgericht Bayreuth, 3. 4. 1930, ebd., Bl. 229.

Literaturverzeichnis

Archive
Bayerisches Staatsarchiv Bamberg (StABa)
Bayerisches Hauptstaatsarchiv München (BayHStA)
Bundesarchiv Berlin (BA)
Universitätsarchiv der Humboldt-Universität zu Berlin (HUB Archiv)
Archiv des Medizinhistorischen Instituts der Universität Zürich (MIUZH)
Cécile und Oskar Vogt-Archiv der Heinrich-Heine-Universität Düsseldorf
  (COVA)
Universitätsarchiv der Universität Würzburg (UWü)

Tageszeitungen
Berliner Börsen Courier (BBC)
Berliner Lokal-Anzeiger (BLA)
Berliner Tageblatt (BT)
Intelligenzblatt für die Stadt Bern (INB)
Münchner Neueste Nachrichten (MNN)
Münchener Post (MP)
Neue Freie Presse (NFP)
Prager Tagblatt (PT)
Stettiner Abendpost (STA)
Volks-Zeitung (VOLZ)
Vossische Zeitung (VZ)
Württembergische Volkszeitung (WV)

Literatur

Achterberg, Erich (1965): Berliner Hochfinanz. Kaiser, Fürsten, Millionäre um
  1900. Frankfurt/M.: Fritz Knapp.
Adler, Alfred (1925): Eine häufige Wurzel des Sadismus, in: Internationale Zeit-
  schrift für Individualpsychologie 3, S. 49-50.
Agamben, Giorgio (2002): Homo sacer. Die souveräne Macht und das nackte
  Leben. Frankfurt/M.: Suhrkamp.
Albert, Dr. (1859): Mißhandlung aus Wollust, in: Friedreichs Blätter für gericht-
  liche Anthropologie 10, Heft 3, S. 77-79.
Anonym (1903): Kleine Mittheilungen, in: Deutsche Medizinische Wochenschrift 29, S. 768.
Anonym (1904): Vom Strafmaß, in: Die Grenzboten 63, 4. Vierteljahr, S. 9-16,
  75-83.
Aschaffenburg, Gustav (1906): Das Verbrechen und seine Bekämpfung. Einlei-
  tung in die Kriminalpsychologie für Mediziner, Juristen und Soziologen;
  ein Beitrag zur Reform der Strafgesetzgebung. 2. Aufl. Heidelberg: Win-
  ter.

Asnaourow, Felix (1913): Sadismus, Masochismus in Kultur und Erziehung. München: Reinhardt.

Bachhiesl, Christian (2008): Das Verbrechen als Krankheit. Zur Pathologisierung eines strafrechtlichen Begriffs, in: Virus – Beiträge zur Sozialgeschichte der Medizin 7, S. 11-40.

Back, Georg [Georg Merzbach] (1910): Sexuelle Verirrungen des Menschen und der Natur. 4. u. 5. Aufl. Berlin: Pohl.

Bar, Ludwig von (1907): Gesetz und Schuld im Strafrecht, Bd. II: Die Schuld nach dem Strafgesetze. Berlin: Guttentag.

Barker, Andrew/Lensing, Leo A. (Hrsg.) (1995): Peter Altenberg: Rezept die Welt zu sehen. Wien: Braumüller.

Bauer, Fritz/Bürger-Prinz, Hans/Giese, Hans/Jäger, Herbert (Hrsg.) (1963): Sexualität und Verbrechen. Beiträge zur Strafrechtsreform. Frankfurt/M.: S. Fischer.

Baumann, Imanuel (2006): Dem Verbrechen auf der Spur. Eine Geschichte der Kriminologie und Kriminalpolitik in Deutschland 1880 bis 1980. Göttingen: Wallstein.

Becker, Peter (1995): Der Verbrecher als »monstruoser Typus«. Zur kriminologischen Semiotik der Jahrhundertwende, in: Der falsche Körper. Beiträge zu einer Geschichte der Monstrositäten, hg. v. Michael Hagner. Göttingen: Wallstein, S. 147-173.

Becker, Peter (2002): Verderbnis und Entartung. Eine Geschichte der Kriminologie des 19. Jahrhunderts als Diskurs und Praxis. Göttingen: Vandenhoeck & Ruprecht.

Bernheim, Hippolyte (1888): Die Suggestion und ihre Heilwirkung. Autorisierte deutsche Ausgabe von Dr. Sigm. Freud. Leipzig/Wien: Deuticke.

Birkmeyer, Karl von (1901): Gedanken zur bevorstehenden Reform der deutschen Strafgesetzgebung, in: Goltdammers Archiv für Strafrecht 48, S. 67-100.

Blaschko, Alfred (1900): Die Hygiene der Prostitution und der venerischen Krankheiten. Jena: Fischer.

Bloch, Iwan [Dr. Veriphantor] (1903): Der Flagellantismus. Ein Beitrag zur Sittengeschichte unserer Zeit. Berlin: Lilienthal.

Bloch, Iwan (1907): Das Sexualleben unserer Zeit, in seinen Beziehungen zur modernen Kultur. Berlin: Marcus.

Bloch, Iwan [Eugen Dühren] (1917): Der Marquis de Sade und seine Zeit. Ein Beitrag zur Cultur- und Sittengeschichte des 18. Jahrhunderts. Mit besonderer Beziehung auf die Lehre von der Psychopathia sexualis. 6. Aufl. [zuerst 1900]. Berlin: Barsdorf.

Bösch, Frank (2004): Historische Skandalforschung als Schnittstelle zwischen Medien-, Kommunikations- und Geschichtswissenschaft, in: Die Medien der Geschichte, hg. v. Fabio Cavellari, Kay Kirchmann, Marcus Sandl und Rudolf Schlögl. Konstanz: UVK, S. 445-464.

Bösch, Frank (2009): Öffentliche Geheimnisse. Skandale, Politik und Medien in Deutschland und Großbritannien 1880-1914. München: Oldenbourg.

Bohnert, Cornelia (1992): Zu Straftheorie und Staatsverständnis im Schulenstreit der Jahrhundertwende. Pfaffenweiler: Centaurus.

Bornemann, Ernest (1990): Ullstein Enzyklopädie der Sexualität. Berlin: Ullstein.

Brand, Guido K. (1933): Werden und Wandlung. Eine Geschichte der deutschen Literatur von 1880 bis heute. Berlin: Kurt Wolff.

Braun, Karl (1995): Die Krankheit Onania. Körperangst und die Anfänge moderner Sexualität im 18. Jahrhundert. Frankfurt/M.: Campus.

Budde, Gunilla-Friederike (1994): Auf dem Weg ins Bürgerleben. Kindheit und Erziehung in deutschen und englischen Bürgerfamilien, 1840-1914. Göttingen: Vandenhoeck & Ruprecht.

Buchholz, Kai/Latocha, Rita/Peckmann, Hilke/Wolbert, Klaus (Hrsg.) (2001): Die Lebensreform. Entwürfe zur Neugestaltung von Leben und Kunst um 1900. 2 Bde. Darmstadt: Häusser.

Chesterfield, Lord (1912): Briefe an seinen Sohn. 2 Bde. München: Georg Müller.

Cohn, Michael (1911): Kinderprügel und Masochismus. (Beiträge zur Kinderforschung und Heilerziehung in Beiheften zur selbigen Zeitschrift, Bd. 95.) Langensalza: Hermann Beyer u. Söhne.

Daum, Andreas (1998): Wissenschaftspopularisierung im 19. Jahrhundert. München: Oldenbourg.

Delbrück, Dr. u. a. (1904): Die vermindert Zurechnungsfähigen, in: Mitteilungen der Internationalen Kriminalistischen Vereinigung 11, S. 593-613.

Dohna, Alexander Graf zu (1903): Kriminalpolitische Randglossen zum Prozeß Dippold, in: Beilage zur Allgemeinen Zeitung Nr. 277, 4. 12. 1904, S. 443-445.

Dressler, Stephan/Zink, Christoph (Hrsg.) (2003): Pschyrembel Wörterbuch Sexualität. Berlin/New York: de Gruyter.

Eder, Franz X. (2002): Kultur der Begierde. Eine Geschichte der Sexualität. München: Beck.

Ehrenkrook, Hans Friedrich von (1958): Genealogisches Handbuch der adeligen Häuser. Adelige Häuser B, Bd. III. Glücksburg: Starke.

Emminghaus, H. (1887): Die psychischen Störungen des Kindesalters. (= Handbuch der Kinderkrankheiten, hg. v. C. Gerhardt, Nachtrag 2.) Tübingen: Laupp'sche Buchhandlung.

Ettle, Maximilian/Renelt, Herta (1999): Die Heil- und Pflegeanstalt Bayreuth, in: Psychiatrie im Nationalsozialismus. Die Bayerischen Heil- und Pflegeanstalten zwischen 1933 und 1945, hg. v. Michael von Cranach und Hans-Ludwig Siemen. München: Oldenbourg, S. 89-121.

Eulenburg, Albert (1911): Sadismus und Masochismus. 2. Aufl. Wiesbaden: Bergmann.

Eulenburg, Albert (1914): Über sexuelle Perversionen, in: Zeitschrift für Sexualwissenschaft 1, S. 305-314, 347-359.

Ferri, Enrico (1896): Das Verbrechen als sociale Erscheinung. Grundzüge der Kriminal-Sociologie. Leipzig: Wigand.

Feuerbach, Anselm von (1993): Andreas Bichel, der Mädchenschlächter, in: ders., Merkwürdige Verbrechen. Frankfurt/M.: Eichborn, S. 49-67.

Fleischmann, August (1902): Der Freundling oder die Neuesten Enthüllungen über das Dritte Geschlecht. 5., verb. u. vergr. Aufl. München: Fleischmann.

Forel, August (1895): Der Hypnotismus, seine psycho-physiologische, medicinische, strafrechtliche Bedeutung und seine Handhabung. 3. Aufl., mit Adnotationen von O. Vogt. Stuttgart: Enke.

Forel, August (1903): Einige Bemerkungen zum Fall Dippold. Münchener medizinische Wochenschrift 50, S. 2192-2193.

Forel, August (1905): Die sexuelle Frage. München: Reinhardt.

Foucault, Michel (Hrsg.) (1975): Der Fall Rivière. Materialien zum Verhältnis von Psychiatrie und Strafjustiz, Frankfurt/M.: Suhrkamp.

Foucault, Michel (1977): Der Wille zum Wissen. Sexualität und Wahrheit 1. Frankfurt/M.: Suhrkamp.

Fränkel, Jacques (1903): Dippold, in: Die Fackel Nr. 144, 17. 10. 1903, S. 8-10.

Frank, Reinhard/Roscher, G./Schmidt, H. (Hrsg.) (1904-1914): Der Pitaval der Gegenwart. Almanach interessanter Straffälle. 8 Bde. Leipzig: Hirschfeld.

Freymut, Ernst (1904a): Die Bestie im Menschen und ihre Zähmung. Aus Anlass des Falls Dippold-Koch: Ein Weckruf an alle Menschenfreunde, insonderheit an Deutschlands Frauen. Dresden: Damm.

Freymut, Ernst (1904b): Prügel in der Schule? Für Eltern, Erzieher, Lehrer, Schulbehörden und wen es sonst angeht vom schulmännischen Standpunkt beleuchtet. Dresden: Damm.

Friedländer, Hugo (1911-1921): Interessante Kriminalprozesse von kulturhistorischer Bedeutung. Darstellung merkwürdiger Rechtsfälle aus Gegenwart und Jüngstvergangenheit. Eingeleitet von Erich Sello. 11 Bde. Berlin: Berliner Buchversand.

Fritzen, Florentine (2006): Gesünder leben. Die Lebensreformbewegung im 20. Jahrhundert. Stuttgart: Steiner.

Frommel, Monika (1987): Präventionsmodelle in der deutschen Strafzweck-Diskussion. Beziehungen zwischen Rechtsphilosophie, Dogmatik, Rechtspolitik und Erfahrungswissenschaften. Berlin: Duncker & Humblot.

Fürstenberg, Carl (1931): Die Lebensgeschichte eines deutschen Bankiers 1870-1914. Berlin: Ullstein.

Galassi, Silviana (2004): Kriminologie im Deutschen Kaiserreich. Geschichte einer gebrochenen Verwissenschaftlichung. Stuttgart: Steiner.

Gall, Lothar u. a. (1995): Die Deutsche Bank 1870-1995. München: Beck.

Germann, Urs (2000): Psychiatrie und Strafjustiz im Kanton Bern 1890-1910. Umfeld, Entwicklung und Praxis der Gerichtspsychiatrie, in: Berner Zeitschrift für Geschichte 62, S. 41-83.

Germann, Urs (2007): Der Ruf nach der Psychiatrie. Überlegungen zur Wirkungsweise psychiatrischer Deutungsmacht im Kontext justizieller Entscheidungsprozesse, in: Verbrecher im Visier der Experten. Kriminalpolitik zwischen Wissenschaft und Praxis im 19. und frühen 20. Jahrhundert, hg. v. Désirée Schauz und Sabine Freitag. Stuttgart: Steiner, S. 273-293.

Germann, Urs (2009): Zweispurige Verbrechensbekämpfung. Kriminalpolitik und Gesetzgebung im transnationalen Diskurs: Franz von Liszt, die schweizerische Strafrechtsreform und die Zweispurigkeit von Strafen und Massregeln, in: Rechtsgeschichte 14, S. 84-121.

Ginzburg, Carlo (2004): Beweise und Möglichkeiten, in: Natalie Zemon Davis,

Die wahrhaftige Geschichte von der Wiederkehr des Martin Guerre. Berlin: Wagenbach, S. 185-217.

Greve, Ylva (2004): Verbrechen und Krankheit. Die Entdeckung der Criminalpsychologie im 19. Jahrhundert. Köln: Böhlau.

Gwinner, Arthur von (1975): Lebenserinnerungen. Hg. v. Manfred Pohl. Frankfurt/M.: Fritz Knapp.

Hagner, Michael (2002): »Sich mit der Tagespresse zu befassen, ist nicht jedermanns Geschmack«. Oskar Vogt und die Öffentlichkeit des Gehirns, in: cut and paste um 1900. Der Zeitungsausschnitt in den Wissenschaften, hg. v. Anke te Heesen. (= Kaleidoskopien, Heft 4, S. 116-129.)

Hagner, Michael (2004): Geniale Gehirne. Zur Geschichte der Elitegehirnforschung. Göttingen: Wallstein.

Hansen, Dieter (1902): Stock und Peitsche: Ihre Anwendung und ihr Mißbrauch im modernen Straf- und Erziehungswesen. 2., umgearbeitete Aufl. Dresden: Dohrn.

Harden, Maximilian (1903): Koch-Dippold, in: Die Zukunft 11, Bd. 45, S. 87-102.

Harden, Maximilian (1913): Der Hauslehrer, in: ders., Köpfe, Bd. 3: Prozesse. Berlin: Reiss, S. 51-78.

Hau, Michael (2003): The Cult of Health and Beauty in Germany. A Social History, 1890-1930. Chicago: University of Chicago Press.

Hegeler, Inge und Sten (1966): ABC der Liebe. Eine moderne Enzyklopädie. Heidenheim: Hoffmann.

Helfferich, Karl (1921): Georg von Siemens. Ein Lebensbild aus Deutschlands großer Zeit. Bd. 1. Berlin: Springer.

Hellpach, Willy (1903): Der Fall Oskar Vogt, in: Der Tag Nr. 489, 18. Oktober 1903.

Herrmann, Ulrich (1991): Pädagogisches Denken und die Anfänge der Reformpädagogik, in: Handbuch der deutschen Bildungsgeschichte, Bd. IV: 1970-1918. Von der Reichsgründung bis zum Ende des Ersten Weltkriegs, hg. v. Christa Berg. München: Beck, S. 147-178.

Hirsch, Max (1907): Das Geschlechtsleben und seine Abnormitäten. Berlin: Pulvermacher.

Hirschfeld, Magnus (1903): Die Abschaffung der Prügelstrafe für Kinder, in: Der Tag, Nr. 519, 5. November 1903.

Hirschfeld, Magnus (1926): Geschlechtskunde, Bd. 1: Die körperseelischen Grundlagen. Stuttgart: Püttmann.

Hirschfeld, Magnus (o. J.): Geschlechtsanomalien und Perversionen. Ein Studienbuch für Ärzte, Juristen, Seelsorger und Pädagogen. Frankfurt/M.: Nordische Verlagsgesellschaft.

Hondrich, Karl Otto (2002): Enthüllung und Entrüstung. Eine Phänomenologie des politischen Skandals. Frankfurt/M.: Suhrkamp.

In het Panhuis, Erwin (2006): Anders als die Andern. Schwule und Lesben in Köln und Umgebung 1895-1918. Köln: Emons.

Jentsch, Karl (1903): Dippold, in: Die Zukunft 11, Bd. 45, S. 164.

Käsler, Dirk u. a. (1991): Der politische Skandal. Zur symbolischen und dramaturgischen Qualität von Politik. Opladen: Westdeutscher Verlag.

Kahn, Arthur (1903): Der »Fall Dippold«, in: Israelitischer Lehrer und Cantor (Beilage zur Jüdischen Presse) Nr. 9, S. 33-34.

Kerchner, Brigitte (1998): »Unbescholtene Bürger« und »gefährliche Mädchen« um die Jahrhundertwende. Was der Fall Sternberg für die aktuelle Debatte zum sexuellen Mißbrauch an Kindern bedeutet, in: Historische Anthropologie 6, S. 1-32.

Kesper-Biermann, Sylvia (2007): Wissenschaftlicher Ideenaustausch und »kriminalpolitische Propaganda«. Die Internationale Kriminalistische Vereinigung (1889-1937) und der Strafvollzug, in: Verbrecher im Visier der Experten. Kriminalpolitik zwischen Wissenschaft und Praxis im 19. und frühen 20. Jahrhundert, hg. v. Désirée Schauz und Sabine Freitag. Stuttgart: Steiner, S. 79-97.

Key, Ellen (1905): Über Liebe und Ehe. Essays. Berlin: S. Fischer.

Kiefer, Otto (1904): Die körperliche Züchtigung bei der Kindererziehung in Geschichte und Beurteilung. Ein Buch für Eltern und Erzieher. Berlin: Kohler.

Kiefer, Otto (1906): Kindermisshandlung und Sexualität, in: Mutterschutz. Zeitschrift zur Reform der sexuellen Ethik 2, S. 156-159.

Kiefer Otto (1907): Zur Psychologie des Prügelns, in: Zeitschrift für Kinderforschung 12, S. 169-172.

Kiefer, Otto (1908a): Die Prügelstrafe in der Erziehung. Langensalza: Beyer und Söhne.

Kiefer, Otto (1908b): Erlebtes und Erdachtes aus dem Verkehr mit Knaben, in: Zeitschrift für experimentelle Pädagogik, psychologische und pathologische Kinderforschung 7, S. 5-10.

Klabundt, Per (1994): Psychopathia sexualis – die ärztliche Konstruktion der sexuellen Perversionen zwischen 1869 und 1914, in: Medizin, Gesellschaft und Geschichte 13, S. 107-130.

Kluncker, Karlhans (Hrsg.) (1976): Karl und Hanna Wolfskehl. Briefwechsel mit Friedrich Gundolf 1899-1931. Bd. 1. Amsterdam: Castrum Peregrini.

Knoll, Albert (2007): »Gott sei dank, dass ich so bin!« August Fleischmann. Ein Vorkämpfer der Münchner Homosexuellenbewegung. München: Forum Homosexualität.

Koch, Joachim von (1921): Der Zusammenhang zwischen Natur, Wirtschaft und Bevölkerung bei den Eingeborenen des australischen Festlandes. Inaugural-Dissertation zur Erlangung der Staatswissenschaftlichen Doktorwürde, Albert-Ludwigs-Universität, Freiburg i. Br.

Koch, Julius Ludwig August (1891-1893): Die psychopathischen Minderwertigkeiten. Ravensburg: Maier.

Koerner, Bernhard (Hrsg.) (1910): Genealogisches Handbuch Bürgerlicher Familien, ein deutsches Geschlechterbuch. 16. Bd. Görlitz: Starke.

Kohlrausch, Eduard (1904/05): Der Kampf der Kriminalistenschulen im Lichte des Falles Dippold, in: Monatsschrift für Kriminalpsychologie und Strafrechtsreform 1, S. 16-25.

Kohlrausch, Martin (2005): Der Monarch im Skandal. Die Logik der Massenmedien und die Transformation der wilhelminischen Monarchie. Berlin: Akademie.

Kraepelin, Emil (1880): Die Abschaffung des Strafmaßes. Ein Vorschlag zur Reform der heutigen Strafrechtspflege. Stuttgart: Enke.

Kraepelin, Emil (1887): Psychiatrie. Ein kurzes Lehrbuch für Studirende und Ärzte. 2., gänzlich umgearb. Aufl. Leipzig: Abel.

Kraepelin, Emil (1904/1905): Der Unterricht in der forensischen Psychiatrie, in: Monatsschrift für Kriminalpsychologie und Strafrechtsreform 1, S. 141-152.

Kraepelin, Emil (1915): Psychiatrie. Ein Lehrbuch für Studierende und Ärzte. IV. Band: Klinische Psychiatrie, III. Teil. 8. Aufl. Leipzig: Barth.

Krafft-Ebing, Richard von (1888): Psychopathia sexualis. Mit besonderer Berücksichtigung der conträren Sexualempfindung. 3. Aufl. Stuttgart: Enke.

Krafft-Ebing, Richard von (1890): Neue Forschungen auf dem Gebiet der Psychopathia sexualis. Eine medicinisch-psychologische Studie. Stuttgart: Enke.

Krafft-Ebing, Richard von (1900a): Lehrbuch der gerichtlichen Psychopathologie. 3. Aufl. Stuttgart: Enke.

Krafft-Ebing, Richard von (1900b): Flagellatio puerorum als Ausdruck des larvirten Sadismus eines paedophilen Conträrsexualen. Fragliche rechtliche Verantwortlichkeit, in: Zeitschrift für Psychiatrie 58, S. 545-557.

Krafft-Ebing, Richard von (1903): Psychopathia sexualis. Mit besonderer Berücksichtigung der conträren Sexualempfindung. 12. Aufl. Stuttgart: Enke.

Krafft-Ebing, Richard von (1918): Psychopathia sexualis. Mit besonderer Berücksichtigung der conträren Sexualempfindung. Eine medizinisch-gerichtliche Studie für Ärzte und Juristen. 15., verm. Aufl., hg. von Alfred Fuchs. Stuttgart: Enke.

Krafft-Ebing, Richard von (1924): Psychopathia sexualis. Eine medizinisch-gerichtliche Studie für Ärzte und Juristen. 16. u. 17., vollständig umgearbeitete Auflage von Albert Moll. Stuttgart: Enke.

Krafft-Ebing, Richard von (1937): Psychopathia sexualis. Eine medizinisch-gerichtliche Studie für Ärzte und Juristen. Nach der Originalausgabe vollständig neu bearbeitet von Alexander Hartwich. Zürich: Müller.

Kraus, Karl (1903): Sadismus und Todesstrafe, in: Die Fackel Nr. 148, 2. 12. 1903, S. 19-20.

Krausse, Heinrich (1899): Die Prügelstrafe. Eine kriminalpolitische Studie. Berlin: Struppe & Winkler.

Kraussold, Carl (1874): Ein Kind vor dem Schwurgericht, in: Ärztliches Intelligenz-Blatt München 21, S. 32-34.

Kraussold, Carl (1884): Melancholie und Schuld. Psychologische und psychiatrische Betrachtungen. Stuttgart: Enke.

Kronfeld, Arthur (1926): Art. Sadismus, in: Handwörterbuch der Sexualwissenschaft: Enzyklopädie der natur- und kulturwissenschaftlichen Sexualkunde des Menschen, hg. v. Max Marcuse, 2., stark vermehrte Auflage, Bonn: Marcus & Weber, S. 673-675.

Kuhlenbeck, Ludwig (1904): Natürliche Grundlagen des Rechts und der Politik. Ein Beitrag zur rechtsphilosophischen und kritischen Würdigung der sog. Deszendenztheorie. Eisenach/Leipzig: Thüringische Verlags-Anstalt.

Kutzer, Elisabeth (Hrsg.) (1968): Hermann Lietz. Zeugnisse seiner Zeitgenossen. Stuttgart: Klett.

Laermann, Klaus (1984): Die gräßliche Bescherung. Zur Anatomie des politischen Skandals, in: Kursbuch 77, S. 159-172.

Lampe, Ernst-Joachim/Pauen, Michael/Roth, Gerhard (Hrsg.) (2008): Willensfreiheit und rechtliche Ordnung. Frankfurt/M.: Suhrkamp.

Lang, Otto (1903): Die Gerechtigkeit im Strafrecht, in: Sozialistische Monatshefte Nr. 12, S. 909-914.

Laqueur, Thomas (2003): Solitary Sex. A Cultural History of Masturbation. New York: Zone.

Laurent, Émile (1923): Sexuelle Verirrungen. Sadismus und Masochismus. Übers. v. Dolorosa. 11. Aufl. [zuerst 1903]. Berlin: Barsdorf.

Lessing, Theodor (1930): Der jüdische Selbsthaß. Berlin: Jüdischer Verlag.

Lessing, Theodor (1935): Einmal und nie wieder. Lebenserinnerungen. Prag: Heinr. Mercy Sohn.

Lessing, Theodor (1968): Eine deutsche Schulreform [1902], in: Hermann Lietz. Zeugnisse seiner Zeitgenossen, hg. v. Elisabeth Kutzer. Stuttgart: Klett, S. 26-35.

Liepmann, Moritz (1904): Vergeltungsstrafe und Zweckstrafe, in: Deutsche Juristen-Zeitung 9, S. 93-98.

Lietz, Hermann (1935): Lebenserinnerungen. 4.-5. Aufl. Weimar: Hermann Lietz Verlag.

Lietz, Hermann (1997): Die Erziehungsgrundsätze des Deutschen Landerziehungsheimes [1898], in: ders., Emlohstobba, Roman oder Wirklichkeit? Bilder aus dem Schulleben der Vergangenheit, Gegenwart oder Zukunft? Heinsberg: Dieck.

Linder, Joachim/Ort, Klaus-Michael/Schönert, Jörg/Wünsch, Marianne (Hrsg.) (1999): Verbrechen – Justiz – Medien. Konstellationen in Deutschland von 1900 bis zur Gegenwart. Berlin: de Gruyter.

Liszt, Franz von (1883): Der Zweckgedanke im Strafrecht, in: Zeitschrift für die gesammte Strafrechtswissenschaft 3, S. 1-40.

Liszt, Franz von (1889): Die Aufgaben und die Lehren der Kriminalstatistik, in: Zeitschrift für die gesammte Strafrechtswissenschaft 9, S. 472-484.

Liszt, Franz von (1899): Das Verbrechen als sozial-pathologische Erscheinung. Dresden: Jahn & Jaensch.

Liszt, Franz von (1903): Nochmals zum Fall Dippold, in: Deutsche Juristen-Zeitung 8, S. 540-541.

Loesch, Niels C. (1997): Rasse als Konstrukt. Leben und Werk Eugen Fischers. Frankfurt/M.: Lang.

Löwenfeld, Leopold (1906): Sexualleben und Nervenleiden. Die nervösen Störungen sexuellen Ursprungs. 4. Aufl. Wiesbaden: Bergmann.

Lombroso, Cesare (1887-1890): Der Verbrecher in anthropologischer, ärztlicher und juristischer Beziehung. 2 Bde. Hamburg: Verlagsanstalt und Druckerei Richter.

Lombroso, Cesare (1896): Virchow und die Kriminalanthropologie, in: Die Zukunft 4, Bd. 16, S. 391-396.

Lombroso, Cesare/Ferrero, Guglielmo (1894): Das Weib als Verbrecherin und Prostituirte. Anthropologische Studien, gegründet auf eine Darstellung der

Biologie und Psychologie des normalen Weibes. Hamburg: Verlagsanstalt und Druckerei Richter.

Love, Brenda (1995): The Encylopedia of Unusual Sex Practices. London: Little Brown.

Lütkehaus, Ludger (1992):»O Wollust, o Hölle«. Die Onanie – Stationen einer Inquisition. Frankfurt/M.: Fischer.

Maase, Kaspar (2002): Die soziale Bewegung gegen Schundliteratur im deutschen Kaiserreich. Ein Kapitel aus der Geschichte der Volkserziehung, in: Internationales Archiv für Sozialgeschichte der deutschen Literatur 27, S. 45-123.

Marcus, Steven (1979): Umkehrung der Moral. Sexualität und Pornographie im viktorianischen England. Frankfurt/M.: Suhrkamp.

Marcuse, Max (1908): Das Liebesleben des deutschen Studenten, in: Sexual-Probleme 4, S. 667-703.

Markowitsch, Hans/Siefer, Werner (2007): Tatort Gehirn: Auf der Suche nach dem Ursprung des Verbrechens. Frankfurt/M.: Campus.

Martin, Rudolf (1912): Jahrbuch des Vermögens und Einkommens der Millionäre in Preussen. Berlin: Herlet.

Mast, Peter (1994): Um Freiheit für Kunst und Wissenschaft. Der Streit im Deutschen Reich 1890-1901. 3. Aufl. Rheinfelden: Schäuble.

Meixner, Franz (1961): Kriminalität und Sexualität. Leitfaden für die Untersuchung von Sexualverbrechen. Unter Berücksichtigung der deutschen, schweizerischen und österreichischen Gesetzgebung. Neubearbeitet von Heinrich Helldörfer. 3. Aufl. Heidelberg: Kriminalistik Verlag.

Merzbach, Georg (1909): Die krankhaften Erscheinungen des Geschlechtssinnes. Wien/Leipzig: Hölder.

Möbius, Paul Julius (1900). Ueber Entartung. Wiesbaden: Bergmann.

Moll, Albert (1901): Ueber eine wenig beachtete Gefahr der Prügelstrafe bei Kindern, in: Zeitschrift für pädagogische Psychologie und Pathologie 1, S. 215-219.

Moll, Albert (1909): Das Sexualleben des Kindes. Berlin: Hermann Walther.

Mommsen, Wolfgang J. (1996): Homosexualität, aristokratische Kultur und Weltpolitik. Die Herausforderung des wilhelminischen Establishments durch Maximilian Harden 1906-1908, in: Große Prozesse. Recht und Gerechtigkeit in der Geschichte, hg. v. Uwe Schultz. München: Beck, S. 279-288.

Montaigne, Michel de (1998). Über die Hinkenden, in: ders., Essais. Üb. v. Hans Stilett. Frankfurt/M.: Eichborn, S. 516-521.

Moses, Julius (1909): Über die körperliche Züchtigung der Kinder, in: Zeitschrift für experimentelle Pädagogik, psychologische und pathologische Kinderforschung 8, S. 88-93.

M. P. S. (1904): Der Fall Dippold und die österreichische Rechtsprechung in Mißhandlungsfällen, in: Deutsche Worte 24, Heft 1, S. 19-26.

Müller, Christian (2004): Verbrechensbekämpfung im Anstaltsstaat. Psychiatrie, Kriminologie und Strafrechtsreform in Deutschland 1871-1933. Göttingen: Vandenhoeck & Ruprecht.

Müller, Philipp (2005): Auf der Suche nach dem Täter. Die öffentliche Dramatisierung von Verbrechen im Berlin des Kaiserreichs, Frankfurt/M./New York: Campus.

Musil, Robert (1930): Der Mann ohne Eigenschaften. Berlin: Rowohlt.

Näcke, Paul (1903): Forensisch-psychiatrisch-psychologische Randglossen zum Prozess Dippold, insbesondere über Sadismus, in: Archiv für Kriminal-Anthropologie und Kriminalistik 13, S. 350-372.

Naucke, Wolfgang (1982): Die Kriminalpolitik des Marburger Programms 1882, in: Zeitschrift für die gesamte Strafrechtswissenschaft 94, S. 525-564.

Niehaus, Michael (2003): Das Verhör. Geschichte – Theorie – Fiktion. München: Fink.

Niehaus, Michael (2006): Mord, Geständnis, Widerruf. Verhören und Verhörtwerden um 1800. Bochum: Posth.

Nitsch, Meinolf (1999): Private Wohltätigkeitsvereine im Kaiserreich: die praktische Umsetzung der bürgerlichen Sozialreformen in Berlin. Berlin: de Gruyter.

Oelkers, Jürgen (1988): Pädagogischer Liberalismus und nationale Gemeinschaft. Zur politischen Ambivalenz der »Reformpädagogik« in Deutschland vor 1914, in: Pädagogik und Nationalsozialismus, hg. v. Ulrich Herrmann und Jürgen Oelkers. Weinheim/Basel: Beltz, S. 195-219.

Oelkers, Jürgen (2005): Reformpädagogik. Ein kritische Dogmengeschichte. Weinheim/München: Juventa.

Ortloff, Hermann [Dr. Verus] (1904): Kinderprügeln und Sexualtrieb. Eine ernste Ermahnung und Aufklärung für alle Eltern, Lehrer und Erzieher. Leipzig: Röhmann.

Petermann, Theodor (1909): Zur Frage der körperlichen Züchtigung, in: Sexual-Probleme. Zeitschrift für Sexualwissenschaft und Sexualpolitik 5, S. 481-491.

Pethes, Nicolas (2005): Vom Einzelfall zur Menschheit. Die Fallgeschichte als Medium der Wissenspopularisierung in Recht, Medizin und Literatur, in: Popularisierung und Popularität, hg. v. Gereon Blaseio, Hedwig Pompe und Jens Ruchatz. Köln: Dumont, S. 63-92.

Raphael, Lutz (1996): Die Verwissenschaftlichung des Sozialen als methodische und konzeptionelle Herausforderung für eine Sozialgeschichte des 20. Jahrhunderts, in: Geschichte und Gesellschaft 22, S. 165-193.

Rau, Hans (1903): Die Grausamkeit mit besonderer Bezugnahme auf sexuelle Faktoren. Berlin: Barsdorf.

Rau, Hans [A. Sper] (1904): Der Marquis de Sade und der Sadismus. Berlin: Berliner Zeitschriften-Vertrieb.

Rau, Hans (1922): Der Fall Dippold. Ein Sittenbild aus dem 20. Jahrhundert. 2. Aufl. [zuerst 1904] Berlin: Barsdorf.

Regener, Susanne (1999): Fotografische Erfassung. Zu Geschichte medialer Konstruktionen des Kriminellen. München: Fink.

Reicher, Emanuel (1903): Dippoldismus, in: Arbeiterinnen-Zeitung. Sozialdemokratisches Organ für Frauen und Mädchen 12, 3. Dezember 1903, S. 1-4.

Reichertz, Jo/Schneider, Manfred (Hrsg.) (2007): Sozialgeschichte des Geständnisses. Zum Wandel der Geständniskultur. Wiesbaden: VS Verlag für Sozialwissenschaften.

Reitmayer, Morten (1999): Bankiers im Kaiserreich. Sozialprofil und Habitus der deutschen Hochfinanz. Göttingen: Vandenhoeck & Ruprecht.

Rheinberger, Hans-Jörg/Müller-Wille, Staffan (2009): Vererbung. Geschichte und Kultur eines biologischen Konzepts. Frankfurt/M.: S. Fischer.

Ricœur, Paul (1996): Das Selbst als ein Anderer. München: Fink.

Rohland, Waldemar von (1903): Der Prozeß Dippold. Eine juristische Betrachtung, in: Deutsche Juristen-Zeitung 8, S. 486-488.

Rohleder, Hermann (1902): Die Masturbation. Eine Monographie für Ärzte, Pädagogen und gebildete Eltern. 2. Aufl. Berlin: Kornfeld.

Rohleder, Hermann (1912): Grundzüge der Sexualpädagogik für Ärzte, Pädagogen und Eltern. Berlin: Kornfeld.

Rousseau, Jean-Jacques (1978): Die Bekenntnisse. München: Winkler.

Rutschky, Katharina (Hrsg.) (1977): Schwarze Pädagogik. Quellen zur Naturgeschichte der bürgerlichen Erziehung. Berlin: Ullstein.

Sachse, J.J. (1913): Geschichte und Theorie der Erziehungsstrafe, 3., verb. Aufl. Paderborn: Schöningh.

Sadger, Isidor Isaak (1921): Die Lehre von den Geschlechtsverirrungen (Psychopathia sexualis) auf psychoanalytischer Grundlage. Wien: Deuticke.

Salzmann, Christian Gotthilf (1799): Über die heimlichen Sünden der Jugend. 3., verb. Aufl. Leipzig: Crusius.

Samter, Amtsgerichtsrat (1903): Die kriminalistische Bedeutung des Falles Dippold, in: Das Recht. Rundschau für den deutschen Juristenstand 7, Nr. 21, S. 513-514.

Sarasin, Philipp (2001): Reizbare Maschinen. Eine Geschichte des Körpers 1765-1914. Frankfurt/M.: Suhrkamp.

Scheibe, Wolfgang (1969): Die reformpädagogische Bewegung 1900-1932. Eine einführende Darstellung. Weinheim: Beltz.

Scheu, Robert (1906): Bildung. (Zur Mittelschulfrage), in: Die Fackel Nr. 206, 05.07.1906, S. 4-10.

Schmidt, Eberhard (1995): Einführung in die Geschichte der deutschen Strafrechtspflege. 2. Nachdruck der 3. Aufl. von 1965. Göttingen: Vandenhoeck & Ruprecht.

Schmidt, Ernst Wilhelm (1957): Männer der Deutschen Bank und der Disconto-Gesellschaft. Düsseldorf: o. V.

Schönert, Jörg (1983): Die Ausdifferenzierung des Genres »Kriminalgeschichten« in der deutschen Literatur vom Ende des 18. bis zum Beginn des 20. Jahrhunderts, in: Literatur und Kriminalität. Die gesellschaftliche Erfahrung von Verbrechen und Strafverfolgung als Gegenstand des Erzählens. Deutschland, England, Frankreich 1850-1880, hg. v. dems. Tübingen: Niemeyer, S. 96-125.

Schönert, Jörg (Hrsg.) (1991): Erzählte Kriminalität. Zur Typologie und Funktion von narrativen Darstellungen in Strafrechtspflege, Publizistik und Literatur zwischen 1770 und 1920. Tübingen: Niemeyer.

Schrenck-Notzing, Albert von (1892): Die Suggestionstherapie bei krankhaften Erscheinungen des Geschlechtssinnes, mit besonderer Berücksichtigung der conträren Sexualempfindung. Stuttgart: Enke.

Schrenck-Notzing, Albert von (1902): Die Frage nach der verminderten Zurechnungsfähigkeit, ihre Entwicklung, ihr gegenwärtiger Standpunkt und eigene
Beobachtungen, in: ders., Kriminalpsychologische und psychopathologische
Studien. Gesammelte Aufsätze aus den Gebieten der Psychopathia sexualis,
der gerichtlichen Psychiatrie und der Suggestionslehre. Leipzig: Barth, S. 76-
101.

Seidel, Johannes (1910/11): Kinder als Zeugen im Strafprozeß, in: Monatsschrift
für Kriminalpsychologie und Strafrechtsreform 7, S. 679-695.

Seidenzahl, Fritz (1970): 100 Jahre Deutsche Bank 1870-1970. Frankfurt/M.:
Deutsche Bank Aktiengesellschaft.

Siemens, F. (1905/06): Zur Psychologie der Aussage. Insbesondere von Kindern,
in: Monatsschrift für Kriminalpsychologie und Strafrechtsreform 2, S. 698-
705.

Sigusch, Volkmar (2008): Geschichte der Sexualwissenschaft. Frankfurt/M./
New York: Campus.

Spengler, Tilman (1991): Lenins Hirn. Reinbek: Rowohlt.

Stekel, Wilhelm (1925): Sadismus und Masochismus. Für Ärzte und Kriminologen dargestellt. Berlin/Wien: Urban & Schwarzenberg.

Stern, William (1902): Beiträge zur Psychologie der Aussage. Berlin: Guttentag.

Stoecker, Adolf (1901): Was lehren uns die Skandalprozesse der Gegenwart? Vortrag gehalten auf der XIII. Allgemeinen Konferenz der deutschen Sittlichkeitsvereine in Leipzig am 28. Oktober 1901. Berlin: Geschäftsstelle der deutschen
Sittlichkeitsvereine.

Stooss, Carl (1903): Zum Falle Dippold, in: Deutsche Juristen-Zeitung 8, S. 517-
518.

Strasser, Peter (2004): Die Rückkehr der Biowissenschaften in die Kriminologie,
in: Jahrbuch für Rechts- und Kriminalsoziologie, hg. v. Arno Pilgram und
Cornelius Prittwitz. Baden-Baden: Nomos, S. 51-62.

Strasser, Peter (2005): Das neue Kontrolldenken in der Kriminologie, in: Krimi-
nologisches Journal 17, S. 29-43.

Thompson, John B. (2000): Political Scandal. Power and Visibility in Media Age.
Cambridge: Polity Press.

Trüper, Helmut und Irmela (1978): Ursprünge der Heilpädagogik in Deutschland. Johannes Trüper: Leben und Werk. Stuttgart: Klett-Cotta.

Trüper, Johannes (1904): Psychopathische Minderwertigkeiten als Ursache von
Gesetzesverletzungen Jugendlicher, in: Zeitschrift für Kinderforschung 9,
S. 97-111, 145-156, 193-202.

Tucholsky, Kurt (1975a): Hardens Prozesse [1914], in: ders., Gesammelte Werke
in zehn Bänden, Bd. 1. Reinbek: Rowohlt, S. 158-160.

Tucholsky, Kurt (1975b): Maximilian Harden [1927], in: ders., Gesammelte
Werke in zehn Bänden, Bd. 5. Reinbek: Rowohlt, S. 362-366.

Uhl, Karsten (2003): Das »verbrecherische Weib«. Geschlecht, Verbrechen und
Strafen im kriminologischen Diskurs 1800-1945. Münster: LIT.

Vec, Miloš (2007): Die Seele auf der Bühne der Justiz. Die Entstehung der Kriminalpsychologie im 19. Jahrhundert und ihre interdisziplinäre Erforschung,
in: Berichte zur Wissenschaftsgeschichte 20, S. 235-254.

Vec, Miloš (2009): Sichtbar/Unsichtbar. Entstehung und Scheitern von Kriminologie und Kriminalistik als semiotische Disziplinen, in: Verbrechen im Blick. Perspektiven der neuzeitlichen Kriminalitätsgeschichte, hg. v. Rebekka Habermas und Gerd Schwerhoff. Frankfurt a. M./New York: Campus, S. 383-414.

Vogt, Oskar (1895/96): Zur Kenntniss des Wesens und der psychologischen Bedeutung des Hypnotismus, in: Zeitschrift für Hypnotismus 3, S. 277-340; 4, S. 32-45, 122-167, 229-239.

Vogt, Oskar (1903): Erklärung zum Fall Dippold. Deutsche Medizinische Wochenschrift 29, S. 791-792.

Vormbaum, Thomas (2009): Einführung in die moderne Strafrechtsgeschichte. Berlin/Heidelberg: Springer.

Wachter, Wilhelm (1906/07): Der Mensch als Überbestie, in: Das freie Wort 6, S. 197-203.

Wallich, Hermann (1978): Aus meinem Leben, in: Zwei Generationen im deutschen Bankwesen, hg. v. Manfred Pohl. Frankfurt/M.: Knapp.

Wanke, Georg (1905): Psychiatrie und Pädagogik. Wiesbaden: Bergmann.

Wassermann, Jakob (1919): Christian Wahnschaffe. Roman in zwei Bänden. Berlin: S. Fischer.

Weindling, Paul (1989): Health, Race and German Politics between National Unification and Nazism, 1870-1945. Cambridge: Cambridge University Press.

Weingart, Peter/Kroll, Jürgen/Bayertz, Kurt (1988): Rasse, Blut und Gene. Geschichte der Eugenik und Rassenhygiene in Deutschland. Frankfurt/M.: Suhrkamp.

Wetzell, Richard F. (2000): Inventing the Criminal. A History of German Criminology, 1880-1945. Chapel Hill: University of North Carolina Press.

Weygandt, Wilhelm (1902): Atlas und Grundriss der Psychiatrie. München: Lehmann.

Wörenkamp, Heinrich/Perkauf, Gertrude (1932): Erziehungs-Flagellantismus. Sexualkundliche Untersuchungen und ihre Ergebnisse. Wien: Verlag für Kulturforschung.

Wolffheim, Nelly (1906): Zur Geschichte der Prügelstrafe in Schule und Haus. Eine pädagogische Studie. Berlin: Frensdorff.

Wolfring, Lydia von (1907): Die Kindesmißhandlungen, ihre Ursachen und die Mittel zu ihrer Abhilfe. Wien: Manz.

Wulffen, Erich (1908): Psychologie des Verbrechers. Bd. 1. Berlin: Langenscheidt.

Wulffen, Erich (1910): Der Sexualverbrecher. Ein Handbuch für Juristen, Verwaltungsbeamte und Ärzte. Berlin: Langenscheidt.

Young, Harry F. (1971): Maximilian Harden, Censor Germaniae. Ein Publizist im Widerstreit von 1892 bis 1927. Münster: Regensberg.

Zemon Davis, Natalie (2004): Die wahrhaftige Geschichte von der Wiederkehr des Martin Guerre. Berlin: Wagenbach.